Ma vie en trois actes

Janette Bertrand

Ma vie en trois actes

Biographie

Catalogage avant publication de Bibliothèque et Archives nationales du Québec et Bibliothèque et Archives Canada

Bertrand, Janette, 1925-

        Ma vie en trois actes
        Réédition.
        (10/10)
        ISBN 978-2-923662-89-3
        1. Bertrand, Janette, 1925- . 2. Personnalités de la radio et de la télé-
        vision - Québec (Province) - Biographies. 3. Animateurs de télévi-
        sion - Québec (Province) - Biographies. 4. Écrivains québécois - 20e
        siècle - Biographies. I. Titre. II. Collection: Québec 10/10.

PN1990.72.B47A3 2011   791.45'092   C2011-941155-5

Direction de la collection : Romy Snauwaert
Logo de la collection : Chantal Boyer
Maquette de la couverture et grille intérieure : Tania Jiménez et Omeech
Mise en pages : Clémence Beaudoin
Couverture : Chantal Boyer
Photographie de la couverture arrière : Jacques Migneault

Remerciements
Nous reconnaissons l'aide financière du gouvernement du Canada par l'entremise du Fonds du livre du Canada pour nos activités d'édition. Nous remercions le Conseil des Arts du Canada et la Société de développement des entreprises cultu-relles du Québec (SODEC) du soutien accordé à notre programme de publication. Gouvernement du Québec – Programme de crédit d'impôt pour l'édition de livres – gestion SODEC.

Les Éditions Libre Expression
Groupe Librex inc.
Une compagnie de Quebecor Media
La Tourelle
1055, boul. René-Lévesque Est
Bureau 800
Montréal (Québec) H2L 4S5
Tél. : 514 849-5259
Téléc. : 514 849-1388
www.edstanke.com

Dépôt légal – Bibliothèque et Archives nationales du Québec et Bibliothèque et Archives Canada, 2011

ISBN : 978-2-923662-89-3

Distribution au Canada
Messageries ADP
2315, rue de la Province
Longueuil (Québec) J4G 1G4
Tél. : 450 640-1234
Sans frais : 1 800 771-3022
www.messageries-adp.com

Diffusion hors Canada
Interforum
Immeuble Paryseine
3, allée de la Seine
F-94854 Ivry-sur-Seine Cedex
Tél. : 33 (0)1 49 59 10 10
www.interforum.fr

J'ai reçu beaucoup de confidences.
À mon tour de vous confier l'histoire de ma vie.

Lever de rideau

— Traîneuse, tu n'es qu'une traîneuse !

C'est ce que m'a répété ma mère les vingt ans que je l'ai connue, mais, ironie du sort, c'est mon manque d'ordre qui m'a permis de comprendre enfin pourquoi elle ne m'avait pas aimée. C'est arrivé il y a dix ans à peu près. J'avais eu une crise d'ordre. Ça me prend comme une crise de sucre (je me jette sur quelque chose de sucré sans vraiment regarder ce que je mange). C'est ranger pour ranger, comme on mange pour manger.

Ce jour-là, c'étaient mes boîtes à bijoux qui devaient y passer. Je dis boîtes à bijoux, mais ça pourrait s'appeler boîtes à cochonneries tant il y a de tout, pêle-mêle, dans ces boîtes. Je suis traîneuse, ma mère me l'a assez dit ! Je range ce que je pense porter un jour, la fois que…, je jette les boucles d'oreilles orphelines, je rêve devant mon collier de verre de Prague qui est si beau mais trop lourd, je m'attarde sur mon cœur en or, cadeau de mon

9

amoureux, et puis je tombe sur une petite boîte vide. Je viens pour la jeter à la poubelle, mais soulève la ouate au cas où, et je trouve... l'anneau de ma mère. Un petit anneau en argent ciselé, terni de ne pas avoir été porté. Je le regarde, je l'enfile dans mon annulaire et me rappelle qu'il a été mon anneau de mariage à moi aussi. Je l'enlève comme on extrait une écharde de son doigt. Le passé est le passé ! Ce qui est fait est fait ! Je dépose l'anneau en dessous de la ouate comme on couche un mort dans un cercueil. Je referme le cercueil pour l'enterrer dans mon armoire à jamais, mais je le reprends, l'ouvre, prends l'anneau entre mes doigts et regarde à l'intérieur. Il y a deux dates : 17 juin 1914 – 22 mai 1947. Son mariage et le mien ! Deux destins de femme. Deux vies. Deux époques !

Je pense à son mariage à elle et pour la première fois je me demande si ma mère aimait mon père. Si Alma aimait Armand. Je ne me souviens pas d'avoir entendu mes parents parler de leurs fréquentations. Où s'étaient-ils connus ? Quand s'étaient-ils embrassés pour la première fois ? Leur mariage, était-ce un mariage d'amour ? Tous les enfants du monde veulent que leurs parents s'aiment parce qu'ils s'imaginent que s'ils s'aiment c'est qu'ils sont capables d'amour et que, par conséquent, ils vont les aimer. Mes parents s'aimaient-ils ? Je ne me rappelle pas de baisers, de caresses entre eux. Je n'ai pas senti d'amour entre eux, ni même de tendresse. Ils ne se chicanaient pas, il ne semblait pas y avoir de conflits majeurs entre eux, mais s'aimaient-ils ?

Je suis à plat ventre sur le lit parmi les boîtes ouvertes et des paroles de mon père me viennent à l'esprit : la guerre qu'il faut éviter à tout prix ; les hommes célibataires appelés à mourir pour le drapeau ; la course au mariage pour se sauver de la guerre. Et c'est comme si deux et deux venaient de faire quatre. Ils se sont mariés en 1914, l'année de la Grande Guerre. Ma mère a épousé mon père pour lui sauver la vie. Ils ne s'aimaient pas, et parce qu'ils ne s'aimaient pas, elle n'a pas pu m'aimer. Quel soulagement ! Ce n'est pas parce que je ne suis pas aimable que ma mère ne m'a pas aimée, mais bien parce qu'elle n'a pas pu me donner ce qu'elle n'a pas eu : de l'amour ! Je comprends tout. La dette de mon père envers elle. La fuite de ma mère dans la maladie. Et moi qui me meurs d'amour pour elle et elle qui jamais ne m'embrasse, qui jamais ne me caresse, qui jamais ne m'appelle autrement que « Joanette » avec cet accent qu'elle s'est fabriqué, qui jamais ne me fait de compliments, qui jamais n'est une mère pour moi mais une étrangère que j'appelle « maman ». Je comprends, elle n'a pas eu la vie qu'elle voulait et si elle m'a rendue malheureuse, c'est qu'elle l'était. Je comprends, et parce que je comprends, je pardonne. J'arrête de vouloir être aimée à tout prix.

C'était il y a dix ans.

Je ne suis pas entièrement guérie de mon mal de mère, j'ai encore des rechutes, mais je me soigne. Peut-on guérir du manque d'amour de sa mère ? Mon père m'a aimée. Je le sentais dans ses yeux quand il me regardait. Il me berçait en chantant « C'est la petite fille à son papa ». Il me dévorait de petits becs. Mais, moi, c'était l'amour de ma mère que je voulais.

On me demande souvent : « Comment peux-tu douter de toi ? » L'enfant en moi qui n'a pas été aimé de sa mère croit encore qu'il ne mérite pas l'amour des autres. Cette quête d'amour, ce besoin d'être reconnue a marqué toute ma vie ; la marque encore.

PREMIER ACTE

Je suis née en 1925. Cette année-là, Sigmund Freud écrit : « La vie sexuelle de la femme adulte est encore un continent noir pour la psychologie. » C'est aussi le début du cinéma. Le charleston fait fureur. Tout le monde chante *Les Roses blanches* et Joséphine Baker, vêtue de bananes, proclame « *Yes, sir, it's my baby* ». On sort de la guerre 14-18. On ne sait pas encore que la Bourse va s'écrouler en 1929. Les femmes portent des bandeaux pour écraser leurs seins, les jupes sont courtes : c'est la mode « garçonne ». C'est la façon des femmes de refuser les douze enfants que l'Église leur commande, de réclamer la liberté, l'indépendance. Cette mode ne durera pas longtemps. L'Église va y mettre fin en interdisant du haut de la chaire la danse, les jupes courtes, le maquillage. Il ne faut pas s'amuser, il faut faire des enfants !

Je suis venue au monde à Montréal, rue D'Iberville, coin Ontario, dans ce qu'on appelait alors le parc

Frontenac pour ne pas dire le « faubourg à m'lasse ». Peu après ma naissance, mes parents déménagèrent au 2526, rue Ontario, entre D'Iberville et Frontenac. C'était un vrai quartier ouvrier avec une taverne (pour hommes seulement) à chaque coin de rue, une « grocerie », chez Bélanger, un « ice-cream parlour » tenu par un Grec et une buanderie tenue par un Chinois à tresse. La plupart des hommes du quartier travaillaient pour le Canadien Pacifique et mon père les habillait. Il tenait une mercerie pour hommes.

Le magasin de mon père, qui m'apparaissait d'un luxe inouï, était sûrement très modeste. Il s'agissait en fait de deux magasins. Un pour les vêtements du dimanche ou « vêtements propres », comme disait mon père, l'autre pour les « vêtements de travail ». Les deux magasins étaient reliés par une passerelle avec des miroirs. Le commerce était une vocation pour mon père, pas tant pour faire de l'argent que pour rencontrer du monde. C'était un maître de la vente. Son magasin s'appelait « J. A. Bertrand » et, plus tard, il fera ajouter « et Fils ». Il ne lui serait pas venu à l'idée que son magasin puisse un jour s'appeler « J. A. Bertrand et Fille ». Les filles ne succédaient pas aux pères !

Le magasin est le royaume des hommes, mon père en est le roi, mes frères, les princes. Je ne m'y sens pas la bienvenue. Une chance, il me reste ma galerie où je peux m'adonner à mon jeu favori : regarder passer le monde, observer les gens et leur inventer des histoires.

Je suis la petite dernière. La seule fille après trois frères : Marcel, l'aîné ; Jean-Jacques, le mouton noir ; et Paul, le préféré de ma mère. Lui, elle l'aime aveuglément. Mes parents ont perdu une fille, Lucette, morte de la grippe espagnole, mais ils ne m'en parlent jamais.

Nous habitons au-dessus du magasin « propre ». Le logement m'apparaît immense, peut-être parce que je suis toute petite, peut-être parce que, en le comparant avec celui de ma marraine, ma tante Bertha, la sœur de ma mère, j'ai l'impression de vivre dans un château. Il y a un salon rempli de meubles en velours gris perle où trône un piano droit noir. Un paravent style Aubusson sépare le salon d'une autre petite pièce qu'on appelle le bureau. Sur le paravent, des enfants à demi nus courent dans les champs sous l'œil attendri d'un berger, des moutons broutent paisiblement au loin. Ce paravent me fait rêver. Quand je me suis mariée, il m'a suivie. Dans ce bureau, il y a aussi un sofa-lit en cuir brun.

En avant, la cité interdite : la chambre de mes parents. Un château secret plein de mystères. Un lit, un bureau, un calorifère. Ma mère, qui ne sort jamais, passe ses soirées assise sur ce calorifère peu confortable devant la fenêtre, à regarder dehors. Ma mère est souvent seule. Mon père travaille ou sort le soir. Quelquefois, elle m'invite dans son refuge :

— Joanette, viens regarder passer le monde avec moi !

C'est un cadeau. On s'installe derrière le rideau en voile transparent et on attend que la pièce de théâtre commence. Il ne manque que les trois coups. Le premier acteur passe sur le trottoir.

— Regarde celui-là. Il a l'air d'un voleur. Il vient de dévaliser une banque et il se sauve. Pourquoi il marche si vite, tu penses ?

— Regarde la madame. Pourquoi est-ce qu'elle attend son mari à la porte de la taverne ?

J'invente des réponses, mais je n'ose pas lui en faire part. L'imagination est très mal vue, on ne l'appelle pas la folle du logis pour rien. Un enfant qui s'invente un ami est traité de malade dans la tête.

Autant j'aime ma mère, autant j'en ai peur. À cette époque, les enfants doivent craindre Dieu et leurs parents, les représentants de Dieu sur la terre. Mais j'aime ces moments passés à côté d'elle, à la fenêtre. L'été, le calorifère froid me rafraîchit les fesses, et l'hiver sa chaleur les engourdit. C'est délicieux ! Et puis je me sens utile, je sers à lui tenir compagnie, c'est toujours ça de pris.

Il y a dans le corridor un porte-manteau, un seul, pour toute la famille. Au bout du corridor s'ouvre la salle à manger où domine un « set » de salle à manger en chêne si solide que, après avoir été chez moi pendant plus de trente ans, il se trouve aujourd'hui dans la maison de mon fils. Dans la salle à manger, une alcôve cache un autre sofa-lit en cuir. Devant la « bay-window », il y a une berçante, la chaise de ma mère, son trône, d'où elle règne sur la maisonnée.

La seconde chambre donne sur la salle à manger. C'est ma chambre. Mes frères, pensionnaires, dorment dans les sofas-lits quand ils reviennent à la maison chaque mois. Derrière la salle à manger, un corridor mène à une toute petite cuisine avec glacière. J'entends encore ma mère crier au marchand de glace qui traversait le corridor avec son paquet dégoulinant retenu par la pince à glace : « Faites attention, vous dégouttez sur mon prélart ! »

Une immense galerie avec vue sur l'usine de cigarettes « Chez McDon » (Macdonald Tobacco) est mon unique terrain de jeu. Je n'ai pas le droit de jouer dans la rue, ni même sur le trottoir, c'est trop dangereux. Selon ma mère, il y a des voleurs d'enfants partout. Une « shed » sur la galerie (j'emploie les mots de mon enfance qui sont souvent, à ma grande surprise, des mots anglais) nous sert de débarras en été et de glacière en hiver. Mon « immense » maison ne comprend en somme qu'un salon, une salle à manger, deux chambres, une cuisine. Pour sept personnes !

Un jour, ce logement est passé au feu.

Ce soir de mars-là, mon père, après le souper, était parti pour l'église. Il y avait « retraite des hommes ». Pendant trois soirs, les hommes se voyaient menacer par le curé et les vicaires des flammes de l'enfer s'ils ne faisaient pas de nombreux enfants. Je dormais dans mon « ber ». Mes frères se préparaient à se coucher quand ma mère a senti l'odeur de la fumée dans l'escalier intérieur.

Elle ouvre la porte. Les flammes, les vraies, pas celles de l'enfer, grimpent les marches. Elle referme la porte et court vers l'autre sortie, ses fils à ses trousses. La porte donnant sur la galerie est fermée. Elle tente de l'ouvrir. Ne réussit pas. La fumée envahit la maison. La porte d'en avant prend feu. Les flammes courent après ma mère. Devant le danger, elle, si passive, se transforme en héroïne. Elle défonce la porte et réussit à nous faire sortir tous sur la galerie arrière. Les flammes nous poursuivent. Nous sommes coincés sur la galerie du deuxième étage qu'aucun escalier ne dessert. Ma mère prend une décision. Elle nous lance l'un après l'autre par-dessus la rampe, dans la neige, en bas. Puis elle saute !

Mon père, prévenu du haut de la chaire qu'il y a le feu chez lui, arrive en courant. Il nous trouve tous grelottants mais sains et saufs à la pharmacie du coin. Ma mère nous a sauvé la vie ! Pendant des années, je l'entendrai raconter son acte de bravoure comme s'il s'agissait d'une histoire inventée. Je ne me souviens de rien.

Plus tard, chaque fois que je me retrouverai devant un précipice ou un simple trou, je piquerai des crises de panique. Il faudra qu'un psy me fasse revivre sous hypnose la scène de l'incendie pour que je comprenne d'où me vient ma peur d'être jetée. Ma mère n'a pas eu assez de me rejeter, elle m'a jetée.

Il y a une chanson de mon enfance qui dit : « Plaisirs d'amour ne durent qu'un instant ; chagrins d'amour durent toute la vie. » Je peux ajouter : blessures d'enfance ne cicatrisent jamais !

Ma mère se remet difficilement du choc de l'incendie. Mon père, pour lui changer les idées, lui propose un voyage à Ormstown où habite son frère Omer. Maman hésite. Elle n'aime pas sortir, ne sort jamais. Mais finalement elle accepte ; elle fait garder les garçons, je ne me souviens plus où, j'avais trois ans, et me laisse chez ma tante Cordélia et mon oncle Anthime à Valleyfield.

Ma tante Cordélia est la sœur aînée de papa. Elle est immense, chaude et molle comme le pain qu'elle boulange. Je l'adore. Par contre, j'ai une peur bleue de mon oncle Anthime. Il est maigre comme un parapluie et, après les repas, il me fait m'approcher de lui et ses longs doigts secs me tâtent le ventre pour voir si j'ai assez mangé. Tout le monde rit sauf moi ! Ma mère part, rassurée. Mes douze cousines, ma tante et mon oncle vont voir à ce qu'il ne m'arrive rien.

La première journée passe, tout va bien. Je suis sage comme une image. Je me tiens avec les poules dans le grand poulailler derrière la maison. La deuxième journée, j'explore le devant de la maison. Moi qui n'ai qu'une galerie comme horizon, je découvre le trottoir, la rue. Un petit voisin passe, me demande si je veux aller voir les trains et… je pars avec lui. À midi, pas de Janette. On part à ma recherche. On ratisse le voisinage. On frappe à toutes les portes : j'ai disparu ! C'est l'affolement général !

Moi, je suis avec le petit garçon et on marche, marche, marche… Puis le petit garçon me quitte parce qu'il a faim et veut retourner chez lui, et il me laisse sur les rails du chemin de fer. Un monsieur me trouve à la nuit tombante, morte de peur. Il me demande mon nom. Je dis « Janette ». Il me demande où je demeure. Je dis « à Montréal ». Il me demande chez qui j'habite : « Chez mon oncle Anthime. » Je n'en sais pas plus. Alors il m'amène au poste de police et c'est mon grand-père Bédard qui m'accueille. C'est lui le chef de police. Je n'aime pas beaucoup mon pépère Bédard, il fume la pipe de plâtre, il a les dents et la moustache jaunes de tabac et il faut toujours lui donner des becs sur le bec. J'ai beau retenir ma respiration, ça sent le jus de pipe.

À mon retour chez ma tante Cordélia, j'ai une ovation... debout. On ne me gronde même pas. Je suis renversée. Il s'agit donc de faire des mauvais coups pour attirer l'attention ? On me gave de sucreries, on m'embrasse. Ils se promettent de ne rien dire à Alma. Tous jurent ! Ils me demandent de ne rien dire non plus sur mon escapade.

— Des plans pour qu'Alma ne ressorte jamais de la maison, pauvre Armand !

Je promets.

Le lendemain, quand mes parents s'amènent, je me cache dans le poulailler. Dès leur entrée, ma tante Cordélia fond en larmes et ses douze filles avec elle. Maman s'écrie :

— Elle est morte, c'est ça, elle est morte !

Ma mère a le sens du drame. Je sors du poulailler. Et parce que je ne suis pas morte, mon père me prend dans ses bras et me couvre de becs. Ma mère, elle, reste de glace, et déclare :

— Je ne ferai plus jamais de voyage.

Et ce sera de ma faute !

***

Ma famille, dès mes trois ans, passe de six à sept personnes. Magella, une petite fille de treize ans, est engagée comme servante (c'est ainsi qu'on appelait les aides domestiques). Cette Magella ne nous quittera jamais, et une fois ma mère morte, elle épousera mon père. Elle restera jusqu'à sa mort, pour mes enfants, « ma tante Magella ». Ils l'ont aimée comme une grand-mère et elle le méritait bien.

Il est très fréquent, à l'époque, que les filles de parents peu fortunés abandonnent l'école après leur troisième année pour aller travailler. De toute façon, l'Église et l'État tiennent à ce que les filles ne s'instruisent pas. Moins elles en savent, plus elles sont soumises. Ainsi donc Magella entre dans notre maison et maman peut progressivement se réfugier dans la maladie. Elle ne participe plus ni à la cuisine ni au ménage, mais donne des ordres du haut de sa berçante. J'essaie de me faire aimer de Magella, mais elle n'a d'amour que pour ma mère. Elle me donne de l'affection, de la tendresse. Moi, je veux qu'elle soit ma mère.

J'ai des frères, mais mes frères sont des frères, et il est très mal vu pour un frère d'être gentil avec sa sœur. Ce n'est pas dans les mœurs du temps. Mes frères ne sont pas différents des autres garçons : les garçons, en naissant, savent qu'ils sont des êtres supérieurs, comme aux États-Unis les Blancs sont persuadés d'être supérieurs aux Noirs parce qu'ils sont nés blancs. Je suis donc tout naturellement leur souffre-douleur. Ils ne sont pas méchants ; ils sont taquins. Ils m'« étrivent »... à mort. Je ne peux pas leur remettre la monnaie de leur pièce parce que, moi, on m'a montré dès ma naissance que je ne suis qu'une fille et que les filles, c'est gentil, ça ne répond pas, ça n'emploie pas de gros mots, ça ne crie pas, ça ne frappe pas : ça pleure ! Je pleure tant qu'ils me surnomment « la braillarde », et que chaque fois que mes larmes pointent ils chantent : « Ne pleure pas, Janette, nous te marierons... » Ce qui me fait pleurer encore plus.

Ils ne veulent jamais jouer avec moi. Je suis trop petite et puis je suis une fille, rien qu'une fille, comme on n'est rien qu'un Canadien français pour les Anglais. Je trouve injuste de rester à la maison à aider Magella au ménage ou à la cuisine alors que mes frères jouent au baseball avec mon père. Mon père parle avec fierté de son club de baseball. Je pleure tant que mon père, un été, me prend dans le club comme « vache ». Pas une balle ne m'est envoyée. Quand mes frères jouent à la cachette, je me cache et ils ne me cherchent pas. Mon père rit. Lui aussi est un homme, il aime les taquineries, et je suis si fatigante avec mes larmes. Mon père est un homme de son temps. L'Église et l'État l'ont convaincu que les hommes sont les représentants laïques de Dieu sur terre. Il n'aurait pas voulu pour tout l'or du monde être une femme. Quel Blanc voudrait être un Noir ? Quel Anglais voudrait être Canadien français ? Quel patron voudrait être employé ?

Toute petite, je me réfugie dans la lecture. Que j'aime lire ! Je me souviens de mon premier contact avec les mots écrits. Je suis pleine de poux et tous les soirs, après le souper, ma mère m'installe devant le journal grand ouvert et chasse le pou avec le peigne fin en corne. Moi, tête baissée, je tente de déchiffrer les lettres sur le journal tout en écrasant les bestioles avec l'ongle de mon pouce droit. Les poux sont un fléau : mes frères me les rapportent de l'école. Je ne m'en plains pas : les poux me donnent le goût des mots. Mon père se vante de n'avoir lu qu'un livre dans sa vie, *L'Enfant perdu et retrouvé*. Il nous en parle constamment comme d'un acte d'héroïsme. Ma mère lit et relit la seule revue féminine de l'époque, *La Revue moderne*. Moi, je lis tout ce qui se lit, et tout ce que mes frères lisent, les Nick Carter, les Arsène Lupin. Je lis également Jules Verne, les contes de Perrault. Et puis, un Noël, je reçois en cadeau *Fillette*, un recueil de cinquante-deux cahiers destinés aux petites filles de France, comprenant des romans, des nouvelles, des reportages, des lettres, des blagues et, bien évidemment, des recettes de cuisine et des conseils sur la tenue de maison. Un cahier pour chaque semaine ! Mes frères peuvent jouer au baseball, moi j'ai ma drogue. Quand j'ai fini de lire mon *Fillette*, je recommence.

* * *

En 1929, l'année de la crise économique, j'ai quatre ans, mais je suis déjà assez vieille pour comprendre que c'est une catastrophe.

Le chômage passe de quinze pour cent à trente pour cent. Dans le parc Frontenac, ça se ressent plus qu'ailleurs. Je vais avec Magella porter des provisions à ma marraine, ma tante Bertha, qui ne se nourrit que de beurrées de graisse. Pendant que les hommes font la queue pour obtenir le Secours direct et leurs tickets de rationnement, les femmes font des miracles, cousant des robes dans les vieux habits des hommes, habillant les petits dans les vêtements des plus vieux. Elles inventent des gâteaux sans sucre, pratiquement sans œufs, et remplacent le beurre par de la graisse. Cette crise économique m'apprendra à économiser, à ne rien jeter, ni vêtements ni aliments, surtout pas le pain !

Comme l'école n'est pas obligatoire, les petites filles sont initiées très tôt au travail domestique et comme la mortalité des femmes en couches est chose courante, il n'est pas rare de trouver des fillettes de dix ou treize ans à la tête de grosses familles. Je suis destinée moi aussi aux travaux ménagers. Ma mère me répète qu'un homme est jugé sur son intelligence, une femme, sur la propreté de sa maison. Étant née femme, je ne peux pas être intelligente et, si je le suis, je ne dois pas le montrer. Mieux, le Code Napoléon sur lequel se fondent nos lois met en doute que les femmes aient une âme, et leur enjoint d'être soumises et obéissantes au mari qui, lui, possède l'intelligence infuse.

Le chômage dû à la crise économique ramène les femmes à la maison, elles qui, depuis la guerre, avaient été nombreuses à travailler au dehors. Les politiciens croient que le travail des femmes augmente le chômage et nuit à la famille. Les prêtres prennent tous les moyens pour inciter les femmes à faire de nombreux enfants. Ils réprimandent les mères de famille qui espacent les naissances, leur refusent l'absolution tout en leur rappelant qu'une bonne épouse ne peut pas se refuser à son mari sous peine de péché mortel. Mon père m'a confié, un jour où on était à la pêche tous les deux :

— Ta mère et moi, après ta naissance, la couchette, ç'a été fini.

Quelle a été la sexualité de mes parents ? Comment un homme si affectueux a-t-il pu vivre avec une femme si froide ? Il ne pouvait pas faire autrement, tout simplement ! Le mariage était indissoluble ! Pas de seconde chance pour qui s'était trompé : on restait mariés coûte que coûte, et tant pis pour les enfants. Et on se mariait si jeune. Il n'était pas rare qu'une jeune fille soit mariée à dix-sept ans. Le mari, lui, devait être plus vieux puisqu'il était d'office le pourvoyeur. Faut dire que le mariage d'amour n'existait pas encore. On se mariait pour fonder une famille ! Et les mariages étaient souvent arrangés, même chez les gens pauvres. La mère trouvait pour son fils une fille vaillante, bonne travailleuse, propre sur sa personne et sachant tenir une maison, bonne cuisinière, pas dépensière, pas trop mince, pas trop grosse, juste mûre pour faire des petits à son homme. La mère de la fille, elle, partait à la chasse au pourvoyeur. La principale qualité d'un homme à marier était qu'il soit travaillant et qu'il puisse ainsi faire vivre une grosse famille. Il pouvait être sale, grognon, violent, s'il avait « une bonne job », il faisait l'affaire. Mais j'étais loin du mariage, j'étais encore dans l'enfance.

Ai-je eu une enfance heureuse ? Chaque fois qu'on me pose la question, je ne sais que répondre. Je cherche, cherche, et je finis par trouver des moments heureux.

Le dimanche, on part pour la messe dans l'auto de papa, je ne me souviens pas de la marque, mais pour la faire partir, il faut la « crinquer » : elle démarre à la manivelle. Je nous revois, rue Ontario, endimanchés, pendant que papa crinque le char. L'engin ne part pas. Mon père enlève son pardessus. Crinque encore. Rien ! Il enlève son *petit coat* (on appelait ainsi le veston) et recommence. Rien. Mes frères, chacun leur tour, crinquent le char. Mon père sacre, mes frères suent et puis soudain, ça y est, le char part ! On applaudit ! Quelle merveille tout de même, le modernisme. Et papa de faire l'éloge de cette invention qui révolutionne le monde. Et de faire la comparaison avec les attelages de chevaux de son enfance. On entre tous ensemble dans l'église Saint-Eusèbe-de-Verceil, et je suis fière d'appartenir à cette famille de presque riches. Peu de gens du quartier ont une voiture.

J'aime la messe pour la musique, pour l'encens, surtout pour regarder le monde, leur imaginer des vies plus grandes que nature. Je développe sans le savoir le sens de l'observation qui me servira plus tard comme auteure dramatique. Mon père qui n'est pas un homme pieux se tortille sur le banc. Il trouve le temps long. Mes frères se donnent des pichenottes sur les bras, et ma mère leur fait ses gros yeux. Moi, je suis sage comme une image. Je ne veux pour rien au monde déplaire à ma mère qui me fait l'honneur d'être assise à côté de moi. Magella ne venait pas à la messe avec nous, ça ne se faisait pas. Et puis il fallait bien qu'elle reste à la maison pour préparer le repas de midi.

De retour de la messe, les garçons se lancent des balles dans la ruelle ; moi, j'aide à mettre la table. Ma mère considère que, étant destinée aux travaux ménagers, je dois m'y mettre tout de suite. Je trouve injuste d'être privée de jouer parce que je suis une fille. Je sais maintenant que c'est de là que me vient le désir de prouver à tous, à mon père surtout, qu'une fille vaut un garçon.

Et puis enfin c'est l'heure du dîner. Mon père, assis dans le fauteuil du maître, préside le repas. Ma mère, à l'autre bout, voit à ce que les règles de la bienséance soient respectées.

— Pas de coudes sur la table !

— On ne tient pas sa fourchette comme une fourche à foin !

— On mange la bouche fermée !

— On ne se chicane pas à table !

Je ne sais pas où elle a appris ses bonnes manières. Ma mère vient d'un milieu modeste et n'a donc pas fréquenté les couvents de la haute bourgeoisie.

Le rosbif arrive sur la table, saignant comme mon père l'aime. Avec ses patates pilées et ses petits pois verts. Mon père sort de son étui un grand couteau à viande et l'aiguise longuement, avec un fusil (aiguiseur de couteau). J'ai une peur bleue de ce couteau tranchant, et quand mon père se met à couper la viande, je suis sûre qu'après le rosbif ce sera à mon tour d'être découpée en fines tranches. Comme je suis une fille et que les filles, c'est bien connu, n'ont d'appétit que pour les sentiments, mon père remplit les assiettes de mes frères et me sert une toute petite tranche. Pour lui prouver qu'une fille peut manger autant que ses gars, j'en redemande. Ce n'est pas brillant de ma part, mais je ne peux supporter qu'on me traite différemment parce que née fille.

Et puis Magella apporte la salade ; des feuilles d'une laitue Boston, déchirées à la main. Mon père arrose les feuilles d'huile d'olive, de vinaigre blanc, sale, poivre, et nous annonce sur un ton doctoral : « Je vais touiller la salade. » J'ai su plus tard que nous étions les seuls de ce côté de la rue Saint-Laurent à manger de la salade après le repas et à manger du rosbif saignant. Mon père devait-il ces manières de faire très « françaises de France » à son ancien patron, un Français, ou avait-il appris ça de son « pépère » français, qu'il avait connu dans son enfance ? Je ne l'ai jamais su. Il n'était pas convenable de poser des questions à ses parents. La curiosité était considérée comme un péché véniel. On m'aurait répondu : « T'es bien curieuse, toi. Une vraie fouine ! »

Après le dessert, tarte ou gâteau, on passe au salon où ma mère, d'un geste de grande dame, ouvre le couvercle du piano, ajuste le banc et laisse un instant reposer sur les touches ses mains blanches aux longs ongles polis. Et elle joue. Joue-t-elle bien, joue-t-elle par oreille ? Je ne m'en souviens plus. Mon père s'approche et ils chantent leur chanson.

Maman :
Tu me dis, Armand, que je suis belle.

Papa :
Voudrais-tu m'avoir pour époux ?

Je ne me souviens que du début de la chanson, et de la fin.

Papa :
Et le ciel bénira nos enfants !

C'est le bonheur !

Et puis, mon frère aîné entonne son grand succès, *Le rêve passe*, une chanson de la guerre de Napoléon, qui me fait frissonner. C'est grandiose et triste : tout pour me plaire. Mon frère Marcel, qui est affligé d'un affreux bégaiement quand il parle, chante sans bégayer, ce qui donne une note dramatique à tout ce qu'il interprète. Quand il pousse *Le rêve passe*, on se tait, saisi d'émotion. Ensuite mon frère Jean-Jacques entonne *La Vieille Fille* qui me rappelle que si je ne me marie pas avant vingt-cinq ans je mourrai vierge et martyre comme l'héroïne de la chanson. Et puis arrive mon tour. J'interprète avec mon frère Paul un duo qui commence dans les rires et finit toujours avec mes larmes. Ce duo s'appelle – je m'en souviens comme si c'était hier – *Nicolas*.

Moi :
Nicolas, par quelle route
Trouverai-je mon destin ?
Je suis égarée sans doute
Me donneras-tu la main ?
Lui :
Égarez-vous, égarez-vous pas
Ça m'est égal, mam'zelle.
Si vous m'aimez, moi, je vous aime pas.
Laissez-moi, bâdrez-moi pas !

À chaque couplet je lui demandais de m'aider, de m'aimer, et lui me répondait :
Si vous m'aimez, moi, je vous aime pas.
Laissez-moi, bâdrez-moi pas !

À la fin de la chanson, qui était fort longue, je disais :
Nicolas, je vais me pendre
Tireras-tu le cordeau ?
Car si tu ne veux pas m'entendre
Je vais descendre au tombeau.

Lui :
Me prend-elle pour son bourreau ?
Que le diable emporte les filles

Qui veulent qu'on les aime
Quand on les aime pas.
Laissez-moi, bâdrez-moi pas !

Mon frère, qui est colérique, s'empourpre tout le long de la chanson et la termine rouge comme une tomate. Je crois que c'est à moi personnellement qu'il en veut. Je me mets à pleurer. La journée si bien commencée se termine, comme d'habitude, dans les larmes.

Je pleure tant à cette époque que j'ai des gerçures aux joues. Je me demande pourquoi mes parents laissent mes frères me démolir à coups de farces plates. Il leur semble normal que les plus forts fessent sur les plus faibles. Ma mère me raconte comment autrefois les mères tuaient leurs bébés filles, que c'était un moyen de réduire les familles nombreuses. Je constate, en silence, bien sûr, que ce n'étaient pas les bébés garçons que l'on écrasait « par accident » dans le lit conjugal, mais les filles.

J'ai vérifié dans les livres d'histoire : ma mère disait juste. L'infanticide était si fréquent que les évêques durent envoyer une lettre à tous les curés du Québec pour défendre aux parents de coucher les bébés naissants dans le même lit qu'eux. Il y avait trop d'« accidents ». Tout ça renforce ma conviction que je ne suis pas née du bon sexe. Je réagis encore très émotivement quand je vois des frères humilier, rabaisser leurs petites sœurs sous prétexte d'humour. Il m'arrive encore aujourd'hui de sermonner des jeunes garçons qui torturent ainsi leurs petites sœurs.

***

Mon père, quand j'ai eu cinq ans, acheta un terrain sur le bord de l'eau, à Repentigny. C'était la pleine campagne. Je me revois courant dans le foin odorant. Moi qui en ville ne quitte jamais la galerie, je découvre l'espace, la liberté de la campagne. Moi qui depuis ma naissance respire la fumée de la « factrie » de tabac en face de chez moi, je hume avec délice le grand air venu du fleuve.

Sur ce terrain, mon père fait construire un chalet modeste. Ma mère ne vient pas sur le chantier, elle est trop « fancy », comme dit mon père, mais il m'y emmène quelquefois avec mes frères. Mon père, moins sévère, me laisse gambader dans le foin non coupé. Comme il n'y a pas de toilettes, et qu'une fille ne se soulage pas derrière les arbres comme les garçons, je fais pipi dans ma culotte. Et j'ai honte ! J'ai peur qu'on voie ma robe mouillée, qu'on découvre à l'odeur que je ne sais pas me retenir, et que mes frères se moquent de moi. Je me sens coupable. Mon père finit par s'apercevoir de mon « crime » et il me montre comment, en m'accroupissant, je peux me soulager de mon envie. Mon père peut être mon allié contre mes frères ! J'ai donc résolu de faire sa conquête. Comment ? Je n'en ai pas la moindre idée !

En matière de séduction, les petites filles ont un modèle à suivre et c'est celui de la mère. Ma mère ne faisait rien pour séduire mon père, enfin pas devant moi. Elle était la froideur même, et les quelques fois où j'ai vu mon père tenter un geste intime, il a essuyé un refus. Que faire ? Mon père aimait le sucré ? Je lui sucrerais le bec ! Mes frères jouaient à la balle molle avec lui, moi, je lui ferais du sucre à la crème. Quand, le soir, il s'en prend un morceau, qu'il y goûte et s'écrie : « C'est le meilleur sucre à la crème que j'ai mangé de ma vie », je me sens reconnue, importante. J'existe. Je viens de comprendre que le meilleur chemin pour toucher le cœur d'un homme passe par son estomac, et qu'il faut donner pour recevoir.

Je lui en ai fait, du sucre à la crème, des tartes, des gâteaux. Il se gavait de sucreries et me bourrait de compliments. Pour moi, le sucré, c'est de l'amour. J'en fais, j'en mange, j'en offre. Il m'arrive même de prendre des « brosses » de sucre.

***

Je n'ai pas de petite amie pour jouer. Ou bien je joue seule, ou bien je joue avec mon frère Paul quand il le veut bien. Si on joue au magasin, évidemment je suis l'acheteuse, jamais la patronne. On joue à l'école ? Il est le maître ; je suis l'élève. Si on joue à des jeux de société ou aux cartes, il gagne, je perds. Je ne veux plus jouer avec lui.

Petite fille de la ville, cantonnée à une galerie, j'aurais voulu vivre à l'année à la campagne. Le bonheur n'aime pas la ville. Je me trompais ! Les fillettes de la campagne n'étaient pas mieux que moi. En 1930, les deux tiers de la population du Québec vivaient à la campagne dans une grande pauvreté. Les familles y étaient encore plus nombreuses qu'à la ville. Des familles de quinze, dix-huit ou même vingt et un enfants n'étaient pas rares. Les fillettes devaient non seulement aider les mères à la maison, mais aussi participer aux travaux de la ferme, prendre soin des poules, aller chercher les vaches au champ et même les traire. Quand arrivait un nouveau bébé, il était souvent confié à une fillette de la famille. On a vu alors des petites filles de six ans travailler autant que des femmes mûres et avoir autant de responsabilités. Il ne faut pas oublier que la fréquentation de l'école n'était pas obligatoire. Les filles abandonnaient les études très tôt soit pour aider la mère, soit parce que l'école était trop loin de leur maison, mais surtout parce qu'une fille n'avait pas besoin d'instruction pour se marier. Avec les hivers rigoureux qui sévissaient et le peu de vêtements chauds, aller à l'école tenait de l'héroïsme. Mon père me racontait qu'il s'y rendait pieds nus, les souliers sur l'épaule de peur de les user. Et l'école était parfois à des kilomètres. Il arrivait, aussi, que les maîtresses des écoles de rang n'en sachent pas beaucoup plus que les élèves. Les parents envoyaient étudier uniquement les filles qui aimaient l'école plus que tout. Les autres restaient à la ferme. « Qu'est-ce que vous voulez, elle a pas de talent » était l'excuse classique pour expliquer le retrait de leur fille de l'école. Les filles aînées étaient carrément sacrifiées. Elles devenaient des esclaves. J'exagère à peine. En pleine jeunesse, accomplir un travail dur physiquement, que l'on n'a pas choisi, pour lequel on n'est pas payé et qui n'est pas reconnu socialement, c'est travailler comme des esclaves. Dans les milieux aisés, on avait trouvé un qualificatif pour faire avaler la pilule à la fille aînée qui devait lâcher ses études : elle devenait « le bras droit de la mère ».

Il n'est donc pas surprenant que de nombreuses filles de la campagne aient cherché à fuir la ferme. Leur seule porte de sortie, c'était le travail domestique dans une famille. Les filles travaillaient aussi fort qu'à la ferme, mais au moins elles étaient payées et, surtout, appréciées. Un ménage sur cinq avait une servante à son service.

Magella, chez nous, est payée deux dollars par semaine, nourrie, logée, blanchie, comme on dit. Elle se garde vingt-cinq cents par semaine et donne le reste à sa mère. La journée de travail est longue, de seize à dix-huit heures par jour, six jours par semaine. Le congé hebdomadaire, c'est le dimanche après-midi, quand c'est possible de le prendre. Avec le recul, je me rends compte à quel point les filles non instruites étaient peu favorisées, comparées aux garçons. C'était ou aider sa mère à la maison, ou travailler comme servante dans une famille, ou travailler à l'usine. On ne sortait de cet enfer qu'en se mariant.

Pour les filles instruites, il y a l'enseignement. Celles qui veulent enseigner ont le choix entre la vie religieuse et la vie laïque. Je me souviens d'une religieuse à mon école qui me vantait sa condition privilégiée : « Sécurité d'emploi jusqu'à la mort, nourrie, logée, blanchie, pas d'homme qui sacre, qui boit, qui se couche sans s'être lavé, et pas d'enfants à torcher. La vraie vie. »

Les filles peuvent aussi être gardes-malades, sous la tutelle des religieuses et au service des médecins. Comparés aux métiers des hommes, ces métiers « laïques » – enseignantes et infirmières – sont mal payés et peu reconnus. Pas étonnant que j'envie mes frères qui par le seul fait d'être de sexe mâle ont accès aux études, et donc aux professions et métiers de leur choix.

* * *

J'ai sept ans quand j'entre à l'école. C'est à trois rues de chez moi. L'école Gédéon-Ouimet est dirigée par les Filles de la Sagesse, une congrégation d'origine française. Les religieuses se font appeler « chères sœurs ». Elles sont vêtues de longues robes beige rosé et, oh supplice ! leur poitrine est dissimulée derrière ce qui paraît être une planche de bois. Leur coiffe, opaque, raide d'amidon, leur cache la vue périphérique. Elles ne peuvent que regarder en avant. Ce costume pèse lourd, est très chaud l'été, mais il est spectaculaire.

Cette école accueille les filles seulement. Je suis donc en pays inconnu, moi qui n'ai que des frères. Je me replie sur moi-même. Je reste tranquille dans mon coin à apprendre à lire et à écrire. Je connais toutes les lettres, mais je n'arrive pas à les placer dans l'ordre. Je ne sais pas encore – je le saurai à quarante-cinq ans – que je suis dyslexique. Je me pense stupide. Je me dis que mes frères ont raison, je suis une arriérée, une « nounoune », une nulle, une innocente. Comme les petites filles me font peur, je me colle à ma maîtresse de première année. Elle est douce, tendre, elle rit tout le temps. Elle a des grosses joues roses. Je veux qu'elle soit ma mère. Elle me rabroue et je souffre. Je n'ai pas le tour de me faire aimer, c'est certain. J'aime mal parce que j'aime trop.

Je me souviens peu de mon cours primaire. Étais-je bonne en classe ? En tout cas, je ne suis ni première ni dernière, je me tiens au milieu, là où prolifère la médiocrité. Mes parents ne m'encouragent ni ne me poussent à faire mieux. On n'attend pas grand-chose d'une pisseuse, nom dont les petits garçons affublent les filles, comme si le fait d'uriner assise était un signe d'infériorité. Je ne me souviens pas d'avoir été aidée dans mes devoirs, à la maison. Ça ne se faisait pas. Je me souviens, par contre, d'un jour où, devant présenter un devoir en classe, j'ai menti en prétendant l'avoir oublié à la maison. La «chère sœur», sachant que j'habitais tout près, me renvoie chez moi le chercher. Je suis prise dans mon mensonge, comme une mouche dans une toile d'araignée. Je veux mourir. Je ressens encore l'humiliation d'être prise en faute. Je dois avouer mon mensonge et je me jure de ne plus jamais mentir. Promesse que je n'ai pas pu tenir. Peut-on dire la vérité, rien que la vérité, toujours la vérité ? J'ai appris à mentir sur les genoux de ma mère, comme tous les enfants, d'ailleurs. À cette époque, on nous chante sur tous les airs qu'il ne faut pas mentir et pourtant nos parents mentent, les curés mentent, les échevins mentent... tout le monde ment. Selon ma mère, le mensonge est un acte de charité quand c'est elle qui ment, et un péché quand c'est moi.

Les péchés me ramènent à ma première communion. La course aux péchés ! Parce que avant d'avaler le corps du Christ – ouache ! – il faut se nettoyer de toutes les saletés qu'on a dans le cœur. Et si on n'a pas de saletés, on en invente. Pour les prêtres, une petite fille de sept ans a sûrement plein d'affreuses crottes sur la conscience dont il faut la laver. Les religieuses nous suggèrent d'ailleurs une liste de péchés, il n'y a qu'à piger dans le tas : le mensonge, l'avarice, la colère, la médisance, la calomnie, l'envie, la jalousie, la luxure. Ce dernier péché m'attire. J'aime le mot tout en rondeur, son mystère, mais je ne sais pas ce qu'il signifie et personne, ni à l'église, ni à l'école, ni à la maison, ne me donne d'explication quand je pose des questions.

Comme je veux faire ma première communion, je me cherche désespérément un péché ; véniel ou mortel, il m'en faut un, au moins un, parce que sans confession, pas de première communion. Je tiens à faire ma première communion parce que ma mère m'a acheté chez Dupuis Frères une jolie robe blanche, avec un voile comme celui d'une mariée. Des bas blancs et des souliers vernis complètent le « kit » de la parfaite communiante. Alors, pour ma première confession, j'invente un mensonge que j'aurais dit à ma mère. Je peux mentir, je ne peux pas désobéir, il est impossible de désobéir à ma mère. Elle n'a rien d'autre à faire que de voir à ce que j'obéisse tout le temps. Mon mensonge, finalement, me sauve. Grâce à lui je peux faire ma première communion. Il ne me vient pas à l'idée de dire au confesseur que je n'ai pas commis de péché, ça ne se fait pas. On est né avec le péché originel ; on est sale ! Seule la confession peut nous javelliser l'âme. Il faut dire que nous, catholiques, vivons tous sous la férule d'une dictature toute-puissante : l'Église. Les prêtres nous menacent de l'enfer à la moindre remise en question du bien-fondé des règles. On n'a pas le droit de douter.

Une histoire circule sous le manteau. C'est l'histoire d'un gars qui se noie. Un prêtre l'aperçoit de la berge et va vers lui en chaloupe. Le pauvre ne sait pas nager. Le prêtre le prend par la chemise, le tire de l'eau, et lui demande :

— Crois-tu en Dieu ?

Le pauvre homme, en haletant, répond :

— Non.

Le prêtre le rejette à l'eau. Voyant qu'il se noie, le moribond crie :

— Oui, oui, je crois.

Et le prêtre le tire de l'eau, le baptise au nom du Père et du Fils et du Saint-Esprit, puis le rejette à l'eau.

— Au moins, tu vas aller au ciel !

Cette histoire parodie à peine le « crois ou meurs » de ma jeunesse.

À la confesse, par la suite, j'offre quelques appétissantes saletés au prêtre pour apaiser sa faim de péchés. Une fois, cependant, en manque d'imagination, j'ai le courage de lui dire :

— Mon père, je n'ai pas de péché à confesser.

Il m'en trouve tout de suite trois :

— Menteuse, orgueilleuse, effrontée !

Et il a triplé la pénitence.

Malgré tout, j'aime assez le confessionnal. C'est un endroit sombre et mystérieux qui sent le caveau à légumes et le tabac froid. Le prêtre à demi caché me fascine. Qui est-il ? Comment peut-il passer ses journées à écouter des saletés ? Est-ce que ça le tanne, ou lui donne des idées ? Je sors du confessionnal pleine d'histoires à me raconter. À remarquer, avant de raconter des histoires aux autres, je m'en racontais à moi, dans ma tête.

Pour en revenir à ma première communion, à la dernière minute le curé de la paroisse décida que les petites filles porteraient des robes noires toutes pareilles. Je n'ai pu revêtir ma robe blanche que pour une photo. Quelle déception !

***

J'ai toujours pensé que ma mère ne m'aimait pas parce qu'à ma naissance elle avait fait une phlébite dans une jambe qui, paraît-il, aurait pu lui coûter la vie. Du plus loin que je me souvienne, j'entends ma mère associer ma naissance à la mort. Elle portait un bas élastique et chaque fois qu'elle le mettait, c'est-à-dire chaque jour, elle se plaignait d'avoir à le porter. Je me sentais coupable d'être née. C'était de ma faute si elle ne sortait jamais de la maison, c'était de ma faute si elle ne faisait pas à manger, si elle ne faisait pas le ménage. Tout était de ma faute ! Avec le recul, je pense que la phlébite a été pour elle une belle occasion de cesser de s'occuper de la maison, de son mari, de ses enfants. S'occupait-elle plus de Marcel, mon frère aîné ? Je ne le sais pas. Il était bègue et ça l'énervait, mais il était bon en classe et ça lui faisait plaisir. Mon frère du milieu, Jean-Jacques, était considéré comme le mouton noir de la famille. Moi, je sais qu'il souffrait du même mal de mère que moi et que ses mauvais coups n'étaient qu'une quête d'amour. Quant à Paul, ma mère l'adorait et lui passait toutes ses humeurs. Lorsqu'il faisait une colère, c'est moi qu'elle houspillait :

— Tu le sais qu'il est méchant, fais-le pas choquer !

Je trouvais ma mère injuste, mais peut-être étais-je tout simplement jalouse.

Moi, si avide de compliments, j'aurais aimé que mes parents me trouvent bonne, belle et fine, et me le disent. Rien ! On ne dit pas à son enfant qu'il est beau, ça le rendrait orgueilleux et l'orgueil est un péché. On ne félicite pas un enfant pour ses bonnes notes en classe, il pourrait devenir paresseux et la paresse est un péché. Si on fait un compliment, c'est de façon détournée, de manière que l'enfant ne s'enfle pas la tête. Quand mon père me dit : « Le sucre à la crème est bon », je veux qu'il me dise : « *Tu* fais du bon sucre à la crème. » De la même façon, il ne dit pas : c'est beau, c'est bon ; il dit : c'est pas laid, c'est pas pire, c'est pas mauvais.

J'ai tellement souffert de ne pas avoir été appréciée que, quand j'ai eu des enfants, je les ai beurrés, badigeonnés de compliments. Trop, sûrement !

J'étais malade d'attention. Heureusement, j'avais Barny. Mon père avait acheté ce chien policier pour garder le magasin des voleurs. Ce chien, autant il était méchant avec les étrangers, autant il était doux avec moi. Il m'aime, lui ! Il faut le voir quand j'arrive au magasin, il me saute dessus, jappe de joie. Il me lèche la figure. Faut dire que c'est moi qui lui apporte sa nourriture. Il vit toute l'année dans le magasin, mais l'été, maman, qui déteste les animaux, permet qu'il vienne à la campagne avec nous, pour nous garder des quêteux et autres ravisseurs d'enfants. Ce chien est mon confident, mon ami et me confirme dans mon idée qu'il faut passer par l'estomac pour atteindre le cœur des gens… et des bêtes.

Aujourd'hui, je fais encore à manger pour les miens, persuadée que si j'arrête de les nourrir, ils vont fuir. J'ai en ce moment un chat que je nourris.

***

Les années passent. Je suis endormie, j'attends que le prince charmant me réveille comme dans *La Belle au bois dormant*. Je lis tout ce qui me tombe sous les yeux. Je vais à l'école. Il m'arrive de faire la conquête d'une petite amie, mais je l'aime si fort qu'elle finit par me fuir. Je n'ai pas confiance en moi, je me trouve « nounoune » et moche, mes frères me le répètent sur tous les tons.

Devant chez nous il y a un « théâtre » (cinéma) où, pour vingt-cinq sous, on peut voir trois films. Je vois des petites filles de mon âge y entrer avec des bonbons et un Flirt (le Coca-Cola des pauvres ; il coûte trois cents au lieu de cinq). Je demande à ma mère de me laisser y aller avec mes frères. Il n'en est pas question ! C'est plein de bandits qui enlèvent les enfants, dans ce cinéma, et des gros rats courent entre les banquettes à la recherche d'orteils de petites filles à grignoter. Alors je grimpe sur le calorifère et regarde passer le monde.

Un jour, le Grec du « ice-cream parlour » retourne en Grèce et loue son petit espace à des gitans, les « Gypsies », comme ma mère les appelle. Je cesse de vouloir aller au cinéma, je l'ai devant moi, à longueur de journée. Des femmes dorées, aux cheveux jusqu'aux fesses, en longues jupes bariolées, allaitent leurs bébés. Des hommes aux cheveux sur les épaules tressent des paniers. Des enfants presque nus se lavent dans l'eau laissée par la pluie. Le soir, à la lumière des chandelles, ils jouent de la musique et dansent. Ils ont l'air de ne vivre que pour s'amuser et s'aimer. Je suis fascinée. Je veux aller leur parler, les voir de plus près, m'approcher du bonheur. Ma mère s'insurge et me raconte avec force détails tous les crimes perpétrés par ces affreux « Gypsies ». Ils sont sales et voleurs. Ils apportent des maladies des vieux pays. Ils sont vicieux, ils dorment tous dans la même pièce et les filles séduisent les maris des honnêtes femmes. Quant aux hommes, ils battent leurs femmes et sont toujours soûls. Et surtout, surtout, ils enlèvent les petites filles comme moi pour les vendre dans les cirques.

Je rêve d'être enlevée et de me retrouver avec eux dans un cirque. Un peu plus et j'irais m'offrir à eux. Et comme je ne peux pas exprimer mon attirance, je prends un de mes cahiers d'école beige rayé et j'écris mon premier roman, l'histoire d'une petite fille qui se fait enlever par des gitans et découvre que sa véritable mère est une gitane aimante et caressante. Le rêve !

À la suite des plaintes des gens du quartier, les gitans sont chassés, envoyés je ne sais où, et je déchire mon cahier de peur que ma mère le lise.

***

À l'école je me sens snobée. Dans ce quartier pauvre, mon père fait figure de nanti. Chaque midi, je passe au magasin pour donner un bec à papa et des fois il me donne cinq cents pour m'acheter des bonbons au petit magasin devant l'école. Pour cette somme-là j'ai un balai en chocolat, un bâton fort, trois effaces en sucre, deux caramels et cinq surettes. Seule dans un coin de la cour d'école, j'ouvre mon sac de papier brun et je déguste mes bonbons un à un. J'apprends ainsi que le sucre ne remplace pas l'amour, mais presque. Finalement, je ne suis bien nulle part. Je ne m'amuse jamais. Je sais que le bonheur existe seulement dans les livres de contes, pas dans la vie. Je voudrais être Blanche-Neige ; tout ce qu'on me propose, c'est d'être une Yvette.

Yvette m'est présentée comme modèle dans mon livre de lecture. Guy est le modèle proposé aux petits garçons. J'ai retrouvé le texte intégral :

> Guy pratique les sports, natation, gymnastique, tennis, boxe, plongeon. Son ambition est de devenir champion et de remporter beaucoup de prix.
>
> Yvette, sa petite sœur, est joyeuse et gentille. Elle trouve toujours le moyen de faire plaisir à ses parents. Hier, à l'heure du repas, elle a tranché le pain, versé le thé chaud dans la théière. Apporté le sucrier, le beurrier, le pot au lait. Elle a aussi aidé à servir le poulet rôti.
>
> Après le déjeuner, c'est avec plaisir qu'elle a essuyé la vaisselle et balayé le tapis.
>
> Yvette est une petite fille bien obligeante.

Quand, à l'occasion, je me plains de mon sort, ma mère me parle de ma chance d'avoir une maison, des frères. Elle me brandit la menace de l'orphelinat :

— T'aimerais mieux qu'on te place à l'orphelinat, peut-être ?

Contrairement à ce que son nom peut laisser croire, l'orphelinat n'est pas seulement un endroit où l'on recueille les orphelins. C'est un endroit où l'on abandonne aussi les bébés naissants non désirés, les enfants tannants, les enfants qui ne se comportent pas selon les attentes de leurs parents ; en somme, les enfants de trop. Ils sont élevés par les sœurs avec les vrais orphelins, puis sont placés, les garçons dans des fermes, les filles dans des familles… comme servantes.

Non, décidément, je ne suis pas née du bon sexe. Un garçon contribue à perpétuer la lignée, le nom du père. Une fille, à quoi ça sert ? Je comprends que les mères soient si heureuses quand elles ont la chance de donner naissance à un porteur de pénis. Les familles comme celle de ma tante Cordélia – composée de dix ou douze filles, je ne me rappelle plus exactement – sont considérées comme malchanceuses. Pensez donc : dix filles, dix bouches à nourrir, comme si les garçons ne mangeaient pas ! Mon oncle Anthime fait pitié avec sa « trâlée » de filles, et même sa virilité est mise en doute. Un homme qui ne fait que des filles, est-ce un vrai homme ? Ce sentiment est si fort que mon père, à la naissance de ma fille Dominique, m'a dit :

— C'est pas grave, tu te reprendras.

À la naissance d'Isabelle, s'attendant enfin à un garçon, il a dit :

— Faut que tu m'fasses un gars !

Et je lui en ai fait un, Martin !

Il a aimé mes filles ; il a adoré mon fils. Mon père était un homme de son temps, et le temps était aux hommes. On était en plein patriarcat.

***

Dans les années 1930, la famille urbaine compte sept ou huit enfants. Ça va jusqu'à vingt et un dans les campagnes. Les enfants viennent à intervalles de deux ans. Le temps de les faire, le temps de les allaiter, puis on recommence. L'encyclique « Chastes Époux » du pape Pie XI proclame que les époux n'ont le choix qu'entre l'abstinence et la procréation. Faire l'amour pour le plaisir est péché. Avoir recours à la contraception, c'est aussi commettre un péché. D'ailleurs, la contraception sûre à cent pour cent n'existe pas. Celles qui n'ont que quatre ou cinq enfants ont des maris capables de se retirer avant l'éjaculation. Cette méthode dite « du retrait » est une source d'angoisse pour les femmes, elle les rend dépendantes des hommes quant à la venue des enfants et surtout les empêche de jouir. On vend des capotes anglaises dans les pharmacies, mais elles coûtent cher et ne sont pas sûres. Et le latex est loin d'avoir été inventé. Les premières capotes dont j'entends parler sont faites à partir d'intestins de mouton, c'est tout dire. Restent les douches vaginales à l'eau de Javel, après l'amour. Ce procédé dangereux cause de nombreux problèmes de santé aux femmes et n'est pas sûr, lui non plus.

C'est l'impasse pour les femmes. Elles ne sont pas d'accord avec le point de vue de l'Église. Pour elles, l'amour est plus fort que les directives d'un pape « vieux garçon ». Les femmes commencent à penser que les prêtres n'ont pas à se mettre le nez dans leurs histoires de couchette. Alors elles désobéissent, elles espacent les naissances avec les moyens du bord. Cette désobéissance des femmes aux ordres insensés de Rome marque le début du processus de désertion de l'Église, désertion qui va aller en s'accentuant.

Entre-temps, on chuchote dans le secret qu'une nouvelle méthode de contraception vient de faire son apparition chez les Anglais de Montréal : la méthode Ogino, soit la continence périodique. Mise au point par un Japonais, elle serait *foolproof*. Seuls quelques médecins de Montréal la font connaître aux femmes. Il ne faut pas oublier que les médecins ont tous reçu leur éducation dans des collèges dirigés par des religieux; c'est normal qu'ils mettent du temps à braver leurs maîtres. Malheureusement, les adresses des médecins plus ouverts tarderont à parvenir jusqu'aux quartiers pauvres. Ma mère n'a pas eu la chance d'entendre parler de la méthode Ogino, pourtant très populaire chez nos voisins anglo-protestants de Montréal.

C'est seulement à la veille de mon mariage, en 1947, qu'un étudiant en médecine me l'expliquera sous le sceau du secret. L'Église mettra des années à tolérer cette méthode. Le clergé sait bien qu'il y aura beaucoup moins d'enfants si on laisse les femmes prendre en main leur fécondité. Hélas, en fin de compte, cette méthode s'avérera peu fiable et il naîtra une flopée de « bébés Ogino ». Tous mes enfants sont des « bébés Ogino ».

Il y a, bien sûr, l'avortement. Les femmes parlent tout bas des avorteuses, les « faiseuses d'anges ». J'écoute avec horreur mes tantes et mes cousines raconter en chuchotant des avortements sanglants avec des broches à tricoter : « Elle est morte au bout de son sang ! » Il y a, paraît-il, rue Sherbrooke, coin Delorimier, un médecin étranger avorteur. En passant devant sa maison, on dit que ça sent la chair brûlée. Et je frémis de dégoût. Avant même de savoir comment se font les bébés, je sais comment on se les arrache du ventre pour ensuite les faire brûler dans une fournaise démoniaque ou les jeter dans le bol de toilette et tirer la chaîne.

Quand il y a une naissance dans la famille, j'aime croire que ce sont les « sauvages » qui sont venus porter le bébé et que la mère est alitée parce que les affreux sauvages lui ont donné des coups de bâton dans les jambes. Cette histoire me plaît. Elle justifie le peu d'intérêt que me porte ma mère. Elle ne me désirait pas, ce sont les sauvages qui l'ont forcée à me garder. Et, en plus, ils lui ont frappé les jambes, ce qui a causé sa phlébite. C'est de leur faute, pas de la mienne. Un dimanche, à table, mon frère Paul me dit devant tout le monde que je suis bien « nounoune » de croire pareille balivernе. Je demande à ma mère :

— Mais si c'est pas les sauvages qui apportent les bébés, d'où ils viennent, d'abord ?

Ma mère a regardé mon père, qui a baissé les yeux, puis j'ai eu ma réponse habituelle :

— Elle puis ses questions ! Une vraie fouine !

Quoi que je fasse, quoi que je dise, j'ai toujours tort. Alors je me tais, ce qui ne m'empêche pas de penser.

***

J'ai sept ans et la crise économique sévit toujours. On est en 1932. Les jupes allongent, les cheveux aussi ; finies les coupes à la garçonne. Ma mère range sa robe « charleston », son chapeau cloche, ses épais bas de soie et le bandeau qui lui aplatit les seins. C'est la mort de la femme androgyne et le retour de la femme femme, avec ses rondeurs, sa féminité. Ma mère ressort son corset Grenier à baleines qui lui creuse la taille, fait fleurir sa poitrine. Je saurai bien plus tard que les créateurs n'inventent pas les modes, mais interprètent par leurs créations les mouvements de société qu'ils sentent flotter dans l'air. Les corsets mettent en valeur les attributs de la maternité : les seins et les hanches. Je me souviens de certains matins où mon père n'avait pas le temps de lacer le corset de maman. Elle m'appelait et c'est moi qui tirais sur les cordons jusqu'à ce qu'elle crie :

— Assez, j'étouffe !

Ce corset en grosse toile jaune la faisait se tenir droite comme une lampe torchère. À ses côtés, j'avais l'air d'une vadrouille.

— Tiens-toi droite !

Cet ordre, je l'entendrai pendant toute ma jeunesse et j'y obéirai. C'est grâce à ma mère si je me tiens aussi droite. Merci, maman.

Je ne mettrai pas de corset à baleines mais porterai, dès que je serai grande, à dix-huit ans, une gaine-culotte en caoutchouc, gardienne de la vertu des jeunes filles. Nos mères croyaient en effet que la gaine, si difficile à mettre et surtout à enlever, suffisait à garder leurs filles vierges jusqu'au mariage. La virginité étant obligatoire comme le trousseau, il faut, si on veut se trouver un mari, être munie des deux. On me plante cette idée dans la tête dès l'âge de raison, avant même que je sache comment perdre ma virginité. Je ne sais même pas ce qu'est la virginité !

Les cheveux courts ont fait place aux cheveux longs. On sait que les cheveux longs, les seins et les hanches pleines stimulent le rut des mâles. Ma mère se fait donner une permanente à la maison. J'assiste à ce martyre. C'est l'affaire d'une soirée entière. Et ça pue ! Mais le résultat vaut le trouble. Ma mère est frisée comme un mouton. Et la permanente dure six mois. Moi, je supplie qu'on me frise avec des guenilles pour ressembler à Shirley Temple, mon idole. Je n'ai pas vu ses films, je ne vais pas au cinéma, mais il y a des photos d'elle partout. J'en ai une, encadrée, dans ma chambre. Je la prie tous les soirs. Je lui demande de faire en sorte que je devienne aussi blonde, aussi frisée qu'elle ; je donnerais ma vie pour avoir des boudins comme les siens. À moins de dix ans, elle est millionnaire et, surtout, elle semble si heureuse. Sur toutes les photos, elle sourit. Je sais qu'elle danse le « tap dance » et je m'essaie moi aussi à faire claquer mes talons. Mes frères rient de moi. Je pleure. Pourquoi Shirley Temple rit-elle tout le temps ? Pourquoi, moi, je pleure tout le temps ?

Ce n'est pas vrai, je ne pleure pas tout le temps, il y a des moments où je suis heureuse, moi aussi : quand, le vendredi, on ne mange pas de poisson et que Magella fait des frites à volonté ; ou quand mon père va à la taverne, en face, et me rapporte un verre d'huîtres gluantes et des petits biscuits soda carrés. J'avale les huîtres sans les croquer pour faire honneur à mon père. Ma mère est dégoûtée, mon père m'admire. Le bonheur ! Et puis il y a, le dimanche, les tours de « machine » jusqu'à Notre-Dame-de-Grâce et, parfois, jusqu'à Westmount pour regarder comment vivent les riches.

Il nous arrive aussi de rendre visite à mes grands-parents, à Valleyfield. On s'entasse dans la Ford de papa tôt le dimanche matin et on part à l'aventure. C'est une expédition de se rendre à Valleyfield ! Mon frère Paul s'assoit sur la banquette avant, pauvre lui, il a mal au cœur en arrière. Mes deux autres frères sont assis en arrière et moi, j'hérite du strapontin, petit banc pouvant s'abaisser au besoin et que toute bonne auto possède. Je suis la plus petite, c'est juste que j'aie le petit banc, excepté que j'ai vue sur l'arrière de la route. De toute façon, la fenêtre est trop haute, je ne vois rien. Du fond de l'auto, le chemin me semble long. La Ford de papa est équipée de vases à fleurs en verre taillé, mais les « tires » sont minces comme des feuilles de papier. Comme les routes sont en gravier, on fait toujours quelques « flats » en chemin. Tout le monde débarque et, hop ! papa répare le « tire » avec ses fils.

On arrive à midi chez mon oncle Anthime et ma tante Cordélia. Les poulets rôtissent, le pain sorti du four refroidit sur la « pantry ». Mes cousines font de la crème glacée à la vanille dans la sorbetière. Mes frères prennent la relève à la manivelle. J'aime cette maison remplie de rires et de boustifaille. Après le dîner mon père insiste pour amener Cordélia faire un tour de « machine ». Ma tante doit bien peser deux cent cinquante livres. On la pousse à l'arrière de l'auto, on part et… c'est la crevaison ! Mon père, furieux, crie à sa sœur :

— C'est fini, je t'amène plus, tu me fais toujours faire un « flat » !

Ma tante, insultée, réplique :

— C'est ça, dis-moi que j'suis grosse !

— C'est pas que t'es grosse, c'est que tu fais exprès de t'asseoir du côté du « spare ».

La chicane continue. Ma mère se raidit, elle trouve vulgaire la famille de mon père et boude sur le bord de la route, ce qui met mon père en furie. Ça va mal ! Moi, je ne comprends pas que mon père qui aime tant sa sœur puisse se chicaner avec elle. Ma tante se met à pleurer, elle veut rentrer chez elle à pied. Mon père s'excuse, l'embrasse et tout le monde descend de la voiture pour réparer le pneu. Je les trouve chanceux de s'embrasser après une chicane. Si seulement mes frères...

Ma mère, née Bédard, n'a plus sa mère. Elle n'en parle jamais. Elle a encore son père, pépère Bédard, et deux sœurs, ma tante Bertha, ma marraine, et ma tante Bérisa, une sœur aînée plus froide qu'elle encore, mariée à un employé des chemins de fer. Elle a aussi un frère, Omer, un être « feluette », toujours malade, paresseux comme un âne ; il mange à table dans sa berceuse. Un autre frère, Gilbert, vient nous voir tous les dix ans ; il est « cook » sur les transatlantiques.

Sa sœur Bertha, ma marraine, vient souvent à la maison, elle vit à trois rues de chez nous. Ma mère la méprise, elle la trouve trop bonne, trop douce, une vraie pâte molle. Elle a marié un ivrogne et ma mère ne comprend pas qu'elle laisse son mari la maltraiter. Moi, j'adore ma tante Bertha. À ma fête, comme elle n'a jamais un sou et ne peut m'acheter un cadeau, elle m'emmène au parc Lafontaine jouer dans les « balancignes » et au retour elle me fait des frites carrées. Elle me donne du temps, ce que ne fait pas ma mère. C'est mon plus beau cadeau.

Mon grand-père Bédard, selon ma mère, était un avant-gardiste, un « essayeux » d'affaires, un « *jack of all trades* ». Il a eu des chevaux, les a dressés pour les courses, puis les a vendus. Il a eu un bateau à vapeur, le *Garnet*, qui naviguait sur le canal Lachine. Il l'a revendu. À l'apparition de l'automobile, de maquignon de chevaux il est devenu vendeur d'autos.

Une histoire courait sur lui dans la famille. Le jour où il prit possession de sa première auto, une Pierce-Arrow décapotable, il amena sa femme et ses enfants essayer cette nouvelle « machine ». Au retour, voulant arrêter l'automobile devant la maison mais ne se rappelant plus le mode d'emploi, il tira sur le volant en criant « Wôoooo ! » et la voiture passa au travers de l'écurie pour s'arrêter sur un arbre. Quand ma mère racontait cette histoire, elle riait de bon cœur. Moi, je riais de la voir rire ; c'était si rare.

La maison de mon grand-père Bédard, dans la banlieue de Valleyfield, de l'autre côté du canal de Beauharnois, est sombre et sent la pipe de plâtre et les pommes pourries. C'est un homme sévère, il ne rit jamais. Il a de l'autorité ! Je ne l'aime pas beaucoup. J'en ai peur. À cette époque, les hommes préfèrent être craints plutôt qu'aimés. C'est le cas de mon grand-père. Quand on allait le voir, à Saint-Anicet, ma mère me prévenait :

— C'est ton grand-père, il faut l'embrasser en arrivant et en partant.

Or il a des dents, une moustache et une barbe jaunies qui puent le tabac. Mes frères s'empressent de lui serrer la main, puis ma mère me pousse vers lui :

— Vas-y, embrasse-le.

Je prends une grande respiration et je plonge dans ce tas de foin piquant et puant. Je pense qu'il m'aimait, et aurait voulu me le montrer, mais qu'il ne pouvait qu'être ce qu'on attendait d'un vrai homme à cette époque : autoritaire et sans émotion.

Pendant que mes parents boivent un petit verre de son vin de gadelle, il nous amène, nous, les enfants, dans son bureau. Il ouvre le tiroir de son secrétaire à couvercle escamotable et apparaissent devant nous de nombreux sacs de « candy ». On a le droit d'en prendre quatre de chaque. Je lui pardonne sa froideur, car je sais, moi, que le sucré, c'est de l'amour. De mon pépère Bédard, j'ai gardé deux rituels toujours en vigueur chez moi : le tiroir à bonbons – les bonbons « quatre de chaque » – et les becs sur le bec. Merci, pépère, de cet héritage.

Mon grand-père Bédard, qui vivait seul dans sa petite maison de Saint-Anicet, se mit tout à coup à vieillir. Il vint alors vivre chez nous, rue Ontario, et moi qui partageais ma chambre avec Magella, j'ai dû la partager avec pépère. Il fumait la pipe sans arrêt et crachait. Il avait apporté son crachoir en cuivre préféré, mais comme il n'avait pas de bons yeux il manquait souvent la cible, au grand désespoir de ma mère et surtout de Magella qui l'accusait tout bas de faire exprès. Il avait sa chaise berçante à côté de celle de sa fille. Ils se berçaient tous les deux sans se dire un seul mot. Quand j'arrivais de l'école, il m'attrapait la jambe avec la poignée de sa canne, m'attirait à lui et m'embrassait. Je commençais à l'aimer quand il est mort, doucement, comme un petit poulet, dans mon lit, dans ma chambre. Il est mort au bout de sa vie. Il s'est éteint comme une chandelle qui n'a plus de mèche.

Je n'ai pas souvenir d'un chagrin inconsolable. La mort me semblait naturelle, comme la naissance. Elle n'était pas occultée comme aujourd'hui. On lisait en famille la page des morts dans *La Presse*. On ne mentionnait jamais les maladies qui les avaient emportés. Une telle était morte en couches, un autre était mort de sa belle mort. On allait voir les défunts chez eux, dans leur salon. C'était une sortie en famille très courue. On y rencontrait la parenté venue de la campagne et les amis. On pleurait sur la perte de l'être cher, on buvait du whisky, on mangeait. La nourriture était abondante. On parlait du mort, de ses bons coups, de ses réalisations, et puis on échangeait les dernières histoires cochonnes, les enfants se mettaient à courir, les femmes, les joues rougies par le vin de cerises sauvages, montaient le ton. Les rires fusaient. La vie prenait le dessus sur la mort.

La parenté du côté de mon père est plus nombreuse, plus exubérante, plus démonstrative. Ça s'embrasse, ça se tâte, ça se chicane, ça se réconcilie, tout ça dans la même soirée. Ils habitent Valleyfield. Mon père est le neuvième d'une famille de douze. Il y a Georges, l'aîné, que j'ai peu connu. Ses enfants ont des noms qui nous faisaient rire : Laurédent, Richemond et Gemma ! Cordélia, la sœur aînée, est la bonté même ; elle est mariée à Anthime. Et puis il y a Bérisa, Éva, Anita. Germaine, plus jeune que papa, a treize enfants et est mariée à Edgar, qui parle fort et scandalise ma mère avec ses histoires osées. Mon oncle Eugène a fait la guerre comme aviateur dans la Royal Air Force. À nos yeux d'enfants, c'est un héros. Le plus jeune, mon oncle René, est le chouchou de « mémère », son bâton de vieillesse, et le souffre-douleur de mon père. Trois garçons, Oswald, Arthur et Raoul, sont morts jeunes, je ne les ai pas connus.

Quand la parenté vient se promener en ville, elle émigre chez nous et c'est la fête. Ça parle fort. Ça raconte des histoires. Ma mère passe son temps à faire « chut ! ». Elle répète sur tous les tons :

— Pas si fort, il y a des jeunes oreilles qui écoutent !

Ils continuent à rire, à s'embrasser, à parler cru, à sacrer. Je les envie, je voudrais qu'ils restent chez nous tout le temps.

Le soir, après un souper gargantuesque, on m'envoie me coucher. On enlève la nappe de dentelle écrue et on sort les cartes pour une partie de « yocœur » (je l'écris comme ça se prononce !). Ma mère ne joue pas. De ma chambre qui donne sur la salle à manger je guette le moment où cette entente cordiale va tourner à la chicane. Ma tante Anita accuse mon père d'être « fessier ». Mon père l'accuse de tricher. Ma tante Germaine crie à l'injustice. Mon oncle René, qui joue avec mon père, rit de ses sœurs. Les cartes volent, les chaises se renversent. Il y a des larmes et des grincements de dents. Et ils ne jouent même pas à l'argent !

Moi, dans mon lit, j'ai peur qu'ils aillent chercher les couteaux de cuisine et qu'ils s'entretuent.

Une voix s'élève, c'est ma tante Bérisa :

— Minuit déjà. Saudit que le temps passe vite !

Et la chicane tombe comme plume au vent. Je me dis : ils ne vont plus se revoir, jamais, ils s'haïssent trop. Mais non, à la porte on se souhaite le bonsoir, on s'embrasse sur le bec et on se promet de se revoir le plus tôt possible !

J'ai compris plus tard que la partie de cartes était un prétexte pour se parler des vraies affaires. C'était une thérapie, tout simplement. Une façon détournée de communiquer.

Mon père et ma mère n'appartiennent pas à la même classe sociale et ça crée entre eux de nombreux conflits. Ma mère est « fancy », mon père, « Gros-Jean comme devant ». Ma mère est allée à l'école longtemps, elle parle même de couvent, ce qui est le chic du chic. Mon père a une septième année et un an de business college. Ma mère était une fille gâtée par son père. À dix-sept ans elle se pavanait avec son cheval attelé à son propre boghei.

Mon père, lui, a été élevé à la dure, dans une famille élargie de dix-sept personnes – mémère gardait les vieux parents, dont un était un Français de France. Mon grand-père Bertrand était éclusier sur le canal de Soulanges. Il actionnait les écluses avec une manivelle et, pour nourrir sa famille, prenait les poissons emprisonnés entre les portes de l'écluse. Les Bertrand n'étaient pas riches. Ils habitaient, sur le bord du canal, une maison de pierre qui existe encore et est devenue une bibliothèque publique. Cette maison n'étant pas calfeutrée était froide comme une glacière. Mon père aime à raconter que son verre d'eau gelait sur sa table de nuit en hiver. Il raconte aussi que l'hiver – et on sait que l'hiver, c'est long – personne ne se lavait, il faisait trop froid. Ils gardaient jour et nuit leur combinaison de flanelle pour rester au chaud. Au printemps, ils épluchaient leur combinaison comme un oignon et plongeaient dans le canal pour se laver enfin ! Maman, si propre, si délicate, avait des haut-le-cœur quand papa évoquait ces souvenirs.

Maman n'aime pas les sœurs de mon père. Elle les trouve grosses, vulgaires et, surtout, « montrant fesses ». Ma mère est très pudique. Je ne l'ai jamais vue nue, ou même à moitié nue. Mes tantes, au retour de la baignade, l'été, pour ne pas mouiller le plancher verni du chalet, enlèvent leur costume de bain sur la galerie et l'étendent sur la corde. Elles se couvrent seulement d'une petite serviette de ratine, les serviettes de plage n'étant pas inventées. Vu leur corpulence, la serviette ne cache pas grand-chose et mes frères se rincent l'œil. Ma mère se fait du mauvais sang et ne respire que quand elles sont reparties pour leur Valleyfield natal.

Mon père aime sa famille. Ma mère ne peut la supporter. Le plus gros problème entre mon père et ma mère, c'est mémère Bertrand. Quand mon grand-père Bertrand mourut, mémère cassa maison et alla vivre chez sa fille Germaine, qui avait treize enfants. L'été, papa l'invitait pour un mois à la campagne.

Dès qu'elle mettait le pied au chalet, l'atmosphère devenait irrespirable.

— Pauvre Armand, t'es ben maigrichon. Elle te fait pas à manger, elle ? Je vais te remplumer, moi !

Et puis elle distribuait les bas de laine qu'elle avait tricotés pour nous et, dès qu'on faisait une sottise, elle nous menaçait :

— Je vais te les enlever des pieds, tes beaux bas de laine que je t'ai tricotés.

Un jour, mon frère Jean-Jacques, fatigué de la menace, enleva ses bas et les lui remit.

— Gardez-les, vos maudits bas de laine, mémère, j'en veux pas.

Mon père avait planté des peupliers autour du chalet. Chaque année, mémère le félicitait de ses beaux petits ormes. Ma mère avait beau la corriger, mémère lui tenait tête. Étions-nous privés de bonbons, elle nous en donnait en cachette de ma mère. Si ma mère disait blanc, elle disait noir. Et, surtout, à l'insu de ma mère, elle mettait des oignons dans tous les plats alors que ma mère ne les digérait pas.

Mémère adorait les romans d'amour de *La Revue moderne*, le magazine de ma mère. Elle commentait à haute voix les péripéties de l'histoire :

— Envoye, embrasse-la !

— Écoute-le pas, il te conte des menteries.

Avant la fin, elle pronostiquait :

— Ça s'en vient, ça s'en vient !

Et quand elle avait terminé, elle posait la revue sur ses genoux et soupirait :

— Ça y est, il l'a séduite !

Ma grand-mère, habituée à une grosse maisonnée, et à de la grosse nourriture, trouvait son mois de juillet bien ennuyant et proposait sans cesse des activités.

— Je pense que je vais faire des beignes.

— Pas en été, madame Bertrand.

— Des tartes d'abord ?

— Il en reste d'hier, et puis douze tartes, c'est beaucoup.

— Je vais faire le souper !

— Magella est là pour ça.

Quand elle ne savait pas quoi faire, mémère fouillait dans sa valise. Elle pouvait passer des heures à y chercher je ne sais quoi en se parlant toute seule. Si je lui demandais ce qu'elle cherchait, elle me répliquait d'un ton sec :

— Ça te regarde pas !

Elle était petite, le lavage des années l'avait rétrécie. Elle était mince, pas maigrichonne, mince. Elle avait, comme mon père d'ailleurs, une abondante chevelure blanche qu'elle rinçait au bleu à laver. Elle se faisait une tresse qu'elle enroulait autour de sa tête. Elle avait une unique robe de satinette noire, bordée d'un liséré blanc, qu'elle lavait, repassait et recousait chaque semaine. Elle portait au cou un camée.

L'été, chez nous, elle s'offrait le luxe de faire tresser ses longs cheveux. J'étais sa coiffeuse. Je brossais ses cheveux, puis les tressais avec précaution. Si par malheur je lui tirais un cheveu, elle m'agrippait par la tignasse, me tirait la tête jusqu'à terre et me criait :

— Ça fait mal, hein ?

Pendant des années, mémère Bertrand est venue passer son mois de juillet avec nous, et puis elle a vieilli et c'est mon oncle René, son bâton de vieillesse, qui en a pris soin. Elle est devenue aveugle et elle est morte, elle aussi, doucement, au bout de sa vie, entourée de ses enfants et petits-enfants. C'était une forte femme. Plus tard, on retrouvera mémère dans chaque personnage de vieille femme que je créerai.

J'aimais l'été pour la baignade. Mon père m'a appris à nager à deux ans, en me lançant dans le fleuve, tout simplement. Il a fait bâtir un « springboard » à deux étages au bord du chenail et c'est à qui plongerait le plus haut, le plus loin. Moi, j'ai peur des hauteurs, mais pour m'attirer l'admiration de mon père, je plonge. Un des jeux favoris de mon frère Paul est de me tenir la tête sous l'eau le plus longtemps possible. Si je me plains, il me traite de porte-panier et me menace de ne plus jamais jouer avec moi. Être porte-panier est une honte, mais pour me faire bien voir de ma mère, je lui rapporte toutes les bévues de mes frères. Elle me traite de grande langue. Je perds sur tous les tableaux. Le besoin viscéral d'un enfant, ce n'est pas tant d'être cajolé par ses parents, mais d'être quelqu'un. Je n'étais personne.

Ma mère, elle, ne se baigne jamais. Elle s'approche, trempe son gros orteil dans le fleuve et décrète que l'eau est trop froide. Elle va s'asseoir à l'ombre, elle n'aime pas le soleil, et grignote ses biscuits secs. Un jour, mon père, fatigué de l'entendre dire que l'eau est glacée, en fait chauffer dans un canard et l'invite à se baigner ; elle lui répète qu'elle se baignera quand l'eau sera plus chaude. Mon père verse le canard d'eau bouillante au bout du quai et lui dit :

— Tu l'as, ton eau chaude !

Elle fut bien obligée de se saucer. Ce fut sa première et sa dernière baignade.

Mes frères ont atteint l'âge de fumer en cachette et moi, fouine, je les surprends dans le garage, à la campagne, en train de griller des cigarettes. Pour m'empêcher d'aller bavasser à ma mère, ils m'en offrent une que je fume en pensant, naïve, qu'ils m'acceptent dans leur gang. Cette cigarette était composée de « cheveux » de blé d'Inde enroulés dans une correspondance de tramway. Le cœur me lève. Je vomis. Ils rient. Ça m'a guérie à jamais du tabac ! Les quelques fois, par après, où j'ai fumé pour avoir l'air à la mode, j'ai simulé le plaisir, guettant le moment où je pourrais jeter cette cigarette qui goûtait les « petits chars ».

À la campagne, l'été, je découvre les habitants, qu'on appelle maintenant des agriculteurs. Ils étaient pour moi, petite fille de la rue Ontario, exotiques, extravagants. Avec eux, je cours dans le foin qui gratte les jambes, je vais aux vaches, et, surtout, le vendredi soir, j'ai la permission de regarder avec mes frères tuer le cochon. C'est mon film d'horreur. J'ai peur et en même temps j'aime ça. Je me bouche les yeux et je regarde entre mes doigts le ventre s'ouvrir, le sang gicler. Et puis je regarde fumer la bête dans la paille. Je réclame les oreilles et la queue. Coupées en petits morceaux, ma mère les grignote comme des bonbons. Je reviens de chez l'habitant comme on revient des Antilles, remplie d'odeurs étrangères, de sensations fortes.

À la fin de l'été, je retrouve ma galerie, je redeviens spectatrice de la vie. Je regarde les enfants de la ruelle jouer à « brenche-brench » et à la « tag ». Je regarde le monde passer. Eux, au moins, ils sont libres de crier, de s'insulter, de se battre. J'envie les enfants pauvres de mon quartier.

Heureusement, il y a le samedi ! Tous les samedis, après le repas de midi, Magella m'amène magasiner rue Sainte-Catherine. Elle est dans la vingtaine, j'ai un peu plus de dix ans. On n'achète jamais rien, on n'a pas de sous, ni l'une ni l'autre. Mes frères reçoivent de l'argent de poche, moi, je n'en ai pas, puisque je suis une fille et que les filles n'ont pas besoin d'argent ; les hommes payent pour elles. Avant de partir, je descends au magasin et je tends la main à mon père. Il fouille dans sa poche de pantalon, en retire un rouleau de piastres retenues par un élastique, puis sort son « petit change » et me donne un trente sous. Le problème est qu'un trente sous ça ne fait jamais que vingt-cinq cents, et que vingt-cinq cents, ça ne se divise pas en deux au comptoir du « quinze-cents » où on s'arrête pour manger un sundae. J'angoisse.

Le sundae est quinze sous, le milk-shake, dix sous. Je commanderai un milk-shake, Magella dira : « Non, non, prends le sundae. » On finira par alterner, une semaine l'une prenant le milk-shake et l'autre, le sundae, et le contraire la semaine suivante. Il ne me vient pas à l'idée de demander un vrai trente sous, deux fois quinze cents, comme ma mère qui ne demande jamais d'argent et qui est obligée de voler quelques sous dans la poche de papa, la nuit, pour pouvoir lui offrir un cadeau à Noël.

Pendant toutes mes années de mariage, je tendrai la main pour demander de l'argent à mon mari, même si, à l'occasion, j'en ferai plus que lui. Mon rapport tordu avec l'argent date de ces années-là. Moins je dépense et plus je suis aimée.

Il m'arrive d'avoir besoin de sous pour une dépense quelconque et que mon père ne soit pas là. J'en demande alors à ma mère. Elle me dit, de son fauteuil présidentiel :

— Va dans mon tiroir du haut, sors mon portefeuille et prends ce dont tu as besoin.

Elle ajoute :

— Et tu me rapporteras la monnaie !

Cette phrase me jette dans l'angoisse. Puisque j'ai pris exactement ce que coûte une efface ou une règle, comment puis-je lui rapporter la monnaie ? Eh bien, je m'arrange ! J'achète une règle usagée, une efface noircie d'encre et je reviens avec de la monnaie. Ma mère est contente, elle me sourit presque. J'ai compris. Il suffit de ne pas dépenser. Il suffit que je rapporte de l'argent pour qu'on m'aime. Il m'arrive de le penser encore.

Au cours de mes sorties avec Magella, jamais on ne dépasse Dupuis Frères. De l'autre côté de chez Dupuis vivent nos ennemis : les Anglais. Je sais bien que plus loin il y a Eaton, Morgan, mais mon père m'a dit de ne jamais mettre les pieds en territoire ennemi. Il y a assez qu'une de ses propres sœurs, Anita, a trahi ses origines en mariant un Écossais, et a mis au monde des enfants qui s'appellent Blair, Nancy et Liliann. Mon père mettra des années à lui pardonner sa mésalliance. J'ai appris sur les genoux de mon père à haïr les Anglais, les descendants de ceux qui avaient gagné la bataille des plaines d'Abraham et qui habitaient les beaux quartiers. Il les haïssait tout en les jalousant. Rue Ontario, on ne voyait jamais un seul Anglais, et si mon père parlait anglais, il l'avait appris plus avec les Juifs du quartier du gros, ce qu'on appelle aujourd'hui le Vieux-Montréal, qu'avec les Anglais du quartier où se brassaient les grosses affaires. J'entends mon père soupirer, lui qui ne soupirait jamais :

— Qu'est-ce que tu veux, on est nés pour un petit pain !

Je suis la fille d'un homme né pour un petit pain : ça doit faire de moi une fille née pour des miettes.

***

Ma dizaine, je la vis dans les limbes, comme les innocents. Il ne se passe rien. Je somnole.

Je ne sors jamais. Outre la « balancigne » sur la galerie, Dupuis Frères le samedi et les tours de « machine » du dimanche, je n'ai pas ce qu'on appelle aujourd'hui des loisirs. Je ne joue à rien, persuadée de n'être bonne dans rien. Je ne me rappelle pas avoir eu des jouets, des poupées. J'ai dû en avoir, mais ça ne m'a pas marquée. L'hiver je suis en hibernation, j'attends l'été.

Durant mes années de dormance, il y eut quand même de grands événements. L'arrivée de la radio dans la maison, par exemple. Mon père nous a longuement préparés à sa venue.

— Si vous êtes sages, peut-être qu'on va avoir la radio… un jour, peut-être !

Mon père avait le don de cultiver en nous le désir. Jamais il n'achète un objet sans nous en avoir fait miroiter tous les plaisirs pendant des jours et même des années. Et puis il faut mériter le cadeau par des services rendus, par une sagesse exemplaire, des bonnes notes en classe. La journée où enfin la radio entre dans la maison, on trépigne de désir exacerbé. Je me souviens de son arrivée.

Porté comme un ostensoir par mon père et ses fils, le poste de radio est déposé avec mille précautions sur une petite table dans la salle à manger. Je me souviens du meuble. Il est en bois foncé sculpté, et ressemble à une église. D'ailleurs, c'est une église! Le futur lieu d'un culte. Mon père, tel un évêque, demande le silence puis tourne le bouton, et on entend des grichements qui semblent venir de l'enfer. Ma mère, pessimiste, avance qu'elle sait que ça ne marchera pas, cette invention-là. Mon père, en nage, s'acharne et tombe finalement sur *Parlez-moi d'amour* chanté par Lucienne Boyer. Du coup, la maisonnée se convertit à cet instrument du diable, comme l'appellent les curés.

La radio va changer notre vie. Le midi, ma mère écoute les romans-savon. On les appelle ainsi parce que ces histoires sont commanditées par des compagnies de lessive. On dîne en silence. Mon père écoute les nouvelles à l'heure du souper. On mange aussi en silence pour ne pas le déranger. Le soir, on s'installe tous devant le poste et on écoute les séries dramatiques épeurantes : *Les Mémoires du docteur Morange*, entre autres. Je me couche la tête pleine de mots, de voix, d'histoires, d'émotions. Je n'ai plus besoin de regarder passer le monde de la fenêtre de la chambre de mes parents, j'ai le monde chez moi! Je ne peux pas me douter qu'un jour je serai dans la petite boîte de la radio. Que c'est moi qu'on écoutera. Pour le moment, j'apprends la vie par la radio, et j'apprends vite.

Un autre grand événement, c'est l'arrivée d'une machine à laver dans notre cuisine. Tous les lundis,

Magella, comme toutes les ménagères du Québec, se lève au petit jour pour faire bouillir de l'eau dans une grande cuve. Le linge y est bouilli et brassé, comme une soupe à la crasse. Puis Magella sort de l'eau fumante les morceaux les plus sales, les brosse à la main, les remet à bouillir. C'est une corvée qui dure l'avant-midi. Elle rince ensuite le linge à l'eau froide, puis le tord à la force de ses bras. Par beau temps, étendre sur la galerie ce qui a été lavé, ça va toujours, mais l'hiver, par grand vent, c'est un supplice. Je me revois au retour de l'école, l'hiver, sur la galerie, retirer des glaçons en forme de combinaison ou de jaquette. Les vêtements qui dégèlent emplissent la maison d'une humidité glaciale. Par temps de pluie, le linge sèche dans la maison. Je déteste les lundis parfumés à l'eau de Javel. Je déteste l'humidité que dégagent les draps étendus dans les toilettes, dans le corridor et même jusque dans les chambres. Pour circuler, il faut se promener en petit bonhomme si on ne veut pas se mouiller et les cheveux et le dos. Le salon est épargné.

— On ne sait jamais, s'il fallait qu'il arrive de la visite.

Le jour où la machine à laver Hoover fait son entrée chez nous, la famille délaisse la radio pour regarder fonctionner cette machine providentielle, la machine à faire gagner du temps aux femmes : le linge se lave tout seul ! Et puis, surtout, le tordeur tord tout seul ! C'est à qui passerait une serviette, une culotte ou un drap dans le tordeur. Il y eut aussi des bras dans le tordeur, le mien faillit y passer en entier un jour de distraction. Je raconte l'accident à mes petites compagnes de classe avec tant de fougue que pour la première fois j'attire leur attention. Je viens de me découvrir le goût de raconter des histoires aux autres. Magella se sent soulagée par cette machine miraculeuse, mais comme il est devenu facile de laver le linge, mes frères, au lieu de changer de chemise tous les vendredis, sale ou pas sale, se mettent à le faire deux fois par semaine, puis chaque jour. Le nouvel engin qui devait faciliter la vie aux femmes double le temps du repassage qui, hélas, se fait encore avec un fer qui pèse une tonne. N'empêche, la machine à laver a participé à la libération de la femme en allégeant les tâches domestiques. Merci, saint Hoover!

Une autre invention va marquer mes jeunes années : le téléphone ! Au lieu de s'écrire, maintenant on se téléphone. Encore une fois, comme à l'apparition de toute nouvelle invention qui change les habitudes solidement ancrées, il y a de fortes oppositions, menées, je suppose, par les compagnies d'encre, de mines pour les crayons. L'Église, qui associe toute nouveauté à des manigances sataniques, ne voit pas d'un bon œil ce moyen de communication qui échappe à son contrôle. Ma mère refusera longtemps de parler au téléphone. Elle se sent envahie par les appels de la famille de papa et sursaute d'impatience chaque fois que la sonnerie stridente se fait entendre. Et puis c'est une nouvelle dépense ! Mais comme ma mère ne gagne pas l'argent de la famille, elle n'a pas son mot à dire, elle ne peut que soupirer devant ce qu'elle appelle les extravagances de mon père. Papa, lui, aime tout ce qui est nouveau. C'est un homme d'avant-garde. Le téléphone l'enchante. Il prend le cornet noir, se le plante dans l'oreille et crie dans le haut-parleur accroché au mur :

— Cordélia, c'est Armand. Comment ça va ?

C'est loin, Valleyfield !

Moi, je ne téléphone pas. À qui j'aurais pu téléphoner ? Mes compagnes de classe, les seules à qui je pourrais parler, n'ont pas le téléphone. J'ai appris très tôt à ne pas me vanter de ce que j'avais et qu'elles ne possédaient pas encore. Quand j'étais jeune, les classes sociales étaient fortement structurées, même à l'inté-rieur d'un quartier.

Au cours de la même année, un autre grand événe-ment domestique chambarde notre quotidien : un « fri-gidaire » vient remplacer notre glacière. Finie la glace qui fond sur le prélart. Fini le plat d'eau qui déborde sous la glacière. Finis le poulet qui goûte avancé, la viande faisandée, le beurre rance. Finis les légumes ramollis, les fruits à points noirs. La joie ! Avec le « frigidaire » vient un livre de recettes. Je pense que je les ai toutes essayées, surtout celles des desserts glacés. Mon père s'exclame :

— J'ai jamais rien mangé d'aussi bon. Goûtes-y, Alma !

Et maman goûte du bout des lèvres ma super crème glacée au chocolat. C'est trop riche ou trop sucré, trop froid ou pas assez. Je ne suis jamais arrivée à la satisfaire. Jamais.

Le « frigidaire » et la machine à laver sont vraiment d'inspiration satanique. L'Église a raison de s'en méfier et de nous chanter sur tous les tons que l'oisiveté est la mère de tous les vices. Les femmes étant libérées des gros travaux ménagers, elles se mettent à se poser des questions sur le patriarcat. Un mouvement de révolte commence à poindre aux « États » : celui des suffragettes. Mon père en parle avec mépris :

— C'est des folles, des hystériques qui veulent être des hommes, voler la place des hommes. Elles deman-dent le droit de vote, comme si elles connaissaient la politique. Ce ne sont pas des femmes, ce sont des hommes déguisés en femmes !

Et il s'empresse de faire valoir qu'aux États il y a la femme à barbe, la femme à deux troncs et les suffra-gettes : des monstres.

— Heureusement, c'est aux États !

Il y a pourtant à Montréal un mouvement féministe qui pointe. Dans les milieux bourgeois, là où les femmes ont le temps de penser parce qu'elles ont des servantes pour les libérer du travail domestique. La révolte contre le sort réservé aux femmes gronde.

Mes grandes cousines me parlent, dans le secret de leurs chambres, de la lettre pastorale d'un évêque aux sœurs enseignantes. Il y affirme que l'éducation des filles doit comprendre tout ce qui intéresse la bonne tenue d'une maison, que ce qui fait la femme forte, c'est le dévouement. Les matières proprement scolaires ne sont que des compléments, ce qui arrange les filles qui ne veulent pas étudier.

Mes cousines me parlent de la vie des femmes comme d'une fatalité : les filles qui ne veulent pas être au service des hommes n'ont d'autre choix que de se faire religieuses. J'ai connu des familles de cinq ou six filles qui ont fui l'esclavage matrimonial en entrant chez les sœurs. Je ne dis pas qu'aucune d'entre elles n'avait la vocation, mais en plus de la vocation il y avait cette fuite devant les « devoirs du mariage ». Au couvent, elles pouvaient s'instruire gratuitement. Les plus douées pouvaient occuper des postes de pouvoir et commander à une armée de subalternes au sein de leur communauté. J'ai connu une religieuse « haut gradée » qui se comportait comme un général d'armée. Elle gérait des millions de dollars, des milliers de religieuses et obligeait ses soldates en cornette et jupe longue à la saluer en rang d'oignons partout où elle passait. Elle était dure et cruelle. Il faut dire que les femmes de pouvoir, n'ayant pas de modèle féminin, copiaient le comportement des hommes de pouvoir.

Au Québec, le féminisme prend naissance dans les milieux bourgeois anglais de Montréal. Dès 1889, l'Université McGill offre un enseignement supérieur aux filles anglophones. Par exemple, elles peuvent devenir avocates, bien qu'elles ne puissent pas pratiquer puisque le barreau ne sera ouvert aux femmes qu'en 1941.

Chez les francophones catholiques, les femmes hésitent à désobéir au clergé. Définies comme épouses, mères et ménagères, comme gardiennes de la langue et de la foi, elles n'ont pas la même liberté d'action que les anglophones qui, elles, n'ont pas à faire face à un clergé misogyne. Les bourgeoises francophones vont quand même se regrouper sous le prétexte de faire du bénévolat. Les femmes peuvent travailler à la condition de ne pas être rémunérées. C'est par le don d'elles-mêmes, encore et toujours, qu'elles vont pouvoir faire avancer la cause des femmes. Bénévolement, elles s'occupent des enfants malades, elles luttent contre l'alcoolisme, pour l'assistance aux chômeurs, pour le logement ouvrier et pour la création de tribunaux pour enfants.

Leur grande lutte : l'incapacité juridique de la femme mariée. Le mari est le chef incontesté de la famille, c'est lui qui voit à l'entière administration des biens communs. Pour obtenir des droits civils, les femmes doivent avoir l'autorisation du mari. Marie Gérin-Lajoie, Idola Saint-Jean, Thérèse Casgrain revendiquent pour les femmes mariées le droit à leur propre salaire. Elles ne supportent pas que la femme qui travaille soit obligée de donner son salaire à son mari. Elles veulent faire changer le Code civil qui stipule que seul le mari peut demander la séparation pour l'adultère de son épouse ; l'épouse, elle, ne peut le faire que si le mari établit sa concubine sous le toit conjugal. Elles revendiquent la justice pour les femmes.

Pour faire taire les suffragettes, le gouvernement Taschereau, qui refuse aux femmes le droit de vote, demande à un grand catholique, le juge Dorion, de présider une commission d'enquête sur les droits civils des femmes. Aucune femme ne fait partie de cette commission : que des hommes. La commission Dorion publie un rapport en trois volumes qui se résume en deux phrases : « La théorie des droits égaux est absurde parce que la fonction de la femme est spéciale et différente de l'homme. Les femmes doivent se sacrifier au bien général de la famille. » (Source : extrait du rapport de la commission Dorion cité dans *L'Histoire des femmes du Québec depuis quatre siècles*, du collectif Clio, Le Jour éditeur, 1992, p. 353.)

Moi, je n'ai aucune conscience sociale. Je crois volontiers que les hommes sont le sexe fort, et des bras et de la tête. Je crois mon père quand il affirme qu'une femme n'a pas l'intelligence qu'il faut pour voter, pour prendre des décisions importantes. Je crois, parce qu'il me le dit, qu'une femme n'est rien sans un homme pour en prendre soin, qu'une femme, c'est une fleur, et que l'homme en est le jardinier. L'exemple de ma mère me prouve que c'est vrai. Ma mère est une fleur fragile que mon père cultive. S'il cesse de la cultiver, elle meurt.

J'ai d'autres préoccupations que le sort des femmes. Mes seins poussent comme des furoncles. Ils sont durs, ils m'élancent. J'en ai honte. Je les cache en marchant courbée, les épaules rentrées, les bras croisés. Je ne sais pas ce qui se passe, mais je ne peux en parler à personne. On rirait sûrement de moi. Heureusement, je peux camoufler mon infirmité. Je m'habille au magasin de papa dans les petites tailles pour hommes. Je porte des salopettes de chemin de fer, des chemises en « flanellette », d'énormes chandails. Je dissimule mon corps, ce corps qui s'arrondit aux fesses et se creuse à la taille. Faut pas que mes frères me voient comme ça, qu'est-ce qu'ils diraient ? Et puis un jour, j'ai treize ans, je m'en souviens comme si c'était hier, je reviens de l'école avec du sang dans ma culotte. Je le dis à Magella, qui rougit et m'envoie à maman. Maman prend une guenille sur la pile des guenilles à épousseter et me dit de mettre ça dans le fond de ma culotte. Elle m'avertit que ce sang va revenir tous les mois, que c'est la punition des femmes. J'ai dû demander :

— Qu'est-ce qu'on a fait de mal ?

— C'est Ève qui a tenté Adam !

Je trouve injuste que moi je saigne tous les mois pour une Ève que je ne connais que par ouï-dire, que les femmes soient menstruées et pas les hommes. Les graines de ma révolte viennent d'être mises en terre. Elles mettront des années à germer. En attendant, j'ai mal au ventre ! Chaque jour je dois changer ma guenille et la laver en grand secret et surtout ne pas la faire sécher sur la corde à linge au vu et au su de mes frères. Guenille qui sèche au vent égale règles, ouache ! Il ne faut pas que mes frères sachent que je suis grande fille, ça pourrait les écœurer. Je me sens sale. Je suis convaincue que ça se voit sur ma figure que le sang coule de mon corps. Je ne sais pas d'où vient ce sang ni ce qu'il représente. Je ne sais même pas comment nommer ce qui m'arrive. Je suis atteinte d'une maladie honteuse dont on parle tout bas. Plus tard, Magella ira m'acheter une ceinture élastique pour accrocher la guenille et la maintenir en place. Une ceinture couleur corset.

Mes menstruations sont une autre preuve que je ne suis pas née du bon sexe. Ça me met en colère ! Si au moins on me disait la vérité sur le rôle des menstruations dans la procréation, je pourrais accepter d'être « malade », mais je ne vois dans les règles qu'une autre malédiction parce que je suis fille. Il faut dire que je suis, en matière de sexualité, d'une ignorance totale. Je ne sais rien de rien sur mon corps. J'ai une tête, des épaules, des bras, des jambes, point à la ligne. J'ai un ventre dont je peux parler quand il me fait mal. Je n'ai pas de vagin, pas de vulve, encore moins de clitoris. Mon bas du corps s'appelle « là ».

— Ôte tes mains de « là ».

— Lave-toi « là ».

— On te voit jusque « là ».

Ce « là » est si mystérieux, si sale que je n'ose pas le regarder, ni même y toucher. À part faire pipi, je ne sais pas à quoi ça peut servir. Quand, à la campagne, il m'arrive de coller mon oreille sur la cloison séparant ma chambre de celle de mes frères, j'entends des mots comme la « noune », la « chatte », la « bizoune », la « fente ». Et ça les fait rire ! Un soir, j'ai même entendu je ne sais plus lequel de mes frères affirmer que les enfants venaient au monde par le rectum. Je ne sais pas ce que c'est, un rectum. J'ai cherché dans un dictionnaire à l'école et, quand je l'ai appris, je me suis juré de ne jamais avoir d'enfant. En tout cas, je n'ai plus écouté à la cloison : j'avais trop peur d'apprendre d'autres horreurs sur la vie.

Chez nous, on ne parlait de sexe que pour en rire. Mon père était un bon raconteur d'histoires salées, mes oncles aussi. Mes frères tentaient de les surpasser. Ces histoires, si je les riais, je ne les comprenais pas. Je ne comprenais pas davantage les passages chauds des romans que je lisais. Une nuit d'amour, pour moi, c'était une nuit passée à se dire des mots d'amour dans l'oreille. Ma sexualité dormait. Il m'arrivait, à l'église, d'avoir des aperçus de l'émoi amoureux. Je regardais Jésus en croix, presque nu, je respirais l'odeur de l'encens, il y avait de la musique, des éclairages subtils, un environnement mystérieux, et je rêvais de l'amour pur, éthéré, avec un homme inaccessible, en plâtre.

Je suis en pleine adolescence, mais je ne le sais pas. En ce temps-là, la vie humaine est divisée en trois parties : la jeunesse, la maturité, la vieillesse. Je suis donc, à treize ans, dans ma jeunesse. La jeunesse est faite d'attente. On attend nos vingt et un ans pour enfin être libérés des parents. Ça me paraît si loin ! Je trouve ma vie ennuyante, dénuée d'aventures intéressantes. Je suis triste à mourir. Heureusement, à quatorze ans j'aurai terminé mon primaire à l'école Gédéon-Ouimet et j'irai au couvent. Le couvent ! Ma mère n'a que ce mot à la bouche, non pas pour l'instruction qu'on y donne, mais pour le statut social que ça lui apportera, à elle.

— Ma fille est au couvent, comme les filles de la haute !

Les classes sociales, comme je l'ai déjà évoqué, sont très présentes, très démarquées, pire, elles ne s'entre-mêlent pas. Ma mère ne voit pas comment je pourrais faire un mariage avantageux, avec un bon parti, médecin ou avocat, si je ne fréquente pas les couvents des jeunes filles de la bourgeoisie. Ces jeunes filles ayant des frères dans les collèges, elles me les présenteront et ma mère deviendra ainsi la belle-mère d'un professionnel. Du coup, elle fera un bond dans l'échelle sociale.

Ce que j'ai pu en entendre parler, des professionnels à marier ! Mais moi, je ne veux pas me marier, avoir des enfants, faire le ménage, tenir maison, je ne veux pas faire comme ma mère, et je me vois encore moins en communauté. Je suis dans une impasse. De toute façon, je ne pense pas qu'un garçon puisse me remarquer. D'après mes frères, je suis laide, mal faite, pas intelli-gente et je n'ai pas d'humour. Qui voudra de moi ? Je n'aspire pas à l'amour, que je trouve niais au possible. Chaque fois que je sers de chaperon à mes frères, je trouve si insignifiant ce qu'ils appellent les fréquenta-tions que je me promets de ne pas tomber amoureuse. On se regarde, les yeux dans la « graisse de bine », on ricane bêtement, on se prend les mains. Et on s'embrasse la bouche ouverte, ouache ! Je trouve dégueulasses les baisers mouillés. Je me plonge dans mon *Fillette*. Je ne veux pas voir ça !

J'ai été chaperon pendant des années. Ma mère m'y obligeait. Le rôle du chaperon consiste à ne jamais laisser les amoureux seuls plus de cinq minutes. Je ne soupçonne pas ce qu'ils pourraient faire de si terrible s'ils étaient seuls. Je baigne dans l'ignorance crasse. Le seul avantage que je tire de mon « chaperonnage », c'est que j'ai enfin du pouvoir sur mes frères : je peux bavasser sur eux à ma mère.

C'est à cette époque que mon père devient membre d'un club de pêche et achète un « camp » dans le Nord, en haut de Joliette. C'est un camp en bois rond, sans électricité, sans système de chauffage. Les « bécosses » sont loin dans le bois. On amène l'eau du lac par un système de poulies sur la galerie. Il n'y a pas de chambres, mais un dortoir où sont alignés des matelas mangés par les souris. Les mulots et les chauves-souris y ont établi leurs quartiers et on n'arrive pas à les déloger. Il n'y a pas de route pour atteindre le camp. Il faut traverser le lac en chaloupe, puis faire du portage pour enfin arriver à destination.

Mon père commence par y aller seul, une fois par été, puis il supplie ma mère de venir voir son acquisition, une fois, juste une fois. Elle ne veut pas. Un jour, enfin, elle cède et voilà toute la famille serrée comme des sardines dans l'auto. Papa est aux anges ! Il a préparé pour maman un thermos de thé et un sac de ses biscuits préférés. On chante ! Tout un cahier de *La Bonne Chanson* y passe. On arrive au lac après cinq heures de route, dont deux dans la « garnotte ». On descend de l'auto. Il vente sur le lac, les nuages sont bas et ma mère se rend compte qu'il va falloir traverser le lac en chaloupe. Elle se braque, elle veut retourner à Montréal tout de suite. J'assiste alors avec mes frères à une chicane courte mais dure. Mon père refuse d'obéir à ce qu'il appelle un caprice. Si elle ne veut pas venir voir son camp, qu'elle reste dans l'auto et nous attende ! Nous embarquons dans la chaloupe. Je revois maman sur le bout du quai, l'air buté, qui nous regarde partir. Je me sens coupable de cette trahison, d'autant plus qu'une des raisons qu'elle invoque pour ne pas traverser le lac, c'est sa phlébite.

Rendue à destination, j'oublie maman. J'aime le lac, le camp, la montagne, tout ! Je trouve même « cute » les petites souris des champs qui se sauvent en nous voyant envahir leur territoire. On se baigne dans l'eau glacée. On explore la forêt. Papa nous parle d'ours, de loups. On mange notre lunch, les mouches noires nous mangent. C'est le bonheur !

Le soir, on retrouve maman assise dans la voiture. Le retour à Montréal se fait dans le silence le plus total. Papa ne l'invitera plus jamais. Elle ne remettra plus les pieds dans le paradis de papa.

Avoir un camp n'est pas un luxe à cette époque. C'est un besoin viscéral. Il ne faut pas gratter loin dans le passé d'un Québécois pour y trouver un défricheur. Un camp en dehors de la ville est une nécessité. C'est un retour aux origines. Ça correspond à un besoin de retrouver des gestes familiers : couper du bois, aller chercher l'eau au ruisseau, cuire la mangeaille sur le poêle à bois, veiller à la lampe à huile, laver son linge à la main.

Cette misère noire, je vais l'adorer parce qu'elle me permet de me rapprocher de mon père. J'aime ce qu'il aime ! Je me rends bien compte qu'en aimant le lac je trahis ma mère, mais j'ai un tel besoin d'attention et elle m'en donne si peu que délibérément je deviens l'alliée de papa, sa « ti-fille », comme il m'appelle. Chaque été, au cours des années à venir, il va m'emmener au lac avec les garçons et je deviendrai l'experte en nettoyage de poissons, l'experte en remontage d'eau, l'experte en mulots morts. Je ferai semblant de ne pas avoir peur des ours, des tempêtes sur le lac. J'appâterai moi-même ma ligne à pêcher. J'irai à la chasse aux vers de terre les jours de grande pluie. Je serai un vrai gars pour qu'il m'apprécie, pour qu'il m'aime ! Je n'arrive pas, bien sûr, à être aussi forte, aussi brave que mes frères, alors ils me taquinent. Quand je me plains de leur cruauté, ma mère invoque le proverbe « Qui aime bien châtie bien ». Donc, si l'on se fie à cette vérité, les hommes battraient leur femme parce qu'ils l'aiment, les parents maltraiteraient leurs enfants parce qu'ils les aiment ? Je ne peux pas croire ça ! Je vis pourtant au temps de la « strap ». Tous les pères que je connais en ont une pour battre les enfants qui n'écoutent pas. Celle de mon père, c'est la lanière de cuir dont il se sert pour affûter son rasoir. Il nous en menace régulièrement :

— Je vais sortir la strap si vous arrêtez pas !

Je ne me souviens pas qu'il s'en soit servi une seule fois. Je sais que d'autres pères l'utilisent moins pour corriger leurs enfants que pour soulager leurs frustrations. D'ailleurs, l'école donne l'exemple aux parents. Dès qu'un enfant se montre hostile aux règlements, on l'envoie chez le directeur recevoir la strap. Mon frère Jean-Jacques la reçoit souvent. « C'est pour son bien », dit ma mère.

Je commence à mettre en doute les grands préceptes que ma mère me martèle pour me les rentrer dans la tête :

— Le plus intelligent se tait.

— Il ne faut pas contredire un homme, il n'aime pas ça.

— Les hommes sont faits pour commander, les femmes, pour obéir.

— Les hommes ont des droits, les femmes, des devoirs.

— Si un mari ne sait pas pourquoi il bat sa femme, elle, elle le sait !

J'en veux à Ève d'avoir offert une pomme à Adam.

Je commence à sortir de ma léthargie, je me réveille petit à petit. À Noël, je m'aperçois que le père Noël ressemble à s'y méprendre à Pat, le commis de papa, qu'il sacre comme lui et sent la boisson comme lui. Je suis forcée d'admettre que mes frères avaient raison. Il y a longtemps qu'ils me disent que le père Noël n'existe pas, mais je m'accrochais à mon rêve. Maintenant je ne crois plus au père Noël. Ce n'est pas lui qui m'apporte ma poupée Dydee, c'est papa qui l'a achetée chez Dupuis Frères. Je sais, je suis vieille pour demander une poupée comme cadeau, mais celle-là est différente. On la nourrit à la bouteille et elle fait pipi, donc on doit changer sa couche. Sa peau en caoutchouc imite à la perfection celle d'un bébé. Quand on la change de couche, on peut lui poudrer le petit derrière avec de la vraie poudre de bébé. Alors, moi, en me fermant les yeux, je peux me faire accroire que j'ai un vrai bébé dans les bras, un bébé pour qui je suis tout, un bébé qui m'aime pour la vie. Je ne sais pas si c'est l'effet de la puberté, mais je passe d'un coup de garçon manqué à mère de famille. Je donne à cette poupée tout l'amour que je refoule. Le soir, je m'endors avec elle en lui disant des mots d'amour. Je fais semblant que c'est un vrai bébé que j'ai mis au monde et je lui donne ce que ma mère ne me donne pas : de l'amour. Et puis je rencontre Fernand.

Ma mère, qui ne trouve pas sain que je joue à la poupée à quatorze ans, me permet d'aller patiner pas loin de chez nous avec Magella comme chaperon. Sur la patinoire, j'aperçois un garçon qui, contrairement aux autres qui portent le chandail par-dessus leur pantalon, porte le sien à l'intérieur, ce qui lui fait la fesse avantageuse. Je tombe en pâmoison. Je le trouve beau, séduisant. Il me le faut... pour patiner. Je passe l'hiver à geler sur le bord du « rond » à guetter son arrivée pour patiner en même temps que lui, puis je l'« enfirouape » avec mes sourires et mes coups de patin presque artistiques. Ce n'est qu'à la fin de l'hiver qu'il m'invite à patiner avec lui en lui tenant la main ; puis, apothéose, il me prend par la taille. Ma poupée prend le bord de la boîte pour les pauvres. Je viens de découvrir l'amour ! Je l'aime à la folie, à la vie, à la mort ! Lui ne m'aime pas. Sa mère me met à la porte le jour où, la patinoire étant transformée en eau, je suis allée le relancer chez lui. Je suis inconsolable. Seule Magella est au courant de mon histoire d'amour pathétique. Je me rappelle être passée devant chez lui, le jour de Pâques suivant, dans l'espoir de le revoir, une fois, juste une fois. Je ne le vois pas. Et pourtant je me suis fait belle. J'ai des souliers de cuir verni avec des talons d'un quart de pouce qui me grandissent d'un pied, selon moi. Je porte un chapeau cloche en paille bleu marine et un manteau neuf dans lequel je grelotte. Parce que dans ce temps-là il fallait étrenner à Pâques, qu'on gèle ou pas.

Ce printemps-là, j'obtiens la permission d'aller au cinéma en ville, ou plutôt au « théâtre », comme on disait alors. C'est toute une expédition. Il faut dépasser Dupuis Frères et la rue Saint-Laurent qui divise la ville en deux langues, en deux mentalités, en deux races, pour atteindre le Loews. Je suis avec Magella. C'est son premier film, à elle aussi. Nous allons voir *Blanche-Neige et les sept nains* ! En entrant dans ce temple des petites vues, je suis éblouie par la richesse des lieux. Puis, dans la noirceur de la salle, je suis transportée à la fois de joie et de peur, persuadée que la sorcière me regarde, moi, quand elle demande de sa voix profonde :

— Dis-moi qui est la plus belle.

Les nains me font rire et m'émeuvent, surtout Dopey, le plus petit. Je m'identifie à lui. La musique me réjouit. Je suis conquise ! J'ai regardé ce film deux fois et il a fallu que Magella me traîne hors du cinéma. J'étais si bien dans le rêve. Je voulais y rester. Revenue à la maison, je m'enferme dans les toilettes et devant le miroir je joue Blanche-Neige. Je viens de découvrir un autre moyen d'évasion, le cinéma.

Chaque semaine, par la suite, et cela jusqu'à aujourd'hui, j'irai au cinéma oublier ma vie pour vivre celle des autres.

Je vis ma vraie vie sur le bout des pieds, en retenant ma respiration pour déranger le moins possible. C'est le rôle des filles, être invisibles, se taire, passer inaperçues. J'attends comme Blanche-Neige qu'un prince charmant vienne me réveiller d'un baiser. Mais où le rencontrer ? Je suis chaperonnée jour et nuit par Magella et je ne sors presque jamais. Je peux aller à l'église seule, mais les filles ne se mêlent pas aux gars à l'église. Il y a aussi la procession de la Fête-Dieu, mais les gars marchent d'un côté, les filles, de l'autre. Le défilé de la Saint-Jean-Baptiste n'est pas plus propice à l'amour, mes frères et mon père m'y traînent pour me montrer le mouton, symbole de notre dépendance aux Anglais. Moi, je n'ai d'yeux que pour le saint Jean-Baptiste, un beau petit gars à boudins et blond comme… un Anglais. Il est en pleine gloire d'un soir, vêtu de sa peau de mouton. Il ne me voit même pas.

Mes relations avec les garçons sont faites d'attirance et de répulsion. Je me souviens de mon premier baiser mouillé. Nous sommes à la campagne. Mes frères jouent à la bouteille avec les jeunes du voisinage. Je suis chaperon et, pour que je ne bavasse pas encore une fois, ils me font participer à leur jeu. La bouteille ne se pointe jamais sur moi, je m'ennuie. Tout à coup, la bouteille s'arrête sur un jeune garçon, chaperon de sa grande sœur. Je le connais. Il souffre des adénoïdes, il respire la bouche ouverte, et un filet de bave luit sur son menton. Mes frères, pour faire les drôles, l'incitent à m'embrasser. Moi, je ne veux pas ; ils se mettent à me taquiner.

— Elle veut juste se faire prier ! Les filles, c'est comme ça. Ça dit non, mais ça pense oui.

C'est faux. Je dis non parce que ce garçon me dégoûte. Finalement, sous la pression de mes frères, j'avance la bouche et il m'embrasse. Pouah ! C'est mouillé. Des p'tits becs secs, passe encore, mais ça, non. Je me jure que jamais, de toute ma vie, je n'embrasserai un garçon ! Le prince charmant est remisé aux oubliettes.

Au retour, je me réfugie dans les pattes de mon chien Barny. Lui, il peut me lécher. Lui, il m'aime ! Mais il a mon âge et si moi je suis à l'aube de ma vie, lui en est à sa fin. Il devient méchant avec les chats du quartier, il gronde souvent pour rien. Un jour, il commet une faute impardonnable : il saute sur un commis voyageur dans le magasin de papa. J'obtiens qu'on ne le tue pas, mais il doit partir. Papa l'offre à un de ses amis qui ouvre un hôtel au « diable vert ». J'ai un vrai chagrin d'amour. Je suis inconsolable. Ma mère, qui déteste les animaux, ne comprend pas qu'on puisse pleurer pour une bête. Mon père comprend, lui, et, sans avertir maman, revient à la maison avec un beau grand colley noir et blanc qui s'appelle Bill. C'est le coup de foudre ! J'apprends ainsi qu'on ne meurt pas d'une peine d'amour, et qu'un nouvel amour fait oublier l'ancien. Bill sera mon ami, mon confident, mon consolateur pendant dix ans. Et il réussira à faire la conquête de maman : il lui obéit au doigt et à l'œil.

Cet été-là, je le passe à me gratter ; j'ai l'herbe à puce. Un cas d'hôpital ! Je suis couverte des pieds à la tête de pustules gluantes. Je suis confinée à la galerie de la maison d'été de Repentigny, vêtue d'un drap, car je ne supporte aucun vêtement. Je ne peux ni jouer, ni courir, ni me baigner, ni même aller au petit restaurant au bord de la route où on peut, pour vingt-cinq cents, manger un hot-dog «toasté» avec un fer à repasser, un sac de chips cassées, et boire un Flirt qui goûte le Coca-Cola dilué. Je fais peur ! Personne ne m'approche. Personne ne me parle. J'ai la lèpre. Une chance que j'ai des livres et mon chien. J'essaie tous les remèdes, ceux de la pharmacie d'abord, mais comme ils ne font pas effet, mon père m'incite à essayer les remèdes de bonnes femmes qu'on lui conseille au magasin. Je me souviens de certains, tous plus dégueulasses les uns que les autres : faire pipi sur ses mains, puis se les passer partout sur le corps ; boire du jus de clous rouillés ; se frotter le corps avec une brosse à plancher, puis mettre de la teinture d'iode sur chaque pustule crevée. Certains soirs, je supplie mon père de me laisser me jeter dans l'eau froide du fleuve pour calmer mes démangeaisons. Ma mère, avec raison, s'y oppose, l'eau pouvant m'infecter davantage ; à cette époque, tout le monde, nous y compris, jette ses ordures dans le fleuve. Je voudrais tant que le froid soulage ma fièvre. Mon père cède parfois et, quand ma mère dort, il m'amène à la grande noirceur sur le bout du quai et m'accorde une saucette. Ma rage de me gratter s'apaise pour trois minutes, mais reprend dix fois plus forte.

Cet été-là, grâce à l'herbe à puce, mon père me donne toute son attention. Quand je me couche, il voit à me distraire pour que je n'envenime pas mes bobos en les grattant. Il me raconte des histoires qu'il a supposément vécues. Parfois, à court d'imagination, lui qui n'est pas religieux, il me fait réciter le chapelet. Il me tient les mains pour m'empêcher de me gratter. Immanquablement, le rythme de la prière l'amène doucement dans les bras de Morphée. Il dort en me tenant les deux mains. Cet été-là, je sens que mon père m'aime même si je suis une fille. C'est cet été-là, je pense, que j'ai accepté d'être une fille. Être fille n'était pas une calamité, une punition de Dieu, mais un fait auquel je ne pouvais rien.

Être fille était mon sort, ma destinée. Il faudrait que je fasse avec. Il me restait à prouver à mon père qu'une fille valait un garçon. J'allais y consacrer tous mes efforts. Je ne savais pas encore que ça me mènerait à devenir Janette Bertrand.

***

Ma réaction à l'herbe à puce disparut avec la fin de l'été. J'entrepris ma dernière année à l'école primaire. J'avais quatorze ans. Mes frères, eux, partirent pour le séminaire de Valleyfield où ils faisaient leur cours classique.

À cette époque, à peu près tous les parents faisaient éduquer leurs garçons dans des pensionnats dirigés par des religieux. Les pensionnats correspondaient aux classes de la société. Ceux des nantis, dans les villes, coûtaient plus cher et accueillaient les fils de riches et de grands bourgeois ; ceux qui étaient situés à la campagne ne coûtaient presque rien et accueillaient des fils d'ouvriers. Ces institutions d'enseignement ressemblaient aux classes dans les avions : plus on payait, mieux on était servi, mieux on était nourri. Il y avait des pensionnats, par contre, qui accueillaient gratuitement les garçons pauvres et talentueux à condition qu'ils aient la ferme intention de joindre les rangs des religieux à la fin de leurs études. On les appelait des « manufactures de prêtres ». Enfin, il y en avait pour tous les portefeuilles.

Mes parents choisissent pour mes frères le séminaire de Valleyfield d'abord parce qu'ils sont originaires de Valleyfield, et ensuite parce que le coût de la pension correspond à leur budget. Mes trois frères partent donc pour dix mois. Ils ont un congé par mois, un congé à Noël, un congé à Pâques. Je suis ravie ! Pendant dix mois, je serai enfant unique. J'aurai toute l'attention de mes parents. Mon bonheur ne dure que quelques mois, cependant. Mon frère Paul quitte le collège et persuade papa qu'il veut prendre sa relève au magasin, et qu'un cours commercial serait plus profitable pour lui que le cours classique. Moi, je pense avec méchanceté qu'il n'a trouvé personne à martyriser au collège, qu'il s'ennuie tout simplement de son souffre-douleur. Mon père, comme tous les pères peu instruits, vendrait sa chemise pour faire de ses fils des prêtres, des docteurs, des avocats. Il est déçu mais flatté que Paul veuille suivre ses traces. Paul s'inscrit donc au cours commercial du Mont-Saint-Louis, en ville! Maman vogue sur les nuages: son préféré est revenu au bercail. Je viens de perdre ma place d'enfant unique.

Mes parents ne se préoccupent pas de mon avenir. L'avenir des filles de classe moyenne est tout tracé: se marier, élever des enfants et avoir juste assez d'instruction pour tenir une maison. Maman et papa subissent l'influence du cardinal Villeneuve, ennemi juré des affreuses suffragettes qui réclament le droit de vote pour les femmes. En 1937, le cardinal fait nommer l'abbé Tessier à la direction des écoles d'enseignement ménager. Ce religieux est un ami personnel de Maurice Duplessis, célibataire endurci. Dans un monde de plus en plus urbain, on imprègne les filles du culte de la famille jusqu'à la treizième année. Cet endoctrinement se fait au détriment des matières scolaires, les autorités religieuses et politiques s'assurant ainsi que les femmes ne deviendront jamais docteures ou avocates, surtout pas députées ou ministres. La place des hommes comme dominants est assurée. Moi, je ne veux pas aller perfectionner ce que je déteste. Je veux m'instruire comme mes frères, faire mon cours classique comme eux, mais je dois obéissance à mes parents.

L'obéissance! Les enfants doivent obéir à leurs parents, comme les parents doivent obéir à l'Église.

Les parents savent ce qui est bon pour leurs enfants. L'Église sait ce qui est bon pour les parents. Je veux briser ce cercle et plaide ma cause auprès de papa, mais il ne comprend pas.

— Un cours classique ? Pour changer des couches ! Bâtard, ti-fille, t'as pas besoin de ça !

Ne pouvant affronter directement ma mère – elle m'aurait vite fait taire en me traitant d'effrontée –, je la contourne en lui rappelant qu'elle-même a étudié au couvent et que je rêve de faire comme elle, qu'elle est mon modèle, que je serai mieux encadrée, qu'à l'école ménagère les filles sont plus libres, donc plus menacées, etc. En invoquant l'argument que je tiens d'elle mon aversion pour les travaux ménagers, elle finit par céder et m'autorise à suivre le cours Lettres-Sciences, en externat, au pensionnat Mont-Royal, dans la rue du même nom, un pensionnat dans nos moyens.

Ouf ! je l'ai échappé belle ! Je ne suis pas très fière d'avoir dû utiliser la manipulation pour obtenir ce que je voulais. J'aurais aimé discuter avec ma mère, mais on ne discutait pas avec nos parents. On obéissait ou bien on manipulait. On n'avait pas le choix.

***

Je continue d'aller voir des films. Je vois en boucle *Le Magicien d'Oz*. Je veux être Judy Garland, chanter comme elle, danser comme elle, m'évader comme elle dans un monde imaginaire. Je me passionne pour le roman d'amour de Wallis Simpson et d'Édouard VIII d'Angleterre.

Va-t-il abdiquer pour une roturière divorcée ? Je découvre qu'il y a des femmes qui désobéissent à leur mari puisqu'elles en divorcent. Je lis *Autant en emporte le vent*, écrit par une femme, Margaret Mitchell. Je découvre alors qu'une femme peut gagner sa vie en écrivant, que le roman n'est pas le fief exclusif des hommes. Je veux écrire comme elle. Je veux être Scarlett O'Hara, une héroïne volontaire, brune comme moi, sans scrupules, qui sacre comme un homme mais demeure une vraie femme.

Je n'ai pas d'identité, je m'en cherche une. Je suis presque une femme, physiquement, mais il reste une petite fille qui court après la voiture de pop-corn dès qu'elle entend le sifflet de la « wagine » tirée par des chevaux. Je ne sais pas qui je suis. Je me trouve laide, grosse, surtout pas d'allure. Je ne peux même pas réciter l'alphabet, je mêle les *b* et les *d*, j'ai du mal à distinguer les *m* des *n* et, humiliation suprême, je ne sais pas encore, à quatorze ans, où poser l'accent aigu et l'accent grave. Pour distinguer ma droite de ma gauche, je dois faire le signe de croix. Pour mettre les ustensiles sur la table, je dois faire semblant de manger. J'aurais tendance à être gauchère, mais comme ma mère me soupçonne de vouloir me faire remarquer, je me corrige et écris de la main droite. Et pendant ce temps, je pense que je ne suis pas intelligente. Personne ne connaît ce trouble d'apprentissage qu'est la dyslexie, on ne sait même pas qu'il existe des troubles d'apprentissage. Il y a des doués et des sans-allure. Rien entre les deux. Je suis classée « pas d'allure ». Je me demande comment je vais faire pour étudier longtemps comme je le désire. Je veux y arriver ! J'ai une motivation : prouver à mon père que je vaux autant que ses fils !

Je ne sais pas qui je suis, mais je sais ce que je veux !

Je me cherche et pour cela je dévore des livres parlant des femmes. J'y trouve des affirmations comme les suivantes :

« L'envie de réussir chez une femme est une névrose, le résultat d'un complexe de castration dont elle ne guérira que par une totale acceptation de son destin. »

« La femme est inférieure, la preuve, elle vient de la côte d'Adam. »

« La femme est bavarde, peureuse, vaniteuse, dissimulée, menteuse, frivole, possessive, méchante, jalouse,
perfide, coquette, sotte, etc. »

« Toutes les femmes sont des putains, sauf les mères
qui sont des saintes. »

« Les femmes ont de l'intuition à la place de
l'intelligence. »

« L'instruction est nuisible aux femmes. »

« Les femmes ne doivent pas se cultiver mais
cultiver leur grâce et leur beauté. »

Je ne me décourage pas.

Je relève dans *La Presse* de nombreuses annonces
de pilules, certaines pour obtenir une belle poitrine,
d'autres, des pilules rouges, pour les femmes pâles. On
y voit de jolies petites madames en extase devant leurs
chaudrons ou leur beau linge propre. La publicité incite
les femmes à faire la conquête des hommes en étant
bonnes ménagères et à les garder en étant soumises.
Soumises, battues et contentes de l'être !

Je suis troublée par la chanson *Mon homme* qu'interprète Mistinguett :

I'm'fout des coups
I'm'prend mes sous
Je suis à bout
Mais malgré tout
Que voulez-vous...
Je l'ai tellement dans la peau
Qu'j'en suis marteau.

Les histoires « salées » que se racontent les hommes
au magasin de mon père sont toutes anti-femmes.
D'après ces histoires, les femmes qui disent « non », dans
le fond, disent « oui, oui, oui ! ». Les mères sont toutes
accaparantes, les belles-mères, haïssables, les jeunes

mariées, niaiseuses. Les hommes qui trompent leur femme sont des héros, ceux qui les battent, des super-mâles. Je ne sais pas si je dois rire ou pleurer, si je dois entrer chez les sœurs ou attendre l'amour. Je veux aimer, être aimée, surtout être aimée. Comme je n'ai personne à qui me confier, je prends ma plume, mon cahier beige rayé et j'écris des poèmes désespérés.

Je suis si préoccupée que j'entends à peine mon père parler de la guerre qui se prépare. D'après lui, elle est souhaitable. Il faut que les gouvernements fassent quelque chose pour contrer le chômage qui sévit partout, en Europe comme ici. Il faut redresser l'économie qui s'en va « sur le yable », dixit papa. Mon père, qui rapporte les propos entendus au magasin, se demande si Adolf Hitler et Benito Mussolini n'ont pas été sages de résoudre le problème du chômage en instaurant une politique de guerre. Beaucoup d'hommes pensent comme lui. Mackenzie King, notre premier ministre, jure fidélité et appui au roi d'Angleterre. Le 1er mai 1939, George VI vient nous visiter pour s'assurer du soutien du Canada en cas de guerre. En septembre, l'invasion de la Pologne par l'armée allemande déclenche la Seconde Guerre mondiale.

C'est un soulagement. Nos usines vont devenir des usines de guerre. La prospérité va revenir. Mon père est heureux. Son commerce qui stagnait se remet à vivre. La guerre a du bon, surtout que l'Angleterre, c'est au bout du monde. Comme on ne parle pas anglais, nos chances d'aller combattre de l'autre bord sont nulles. Aux actualités du cinéma, on voit Hitler et Mussolini acclamés par des foules en délire. Plusieurs pensent que la haine d'Hitler pour les Juifs est justifiée. Ici aussi il y en a qui croient qu'ils prennent notre argent, qu'ils nous volent, qu'ils s'enrichissent à nos dépens. Mon père dit que les « pawnshops » de la rue Saint-Laurent exploitent les pauvres gens. Pourtant, mon père n'est pas raciste. La preuve de ce que j'avance : nous possédons un triplex, le magasin de mon père occupe le rez-de-chaussée, nous, nous logeons au deuxième, et le troisième est libre. Mon père cherche un locataire, n'en trouve pas. Un jour, il nous apprend qu'il a enfin loué le logement. Ma mère demande qui dans ce quartier peut bien louer un si beau logement.

Mon père répond :

— Le guenillou !

Ma mère n'en revient pas. Où un guenillou peut-il trouver l'argent pour louer un appartement de ce prix ?

Mon père dit qu'il a pris ses renseignements et que cet homme possède une taverne, rue Ontario, et qu'il a les moyens de payer le loyer. On tombe des nues.

Ma mère avance :

— Mais il est juif !

Mon père lui rétorque avec fermeté :

— C'est du monde comme nous autres ! Ils n'ont pas la même langue, ni la même religion que nous autres, mais c'est du monde pareil !

Cette phrase, si simple, me reviendra chaque fois que je serai portée à juger les immigrants.

— C'est du monde pareil, comme nous autres !

Ces nouveaux voisins ont une fille plus âgée que moi, Dora. Elle veut apprendre le français. Elle est toujours rendue chez nous. Sa mère qui ne parle que le yiddish fait de grands sourires à ma mère qui ne parle que le français. Elles s'échangent des sourires. Mon père a raison : c'est du monde comme nous autres. Sauf que, le jour du sabbat, je dois leur ouvrir l'électricité, et que, des fois, ça sent drôle dans l'escalier. Mon père me dit qu'ils doivent trouver drôles notre procession de la Fête-Dieu et l'odeur de ketchup qui envahit l'escalier en septembre.

Je me prépare aux examens de fin d'année. Je pioche, je sue, je récapitule. Je suis fière de moi. Ma mère va être contente. Elle m'a promis d'assister à la distribution des prix.

Ce jour-là, je suis sur l'estrade, raide comme une barre. Mon jour de gloire est arrivé. Maman entre dans la salle, plus chic, plus distinguée que les autres. Elle a mis ses gants de « kid », et même si on est fin juin, elle a autour du cou deux martres de roche qui se tiennent par la gueule. Je suis impressionnée et fière d'elle. Quelle faveur elle me fait, elle qui ne sort jamais : elle est là pour moi ! La directrice annonce les prix des finissantes. Je souris. Je vais tous les remporter et ma mère va devoir se frayer un chemin au travers de mes prix pour me couvrir de baisers. Elle va être fière de sa fille ! Un à un les prix sont attribués et je n'entends pas mon nom ! C'est une erreur, ils ont dû se tromper. Enfin j'entends :

— Janette Bertrand !

Ça y est, c'est à mon tour ! Je vais recevoir mes nombreuses récompenses pour mes efforts.

— Prix d'assiduité !

J'essaie de me lever ; je n'ai plus de jambes. Je me lève pourtant et vais chercher mon prix de consolation. Au retour, sur ma chaise, je cherche le regard de ma mère. Je ne le trouve pas. Je regarde au fond de la salle. Elle est de dos. Ce qui me fera écrire, trente ans plus tard, dans un épisode de la série *Avec un grand A*, interprété par Ginette Reno :

— Ma mère, je l'ai connue de dos.

Au souper, ce soir-là, ma mère est de glace ; elle s'est déplacée pour rien. Mon père me console en me parlant des vertus de l'assiduité, en me félicitant d'avoir réussi à passer mon année. Je ne l'entends pas ! Je suis nulle. Je n'arrive pas à faire honneur à ma mère, je n'arrive pas à prouver à mon père qu'une fille, ça vaut un gars ! Je me déteste ! Je veux mourir !

* * *

De retour à la campagne pour l'été, je retombe dans l'herbe à puce à pieds joints, et je retourne dans ma berceuse, vêtue d'un drap et un livre dans les mains. Ça me prendra des années et des années avant de découvrir que c'est mon chien Bill qui, en se roulant dans cette plante maudite, me transmet cette peste chaque été.

Je me prépare à mon entrée au pensionnat. J'ai hâte et j'ai peur. Je n'ai jamais pris le tramway sans Magella et je n'ai pas le sens de l'orientation. Je suis toujours « écartée ». Je perds mon sac d'école, mon parapluie. Une vraie pas d'allure ! Pour me rendre rue Mont-Royal, je vais devoir changer de tramway. L'angoisse ! Je vais me faire enlever, c'est certain. Et si on ne m'enlève pas, je vais me faire violer. Ma mère m'a distillé toutes ses craintes goutte à goutte. Je ne veux plus aller à l'école, je veux juste lire en me berçant, à l'abri de la vie... comme maman. Et puis non, surtout pas ! Je vais me forcer, je vais retenir le nom des rues, me faire un plan, regarder des deux bords en traversant la rue, je ne lèverai pas les yeux dans le tramway, ne parlerai à personne. Je vais prouver à tout le monde que je suis capable de me débrouiller toute seule ! « T'es capable, ti-fille ! »

Je sens que papa ne veut pas que je sois comme sa femme. Il m'encourage à être différente d'elle. Une, c'est assez ! Lui qui ne s'occupait que de ses garçons, il commence à s'intéresser à moi. Pour me rapprocher de lui, je vais tenter de l'imiter. Papa est un optimiste. Il voit toujours les beaux côtés des gens et des choses. Je vais moi aussi me réjouir de la pluie, « les concombres vont pousser » ; de la guerre, « ça fait travailler le monde ». Pour lui, un verre n'est jamais à moitié vide, mais à moitié plein. Il me montre les beautés du monde.

— Regarde, ti-fille, comme c'est beau ! Goûte, ti-fille, comme c'est bon ! Sens, sens, ti-fille, comme ça sent bon ! Touche, touche, ti-fille, comme c'est doux !

Le pire bandit, le pire mécréant, à ses yeux, ne mérite pas qu'on le juge :

— C'est un bon diable, dans l'fond.

Un jour, un de ses vieux employés – que mon père gardait parce qu'il était infirme – tombe gravement malade et demande à mon père de venir le voir, c'est urgent. Papa se rend chez lui. L'employé est mourant et le prêtre lui refuse l'absolution s'il ne demande pas pardon à mon père de l'avoir volé pendant vingt ans. Il recevra l'extrême-onction seulement si mon père lui pardonne. Celui-ci pardonne. Il revient à la maison en pleurant. Ma mère est fâchée :

— Il va te remettre ce qu'il t'a pris, ce voleur, ce bandit !

— Dis pas ça, maman, c'est un bon diable dans l'fond.

Pour papa, l'être humain naît bon, c'est la vie qui le rend mauvais. Je m'efforce de penser comme lui.

Avec l'aide de papa, je réussis à moins me gratter. Mes bobos guérissent plus vite. Pour me distraire, maman permet à mon frère le plus jeune de m'amener à la salle de danse de la plage Windsor. Je découvre le « slow ». Il m'est déjà arrivé dans les noces de danser la grande valse avec mon frère Marcel. On tournait, tournait jusqu'à ce que le mal de cœur nous fasse arrêter. Le slow, c'est autre chose. C'est un garçon et une fille qui font l'amour à la verticale. Jamais je n'ai connu d'intimité aussi grande avec un garçon. Nos corps sont collés, nos bras, enlacés. On respire à l'unisson et une chanson langoureuse nous murmure à l'oreille des mots d'amour. Mon cœur s'affole. Ma bouche s'assèche. J'ai les mains mouillées. Je ne veux pas que la danse s'achève, jamais.

Le pire, c'est que j'ai des battements de cœur « là » aussi, et que c'est mouillé « là » aussi. La danse terminée, je retourne à mon banc, soûle de sensations nouvelles et très agréables. Je veux danser, qu'importe le danseur. Je sais que je viens d'ouvrir une porte. Je pensais que la sexualité était faite de violence, de saletés ; je découvre des mouvements lents et doux, des bras enveloppants, le souffle chaud dans le cou, les odeurs de transpiration qui, en se mêlant, deviennent un parfum troublant. Je découvre mes sens.

Je me souviens de mes expériences sexuelles de petite fille. Le mari d'une voisine à la campagne me poursuivait dans les coins noirs pour me toucher les seins. Je ne comprenais pas pourquoi il voulait tant me toucher. Mes seins, pour moi, étaient deux encombrants bidons destinés à nourrir mes futurs bébés. Je m'arrangeais pour qu'on ne les voie pas. Un jour, le voisin avait réussi à les prendre dans ses mains. J'avais couru jusqu'à la maison et l'avais dit à ma mère. Maman, insultée, en avait parlé à la femme du voisin qui en avait parlé à son mari. Il avait nié, disant que j'avais tout inventé, que j'étais une menteuse. Ma mère le crut. Mon père aussi ! À cette époque, la parole d'un adulte avait toujours plus de poids que celle d'un enfant. Je me suis juré de garder pour moi mes déboires sexuels, et j'en ai eu…

Pour aller à la messe, chaque vendredi du mois, je dois passer par une rue déserte bordée de champs. Je marche vite. Ma peur doit se sentir à dix milles à la ronde parce que presque chaque fois j'entends des pas derrière moi qui se rapprochent. Je marche plus vite. Les pas me rejoignent, me dépassent. Un homme ouvre son manteau et me montre son pénis en feu. Je pars à courir. J'arrive à l'église le chapeau de travers, la peur au ventre, le cœur à l'envers.

Quand ce n'est pas un exhibitionniste à pied qui me suit dans la rue, c'est un exhibitionniste en auto.

Les prédateurs sentent de loin les peureuses, ce sont de bonnes victimes. Jamais l'idée de les regarder en face et de les traiter de maudits cochons ne me vient à l'esprit. Je pensais que les hommes étaient aux prises avec une « affaire » qu'ils ne pouvaient pas contrôler, qui les menait par le bout du nez. Je n'en parle à personne. Un jour que mon père – il devait bien avoir soixante-quinze ans – me parlait d'un homme politique qu'il avait beaucoup admiré et côtoyé, j'ai osé lui avouer que cet homme m'avait poursuivie, nu, dans sa maison, alors que j'avais quatorze ans. Il m'a regardée, incrédule :

— Ça s'peut pas ! Pas lui !

Je ne peux pas jeter son idole en bas de son piédestal. J'avais dû faire quelque chose pour l'exciter, il avait perdu la tête, etc. Il finit par l'excuser :

— Qu'est-ce que tu veux, c'est un homme !

Mon père, même s'il était ouvert, moderne, était un homme de son temps et le temps était au machisme.

Cet été-là, je danse tant que je peux. Un soir, après quelques danses torrides avec le même garçon, je sens un objet dur sur ma cuisse. Je conclus que c'est une balle de tennis qui saillait dans sa poche. Quelle ne fut pas ma surprise de m'apercevoir qu'après la danse la balle se dégonflait d'elle-même.

***

Ma première journée au pensionnat Mont-Royal arrive. Une nouvelle vie va commencer. Mon père vient me conduire en auto pour me montrer le chemin. Je porte un uniforme noir très sévère, en serge, longueur mi-jambes. C'est une robe à plis creux et à col montant, agrémenté d'un ruban blanc en coton, qu'il faut toutes les semaines découdre, laver, faire sécher et recoudre. Sur le côté droit de la robe, une grande fente donne accès à la « poche de sœur ». Indépendante de la robe, cette poche attachée par un cordon autour de la taille est très grande. En principe on y met le chapelet, mais on peut la remplir de quantité d'autres objets : bonbons, livres, règles, effaces, mouchoirs. Je m'en suis entre autres servi pour transporter des bouteilles de Coca-Cola pour une religieuse gourmande des plaisirs de la vie laïque. C'est vous dire l'ampleur de la poche. Pleine à craquer, elle me fait une drôle de silhouette, mais je ne suis pas préoccupée par mon corps, je n'ai pas de corps. Des bas noirs en coton et des souliers à talons cubains complètent le costume. Ah oui, le costume est agrémenté d'une médaille de la Sainte Vierge au bout d'un cordon noir. Cette médaille a le don de flotter dans la soupe et dans la sauce, et de salir la robe. Et comme j'ai une seule robe pour toute l'année scolaire, chaque soir je chasse les taches et les nettoie à la térébenthine. Parfum envoûtant !

Le pensionnat est dirigé par les Sœurs des Saints Noms de Jésus et de Marie. Pour s'adresser à elles, on dit « ma sœur », c'est mieux que le « chère sœur » de l'école primaire. Ce sont des religieuses fières. Elles appartiennent à une puissante communauté : ça se voit, ça se sent. Je suis une externe. Arrivée au couvent à huit heures le matin, je n'en sors qu'à cinq heures. À midi, je mange au réfectoire avec les pensionnaires où on nous sert une nourriture chiche : des œufs bouillis qui flottent dans la sauce blanche « à motons », de la fricassée à je ne sais quoi et du « jello » en masse. Par beau temps, le midi, il arrive que nous allions marcher rue Mont-Royal, serrées en rang d'oignons et chaperonnées par une religieuse. Je découvre un autre quartier, plus chic que le mien. C'est le Plateau d'avant la gentrification. Parmi les élèves, les amitiés se forment selon les classes sociales. « Qui se ressemble s'assemble », dit mon père. Moi, ce raisonnement m'énerve. Je veux briser les frontières, les préjugés, les tabous. Je suis curieuse des autres, je veux apprendre des autres.

Le métier de mon père n'est pas écrit sur mon front, mais ça doit se sentir que je ne suis que la fille d'un homme qui possède un magasin parce que je suis très seule. À cette époque, être un homme d'affaires est très mal vu. Un homme d'affaires fait de l'argent et faire de l'argent va à l'encontre du précepte de la religion : « Heureux les pauvres, le royaume des cieux est à eux. » Je décide de braver l'interdit et de faire la conquête d'une fille de médecin. Je dois être franche, le fait qu'elle soit fille de médecin est la cerise sur le sundae, mais je l'admire depuis mon arrivée au pensionnat. Elle a tout ce que je n'ai pas. Elle est sûre d'elle-même. Elle est vive, intelligente. C'est une grande blonde aux joues roses et aux yeux bleus délavés. Une beauté. Moi, je suis brune aux yeux bruns, pas très grande : la médiocrité même. J'ai peu de chance de l'intéresser, mais elle habite à deux rues de chez moi, on prend le même tramway, j'ai au moins la chance de faire le trajet avec elle. En somme, sans le savoir, je me cherche une mère... encore ! Au début, je ne l'intéresse pas du tout. Je fais des bassesses pour qu'elle me remarque. Rien ! Mais je suis tenace. Toutes les astuces sont bonnes pour me faire inviter chez elle. À la fin, tannée sans doute de mon insistance, elle m'invite. Je tombe sur une « trâlée » de garçons. Tous se destinent à la médecine. Maman va être fière de moi ! Je reviens à la maison avec la grande nouvelle : j'ai pour amie – j'anticipe un peu – une fille de médecin qui a plein de frères au cours classique, de futurs professionnels. Je suis tombée dans une bonne talle. J'ai droit à un grand sourire. Ma mère se met à rêver d'un grand mariage :

— Penses-y, Joanette, tu t'appellerais « madame Docteur » ! Et moi qui ne suis pas forte de santé, j'aurais un médecin sous la main.

Pour comprendre le désir de ma mère de me trouver un bon parti, il faut revenir à l'époque où les femmes qui ne sont pas religieuses ont absolument besoin d'un homme pour subvenir à leurs besoins. Celles qui travaillent dans l'enseignement ou comme infirmières le font en attendant de se marier. De toute façon, elles ne pourraient pas vivre avec leurs maigres salaires. Des salaires de crève-faim, comme dit ma mère. Une femme est forcée de se trouver un pourvoyeur. Un bon parti n'est pas un homme qui aime sa femme, mais qui la fait bien vivre. Donc, on peut comprendre que les mères cherchent à caser leurs filles avec des garçons qui ont de l'avenir. Elles savent que si le mari ne gagne pas bien sa vie leurs filles seront malheureuses. L'amour que l'on célèbre tant de nos jours est considéré comme un grand danger, un empêchement au bonheur.

— L'amour, c'est pas ça qui paye le loyer. Quand on aime, on ne voit pas clair, on marie n'importe qui ! On se ramasse avec un batteur de femme, un ivrogne ou un courailleux !

J'ai envie de demander : et l'amour dans tout ça ? Je ne le demande pas, je n'aurais pas de réponse.

L'amour, c'est dans les romans, dans les chansons qu'on le trouve, pas dans la vie. On ne parle pas d'amour dans les couples. Quand une femme s'aventure à demander à son mari : « M'aimes-tu ? », le mari répond : « Je suis là ? Si je ne t'aimais pas, je serais pas là ! »

Pendant les fréquentations, les garçons, pour exprimer leurs sentiments, se servent des mots de chansons américaines. Ils les chantent à l'oreille de leurs blondes qui, pour la plupart, ne comprennent pas un mot d'anglais.

Les filles quittent donc la maison familiale pour continuer la même vie que leur mère. En milieu rural, c'est pire. Les filles sont obligées de se marier, car ce sont les fils qui héritent de la terre. Il n'est pas rare que les filles soient déshéritées tout simplement parce qu'elles sont femmes et que les femmes se font vivre par leur mari. La solution qui s'impose : trouver au plus vite un homme qui gagne bien sa vie et l'épouser. L'amour viendra après, peut-être !

Mais il n'est pas facile de trouver un bon parti : les temps sont durs. Les mères, qui, on le sait, veulent le bien de leurs filles, partent à la chasse au mari, aidées par les tantes, les cousines. Les frères pressés de se débarrasser de leurs sœurs donnent un coup de main. Ma mère ne fait pas exception. Elle m'encourage à fréquenter ma nouvelle amie, mais refuse de l'inviter chez nous.

— C'est pas assez beau, c'est pas assez chic. Penses-y, la fille d'un docteur !

Le docteur, au palmarès des professions libérales, occupe la première place. Vient ensuite l'avocat, bien que les membres de cette profession aient mauvaise réputation – on dit « croche comme un avocat ». Puis viennent le notaire et le dentiste, des professions considérées comme inférieures. Les autres sont au bas de l'échelle sociale.

Ma mère me pose des questions. Je dois lui raconter en détail tout ce que je vois chez mon amie. Elle rêve et moi aussi… un peu. Même si je sais que je ne serai pas comme ma mère. Moi, je vais aimer un homme pour ce qu'il est et non pour son argent. S'il n'a pas d'argent, j'en ferai, moi, de l'argent ! Si les gars sont capables de gagner leur vie, ça doit pas être si difficile que ça ! Et puis je suis trop jeune pour me marier. Ce qui m'intéresse, c'est d'avoir une amie qui porte sur moi un regard admiratif, que mes conversations intéressent, qui me trouve intelligente, qui m'aime !

Je n'ai pas réussi à faire la conquête de ma mère, eh bien je ferai celle de mon amie ! Je suis fine, douce, serviable avec elle. Je fais tout ce qu'elle veut. Je suis tout feu, elle est de glace. Elle est actrice, je suis spectatrice. On est complémentaires. J'ai toujours pensé que nous avions vécu une grande amitié. J'admets aujourd'hui que, si j'étais amie avec elle, elle ne l'était pas avec moi.

En attendant la « graduation », j'étudie. Je travaille fort parce que je sais que si j'ai de mauvaises notes mes parents vont me retirer du couvent pour m'envoyer dans une école ménagère, ce que je ne veux pas du tout. Tout est difficile pour moi. J'inverse les chiffres de mes additions, j'ai du mal à apprendre par cœur. Si je lis avec facilité, j'écris en faisant de graves inversions. Et pourtant, j'adore écrire. Je ne fais pas trop de fautes d'orthographe. Je fais des fautes que les sœurs taxent d'étourderies. Elles s'acharnent sur moi :

— Vous avez du talent pour l'écriture, mais quel charabia.

— Concentrez-vous, cessez de rêver.

— Vous n'êtes qu'une étourdie !

Étourdie, pas d'allure, c'est du pareil au même. Mes frères ont raison.

Les dissertations m'emballent. Il m'arrive d'écrire celles de mes compagnes de classe en échange de quelques réponses d'arithmétique. La supercherie est facile à découvrir, j'ai un style : le charabia !

Je ne suis pas malheureuse au couvent. Moi qui ai été élevée avec des garçons qui se chamaillent, se tiraillent, se poussaillent, j'apprécie la douceur, les fous rires et les larmes des filles. Qu'on est bien entre nous ! À la récréation, parfois, la religieuse-pionne, celle qui garde la salle, celle que j'aime parce qu'elle est douce et tendre, sort un grand morceau de chocolat plein de noix longues et le brise avec ses mains en morceaux, qu'elle vend. Je suis folle de ces chocolats, mais je suis gênée d'en acheter parce qu'il y en a parmi nous qui n'ont pas de sous. Et s'il est naturel pour un vrai pauvre de ne pas avoir d'argent, c'est une honte pour une fillette de la « haute » de ne pouvoir se payer pour dix cents de chocolat. Je me souviens de trois camarades pensionnaires. Un jour, à l'entrée du couvent, je vois affichés au tableau noir les noms des parents qui sont en retard dans leurs paiements. C'est la honte pour les trois sœurs de cette famille. Je suis choquée par ce geste qui expose aux yeux de tous les problèmes financiers des parents. Ces sœurs ont été marquées pour la vie. Trente ans plus tard, j'ai rencontré par hasard l'une des trois. Je n'arrivais pas à me souvenir de son nom, mais je me rappelais celui de son père, celui du père qui n'avait pas payé.

Au couvent on nous parle pourtant à cœur de jour de charité chrétienne ! Je ne comprends pas ce geste que je considère très violent à l'égard des petites filles qui passent tous les jours devant ce tableau de la honte. Il me reste tant de choses à comprendre.

Je suis gênée par les religieuses qui parlent de Jésus comme de leur amoureux : « Je me donne à Jésus. — Je suis toute à lui. — Il habite mon corps. — Je me fonds en lui. — Jésus est mon époux. » Je trouve ça indécent. Je compare ces religieuses aux filles qui sont amoureuses de Tino Rossi et qui en parlent comme si elles couchaient avec lui. Il faut dire que nous ne sommes pas une famille très pieuse. Si ma mère souhaite ardemment que mon frère aîné Marcel fasse un prêtre, c'est que dans l'échelle sociale la prêtrise occupe un rang au-dessus de la médecine. Quelle joie ce serait pour elle de pouvoir se vanter d'avoir un fils curé qui lui assure une place au paradis ! Maman ne pratique pas. À cause de sa phlébite, elle ne fréquente pas souvent l'église. Et comme elle fait bronchite sur bronchite, elle supporte mal l'encens qui la fait tousser, affirme-t-elle. Quant à mon père, un hyperactif, il trouve toujours le moyen de s'éclipser pendant la messe : il dit qu'il va manquer de « gaz », faut qu'il aille en faire mettre au garage du coin, ou invoque d'autres raisons tout aussi transparentes. Un jour, je lui demande si c'est bien nécessaire d'apprendre le catéchisme ; j'ai un mal fou à retenir cette langue de bois. Il me rétorque :

— Ti-fille, arrange-toi pour pas faire de mal à personne. C'est ça, le catéchisme.

Je l'ai appris par cœur quand même. Il le fallait. Aujourd'hui je ne me souviens plus du catéchisme, mais j'ai retenu les paroles de mon père. Elles résument ce qui est ma religion, à moi aussi.

Une des choses qui m'horripilent au couvent, c'est le chapelet de sacrifices. Ce chapelet de dix grains se porte épinglé sur le costume noir. Il faut faire dix sacrifices dans la journée, sinon on est classée égoïste, méchante, on est méprisée par la religieuse et condamnée par le reste de la classe. Dix sacrifices par jour ! Je renonce à la collation, je renonce à me gratter quand ça me pique, j'essaie de ne pas bâiller quand je m'ennuie. Dix ? Je fais comme pour les péchés véniels à confesser, j'invente.

Je découvre durant ces années-là, par une cousine religieuse, que les classes sociales existent aussi à l'intérieur des communautés. Les religieuses qui nous servent à table sont des sœurs converses, qui sont entrées en religion sans dot. Je tombe des nues. Comment Jésus peut-il être si injuste, lui qui prône l'égalité ? J'apprends aussi qu'il existe une communauté de religieuses au service des prêtres. Au lieu de payer des ménagères, le clergé a fondé une communauté dédiée à leurs saintes personnes. Ça, ça me choque vraiment. Je veux abolir les classes sociales. Je suis persuadée qu'on est tous égaux devant Dieu : les sœurs nous le martèlent à longueur de journée. Dans le fond, ce que je veux, c'est que les filles soient égales aux garçons, les religieuses, égales aux prêtres, les épouses, égales à leur mari. Je n'ai pas été endoctrinée par les suffragettes, je ne les connais pas.

On n'en parle dans les journaux que pour s'en moquer. Mes parents me les décrivent avec de la barbe au menton et bâties comme Louis Cyr. Je ne sais même pas que des jeunes femmes font des études classiques au collège Marguerite-Bourgeoys. Ça nous est caché. Ça pourrait nous donner des idées.

Toutes les injustices me font grincer des dents. Quand j'entends mon père dire que la province de Québec appartient à une poignée d'Anglais de Westmount, que nous devons apprendre l'anglais alors qu'eux n'apprennent pas le français, je ne trouve pas ça juste. Mon père répète sur tous les tons qu'être né de langue française au Canada, c'est être né pour un petit pain, qu'on n'a pas d'avenir, que notre devise, « Je me souviens », a pour seul but de nous rappeler qu'on a perdu la bataille des plaines d'Abraham. On doit être reconnaissants que les maîtres nous aient laissé notre langue. Merci, messieurs les Anglais ! Je trouve tout cela injuste, mais je me tais. Comment une pas d'allure qui ne sait même pas mettre dans l'ordre les lettres de l'alphabet pourrait-elle changer le fait qu'il existe des dominants et des dominés ? Qu'y puis-je ? Ça me décourage de ne pouvoir rien faire pour changer le monde. Ah, si j'étais un homme !

Un phénomène existe chez certains Canadiens français : l'anglomanie ! Tout ce qui est anglais est parfait. Le rêve de certaines de mes compagnes, c'est de passer dans le camp « ennemi ». Ma tante Anita l'a fait en mariant son Écossais ! Elle parle avec un accent anglais, élève ses enfants en anglais, va à l'église chez les protestants. Une expression, anglaise, évidemment, traduit cette façon de penser : « *If you can't beat them, join them.* » Ça m'énerve ! Moi si obéissante, je refuse à ma manière d'apprendre l'anglais. Je ne l'étudie pas. En classe d'anglais j'écris des romans, je pense à autre chose, en français. Fait étrange, les mots anglais parsèment notre langue, mais on ne s'en aperçoit même pas. J'ai su très tard qu'une *pantry* était, en français, une armoire de cuisine, un *tire*, un pneu, etc. On n'entendait jamais le mot automobile, c'était un char – de *car* – ou une machine. On se faisait coloniser sans s'en rendre compte.

Pendant que je prends lentement conscience de l'inégalité qui existe entre les sexes, des femmes des milieux bourgeois tentent depuis des années d'obtenir le droit de vote pour les Québécoises. Je ne connais pas ces femmes-là. Je ne peux pas les connaître. Je ne suis pas du même milieu qu'elles. Et les milieux ne s'entremêlent jamais. Ce ne sont pas les religieuses qui vont nous parler de ce mouvement de femmes, l'Église s'oppose de toutes ses forces à ce que les femmes s'émancipent et les religieuses doivent obéissance à l'Église. À table, papa cite Henri Bourassa, grand journaliste canadien-français, qu'il vénère même s'il n'est pas de son parti : « L'homme est un être de raison et de logique à qui il appartient d'être le leader de la société. » Papa en rajoute :

— Une femme qui vote, c'est plus une mère, c'est une « hommasse ».

Ma mère est d'accord, elle craint, comme beaucoup de femmes, de perdre son seul pouvoir : le pouvoir domestique. Moi je voudrais que tous puissent voter, les hommes et les femmes ! Je ne le dis pas. Je n'ai pas voix au chapitre. Je n'ai que quinze ans. Et puis le cardinal Villeneuve est contre !

Je me souviens qu'en 1939 mes parents et mémère ont suivi la campagne électorale à la radio. Les partis sont divisés en deux couleurs, les rouges et les bleus. Les libéraux et les conservateurs (Union nationale). Mon père est « rouge », sa mère aussi. Ma mère est « bleu ». Il ne s'agit pas de conviction politique, mais d'atavisme. On hérite d'un parti politique comme d'une difformité.

La discussion est enflammée. J'écoute un peu, puis je vais étudier. Je n'aime pas la chicane. Quand je ressors du petit bureau, c'est comme si une tornade était passée. C'est le libéral Adélard Godbout qui a gagné, et comme il avait promis le droit de vote à Thérèse Casgrain, vice-présidente des femmes libérales du Québec et surtout épouse de Pierre Casgrain, président de la Chambre des communes, il va falloir qu'il tienne parole. Je ne le sais pas encore, mais le mouvement pour l'égalité entre hommes et femmes fait un grand pas ce soir-là. Il était temps. Les Canadiennes des autres provinces ont le droit de vote depuis vingt ans ! Papa est en furie.

— Ça commence, tu vas voir. Tu leur donnes le droit de vote, elles vont vouloir être députés puis premier ministre. Puis les petits, qui c'est qui va les garder ? Nous autres, peut-être ?

Mais les femmes ont d'autres préoccupations. Le pays fait appel à elles. On leur annonce, pour les endormir, qu'elles vont sauver la nation en participant à l'effort de guerre. Dans la propagande de guerre, on les incite à délaisser leur rôle de mère pour aller travailler dans les usines. Les femmes veulent obéir, elles ont l'habitude, mais à qui doivent-elles obéir, à l'Église ou à l'État ? L'Église leur demande de faire des bébés et en même temps les gouvernements leur proposent de participer à la vie économique en travaillant en dehors de la maison. C'est mêlant ! J'ai les oreilles grandes ouvertes. Je veux comprendre pourquoi Hitler veut conquérir l'Europe. Je demande à papa :

— Si Hitler était une femme, prendrait-il tant de plaisir à envahir l'Europe ?

Papa pense que je suis tombée sur la tête.

— Une femme pourrait pas « runner » un pays ! Voyons donc, ti-fille, sont pas faites pour ça !

Je ne comprends pas ce plaisir que semblent éprouver les hommes à se battre, à tuer. J'ai plutôt le goût, moi, de prendre les êtres humains dans mes bras et de les bercer. Je découvre ainsi que je suis une vraie fille, que je pense différemment des hommes. Pour la première fois, j'en suis contente.

Ma vie, en 1940, est simple. J'étudie. J'en suis maintenant à ma deuxième année au pensionnat. À force de travail, je réussis à corriger certaines de mes fautes dites de distraction, d'inattention (attribuables en fait à la dyslexie). Rien ne m'est facile, sauf les dissertations où je suis championne. Je lis beaucoup, et on m'a surprise, durant un cours de mathématiques, à lire un roman. J'ai dû écrire cent fois : « Je ne lis pas de roman pendant la classe. » D'ailleurs, la sœur m'incite à ne pas me bourrer la tête de faussetés païennes :

— Si au moins vous lisiez la vie de sainte Thérèse de Lisieux !

Les religieuses, gardiennes de la langue, nous encouragent à bien parler français. Je suis d'accord. Il y a vraiment trop d'anglicismes dans notre « parlure ». Quand elles nous demandent de parler avec un accent qui ressemble à celui de ma mère, là je ne suis pas d'accord. Je ne veux pas parler comme une sœur ni comme ma mère. C'est une langue affectée. Notre enseignante, pour promouvoir le bon parler français, nous charge de reprendre nos compagnes qui font des fautes pendant les cours, mais aussi de lui rapporter par écrit les fautes commises pendant la récréation, et par qui. C'est de la délation ! Je m'insurge contre le procédé. C'est la première fois que j'affronte une sœur. Elle me traite d'impertinente, me fait taire. Je tente d'expliquer mon point de vue. Elle m'envoie au bureau de la directrice qui, loin de me blâmer, me félicite de ma prise de position. Sans donner tort au professeur, elle reconnaît que j'ai raison de… Je n'écoute plus ce qu'elle dit : j'ai raison ! C'est bien la première fois qu'un adulte, une sœur en plus, reconnaît que je peux avoir raison ! Moi qui n'ai aucune estime de moi-même, j'en prends une bonne cuillerée à soupe et l'avale d'un trait, comme l'huile de foie de morue que je prends chaque matin avec un jus d'orange. Ça me fortifie l'ego !

Pendant ce temps, la France est envahie, les familles fuient sous les bombes, mais ce pays a beau être notre mère patrie, c'est au bout du monde. Je ne connais personne qui est allé dans ce que mon père appelle les vieux pays. Je ne rêve même pas d'y aller un jour, c'est bien trop loin ! Et au fond de nous, on en veut à la France de nous avoir laissés nous débrouiller tout seuls, après la Conquête, dans nos arpents de neige. Se battre pour l'Angleterre ne nous attire pas plus. Les Anglais sont nos conquérants, donc nos ennemis. D'une seule voix, les Canadiens français disent non à la guerre. Les politiciens, fidèles à l'Angleterre, favorisent l'enrôlement volontaire des hommes mais sont contre la conscription. Mackenzie King au Canada et Adélard Godbout au Québec se sont fait élire en promettant de démissionner si la conscription était imposée. Mon père, qui ne croit pas aux promesses électorales, pense comme tout le monde que la mobilisation est le premier pas vers la conscription. Les vieilles rancunes entre anglophones et francophones se rallument. Il n'y a pas que des étincelles : le feu est pris ! Les Anglais nous traitent de pissous, de lâches, de sans-cœur. Il y a des escarmouches dans les rues, dans les tavernes, dans les salles de danse. Les « zoot suits » se battent contre les « marines », chacun portant leurs vêtements comme des drapeaux. Les « zoot suits », qui ne veulent pas aller à la guerre, s'habillent avec des pantalons étroits et portent les cheveux longs pour se moquer des marins, cheveux en brosse et pantalons larges. Ils s'affrontent. Mon père craint que l'opposition entre Canadiens français et Canadiens anglais finisse dans une guerre civile. Ma mère s'affole pour ses fils. Ils sont encore aux études, mais sait-on combien de temps la guerre va durer ? On vit dans un climat d'incertitude, de peur et de haine. L'Angleterre n'a jamais été notre mère patrie, ne le sera jamais. On ne voit pas pourquoi on se priverait, on mourrait pour elle. Un nationalisme dur et pur s'installe. Au magasin de mon père, ça discute fort. J'écoute.

Devant la menace d'une guerre longue et impitoyable, un désir de s'amuser s'empare des jeunes garçons. Puisqu'on va finir en chair à canon, aussi bien se payer du bon temps. La « robine » coule à flots. La robine (mot venant de *rubbing alcohol*) est un alcool blanc bon marché dont on se sert pour frotter les membres endoloris. Cet alcool se vend dix cents le « flask » à la pharmacie, mais les pharmaciens refusent d'en vendre à ceux qui viennent en chercher tous les jours. Un matin, à l'aube, la police fait une descente chez nos voisins. Les policiers quittent les lieux avec des réservoirs à eau chaude remplis de robine. Nos voisins, du si bon monde, distillaient l'alcool qui tue. La robine, comme l'absinthe en France, est une ravageuse de foie. Elle rend fou, et on en fabriquait à deux pas de chez nous ! Maman m'interdit de m'attarder sur le trottoir en face de chez moi, d'adresser la parole au fils du fabricant du poison. C'est tout juste si on ne déménage pas. L'imaginaire de maman est en effervescence. On a de vrais bandits comme voisins ! S'ils fabriquaient de l'alcool frelaté, ils peuvent faire d'autres choses. Quoi ? Je ne sais pas, j'imagine des fournaises où on brûle d'honnêtes femmes, comme l'a fait un certain Landru, en France. J'ai de plus en plus peur de sortir de la maison.

Moi qui pense habiter un quartier ennuyant, je m'aperçois qu'il s'y passe des choses dignes des romans

policiers. En bas de la galerie où je me « balancigne »
quotidiennement, le soir, après souper, il y a une ruelle
sombre. On y entend parfois des cris de femme. Des cris
désespérés mêlés de peur. Avant même de savoir que le
viol existe, je l'entends. Ça me glace le sang.

— Maman, j'ai entendu des cris de mort.

— C'est rien, un homme qui bat sa femme.

Mon père ne bat pas ma mère : il la soigne, la
« dodiche », en prend soin comme si elle était une
poupée en celluloïd. Il y a donc des hommes qui battent
leur femme ? Pourquoi ?

— Elles écoutent pas ! disent mes frères en riant.

— Mais vous, papa, maman n'obéit pas et vous la
battez pas.

— Moi, ti-fille, je ne suis pas un homme, je suis une
lavette.

Toute sa vie mon père répétera qu'il n'est pas un
homme, qu'il se laisse manger la laine sur le dos, qu'il est
mou, qu'il braille pour rien. Pas pour s'en plaindre, pour
le constater. Des fois, il ajoute qu'il admire les hommes
qui font la loi chez eux et mènent leurs enfants à la strap.
Il aimerait être un vrai homme. Il n'y arrive pas. Il ne
s'est jamais servi de la strap avec nous. À cette époque,
nombreux sont les pères qui battent les enfants quand les
mères ne réussissent pas à les faire obéir. C'est la volée ou
la strap. « Attends que ton père arrive, tu vas y goûter ! »
menacent les mères. Quant à elles, elles utilisent la culpabilité à tour de bras : « Tu vas me faire mourir ! — Tu fais
de la peine à maman. — Cet enfant-là va me tuer. »

Ma mère est une championne du « cold-shoulder ».
Si je ne fais pas ce qu'elle veut, si je lui désobéis, si je
commets la moindre infraction aux règles de la maison,
elle cesse de m'adresser la parole. Elle ne me parle plus.
Elle m'ignore. Elle fait comme si je n'existais pas. Elle ne
me regarde pas. Ses yeux passent sur moi sans s'arrêter. Je

parle, mes paroles glissent sur elle comme de l'eau savonneuse. Ça me tue ! J'aimerais mieux qu'elle me crie des bêtises comme les mères du quartier, mais crier n'est pas distingué, et jamais elle ne lèverait la main sur moi, elle se contente de me torturer l'âme, le cœur et la conscience.

Mon père, homme rose avant le temps, est tendre et doux. Et quand mon père pleure, ce qui en effet lui arrive souvent, je grimpe sur ses genoux, je le prends par le cou et je pleure de le voir pleurer.

Au magasin de papa, j'entends les hommes parler tout bas du « 312 ». Je ne sais pas ce qu'il y a au 312, Ontario, mais je vois bien qu'à la mention de ce numéro les femmes se cabrent et les hommes ont un petit rire excité. En passant en tramway, je me tords le cou pour voir ce qui peut bien se passer derrière cette série de logements de ma rue. Je ne sais pas que c'est le plus grand bordel de Montréal, et qu'à l'intérieur il y a des « catins ». Je ne sais pas ce qu'est une catin. Je ne connais que le sens de « poupée » de ce mot, ou de pansement qu'on se met sur le doigt quand on s'est coupé. Je questionne mes frères, mais ils ne veulent pas me répondre.

— Est-tu fatigante avec ses questions !

Je sens qu'il vaut mieux que je n'interroge pas ma mère à ce sujet, elle m'empêcherait encore de sortir. Je suis trop curieuse à son goût, ça l'inquiète. Si j'en parlais à mon père, je connais d'avance la réponse : « Va demander à ta mère ! » Magella ? Elle en sait encore moins que moi.

J'ouvre encore plus grand mes oreilles au magasin et, tout en étiquetant les combines en coton ouaté, j'entends que les catins couchent avec des hommes pour de l'argent. Elles vivent en jaquette, en « step-in » (une culotte en soie très large) et en brassière. Les hommes choisissent dans le tas et ils font l'acte. L'acte ? Quel acte ? J'apprends aussi que ce sont des « madames » qui tiennent les bordels. Madame Anna, Ada la Juive, etc. Les clients de papa parlent des maquereaux, des hommes qui recrutent des jeunes filles fuyant les campagnes et les enrôlent dans la prostitution. J'apprends que les jeunes filles sont à peine payées, tout l'argent allant à la pègre qui dirige cette industrie très lucrative, qu'elles ont quinze ou seize ans, et que si une sur deux a la syphilis, toutes contractent la blennorragie, qu'il y a quelque trois mille esclaves sexuelles et plus de trois cents bordels à Montréal, mais que celui de mon quartier est le plus gros. Quel honneur ! Je regarde mon père, je regarde ses clients. Vont-ils au bordel se payer une fille ? Et s'ils ne le font pas, comment peuvent-ils en parler en se pourléchant les babines de concupiscence ? Et pourquoi n'exigent-ils pas l'arrêt de ce commerce qui exploite les femmes ? Je me pose encore la question et je n'ai jamais eu de réponse qui me satisfasse. Je ne considère pas « C'est le plus vieux métier du monde » comme une réponse satisfaisante.

La guerre profite aux vendeurs de femmes, mais l'armée s'inquiète. Plus d'hommes risquent de mourir d'une maladie vénérienne que sur les champs de bataille. Alors j'entends parler de descente de police, de cadenas, de bataille entre marins et policiers. Je suis infiniment troublée. La tête et le cœur remplis de romans d'amour, je découvre que ce que je rêve de donner à l'homme que j'aimerai se paye et s'achète comme des biscuits Village. Je ne comprends pas.

J'aimerais pouvoir en discuter avec quelqu'un, mais qui ? Je suis déçue, triste à mort. Je décide de ne pas grandir, de rester une petite fille. S'il y avait une pilule pour me rapetisser, je la prendrais. Mes seins ont tant poussé que je ne sais pas où les mettre. Je sens le regard des hommes sur eux. Je ne veux pas être des seins, je veux être une personne. Je marche courbée, me croise les bras sur la poitrine et porte mes souliers à talons cubains, des souliers de sœur, qui ne remontent pas les fesses comme les talons hauts, pour cacher toute trace de féminité. Je continue à choisir mes vêtements au magasin de papa, section *small*. Et pourtant, cet été-là...

Cet été-là, je vais devenir amoureuse pour la première fois. Connaître enfin cette belle folie dont j'ai tant entendu parler dans les romans.

Il n'est pas beau, il ne danse pas si bien que ça, mais je ne vois que lui. Il n'y a que lui. C'est un soleil et je suis attirée par ses rayons. Je ressens l'amour comme une bouffée de chaleur qui envahit mon corps et qui le ramollit en même temps. Quand je le vois, mon cœur bat, je n'ai plus de salive. Je le trouve extraordinaire, beau, unique. Je me sens belle, extraordinaire, unique. Ça doit être ça, l'amour ! Je l'aime !

Il est aux antipodes de mes frères. Mystérieux, discret, poli, distingué, secret. Il sait plein de choses que je ne connais pas. Il est sérieux et très calme. Il est différent ! Le seul problème : je ne l'intéresse pas ; et je le comprends, mes frères me le disent que je n'ai rien pour attirer les garçons, mais rien du tout. N'importe, je ferai sa conquête. Je suis experte en conquête, je me pratique avec ma mère depuis quinze ans. Cette fois-ci, je vais réussir.

Je m'achète un costume de bain rouge qui met mes seins en valeur et des shorts pour jouer au tennis, et je me fais drôle, spontanée et joyeuse, qualités qu'il n'a pas, lui, et qu'il doit inconsciemment rechercher puisque finalement il est avec moi dans la chaloupe Verchères au clair de lune. Je me jette sur lui et je l'embrasse. Je veux qu'il m'aime. Je veux... Je veux...

Cet été-là, papa a fait venir de Gaspésie une vieille barque de pêcheurs déguisée en cruiser. Il y a une cabine où l'on peut dormir, un pont où l'on peut s'étendre pour prendre du soleil. Il y a une roue, comme dans les vues. Mon père a initié mes frères au maniement de cette roue.

Je lui demande de me montrer à moi aussi à manœuvrer le bateau.

— Ben, voyons, ti-fille, tu sais bien que t'es pas capable !

Je ronge mon frein. Un jour, je vais lui montrer qu'une fille vaut un gars, un jour...

Un dimanche de septembre, il y a des régates au village voisin, à Saint-Sulpice. Papa, généreux, invite une amie de la voisine, une madame de cinquante ans, « corporente », comme dit mon père en parlant des femmes de forte taille. Comme ce matin-là il fait frisquet, je porte un manteau de laine et une jupe de laine. J'ai mes gros souliers oxford et, pour être sûre de ne pas geler, j'apporte une grosse couverture écossaise, en laine aussi, et la longue-vue de maman.

Je monte sur le bateau avec plein de jeunes que mes frères ont invités. Mon amoureux est du groupe. Les régates sont ennuyantes. Il vente si fort qu'on ne voit rien. Si le vent ne tombe pas, l'accostage va être difficile. Le bateau est arrimé à une ancre au large, devant notre chalet. Deux chaloupes, une grande et une petite, nous attendent pour nous ramener à terre. Papa grimpe avec les garçons dans la grande Verchères et, trouvant qu'elle contient déjà assez de monde, me donne l'ordre de ramener « Mme Corporente ». Mon amoureux, galant, reste avec moi pour m'aider. Le bateau est haut, la houle, forte. Pour arriver à la petite chaloupe, il faut descendre une échelle qui longe la coque. Il saute dans la chaloupe, la politesse exigeant que les jeunes descendent avant les aînés au cas où ceux-ci tombent. Je m'exécute. J'ai un pied sur l'échelle, un autre dans la chaloupe. Mme Corporente met un pied sur l'échelle. Une vague énorme fait bouger le bateau, elle prend peur. Je lui tends la main. Elle ne veut ni remonter sur le bateau ni descendre. Je la prends par la taille pour l'aider à atteindre la chaloupe.

Elle perd pied, tombe sur moi. Je bascule avec elle dans la chaloupe. On chavire tous les trois. La chaloupe est emportée par le courant. Mon amoureux tente de la rattraper. Je me retrouve avec Mme Corporente sur le dos. Elle me tient par la tête. Je suis incapable de respirer. Ma tête sert de bouée de sauvetage à Mme Corporente. Elle s'y agrippe avec la force d'une femme qui ne sait pas nager. J'essaie de lui enlever les mains, elle m'enfonce la tête sous l'eau. Je ne lâche ni la couverture ni la longue-vue, deux objets que ma mère m'a prêtés en me recommandant d'y faire attention comme à la prunelle de mes yeux. Je cale, je manque d'air, je tousse, je vais étouffer. Je décide de boire l'eau. Je bois. Je bois, puis j'abandonne. Je suis persuadée à ce moment-là que je vais me noyer et finalement ce n'est pas si désagréable. Je ne lutte plus. Je me laisse aller. Il n'y a rien à faire. Je me laisse couler vers la mort.

Puis je me réveille sur la plage en train de remettre au fleuve l'eau que je lui ai bue. Ce qui me fait le plus peur, c'est que, ma jupe de laine ayant rapetissé, le monde voie mes petites culottes.

Ce qui s'est passé, je l'ai appris plus tard. Ma mère me guettait du bord de l'eau. Comme l'échelle n'était pas du côté de la maison, elle n'a rien vu du drame, puis, soudain, l'amie de la voisine est apparue. Elle semblait flotter sur un mouchoir de tête qui ressemblait au mien. Maman a averti papa, qui est venu me cueillir, à moitié noyée. Le lendemain, après une nuit de cauchemars, je me voyais entre deux eaux, en train de boire le fleuve. Papa m'a pris par la main et m'a amenée me baigner. Merci, papa !

Le plus comique de l'affaire, c'est que Mme Corporente nous considéra comme ses sauveteurs, mon amoureux et moi, et nous donna à chacun une montre. J'avais beau expliquer que je ne l'avais pas sauvée, qu'elle s'était servie de moi pour se sauver, au risque de me noyer, personne ne m'écoutait. J'étais une héroïne ! Je savourai mon heure de gloire quand même, c'est pas souvent que ça se présente. Mais la gloire est éphémère. C'était déjà la rentrée scolaire.

On se revit quelques fois, mon amoureux et moi, mais pas souvent. Je ne sortais jamais, il étudiait. Et malgré les quelques baisers échangés, il mit fin à notre relation. J'avais dû lui faire peur avec mon trop-plein d'amour, qu'on appelle aujourd'hui un vide affectif.

Ma peine d'amour, aussi brûlante que mon amour, me garda au chaud toute une année. Voilà, c'était écrit dans le ciel : ma mère ne m'aimait pas, donc je ne serais jamais aimée.

Je me souviens de ces années-là comme des années mortes. Je ne vivais pas, j'attendais. Et parce que je n'avais personne à qui parler de ma souffrance, je me suis mise à écrire des poèmes.

Attente

La vie est-elle si morne, si décevante
Qu'il faille attendre
Toujours attendre.
Tenir le bonheur au bout d'un fil
Et passer sa vie à tirer sur le fil.
Le ciel est gris et ennuyeux
J'attends.
J'attends quoi ?
Tout.
La plénitude, la largesse,
L'amour peut-être ?
L'amour qui comble !
C'est faux, ça ne peut exister
Ce ciel

Car tout n'est qu'attente ici-bas.
Attente mortelle qui meurt.

L'eau est grise et ennuyeuse
Elle attend elle aussi...
Un revirement, une fusion.
Mais heureuse elle va
Dans sa coulante vie d'eau, elle coule
C'est là sa vie.

Le vent est gris et ennuyeux
Il oppresse mon âme.
Et tourbillonnent dans ma tête
Des idées rondes.
Tout autour de moi attend.

Je veux que tous les souffles de vent,
Toutes les gouttes de pluie,
Tous les morceaux de ciel
Au Créateur demandent
De combler l'attente
D'un cœur assoiffé de tout
De tout !

Ces années-là, ma mère fait pleurésie sur pleurésie. Elle devient le centre d'attention. Mon père est aux petits soins avec elle. Magella la sert comme si elle était la reine d'Angleterre. La maison est une chambre d'hôpital. Faut pas parler fort, maman est malade ! Faut pas rire, maman est malade. Faut pas amener d'étrangers, maman est malade.

Tout tourne autour de la maladie de maman, de la personne de maman. Quel exemple pour moi. J'y vais de quelques crampes au ventre, mais on ne prend pas mes maladies au sérieux. C'est maman, la malade, dans la maison ! Je me sens abandonnée, je suis triste. Comme je ne peux pas crier ma douleur, j'écris, mais personne ne me lit. Ma vie est ennuyante et je ne vois pas comment ça pourrait changer. Ah oui, je deviens somnambule et la nuit je me promène dans la maison. Dans mon sommeil, je veux toujours prendre l'escalier pour me sauver de chez moi. Pour un moment, je vole la vedette à ma mère. On parle de moi comme d'un phénomène, on raconte mes errances nocturnes. Mon frère Paul est persuadé qu'une nuit je vais le poignarder avec le grand couteau à dépecer. Je ne le démens pas ; un somnambule n'est pas responsable de ses actes. Mes frères ont tôt fait de me traiter d'actrice et j'ai beau continuer à me promener la nuit, ça ne produit plus aucun effet. Ai-je été somnambule pour vrai ? Je pense que oui. Je n'étais pas assez bonne comédienne pour jouer à la somnambule.

Je retombe dans la morosité. Que vais-je devenir ? Mes frères ont leur avenir tout tracé par ma mère. Mon frère aîné va être le prêtre de maman. Mon frère du milieu va être son avocat, c'est sûr, c'est une grande gueule. Mon petit frère, le préféré, va prendre la relève de mon père, il a toujours le nez fourré au magasin. Mais moi ?

Moi, que vais-je devenir ? Je veux être moi, mais je n'ai pas la moindre idée de ce que je suis. Mon horizon est bouché. Je ne peux compter que sur le prince charmant pour m'emporter sur son cheval blanc, mais il ne fréquente qu'Outremont ou Westmount. Son cheval ne s'aventure jamais du côté des rues Ontario et Frontenac, où se trouve le plus gros bordel de Montréal et où l'odeur de tabac de la « factrie » McDonald fait lever le cœur et tousser. Je veux l'amour avec un grand A, mais je sais que ce qui m'attend, c'est l'inévitable mariage avec un bon parti trouvé autour de la maison. Un bon garçon qui ne boit pas, ne bat pas sa femme et gagne bien sa vie.

Je ne veux pas d'un bon parti, je veux quelqu'un qui comblera mes besoins d'affection, de tendresse. Le mariage me fait peur, le mariage... indissoluble ! Le mariage pour la vie ! S'il fallait que je me trompe, s'il fallait qu'il me trompe, s'il fallait qu'il se mette à boire, qu'il ne m'aime pas, qu'il me batte et, surtout, que je ne l'aime pas, je serais malgré tout obligée de vivre toute une vie avec lui. Je préfère rester vieille fille ! Mais je ne pourrai pas subvenir à mes besoins, les salaires des femmes sont si bas que sans pourvoyeur elles crèvent de faim. Et l'école ne me prépare à aucun métier. On ne m'enseigne même pas la dactylographie à mon couvent ; on me prépare à être une femme de maison, une femme entretenue. J'haïs la maison et ses travaux. Je suis une traîneuse... Il me reste la vie religieuse.

Non, il me faut plus que l'amour de Jésus, il me faut des bras d'homme, des caresses d'homme, des baisers d'homme ! Il me faut... Mes désirs s'arrêtent là, faute de connaissances, parce que la « couchette », telle qu'on la décrit dans les histoires salées, c'est on ne peut plus dégoûtant. Je ne ferai jamais ÇA ! Mais je sais que pour avoir des enfants il faut passer par là, « y passer », comme disent les femmes mariées. J'entends souvent la phrase suivante, au sujet de la nuit de noces : « Tu te fermes les yeux, tu te pinces le nez, puis t'attends que ça passe. » Ce qui complique les choses, c'est que je veux des enfants. Depuis quelque temps, je découpe dans des journaux et des revues des photos de bébés et je les colle dans un grand cahier. Je me meurs du désir d'enfant parce que je pense qu'être mère, c'est s'acheter une police d'assurance contre la solitude. Je me dis qu'au moins, quand tu as un enfant, tu as quelqu'un qui t'aime !

Ah, si j'étais juste un peu plus vieille, je pourrais me marier avec un soldat, ça se fait beaucoup. Ça, c'est romantique. C'est rapide, et pas cher à cause des restrictions de guerre. Les robes sont courtes, les fleurs, artificielles. En guise de bas, la mariée se badigeonne les jambes à la teinture d'iode et demande à sa sœur de tracer au crayon la ligne noire qui donne la touche bas de soie d'avant-guerre. Le gâteau est confectionné avec les rations de sucre de toute la famille. Il n'y a pas de voyage de noces, les pneus et l'essence sont rationnés. On se marie, puis le marié dit adieu à sa femme d'un soir ou d'une semaine et part se battre de « l'autre côté ». La nouvelle épousée, qui n'a pas quitté la maison paternelle, va vivre entre les émissions de radio sur la guerre et l'attente du facteur. Ça me semble une vie de rêve comparée à la mienne !

Mieux, je vais épouser dans la clandestinité un déserteur et partir vivre avec lui dans les bois ! Il faut se rappeler que Mackenzie King, le premier ministre du Canada, pour préserver l'unité du pays, a réussi à retarder la conscription, mais peu de Canadiens français se portent volontaires. Pour les jeunes gens qui ne veulent pas aller se battre, le choix est simple : c'est ou le mariage ou la désertion. Il y aura course au mariage. L'histoire de mes parents se répète : les hommes ne se marient pas par amour, ni même par souci des convenances, ils se marient pour ne pas aller se faire tuer.

Quant aux déserteurs... ils sont pourchassés par l'armée. Il est défendu de cacher des déserteurs, de les aider dans leur fuite. Les MP (policiers militaires) les prennent en chasse. Il y a des descentes dans les salles de pool, les salles de danse. De vieilles chicanes de famille se réveillent. Il y a des dénonciations. Certains traitent les déserteurs de lâches, d'autres, de héros. S'ils ne risquent pas la mort « de l'autre côté », ils risquent le « clink », la prison militaire dont on parle avec effroi.

Oh, aimer un déserteur ! Aller la nuit lui porter du pain et du lard salé sous le nez des MP, le cacher, ne pas révéler sa cachette même sous la menace des fusils :

ÇA, c'est un genre d'amour à ma mesure. Comme j'étais jeune et naïve ! Ces mariages hâtifs se sont avérés catastrophiques, la plupart du temps. Le retour du soldat ne se faisait pas sans drame. Il retrouvait une femme qu'il ne connaissait pas et parfois même un enfant, l'enfant du doute. Des fois, lui-même s'était marié en Europe et avait laissé là-bas femme et enfant. Quant à certaines femmes de « portés disparus », croyant leur mari mort au champ de bataille, elles se remariaient. Et je ne parle pas des jeunes veuves de guerre, celles qui avaient reçu le télégramme de l'armée : « *Killed in action.* » Comme elles vivaient soit chez leurs parents, soit chez leurs beaux-parents, elles se retrouvaient à leur charge et dépendantes d'eux.

Comme toutes les filles, je rêvais d'aimer un soldat, de l'envelopper d'amour pour le consoler de risquer la mort. Hélas, durant les permissions des soldats, qui duraient treize jours, il arrivait inévitablement que... Comment refuser à un soldat qui va peut-être se faire tuer quelques instants de plaisir ? Surtout si on veut le garder ! Alors, comme il n'y avait pas de contraception, il y avait conception. L'hôpital de la Miséricorde s'engorge de filles-mères. Aujourd'hui, je sais que j'ai été chanceuse d'être trop jeune pour ce romantisme-là, mais à l'époque j'enviais toutes celles qui avaient un peu de romanesque dans leur vie, moi qui n'en avais pas du tout.

La guerre me tanne ! Le gouvernement nous demande sans cesse de faire notre effort de guerre. La propagande est partout. C'est du harcèlement. On demande aux mères de donner leurs fils à la patrie – 40 000 fils vont se faire tuer et 53 000 seront blessés ou portés disparus –, et en plus il faut faire des sacrifices. Moi, je voudrais être heureuse, un peu. Rire, des fois. Le rire en temps de guerre, c'est indécent. Si je me plains un peu du rationnement, ma mère me sort « les gens de l'autre bord » qui n'ont rien à manger et qui font mijoter des rats pour en faire du ragoût. Je me sens coupable d'être si égoïste, mais c'est si loin, l'Europe, et j'ai un tel goût de vivre.

Autour de moi, je n'entends parler que de malheurs, de morts, de bombardements. Je suis tannée d'être jeune, je veux être grande pour pouvoir m'enrôler dans l'armée, comme un homme. (En 1942, 17 000 femmes font partie des forces armées au Canada ; en 1945, elles seront 45 000.) Ce que je ne sais pas, c'est qu'on accepte des femmes dans l'armée non pas pour qu'elles se battent, mais pour encourager les soldats, et qu'elles se retrouvent cuisinières, blanchisseuses, femmes de ménage, serveuses au mess des officiers, secrétaires : tâches éminemment féminines et donc sous-payées. Seules les infirmières sont bien traitées parce qu'elles sont indispensables aux médecins. Les Canadiens français jugent très mal les jeunes filles qui s'enrôlent. C'est un renversement des rôles qui menace le patriarcat. Loin de la surveillance des parents, elles doivent s'adonner aux vices les plus honteux, se dit-on, comme si les femmes étaient fondamentalement des perverses. Les militaires, eux, ont peur pour leur « job », ils acceptent mal la présence de femmes dans un univers d'hommes. Je me souviens d'une controverse soulevée à la radio : « Les soldats de grade inférieur doivent-ils saluer une soldate de grade supérieur ? » Je me souviens des histoires obscènes sur les « CWAC », les filles à soldats, comme si les filles ne pouvaient que servir à soulager les gars sexuellement. L'armée, qui s'inquiète des maladies vénériennes, offre des condoms aux garçons, mais pas aux filles. On fait le vœu pieux qu'elles sauront s'abstenir d'avoir des relations sexuelles hors mariage, comme ça, si elles sont infectées, ce sera de leur faute et non pas la responsabilité de l'armée. Ce raisonnement ressemble comme deux gouttes d'eau à celui de ma mère qui aime dire, en parlant de ses trois garçons :

— Rentrez vos poules, je lâche mes coqs !

Vers la fin de la guerre, il y avait eu tant de pertes humaines que les soldates remplacent les hommes et prouvent qu'elles peuvent, par exemple, faire de la soudure, de la menuiserie tout autant qu'eux. Les hommes le prennent mal. Dans la vie civile, autour de moi, je vois de plus en plus de femmes aller travailler dans les usines de guerre – les usines où l'on fabrique du matériel pour la guerre se trouvent surtout au Québec. C'est bien sûr par patriotisme que les femmes vont travailler, mais aussi pour enfin gagner de l'argent, pour sortir de la maison, pour s'émanciper. En 1943, le gouvernement lui-même incite les femmes au foyer à chercher du travail à mi-temps. La vie des femmes change. Elles font moins de bébés et elles goûtent à l'indépendance que l'argent leur apporte. Je ne le sais pas à ce moment-là, mais c'est une période importante, la période pré-révolution des femmes.

Moi, j'ai seize ans et je me cherche. J'ai peur de ne jamais me trouver. Je continue mes études doucement. Je ne suis ni bonne en classe ni pourrie. Je suis dans la moyenne. Je ne me trouve pas intelligente ; mes troubles d'apprentissage, comme on dirait aujourd'hui, m'empêchent de concentrer mon attention. Je papillonne, disent les sœurs. Je suis dans la lune, je fixe l'horloge et trouve le temps long. Sacha Guitry, un cancre célèbre, a dit : « Il n'y a pas de cancres, il y a des professeurs qui ne savent pas intéresser leurs élèves. » Je pense comme lui aujourd'hui. Si les sœurs qui m'ont enseigné avaient la vocation religieuse, elles n'avaient peut-être pas toutes le talent de la pédagogie.

Je sors peu. Je lis, c'est mon évasion. Je fréquente la bibliothèque municipale et choisis à l'aveuglette les livres qui vont remplacer les amies que je n'ai pas. L'écriture, la puissance des mots, me fascine. J'écris des poèmes sur l'ennui, le mal de vivre. Je vois peu mes deux frères pensionnaires à Valleyfield. Je me réconcilie avec mon frère Paul. Il semble me trouver moins « nounoune » puisqu'il lui arrive de me présenter à ses camarades de classe. Ma mère me permet de sortir avec eux à condition que mon frère me chaperonne. C'est ainsi que je rencontre un garçon qui écrit dans le journal du collège Mont-Saint-Louis. Je vais au cinéma avec lui et, après la soirée, devant un sundae au caramel, il m'avoue qu'il déteste écrire, qu'on l'y oblige, que l'échéance approche et qu'il ne sait pas sur quoi écrire. Je m'avance :

— Je vais te l'écrire, moi, ton article.

Je ne me souviens pas de ce que j'ai écrit, mais à la sortie suivante il m'apprend que le directeur du journal lui a commandé un deuxième article. J'en écris un autre. À l'autre sortie, grosse nouvelle, il a été promu directeur du journal : il écrit trop bien ! Il me demande de continuer à écrire des articles qu'il signera. J'hésite. J'ai une petite dignité quand même. Dans le fond, je suis flattée, mais si j'écris bien, je peux peut-être signer mes textes. Il me dit que ce n'est pas possible : je suis une fille et c'est un collège de gars. La supercherie a assez duré, je refuse de continuer à écrire à sa place. Je le soupçonne de sortir avec moi juste pour que j'écrive ses articles. Je ne sais pas où j'ai trouvé le courage de lui dire « non », mais je l'ai fait. Je ne l'ai plus revu.

Plus tard, je sors avec le fils d'un ami de mon père, mais c'est plus un copain qu'un amoureux. Puis je tombe amoureuse d'un camarade de classe du fils de l'ami de mon père. Il danse comme un dieu. Il a un côté tendre et doux qui me fait craquer. Il est beau et il étudie la médecine. Ma mère est folle de joie : enfin elle va l'avoir, son médecin ! Je le vois peu parce qu'il étudie très fort. Je me jette littéralement à son cou, d'autant plus qu'il m'a présentée à sa mère et qu'elle incarne la mère idéale pour moi. Je l'aime trop, il étouffe, ses études s'en ressentent. Sa mère me demande de mettre fin à notre relation. Peine d'amour, mais, surtout, d'amour-propre. J'ai l'estime de moi-même à zéro. Personne ne m'aimera donc jamais ? Je rêve d'être une femme fatale. Je n'aimerais personne et tous les hommes seraient fous de moi. C'est un rêve. La réalité, c'est que dès qu'un jeune homme me regarde avec intérêt je me jette sur lui et exige qu'il me donne ce que ma mère ne me donne pas.

En 1943, c'est la dernière année de mon cours Lettres-Sciences. J'ai dix-sept ans, pas de cavalier, pas de métier en vue. Rien. C'est supposé être le bel âge. Je ne vois vraiment pas ce qu'il y a de beau à n'avoir pour tout avenir que la soumission à un homme qu'on choisit parce qu'il est travaillant et prospère. Je ne veux pas être soumise. Je veux être indépendante, autonome. L'indépendance de l'homme passe par son portefeuille ? Très bien, alors moi je vais être grand reporter. Ça me forcera à sortir de la maison, je ferai beaucoup d'argent et je n'aurai pas besoin de me marier. Je n'aurai que des amants, comme dans les romans français. Évidemment je ne parle à personne de ce rêve. Je ferais rire de moi.

Mais comment fait-on pour devenir journaliste ? Je n'en ai aucune idée. Ça doit bien exister, des cours de journalisme ? Je m'informe, je cherche : ça n'existe pas. Je suivrai donc des cours de littérature et d'histoire à l'Université de Montréal. Ça me semble tout indiqué pour ce que je compte faire. J'en parle à mes parents. Ils tombent des nues.

— Aller à l'université ! Pour quoi faire ? Une fille n'a pas besoin d'être instruite. Elle se marie !

Pour ma mère, l'université équivaut à la perdition pour sa fille. Elle n'y voit que la proximité des garçons, ce qui représente un danger certain pour ma vertu. À cette époque, les mères ne font pas confiance à leurs filles. Elles semblent les croire toutes atteintes de prurit sexuel et n'attendant que le moment où elles ne seront pas chaperonnées pour se jeter dans la luxure et le stupre. Mon père, lui, qui est plus flexible par rapport à la morale, tente de me raisonner :

— T'as pas besoin de ça pour changer des couches !

Mais j'insiste. Je veux aller apprendre tout ce que je ne sais pas, et partager ce que j'apprends avec le monde.

— Mais, ti-fille, t'as pas besoin d'aller travailler, je suis capable de te faire vivre.

— Je veux étudier, je veux apprendre, je veux…

Je ne peux pas lui faire part de mon désir de ne pas dépendre d'un homme, il me ferait placer à l'asile tant cette idée lui semblerait de la folie.

La fin de mes études au couvent approche. Les finissantes doivent traverser l'ultime épreuve : trois jours enfermées dans un couvent de la Côte-Sainte-Catherine, avec un jésuite. Au cours de ces trois jours, il s'évertuera à nous convaincre – et, ma foi, de façon fort habile – que le mariage est un moindre mal, mais que, pour sauver notre âme pour l'éternité, s'assurer le ciel à perpétuité, il n'y a rien de mieux que de donner son âme à Dieu en entrant chez les sœurs. Trois jours ! Matin, midi et soir à se faire vendre la vie religieuse. Tout y passe : la persuasion, la menace, la peur, la séduction, tout. C'est un vendeur hors pair. Mon père l'aurait engagé dans son magasin, il serait millionnaire ! Le deuxième jour, je fais une éruption cutanée, mon visage est plein de boutons, moi qui n'en ai jamais eu. La sœur chaperonne s'affole, m'apporte un pot de Noxzema. J'ai beau me badigeonner la figure de cette crème, c'est pire le lendemain. Je sais maintenant ce que veut dire l'expression « ça me donne des boutons ». Je ne veux pas entrer en religion. Je ne veux pas être la petite épouse du Christ. Je ne le trouve pas intelligent d'avoir fait sortir Ève d'une côte d'Adam, et je ne le trouve pas juste de m'avoir faite fille, et puis je ne suis même pas sûre qu'elle est vraie, cette histoire d'Adam et Ève. La dernière journée de la retraite fermée, il y a rencontre personnelle avec le prêtre. Je voudrais, en bonne jeune fille soumise, lui faire plaisir, mais je ne veux pas devenir sœur et le lui dis. Je le déçois, me dit-il, il comptait sur moi. Je ressors de son bureau avec un sentiment de culpabilité, mais soulagée. Je l'ai échappé belle. Deux de mes compagnes se laisseront embobiner. Ce prêtre a un talent rare. Il pourrait fonder une secte. Le lendemain, de retour à la maison, je n'ai plus un seul bouton. Je jette le pot de Noxzema. Chaque fois que je sens l'odeur médicinale de cette crème, je me revois à la retraite fermée et j'éprouve la même angoisse, celle du gouffre.

Étudier devient une marotte, je m'entête.

— Papa, je veux continuer mes études à l'université.

— Veux-tu un manteau de chat sauvage ?

— Je veux étudier.

— Veux-tu un canot ?

— Je veux étudier.

Je n'en démords pas. Mon père, qui m'aime mais ne comprend pas trop à quoi peuvent bien servir les études pour une fille, finit par accepter de payer mes cours. J'irai à l'Université de Montréal, déménagée sur la montagne depuis un an. Je ne sais pas si c'est à cause de la pénurie de garçons, mais on m'y accepte, sans cours classique. J'ai un diplôme pour le prouver.

Entre-temps, il faut que je me prépare pour le bal de fin d'année. Les religieuses sont contre, mais on passe outre à leur défense ; de toute façon, on quitte le couvent !

Je n'ai ni robe à me mettre ni cavalier pour m'accompagner. Une voisine, à la campagne, m'offre de me faire une robe longue et de me fournir un cavalier, son fils. Comme je ne demande jamais d'argent à mes parents, étant persuadée que moins je dépense, plus je suis appréciée, je n'ai pas de sous pour le tissu. Au magasin de papa, je trouve dans le « back store » des rouleaux de tissus bleu, blanc, rouge pour faire des drapeaux. Le coton à drapeau est un peu raide, mais au moins il n'est pas transparent comme certains tulles et organdis indécents. Donc, j'aurai une robe blanche, bordée de bleu, blanc, rouge, et garnie d'une petite cape bleu, blanc, rouge. J'ai l'air d'un drapeau ambulant ! Le bal a lieu chez une compagne de classe, à Saint-Hilaire. Magella me chaperonne. Nous reviendrons quand même aux petites heures du matin et, bal de finissantes oblige, resterons debout pour attendre le lever du soleil. Je suis déçue de la soirée. Mon cavalier d'un soir n'aime pas les filles – je l'ai appris plus tard – et je n'ai même pas eu droit à un *goodnight kiss*. Je pensais m'amuser plus que ça. J'ai cependant pris du punch en quantité, et expérimenté le mal de cœur. J'ai haï ça !

Après cela, je mets tous mes espoirs dans le métier que je compte exercer : journaliste !

Septembre 1944. Je me pointe en « p'tits chars » à l'université et monte le grand escalier de planches qui mène à mon rêve. On est toujours en pleine guerre. L'université est presque vide. Dans mes cours, quelques garçons, deux filles, des religieuses et religieux. Une vingtaine d'étudiants en tout. La plupart se destinent à l'enseignement. Le chanoine Lionel Groulx et M. Jean-Marie Nadeau, le père de Pierre Nadeau, m'enseignent l'histoire, le chanoine Sideleau m'enseigne Verlaine, Rimbaud, Zola, Balzac, et M. Jean Houpert, qui se prend pour Louis Jouvet, Victor Hugo. Je suis aux anges ! J'ai enfin de vrais pédagogues passionnés et passionnants qui font ce que je rêve de faire : partager leur savoir. Je suis la plus jeune et, ce qui n'arrange rien, j'ai l'air d'une petite fille. Ce n'est pas calculé. Ma tante Anita, celle qui a trahi la patrie en épousant un Écossais, est enfin allée dans le pays de son mari et m'a ramené une véritable jupe écossaise que je porte courte, avec un chandail d'homme taille small, des souliers d'homme lacés (la plus petite pointure), des bas courts en coton blanc – il n'y a pas d'autres bas à se mettre sur les jambes que des bas longs de coton jaune ou des bas courts. Je ne porte pas de maquillage, signe de dévergondage, et comme je boucle naturellement, je n'ai pas de permanente crépue. Le barbier de mon père, à chaque lune, me coupe les cheveux au carré et me fait une frange. Ma tenue « effort de guerre » n'a rien de sexy et c'est voulu. Je ne veux pas être remarquée pour mes attributs sexuels, mais pour mon intelligence. Comme un homme !

Je suis emballée par mes cours, mes professeurs. Je suis la plus assidue, la plus attentive. J'ai toujours la main levée pour poser une question. J'apprends ! Je ne me mêle pas aux autres élèves, sentant très bien que je ne suis pas de la même classe sociale qu'eux. J'ai trop peur qu'ils découvrent l'imposteur que je suis. Quand d'aventure on me demande si je suis d'Outremont, je réponds avec agressivité que je viens des bas-fonds de Montréal, entre le « red-light » et le « faubourg à m'lasse ». Si on veut savoir si je fais de la musique, je réponds que je joue du tambour dans une fanfare. Je veux me protéger.

Un jour, un soir plutôt, après le cours très couru de M. Nadeau, un garçon que j'ai à peine aperçu en classe m'aborde dans l'escalier et me demande s'il peut me raccompagner chez moi.

— Je prends les petits chars !

— Moi aussi !

— Il faut changer de tramway trois fois.

— J'ai tout mon temps.

— J'habite au coin d'Ontario et Frontenac, c'est trop loin ! C'est les bas-fonds...

— J'aime l'aventure.

— Je ne vous connais pas. C'est la première fois que je vous vois au cours.

— Je suis étudiant aux Hautes Études Commerciales, et je me suis inscrit au cours de M. Nadeau parce que je veux être diplomate et que l'histoire...

Et de me dire qu'il a apprécié les questions que je posais, qu'il admire ma soif d'apprendre, ma curiosité, que je suis intelligente, drôle, originale. Belle, sexy... Que j'ai un p'tit nez retroussé à faire damner un saint.

— Moi, ça ?

— Vous, ça ! Je me présente, Jean Lajeunesse.

— Janette Bertrand.

— Jean et Janette !

J'ai ri, il a ri. On a ri.

C'était le premier homme qui me trouvait intelligente, drôle, originale, et belle en plus. Je suis tombée en amour comme on fait une crise d'épilepsie. Lui saurait combler mon vide, lui m'aimerait comme j'avais besoin qu'on m'aime. Lui m'apprendrait la vie. De plus, il m'a dit que pour payer ses études il lui arrive de jouer à la radio dans des romans-savon. Un artiste ? C'est trop ! Je ne mérite pas un tel homme. J'en parle à maman, malade d'une pleurésie. Elle me défend de le revoir.

— Les Hautes Études Commerciales ne mènent pas à une profession. Il ne sera pas un professionnel. Un professionnel, c'est un docteur ou un avocat. Et puis les artistes, ce sont tous des débauchés, des couche-toi-là, des ratés.

Pour appuyer ses dires, elle me donne l'exemple de Madame Bolduc, mère de famille nombreuse, qui a abandonné ses enfants pour courir les routes à la recherche de la gloire.

— Je te défends de parler à ce garçon qui, d'ailleurs, est trop vieux pour toi.

Il a vingt-deux ans, j'en ai dix-huit.

Pauvre maman, elle ne sait pas qu'elle vient de jeter de l'huile sur le feu, qu'un amour défendu est cent fois plus brûlant qu'un amour permis. Jean, sûr de lui, insiste pour aller plaider sa cause auprès de ma mère. Il lui fait si bien la cour qu'elle finit par accepter qu'il me fréquente, mais les bons soirs, soit le mardi, le jeudi et le samedi. Moi, je veux être tout le temps avec lui. Je suis une plante grimpante et j'ai besoin de mon eau quotidienne pour vivre. Je découvre qu'il est très cultivé. Il a fait ses études chez les jésuites. Il est supérieurement intelligent et possède une mémoire phénoménale. C'est un grand parleur, un beau parleur. J'en ai plein la vue et le cœur. Comme il sait tout ou à peu près, et que je ne sais pas grand-chose, il sera mon Pygmalion, je serai son élève. Il est mon maître, je suis le petit chien qui bénit sa laisse.

Jean cesse bientôt de venir au cours de M. Nadeau ; il joue de plus en plus à la radio. Entre mes cours, je le suis partout et rencontre les artistes qui jouent avec lui : Amanda Alarie, Monique Miller, Janine Sutto, Yvette Brind'Amour, Roger Garceau, Juliette Huot, Jean Duceppe, etc. Je découvre des gens qui s'expriment, qui parlent aussi fort qu'ils rient ou pleurent. Des gens excentriques, chaleureux, aimants. Ils m'accueillent à bras ouverts : je suis la blonde de Jean.

Moi qui n'ai jamais été caressée par ma mère et plus du tout par mon père depuis que les seins m'ont poussé, je me meurs de me donner à l'homme que j'aime, mais j'ai trop peur de tomber en famille (comme dans « tomber en amour »). Alors on ne fait que s'embrasser, mais quels baisers ! C'est vraiment comme si on faisait l'amour avec les lèvres. Nous devenons experts en caresses. Nous cultivons le désir. Nous savons aller jusqu'où il ne faut pas aller. Ça demande du «requiens bien». Aujourd'hui, les jeunes commencent par faire l'amour, puis après ils apprennent à se caresser. Moi, j'ai fait le contraire. Je développe lentement, patiemment, les zones érogènes de chaque millimètre de mon corps. Je connais les sensations du creux du coude, celles du lobe de l'oreille… Lui et moi, on ne peut pas se permettre d'autres explorations, on a trop peur de ce qui pourrait arriver : un bébé.

Il faut comprendre qu'avoir un enfant hors mariage, c'est la honte pour la fille égarée et la famille éplorée. La famille salie par ce «crime» jette souvent la jeune fille enceinte à la porte comme une brebis galeuse. Il faut absolument cacher la faute. Ou bien on l'envoie à l'étranger, chez une vague parenté, ou bien on l'envoie à Montréal, à la Miséricorde, ou à Québec, à Notre-Dame-de-la-Merci, hôpitaux spécialisés en maternités hors mariage. La mère de Jean, infirmière à la Miséricorde, raconte que les filles-mères pauvres doivent payer leur dû en lavant les planchers, et que l'anesthésie est refusée à toutes, pauvres ou riches. Il faut qu'elles expient leur péché. On les traite de filles faciles, alors que la plupart du temps elles deviennent enceintes dès leur première relation. Quant aux garçons-pères, on les laisse tranquilles. Mieux, on les plaint : ils sont tombés sur une marie-couche-toi-là. Leur excuse pour laisser tomber la fille enceinte : «Si elle m'a dit oui à moi, elle a dit oui à d'autres. Alors, c'est même pas sûr que c'est moi le père !»

Une expression qu'emploie ma mère résume bien la situation : «Un gars, ça a toujours les pieds blancs.» Elle a raison. Je sais que si je me donne à Jean entièrement, je risque fort de devenir enceinte puisque ni l'un ni l'autre ne connaissons de moyens de contraception sûrs.

Pour les parents au cerveau lessivé par l'Église, vaut mieux avoir une fille malheureuse qu'une réputation ternie. Je n'admets pas que des parents qui affirment aimer leurs filles les laissent tomber au moment où elles ont le plus besoin d'eux. Je ne comprends pas que les mères de fils-pères ne forcent pas leurs garçons à prendre leurs responsabilités. Je voudrais changer ce qui peut se changer. Je ne sais pas comment on époussette les préjugés, mais faut que ça change !

En attendant, malgré l'envie de me donner à l'homme que j'aime, je résiste. J'ai trop peur. Ma mère serait bien capable de mourir pour me montrer à quel point je suis une dévergondée, mot qu'elle aime prononcer, qu'elle se roule dans la bouche avec gourmandise : « Petite dévergondée ! » Les gars, eux, quand ils couchent avec des filles, on les appelle des « bons vivants ». Le monde des femmes est divisé en deux : il y a les filles faciles et les bonnes filles, celles qui couchent à gauche et à droite, et celles qui se font respecter. Les filles faciles ne trouvent pas à se marier, les autres se marient et sont heureuses. J'accepte mal ce manque de nuance. Je suis sûre qu'il y a des mauvaises filles qui trouvent à se marier et des bonnes filles qui restent célibataires. Encore une fois, je veux changer le monde.

***

La guerre mangeuse de chair humaine continue. Elle a dévoré tant de jeunes soldats que l'armée fait appel à tous les célibataires. Jean est appelé. Je ne veux pas qu'il parte se faire tuer. C'est la seule personne qui me renvoie une image de moi acceptable. J'ai besoin de ce miroir embellissant. Sans eau, les plantes se fanent. À son examen médical, il jouera le déstabilisé, l'excessif, celui qui veut éliminer le plus d'ennemis possible. Il se voit refuser le plaisir d'aller se faire tuer. Ses dons de comédien lui sauvent la vie, et la mienne.

Maman va de plus en plus mal. Elle tousse sans arrêt. Son docteur vient la voir régulièrement et parle tout bas avec papa. Quand je m'informe de la maladie qui la ronge, papa parle de pleurésie, de bronchite chronique. Je ne suis pas folle. Je sais qu'il y a une épidémie de tuberculose. Les « habitants » sont très lourdement frappés. Il y a des familles de sept ou huit personnes qui ne sont plus que deux, les autres ont été emportées par la maladie. Je sais aussi que ma tante Bertha n'entre jamais dans la chambre de maman, elle a trop peur du microbe qu'on n'ose pas nommer. Un jour je demande carrément à papa si maman a la tuberculose. Il commence par dire non, puis il se met à pleurer et avoue que c'est le cas, mais me demande de n'en parler à personne. Ça doit rester un secret de famille. Si on apprend dans le quartier que maman est atteinte de cette maladie, les clients vont fuir le magasin.

Il n'a pas tort. La tuberculose fait peur parce qu'elle est aussi contagieuse que la grippe et qu'il n'existe pas de remède pour la guérir. Le médecin recommande à papa la plus grande prudence sans en dire davantage. À cette époque, les médecins occupent la première place dans l'échelle sociale, chez les laïcs ; il y a les prêtres, puis tout de suite après les docteurs. Ils ont un pouvoir de vie ou de mort sur les hommes, les femmes et les enfants, et de ce pouvoir, ils en profitent. Ils connaissent une science dont on n'a pas la moindre idée, peu instruits que nous sommes. Il faut leur faire confiance et ne pas mettre en doute ce qu'ils nous dictent. S'ils devaient se fâcher contre nous, on serait foutus, alors on est soumis, gentils. Un peu plus, on leur lécherait les bottes. Ce sont des empereurs qui règnent sur une armée de malades. De là à ce qu'ils se montent la tête, abusent de leur pouvoir...

Le médecin de ma mère est un petit homme fier de sa personne, beau garçon, toujours en complet rayé, chemise blanche, cravate en soie. Quand il entre dans la maison, c'est tout juste s'il ne nous présente pas sa bague à baiser. Il est pressé, énigmatique. Il considère chaque question de mon père comme une atteinte à son savoir. Il commande, maman obéit. Je la soupçonne d'être amoureuse de lui. Quand elle l'attend, elle met de la poudre de riz avec sa houppette en duvet de canard et du parfum *Evening in Paris* de Coty. Quand il est là, elle sourit, elle rougit. Il lui arrive même de rire. C'est beau de la voir. Lorsqu'il repart, elle redevient froide, distante.

Mon père est de moins en moins à la maison. Il multiplie les charges paroissiales et sociales. Il est invité partout. On le plaint, on cherche à lui changer les idées. « Ce pauvre homme, pris avec une femme malade, il fait bien pitié ! » Encore un double standard qui me fatigue. Une femme qui prend soin de son mari malade, elle ne fait que son devoir. Un homme qui vit avec une femme malade, c'est un saint !

Magella s'occupe de maman à plein temps. Moi, je vais la voir dans sa chambre en revenant de mes cours. Je ne lui parle pas beaucoup : je ne sais pas quoi lui dire. Je lui apprends que je suis des cours de diction, que je veux réciter mes poèmes. Ça ne l'intéresse pas. Mon père, occupé à travailler et à se changer les idées, n'a pas non plus beaucoup de temps à me consacrer. Mes frères sont aux études. Il me reste Jean.

J'ai Jean ! Je lui donne pour mission de me soigner l'âme et le cœur, de me donner tout l'amour qui me manque, de me sauver du désespoir. Je l'investis d'un pouvoir de rédemption ; lui est flatté. Mon refus d'aller jusqu'au bout l'excite. L'amour, c'est bien connu, se nourrit d'obstacles. Si les parents de Roméo et de Juliette avaient accepté que leurs enfants s'aiment, il n'y aurait pas cette grande histoire d'amour qui a traversé les siècles au théâtre. Et puis Jean est un professeur dans l'âme qui a trouvé l'élève idéale, il apprécie mon appétit de savoir. Je répète tout ce qu'il dit sans aucun sens critique. Ces paroles sont comme de l'or, je l'écoute, béate ! Je deviens sa fan numéro un. Je le trouve beau, séduisant. Je trouve qu'il ressemble comme deux gouttes d'eau à Robert Taylor, une grande vedette de Hollywood. J'ai tellement besoin d'être aimée que je l'aime pour deux, en me disant qu'il va finir par m'aimer aussi. Lui, il va guérir les blessures de mon enfance, apaiser mes craintes par rapport à l'avenir ! Je vais pouvoir enfin m'aimer puisqu'il m'aime. Je le vois comme le Christ descendu de la croix juste pour moi. C'est mon sauveur. Il devient ma religion. Je n'ai foi qu'en lui. Il est devenu mon obsession, ma compulsion. Ma maladie !

* * *

Au début de nos fréquentations, je suis si contente de l'avoir que je ne peux le partager sans craindre de le perdre. On ne fait qu'un. On se comble. Puis je commence à douter qu'un homme si extraordinaire puisse m'aimer, moi qui ne suis ni une beauté ni une intelligence. Et s'il regardait ailleurs ? Peut-être regarde-t-il ailleurs. D'autant plus qu'il fréquente un monde très permissif, celui des comédiens, et qu'il pourrait, s'il le voulait… J'ai si peu d'estime de moi-même que je pense que la première fille qui passe peut me l'enlever. La torture commence !

C'est à ce moment-là que mon père, sur les conseils du docteur, loue une maison à Saint-Sauveur pour l'hiver. L'altitude et le grand air sont les seuls traitements connus pour la tuberculose. On déménage donc dans le Nord. Comme j'ai mes cours à l'université et mes cours de diction, je voyage par le « petit train du Nord », celui qu'a chanté Félix Leclerc. Les fins de semaine, je fais du ski. Mon père, débordé par son travail et par la maladie de sa femme, s'éloigne de moi. Il prend soin d'elle ! Magella en a plein les bras aussi. Maman passe ses journées sur la véranda avec son manteau de chat sauvage et son casque de poil. La nuit, toutes les fenêtres sont ouvertes. On gèle. Maman, qui fait de fortes fièvres, ne semble pas souffrir du froid, même à moins trente.

Jean me parle de ses espoirs. Il veut devenir un grand diplomate ; il m'appelle, en riant, « la femme de l'ambassadeur ». Il semble entendu qu'on va se marier... un jour, quand il sera en poste quelque part dans le monde et qu'il sera riche. Vers les trente ans ! Moi, ce que je veux, c'est vivre à ses côtés, respirer l'air qu'il respire. Ne pas le quitter d'une semelle. J'en ai besoin !

À la fin de l'hiver, le traitement « air pur » n'a pas guéri maman ; elle a de l'eau dans les poumons. Elle revient à Montréal pour recevoir une ponction lombaire. Son cas s'aggrave.

En juin, mon professeur de diction me demande de faire partie du spectacle de la Société du bon parler français. Je vais réciter un poème et je suggère un des miens. C'est accepté. Le spectacle aura lieu sur le parvis du chalet du mont Royal. Parmi les invités il y aura André Mathieu, le petit prodige du piano, et Claire Gagnier va chanter. Le présentateur est l'imposant Albert Cloutier que j'admire à la radio.

Le matin, j'apporte chez mon professeur ma longue robe blanche en crêpe georgette, que mes frères appellent « la jaquette à Janette », et la dépose sur le lit. Je vais répéter toute la journée et la revêtirai le soir. Personne de ma famille n'a le temps de venir voir ma performance. Seul Jean sera là.

Le temps venu, je me change, et en route vers la gloire ! C'est une nuit parfaite pour une soirée en plein air : les étoiles sont allumées, la lune a mis son abat-jour rose. Je suis nerveuse. J'ai peur de me tromper, de ne pas me souvenir du poème. C'est ma première fois sur une scène. Je tremble, je suis sûre que ça va mal se passer. Jean me rassure :

— Le trac, c'est nécessaire. Ça prouve que tu respectes le public.

Mon tour arrivé, Jean me pousse sur la scène.

Je commence :

J'aime
J'aime ma vie
J'aime le bonheur
J'aime le jour parce qu'il ressemble à la vérité
Et la nuit parce qu'elle me fait peur
J'aime les maisons des vieillards où la vie marche sur des tapis
et la chair des enfants gras.
J'aime...

À ce moment-là j'entends sur le ciment un petit clic, puis un roulement léger. Je regarde : c'est le bouton de ma culotte. Nous sommes en pleines restrictions et l'élastique est réquisitionné par l'armée. Mes « step-in » sont retenus par un bouton. Comme le fil n'est pas de bonne qualité, il arrive souvent que les boutons tombent. Je continue :

J'aime la souffrance acide comme un citron
Qui me fait apprécier la goutte d'eau...

Le bouton dévale les escaliers en faisant ce qui me semble un bruit de cascade d'eau. Les chutes du Niagara ! Je dois être rouge comme une tomate. Je continue. Je ne peux pas me sauver. *The show must go on.* Puis, doucement, ma culotte se met à descendre le long de mes hanches. Je respire à peine pour ne pas précipiter la chute de mon honneur. Ma culotte est rendue aux cuisses quand le poème s'achève. Je salue. On applaudit du bout des doigts. Je n'ai pas été très convaincante, distraite que j'étais par ce qui se passait sous ma robe. Il faut maintenant que je retourne au chalet, c'est la coulisse, la seule porte de sortie. Je ne peux pas faire de mouvements brusques. Je recule en saluant, même si les applaudissements sont terminés. Je fais un faux pas et ma culotte tombe sur mes souliers. Que faire ? Je ne peux ni la pousser du pied, ni m'en sortir et la laisser sur la scène. Alors, à petits pas, je marche les pieds empêtrés dans la soie blanche. La foule rit. C'est l'humiliation ! Je n'oublierai jamais ce que j'ai ressenti ce soir-là. J'en fais encore des cauchemars.

Je me suis réfugiée dans les toilettes du chalet, et on m'a finalement trouvé une épingle de sûreté pour retenir ma culotte. Je ne veux plus ressortir des toilettes. Je veux mourir de honte. C'est Jean qui vient me chercher. C'est le seul qui ne rit pas. Pour finir le plat, rendue chez moi je me rends compte en enlevant ma robe que je suis couverte de boutons rouges. Une allergie à la scène ? Quelques jours plus tard, il faut faire fumiger la maison : on est infestés de punaises que j'ai rapportées de chez mon professeur de diction. Je dois dire qu'avoir des punaises chez soi était courant. On allait en visite chez des gens et soudain les fleurs du papier peint s'animaient. C'était une colonie de punaises qui déménageait. Les « chesterfields », les matelas, les sofas-lits recelaient dans leurs « springs » des armées entières de bestioles avides de sang humain. À la messe, il m'est arrivé plusieurs fois d'enlever d'une pichenotte des punaises venues s'enivrer d'encens. La chasse à la punaise, comme d'ailleurs la chasse aux poux, faisait partie de notre ordinaire. Ces « bibites » piquaient, mais, bon, c'était mieux que de se faire agresser par les rats. Des histoires couraient à propos de personnes qui se seraient fait prendre à la gorge par ces bêtes féroces, dans leur propre « shed ».

Les rats de mon temps étaient effrontés. Je me souviens d'un couple qui vivait sur notre galerie, l'hiver. Ces rats me regardaient dans les yeux et j'étais sûre qu'ils cherchaient un moyen d'entrer dans la maison. On racontait aussi l'histoire de la madame qui, en faisant pipi, s'était fait manger les fesses par un rat. Je croyais cette histoire. Les rats étaient partout, en tout cas dans mon quartier. Les rats, les punaises et les coquerelles.

***

La guerre achève. Il est temps. Il n'y a plus d'œufs ni de beurre pour les civils. On nous supprime le papier. Les tissus se font rares. Tout est rationné. Il y a une farce qui court : le gouvernement pense à supprimer le point sur le i ! Les femmes qui remplacent les hommes au travail doivent en plus cultiver un potager et mettre fruits et légumes en conserve. Elles doivent aussi remettre à neuf les vêtements usagés. Une bonne ménagère taille dans les grandes combines du mari des pyjamas pour le petit dernier, et dans une chemise d'homme elle trouve de quoi faire deux blouses de fillette et un tablier. Les plus habiles se confectionnent des tailleurs dans les vieux habits de leur mari. C'est la double tâche pour les femmes, déjà !

Jean participe, à titre d'annonceur, à une émission de propagande de guerre. Le but ? Vendre des bons de la Victoire. C'est une émission de grande envergure. On y invite des vedettes internationales. J'ai ainsi rencontré Charles Trenet, Maurice Chevalier, Rina Ketty et d'autres vedettes du temps. Un soir, les Cosaques du Don viennent chanter. Ce sont tous des Russes habillés en Russe et qui parlent russe. Je suis très impressionnée. La

petite fille de la rue Ontario qui voit de près des Russes !
Jean, en coulisse, m'apprend qu'un des chanteurs est un
castrat.

— Un quoi ?

— Un castrat, c'est un homme à qui on a coupé les
testicules pour qu'il chante haut.

Je n'en reviens pas.

— Montre-le-moi, je veux voir de quoi ça a l'air, un
castrat. C'est qui ? C'est lequel ?

Un chanteur, très grand, très costaud, me dit alors,
en français :

— C'est moi, mademoiselle.

Je veux rentrer six pieds sous terre. Je ris d'un petit
rire niais. Heureusement, c'est au tour des Cosaques de
chanter. Je ne suis qu'une gaffeuse, une niaiseuse, mes
frères ont raison. Jean, lui, adore ce qu'il appelle ma
spontanéité, ma naïveté. Je le fais rire.

Ma vie, avec lui, est remplie de découvertes. J'em-
magasine mes nouvelles expériences, je les empile. Je
sens que je vais m'en servir plus tard, mais sans savoir
ni où ni quand.

Jean joue dans *Marius*, de Pagnol. Un tout petit rôle.
J'assiste à toutes les répétitions. Je regarde Pierre Dagenais
diriger Ovila Légaré, Robert Gadouas et Janine Sutto. J'apprends la mise en scène, j'apprends le théâtre, j'apprends
tout ce qui peut s'apprendre sur le jeu des comédiens et
sur la dramaturgie. Que j'aime ce monde d'éclopés affec-
tifs qui ont un si grand besoin d'être reconnus et aimés
qu'ils ne peuvent se contenter de l'amour de leurs proches. Il leur faut les applaudissements d'inconnus pour
vivre. Je me reconnais en eux. Je ne souhaite pas devenir
comédienne, c'est exagéré comme désir. Je me contente
d'écouter, de regarder en ouvrant grands les yeux. Janine
Sutto est mon idole. Je la trouve splendide, fière d'allure,
audacieuse. Drôle ! Je n'ai jamais rencontré une jeune fille

aussi délurée. Elle dit ce qu'elle pense, toujours. Elle sacre avec l'accent français ! Je suis ébahie.

Jean a une offre pour jouer en anglais sur Broadway, à New York. La pièce, *St. Lazare's Pharmacy*, a pour vedette Myriam Hopkins, la rivale de Bette Davis ; Gratien Gélinas, Jean et Jean-Pierre Masson ont des rôles secondaires. Comme les répétitions ont lieu à Montréal et que Jean me traîne partout, je côtoie des acteurs américains qui trouvent mon anglais si cocasse que, pour avoir mes applaudissements, moi aussi, je parle tout le temps anglais avec eux. J'apprends cette langue en un mois. La pièce sera jouée à Chicago, mais ne se rendra pas à Broadway. Je suis contente ! Ma dépendance affective est telle que je ne sais pas si j'aurais pu vivre sans Jean.

***

Ma deuxième année à l'université est encore plus passionnante que la première. Je rencontre des gens intéressants : Pierre Péladeau, en droit ; Jean Gascon et Jean-Louis Roux, en médecine ; Roger Garand, en je ne sais plus quoi. Ils parlent de faire revivre la revue de fin d'année *Bleu et Or* et on me demande d'écrire un sketch comique puisque je suis en lettres. Je n'ai jamais écrit de sketch comique, je ne m'en crois pas capable. Jean me dit d'essayer, ce que je fais, et le sketch est accepté. J'ai écrit sur ce que je connais : les amoureux. Une fois lancée, j'ose dire à Jean-Louis que j'ai un cavalier qui est acteur et étudiant. Ça marche ! On va jouer tous les deux, en disant mes mots, et on va être dirigés par Jean-Louis Roux. J'ai une peur bleue de lui, tant il est impressionnant.

Entre-temps, Pierre Péladeau, que je trouve brillant, m'invite chez lui, me fait rencontrer sa mère, tente maladroitement de me séduire, mais, comme je suis scrupuleusement fidèle, je lui offre mon amitié, qu'il accepte.

Il m'arrive même, pour le dépanner, de l'accompagner dans des soirées. Après quelques verres, il me parle de son projet de vie : devenir l'homme le plus puissant du Québec et avoir toutes les femmes à ses pieds. Plus souvent qu'autrement, je le perds au cours de la soirée. Il s'est accroché les pieds au bar. Je rentre en taxi et me jure de ne plus jamais l'accompagner. Le lendemain, il m'apporte un petit cadeau et j'oublie de l'engueuler. Je ne sais pas résister à son charme. Et puis je le sens malheureux d'être laid. Et il est si intelligent !

**

On est en 1945 et j'ai vingt ans. Je suis enfin heureuse. J'aime et je suis aimée. J'ai la vie devant moi. Tout va pour le mieux, excepté maman, évidemment, mais comme elle est toujours malade…

Même la guerre se termine. L'Allemagne capitule. Je me souviens de la journée de la victoire. C'était le 8 mai. Jean est venu me chercher à l'université. Les rues sont bondées de gens qui rient, pleurent, s'embrassent, sautent de joie. Des papiers blancs volent des bureaux comme des colombes de paix. Les cloches des églises sonnent pour annoncer la naissance d'un temps nouveau. Finies les restrictions. Fini l'effort de guerre. Finies les mauvaises nouvelles à la radio. Nos soldats vont revenir. Plus de tueries. Plus de viols. La paix ! À la fin de la journée, je rentre à la maison soûle de joie partagée. Je pète le feu. Et qu'est-ce que j'entends ?

— Chut, maman dort !

J'aurai passé ma jeunesse à me retenir de rire, de parler, de courir, de danser. J'ai hâte de respirer, de m'exprimer, de sortir de mon cercueil. Je ne suis pas malade, moi, je suis vivante, moi. Je sombre aussitôt dans une culpabilité profonde. Je suis ingrate, sans cœur, méchante d'avoir de telles pensées.

La revue *Bleu et Or* remporte un grand succès. Je goûte à la drogue des comédiens : le trac et les applaudissements. J'aime.

Fin juin, je reçois deux diplômes, un attestant que j'ai réussi mes cours de lettres, et l'autre, de la Société du bon parler français. Je peux écrire et enseigner la diction en toute légitimité. Je suis aux oiseaux.

Je décroche tout de suite un emploi pour écrire. Un professeur de l'université me propose de rédiger à sa place des articles pour un journal spécialisé sur la faune et la flore du Québec. Ce n'est pas du reportage, ni même du roman, mais c'est mieux que rien. Je ne parle pas d'argent, je ne veux pas mêler ce vil métal à l'art d'écrire. Je me précipite dans les bibliothèques. Je me documente et ponds des articles sur la truite et l'achigan. Je suis fière de moi. J'ai adopté un ton humoristique. Étant moi-même pêcheuse, je sais de quoi je parle. Le monsieur va être content ! Je l'appelle, il me donne rendez-vous à l'université. J'entre dans son bureau et lui présente mon travail. Il le lit sans dire un mot. Je m'assois devant lui et lui parle avec passion de ma recherche, de mes découvertes. Il me dévore des yeux. Il ne m'écoute pas. Je suis déstabilisée. Il n'aime pas mon style, mes phrases ? J'ai encore dû mêler mes *g* et mes *q*. Il me demande de venir près de lui. J'y vais en toute innocence. Il se penche sur mes feuilles, demande des éclaircissements. Pendant que je m'explique, je sens sa main monter sous ma jupe. Je comprends. Je vais me rasseoir. Il continue à commenter mon œuvre tout en se levant. Il est derrière moi, il respire fort. Il me fait penser à mon vieux dentiste qui mettait ses instruments sur ma poitrine et me prenait les seins en même temps que sa « drill » tout en parlant de la nécessité de se brosser les dents après chaque repas. Je reconnais la respiration. Je me lève, je me sauve… sans un mot !

Ma déception coule sur mes joues. C'était ma première « job ». C'est trop bête que ça tourne comme ça. Au lieu de blâmer ce professeur, je me dis que je n'aurais pas dû mettre une jupe, que j'ai dû trop le regarder, que c'est de ma faute sûrement.

« Les femmes sont responsables de la conduite des hommes à leur égard. Si tu te fais respecter, ils vont te respecter », m'a souvent répété ma mère. Je ne suis qu'une putain ; maman a raison.

Comme on ne peut aller à la campagne parce que maman est trop malade, je loue un local bon marché rue Fullum et ouvre une école de diction que j'appelle « La Ruche du bon parler français ». Je recrute des enfants du quartier et leur fais jouer des saynètes que j'écris. Jean est fier de moi. Je ne fais pas un sou puisque le loyer me coûte plus cher que ce que me rapportent mes jeunes élèves. Papa paie la différence. Il ne comprend pas encore que je veux faire des sous. Je n'ose jamais prononcer le mot « argent ». Il est réservé aux hommes. Les femmes demandent des sous au père, puis au mari. Les hommes font de l'argent. Ça se passe peut-être autrement dans d'autres familles, mais pas chez nous.

Le 6 août, les Américains lâchent sur Hiroshima une première bombe atomique. Le 9 août, une seconde bombe atomique met fin à la guerre contre le Japon. Le bilan du conflit s'élève à cinquante millions de morts, trente-cinq millions de blessés et trois millions de disparus. C'est l'horreur ! Je ne comprends pas ce besoin qu'ont les hommes puissants de dominer le monde. Je ne veux qu'aimer et être aimée. Jean m'explique, je comprends jusqu'à un certain point, mais je n'accepte pas que les hommes s'entretuent pour du territoire.

Je passe mon été à chercher du travail. Je veux écrire, je veux gagner ma vie comme journaliste. Je me présente à la rédaction des grands journaux de Montréal, diplôme en main. On me reçoit avec étonnement, sinon avec condescendance. Il est vrai que j'ai l'air plus jeune que mon âge et que je suis mal fagotée. Je n'ai pas de femme dans ma vie pour me montrer les rudiments de la mode. Quand j'ai besoin d'une robe, mon père m'offre de m'en acheter une « dans le gros ». Je préfère ma sempiternelle jupe écossaise, mes souliers à talons cubains et mes chandails d'homme. Donc, je ne présente pas bien, comme on dit. Les employeurs que je contacte ne lisent même pas les articles que j'ai pondus. Je propose qu'on me mette à l'essai, sans me payer. On sourit et on me remercie de ma visite. Au journal *Le Canada*, un quotidien prestigieux, on m'offre de couvrir les mariages et les enterrements, de décrire les « toilettes ». J'ai le courage de refuser, et je tends la main à papa pour au moins avoir de l'argent de poche.

— T'as un cavalier ? T'as pas besoin d'argent.

Et pourtant, mon père est un homme généreux, mais il est convaincu qu'une fille n'a pas besoin d'argent de poche puisque son père la fait vivre, puis son cavalier, en attendant que ce soit son mari. Je ne lui parle pas de mes échecs auprès des journaux, je ne veux pas entendre sa réponse inévitable : « Je te l'avais bien dit. Les femmes ont pas d'affaire à prendre les jobs des gars. Journaliste, c'est une job de gars ! »

Je trouve injuste cette attitude des « deux poids, deux mesures ». Qu'est-ce que je pourrais bien faire pour qu'il y ait un peu plus d'égalité entre les hommes et les femmes ? Je ne sais pas, à ce moment-là de ma vie, que des femmes luttent pour l'égalité entre les sexes. Je n'en entends parler ni chez moi ni à l'université. Le travail des Thérèse Casgrain, Madeleine Parent, Léa Roback est passé sous silence. On a trop peur que le féminisme s'attrape comme une maladie vénérienne. La revue de l'université, *Cité libre*, dont Pierre Elliott Trudeau est le rédacteur en chef, ne consacre pas une seule ligne à la sortie du livre de Simone de Beauvoir *Le Deuxième Sexe*. Les féministes sont des hystériques, on ne s'abaisse pas à parler d'elles. Ça m'enrage que les femmes n'existent ni historiquement, ni socialement, ni politiquement, encore moins juridiquement. Quand j'entends, de nos jours encore, parler du matriarcat ancien et moderne, les poils des bras me changent de bord ! Les femmes n'avaient qu'un seul pouvoir et il se situait à l'intérieur de leur famille. Hors de la famille, pas de pouvoir ! Ne pas exercer ce pouvoir aurait été se comporter en esclave.

L'automne arrivé, je n'ai toujours pas trouvé de travail dans la presse. Je vais porter quelques-uns de mes poèmes au journal *Le Jour*, un hebdomadaire avant-gardiste, peu lu, que dirige Jean-Charles Harvey. L'histoire recommence. Il me fait une cour explicite. Mais, ayant pris de l'expérience, après quelques courses autour de son bureau je le menace d'appeler sa fille qui agit comme secrétaire et qui, je le sais, est de l'autre côté de la porte. Il me trouve audacieuse et impertinente, et dit qu'il va me rappeler. Mais qu'est-ce qu'ils ont tous, mes employeurs potentiels, à profiter de leur droit de cuissage ? Je reviens chez moi découragée. Si j'avais su à ce moment-là qu'on pouvait changer de sexe, je l'aurais fait. Je l'avais toujours pensé, je n'étais pas née du bon sexe !

Le lendemain, M. Harvey me téléphone, il veut me voir. Oh yeah ? J'en parle à Jean. Il dit qu'il viendra avec moi, que M. Harvey est peut-être sérieux. J'en doute, mais je me présente à son bureau avec Jean, qui lui fait savoir que je suis en quelque sorte sa propriété : *No trespassing*. M. Harvey lui tend la main, affaire conclue. Les grands fauves savent respecter la proie du plus fort. Il a aimé mes poèmes et va en publier un par semaine dans son journal (mais sans me rémunérer). J'en déduis que sans homme pour me protéger je ne suis qu'un objet sexuel, qu'il me faut un homme pour réussir une carrière. Laurette Auger, qui écrit des radioromans, m'avait dit avoir dû prendre le nom de Jean Desprez et se faire passer pour un homme pour que les compagnies de savon torontoises lui fassent confiance. J'avais douté de sa parole, mais maintenant je la croyais.

M. Harvey, qui s'avérera être un gentleman, me recommande de réunir mes poèmes en un recueil. Jean me présente le frère de Pierre Dagenais, Gérard, qui est l'éditeur de *Bonheur d'occasion*, de Gabrielle Roy. Il accepte de me publier... à compte d'auteur. Je tends la main à papa, encore une fois. Sans lire ce que j'ai écrit, il paye l'éditeur et *Mon cœur et mes chansons* paraît. Ma photo est dans la vitrine de toutes les librairies. En fait, il y en a peut-être trois, ou juste deux, mais je suis contente. Je ne suis donc pas si poche, si nulle que ça ! On me reconnaît du talent, un certain talent. Je flotte sur un nuage. Mon estime de moi fait un bond en avant. Je veux lire ce que j'ai publié à mon amoureux, il m'avoue qu'il déteste la poésie. Je retombe sur terre.

Papa me rapporte de son périple dans le gros une paire de bas nylon. Après six ans sans bas de soie, c'est comme recevoir un diamant gros comme un œil. C'est la compagnie DuPont de Nemours qui a inventé cette fibre durant la guerre. Le nylon a servi à fabriquer des moustiquaires, des parachutes, des câbles de remorques. Il est indestructible.

— Si t'en prends soin, ti-fille, tu les as pour vingt ans.

Je les ai gardés un an. Je les faisais remmailler régulièrement dans des boutiques spécialisées. On s'arrangera vite pour que les bas de nylon ne durent pas. C'est pas payant, des bas indestructibles.

Avec la fin de la guerre, la vie des femmes change. Les hommes reviennent à la maison. Certaines pleurent la mort de leur fiancé, mais d'autres doivent faire un choix : renoncer à un fiancé infirme ou passer leur vie à soigner un handicapé. Il y a des couples mariés qui se retrouvent avec joie, d'autres qui ne se connaissent plus. Certaines femmes ont du mal à pardonner à leur mari de les avoir laissées seules avec les responsabilités du foyer. Des hommes ont du mal à croire que leur femme leur a été fidèle puisque eux ne l'ont pas été. Certains enfants ne sont pas reconnus par les maris, la date de procréation ne correspondant pas avec une de leur permission. Ça chauffe dans les chaumières ! On ne divorce pas, puisque ce n'est pas permis par l'Église, mais beaucoup de couples se défont.

Tous les hommes sont marqués par la guerre. Ils ont vu leurs amis mourir. Ils ont souffert de la faim et du froid. Beaucoup d'entre eux ont tué des Allemands, mais surtout, surtout, ils doivent se réadapter à la routine de la vie civile, apprendre un métier, recommencer au bas de l'échelle dans un pays où il ne se passe rien.

Les femmes, habituées à gérer seules famille et argent, ont de la difficulté à reprendre leur rôle d'épouse soumise et dépendante. Et puis elles ont fini par aimer leur métier, elles se sont fait des amies au travail, elles ont gagné de l'argent ; elles ne sont pas prêtes à retourner aux couches et à la cuisine. On leur chante sur tous les tons qu'elles doivent laisser la place aux hommes. On les incite à faire des enfants pour repeupler la patrie. Les femmes ne savent plus que penser. En période de guerre, on les force à travailler au-dehors, on les compare avantageusement aux hommes. Mais quand les hommes reviennent : marche à la maison ! Il y a de la révolte dans l'air.

À l'automne, je fais une bronchite qui ne guérit pas. Je tousse sans arrêt. Jean me surprend à manger la pelure de poires que ma mère arrose de sa toux. Il me recommande la plus grande prudence :

— La tuberculose, c'est contagieux.

Je le sais, mais papa ne l'a pas contractée, Magella non plus, et je suis en pleine forme. Un mois plus tard, maman et moi faisons des concerts de toux. Ça ne me déplaît pas, c'est la seule chose qu'on ait jamais faite ensemble. Je maigris, je fais de la fièvre le soir. Je n'ose pas en parler à papa, il a assez d'une femme malade. Un jour, Jean m'appelle pour me dire qu'il a une surprise pour moi, qu'on a un rendez-vous important. Je pense qu'il veut me faire rencontrer un journaliste qui pourrait me guider. Il ne veut rien préciser. Le soir venu, je mets la robe que je me suis fait faire par une couturière de la rue Cherrier, une robe noire avec des carreaux rose pâle au corsage, et Jean m'emmène... chez un médecin spécialiste des poumons. Je ne suis pas contente.

— Je n'ai rien, c'est juste une bronchite.

Le docteur veut m'hospitaliser pour que je passe des radiographies, des examens. Il a peur que je sois contagieuse.

Je me revois apprenant la nouvelle à papa. Il n'en revient pas. Il est déçu de moi, je le sens. Qu'est-ce que j'avais d'affaire à attraper cette saloperie-là ? Il l'a pas attrapée, lui, qui couche dans le même lit que maman ! Je me sens coupable.

Le lendemain, pour ne pas culpabiliser maman, je lui dis que je suis allée voir un médecin et que j'ai des petits bobos aux ovaires, qu'il faut que je passe des examens. Je ne sais pas si elle me croit, mais elle n'émet pas d'objection, ne pose aucune question. Elle est détachée de moi.

À l'Hôtel-Dieu on découvre que j'ai une plaie au poumon droit et que je suis contagieuse. L'hôpital est presque vide. J'ai une grande chambre à moi toute seule. Comme je suis là pour longtemps, je demande la permission de la décorer à mon goût. Un copain de l'université, Pierre Garneau, me prête de ses peintures : j'en tapisse les murs. D'autres m'apportent des livres. Jean, dans ses moments libres, me tient compagnie. Je ne suis pas malheureuse. Au bout d'un mois, ou peut-être deux, je ne m'en souviens plus, le médecin me donne mon congé à la condition que j'aille immédiatement au sanatorium, loin du foyer d'infection qu'est ma mère.

Pas le sanatorium ! Maman m'en a toujours parlé comme d'une prison où l'on vous envoie crever seul comme un coton. Je ne veux pas y aller. Je ne peux pas y aller, je suis en amour ! D'un autre côté, je ne peux pas retourner à la maison, c'est clair, mon cas s'aggraverait. Sauf au sanatorium, je n'ai nulle part où aller. Jean m'encourage, dit qu'il viendra me voir. Moi, je suis persuadée d'aller vers la mort.

Quand j'apprends la gravité de ma maladie à mon père, il est catastrophé :

— J'en ai assez d'une, pas toi aussi !

Ni papa ni moi n'aurons le courage d'informer ma mère que j'ai contracté la tuberculose. Je lui raconterai je ne sais plus quelle menterie qu'elle croira. Elle est occupée à survivre : ma santé ne l'intéresse pas.

Papa me trouve un sanatorium privé à Sainte-Agathe, non loin du gros sanatorium du gouvernement. Le docteur Joannette a transformé une grande maison en y aménageant des chambres pour les malades, dont prennent soin quelques « madames ». Papa vient me reconduire. Il est triste, mais surtout las. On s'embrasse, il pleure, et c'est tout juste si je ne lui demande pas pardon. Je me sens si coupable. Je ne le verrai plus de tout mon séjour de dix mois à cet endroit. Maman mettra ce temps-là à mourir.

Je suis confinée à la chambre, au lit. C'est le repos complet. Tout ce que je peux faire, c'est lire en tournant les pages du livre doucement pour ne pas fatiguer mes poumons. Une chance, le docteur Joannette a une bonne bibliothèque et me fournit ma nourriture intellectuelle. Il n'y a pas de radio, et je ne peux rien faire, rien ! Je suis seule, si seule ! Pour venir me voir, Jean, qui n'a pas d'auto, s'achète une vieille Harley-Davidson de l'armée. Je ne vis que pour les pétarades de la moto qui s'approche. Je suis contagieuse, donc on ne s'embrasse pas, mais on se touche. On passe des journées à se caresser les doigts, les paumes, les poignets, les bras. On ne s'aventure pas trop loin, la porte de ma chambre est grande ouverte et les « madames » nous surveillent.

Je ne sais pas, au début, que ce sanatorium est un mouroir. Je vais bientôt l'apprendre. J'ai la chambre en avant qui donne sur la galerie et je vois entrer des jeunes gens, garçons et filles, qui, comme moi, ont des taches aux poumons. Puis je les vois ressortir les pieds devant, comme on dit. Une jeune autochtone d'une grande beauté arrive un jour au sanatorium, elle a de l'eau dans les poumons. Elle écrit des poèmes qu'elle vient me lire dans ma chambre. Je deviens amie avec elle. On parle de lui enlever l'eau dans les poumons. Je ne la revois plus. Les opérations chirurgicales sont interdites par la religion de sa famille. J'apprendrai sa mort peu de temps après. Elle avait vingt ans, comme moi. Il y a aussi le garçon que, de mon lit, j'entends sacrer et qui, paraît-il, est grand et fort, un jeune camionneur qui n'accepte pas la « grande cure ». Il ne décolère pas. Un mois plus tard, il est mort. Une jeune fille enjouée devient ma nouvelle voisine. On échange nos rapports médicaux en guise de cartes de visite. On a la même lésion au poumon droit. Elle sera frappée de tuberculose galopante et mourra en quelques semaines. La mort rôde autour du sanatorium. Elle me guette. Je pense sérieusement qu'elle va venir me cueillir bientôt. J'accepte de payer de ma vie la dette envers ma mère : elle se meurt de m'avoir donné naissance.

Je ne me bats pas, je subis. Tous les soirs, on roule mon lit sur la galerie, dehors. Je porte le chapeau de maman. Je deviens maman. Je suis elle. Je vais mourir comme elle. Je rêve d'un double enterrement. Non, mieux, je veux qu'on soit enterrées dans le même cercueil. Les tuberculeux, c'est bien connu, sont de grands romantiques. En attendant, j'appréhende l'hiver. C'est si long, un hiver, quand on est malade. Jean, qui vient me voir en moto, pourra-t-il venir quand il fera trente au-dessous de zéro ? Je n'ai pas d'autres visiteurs que lui. Mes frères sont venus une fois, m'ont enlevée et m'ont amenée manger au restaurant. Le docteur m'a chicanée : je ne recommencerai pas. Ma toux ne semble pas s'apaiser. Je passe mes nuits comme maman à tousser mes poumons. Ma vie est finie. Je me laisse glisser doucement vers la mort. Je me soumets à la mort. Je suis une fille soumise. Une vraie Yvette.

L'hiver a fini par arriver et Jean continue de venir, en moto. Comme les « snow suits » n'ont pas été inventés, il double ses vêtements les plus chauds avec des magazines. Il gèle quand même, de bord en bord. Au sanatorium, il parle fort, rit fort, me parle des livres qu'il a lus, des pièces, des films qu'il a vus. Je ne réagis pas. Je ne suis pas jalouse. Je prends ce qu'il me donne et c'est déjà beaucoup. Je lui dis que par loyauté envers ma mère je suis prête à la rejoindre dans la mort. Jean, pour me sortir de mon désespoir, ou peut-être parce qu'il est fatigué de mes plaintes, me lance :

— Tu guéris, puis on se marie !

Comme pour appuyer sa demande, il m'embrasse sur la bouche. Il risque sa vie pour moi : je vais guérir pour lui. Mais comment fait-on pour guérir ? Peut-être faut-il seulement le vouloir du plus profond de son être. Maintenant, je le veux.

Jean vient passer toutes les fins de semaine avec moi. Le docteur Joannette lui a trouvé un lit au grenier. Je renais. J'ai un but. Je me noyais, il m'a tendu la main. Je m'y accroche. Jean est le rayon de soleil du sanatorium, il fait la jasette à tous les patients. Ceux-ci m'envient d'avoir ce bel acteur à moi toute seule. Ma guérison s'amorce.

Pendant ce temps, dans la vraie vie, les soldats ont repris leurs emplois, ce qui a forcé les femmes à rentrer à la maison. Les femmes n'ont pas le choix, elles doivent redevenir des mères et épouses, et recommencer à dépendre du salaire de leurs hommes. Le gouvernement fédéral, après avoir donné le droit de vote aux femmes, leur accorde maintenant des allocations familiales. Le but est de les garder au foyer. Ces allocations familiales sont versées aux mères. Au Québec, le premier ministre Maurice Duplessis déclare que cela va à l'encontre des droits du père, chef de famille et seul administrateur des biens familiaux. La majorité des hommes sont d'accord avec lui. Heureusement, Thérèse Casgrain mène courageusement une campagne de presse contre francophones et catholiques. Elle obtient finalement qu'au Québec, comme dans les autres provinces, les chèques aillent aux femmes.

Je regrette aujourd'hui de ne pas avoir exprimé à Mme Casgrain, du temps où je la côtoyais, toute ma reconnaissance pour ce qu'elle avait fait pour les femmes, mais elle se défendait d'être féministe et ça m'agaçait. De plus, je n'étais pas de sa classe sociale et elle me le faisait sentir. Je me souviens d'un jour où j'avais pris la parole à un dîner où elle était invitée aussi. Elle m'avait reproché de porter une robe qu'elle jugeait peu convenable pour l'occasion. C'était un manque d'étiquette ! Je ne pouvais pas lui raconter pourquoi je n'avais aucun goût pour m'habiller et pourquoi je suivais aveuglément les conseils des vendeuses. Enfin, merci, Thérèse Casgrain, au nom de toutes les femmes, pour qui les allocations familiales ont constitué une planche de salut.

La guerre a fait découvrir aux commerçants et aux multinationales l'importance des femmes. Elles ont un pouvoir qu'on avait négligé jusque-là : le pouvoir d'achat. Les publicités s'adressent à elles, maintenant. Les multinationales se fendent en quatre pour inventer des gadgets qui vont les intéresser parce qu'ils allègent leurs tâches. Les curés ne sont pas contents. Ils sont persuadés que, si le travail de la femme est soulagé par des appareils ménagers, elle va se livrer à la luxure, étant donné, tout le monde le sait, que la femme est une démone... Pour favoriser le retour au foyer des femmes, les magazines américains et canadiens parlent de la « mystique féminine », du beau métier d'épouse et de mère. La mère devient la reine du foyer qui gouverne sa cuisine sophistiquée, faute de gouverner le pays. Pour être à la hauteur de l'image proposée par les magazines, les femmes doivent suivre des cours de cuisine, de couture. De plus, les revues regorgent d'articles sur l'éducation des enfants. Être mère, c'est un travail à plein temps, elles ne doivent donc pas travailler au-dehors. Les machines à coudre font des plissés, les boutonnières et tout ce qu'on veut, donc il faut coudre. Le linge doit être lavé plus blanc que blanc dans une laveuse dernier cri et séché dans une sécheuse du même acabit. Donc on lave tout, tous les jours. Les femmes ne se rendent pas compte, pauvres Yvette conciliantes, que tous ces nouveaux appareils ne leur donnent pas plus de temps mais leur compliquent l'existence, les forcent à exceller au foyer, et cela, sans salaire. Le mari reste le pourvoyeur ; sa femme dépend de lui.

La guerre a presque mis fin au service domestique. Les servantes d'antan travaillent maintenant dans les « shops » de couture. Si elles gagnent moins d'argent, au moins elles sont libres de sortir le soir. Même la mode suit le mouvement du retour au foyer. Aux petites robes courtes des années de guerre succèdent les jupes longues et amples, les colifichets. Les femmes doivent, en plus d'assumer seules les tâches ménagères, être ultraféminines pour accueillir leur homme qui rentre fourbu du bureau. Elles doivent le servir, sourire aux lèvres. Avant, les femmes, au moins, pouvaient se plaindre :

— Je suis fatiguée. J'ai mal dans le dos.

Après la guerre, le mari lui répond :

— T'as tout ce qu'il te faut pour t'aider, de quoi tu te plains ? Ma mère, elle…

Les femmes viennent de perdre le peu d'autonomie que la guerre leur avait donnée. Elles ne s'en aperçoivent même pas.

Au printemps, mon père vient me voir au sanatorium. Ma mère est au plus mal et il veut que je lui fasse mes adieux avant qu'elle ne meure. Le docteur s'y oppose. Mon père passe outre à ses objections.

Me voici à la maison. Je suis maigre et chancelante. Mes muscles sont atrophiés, je ne marche jamais. J'entre dans la chambre. Ma mère est toute menue. La femme autoritaire, droite, raide comme une barre est devenue un petit bébé. Mon petit bébé. Le docteur m'a recommandé de ne pas la toucher, de ne pas l'embrasser, de me tenir loin. Je la prends dans mes bras, je la berce, je l'embrasse. Elle murmure, n'ayant pratiquement plus de voix :

— Je t'ai donné ma maladie.

Je lui jure que non.

C'est l'heure de sa toilette. Maman me demande de sortir. Magella me dit :

— Je lui donne un bain tous les jours, j'ai l'habitude.

Peut-être par jalousie, peut-être pour tenter un rapprochement, je lui réponds :

— Laisse, je vais le faire, moi. Je suis capable !

Magella m'apporte une bassine d'eau chaude, des serviettes de bain, l'alcool à friction, de la poudre de talc et me laisse ma mère, mon enfant. Je la déshabille. Moi qui n'ai jamais vu le moindre coin de peau de ma mère, seulement ses mains et son visage, elle est là, devant moi, complètement nue. Je la savonne doucement. Sa peau est jeune, ses seins sont ronds et fermes. Les poils de son pubis sont gris comme ses cheveux. Je la rince, la tourne, lui savonne le dos, les fesses. Je crois rêver : je touche à ma mère ! Mais je dois repartir. Je n'ai qu'une permission de quelques heures. Elle me demande de rester, propose qu'on fasse notre cure ensemble. Je l'embrasse une dernière fois, une vraie dernière fois. Quand je la reverrai, elle sera dans le salon, dans son cercueil.

À cette époque, on expose les morts chez eux. Dans le salon, les rideaux sont tirés. Ça sent les fleurs qui fanent. Il y a peu de visiteurs. Je me rends compte que si papa a plein d'amis, maman n'en avait pas. La parenté prend ses distances avec moi. On évite de me donner la main, de m'embrasser ; j'ai la peste. Tous me trouvent amaigrie et pâle dans ma robe noire. Et puis je tousse comme une défoncée ! Il y a de quoi fuir.

Au cimetière, je ne peux que répéter :

— Ma petite maman. Ma petite maman !

Je ne sais pas où j'ai pris ces mots-là. Ce n'est pas dans notre parlure. « Ma petite maman », ça fait cinéma français. En m'entendant dire ça, on me regarde comme si j'étais tombée sur la tête. La tuberculose, ça rend fou, peut-être ! Je ne me jette pas sur le cercueil. Je ne crie pas. Je suis bien élevée. Puis soudain je comprends pourquoi je l'appelle « ma petite maman ». Petite, elle m'est devenue accessible. C'est mon bébé.

Au retour du cimetière, il fait chaud – on est en juin. Papa achète un melon d'eau et je mange du melon à en crever. Je fais une indigestion. Je vomis mon enfance.

Le lendemain, mon père me dit :

— Je suis tanné de la tuberculose, je veux plus en entendre parler. Je t'emmène faire le tour du Saguenay en bateau [sur le *Tadoussac*], puis, après, tu vas passer l'été avec Magella, à mon club de pêche. Je vais te guérir, moi !

J'obéis. Je ne sais rien faire d'autre qu'obéir.

Je me souviens à peine du voyage au Saguenay. Papa ne semble pas avoir de peine, il est comme... débarrassé. Je ne l'entendrai plus jamais parler de sa femme. Pour survivre, il l'a effacée de sa tête et de son cœur. Je le trouve chanceux de posséder une efface si puissante. Au retour du voyage, me voici avec Magella, à quatre heures de Montréal, sur le bord du lac, dans le camp en bois rond de papa, éclairé à la lampe à huile, sans toilettes ni eau courante, mais bien pourvu en mulots et chauves-souris. Il n'y a personne dans les autres camps. C'est un club de pêche et non de villégiature. Il y a bien une « bécosse » dehors, mais elle est loin dans la forêt et ça pue. Pour amener l'eau du lac jusque sur la galerie du camp, on se sert d'un seau accroché à une corde ; quand on tire sur la corde, la poulie grince. Une petite cabane en bois rond est remplie à ras bord de blocs de glace enveloppés de « ripe » que le gardien a coupée l'hiver. Chaque jour il faut aller chercher un nouveau bloc de glace pour la petite glacière dans laquelle on garde nos T-bones. Mon père a décidé que je mangerais deux steaks par jour, et que je boirais trois fois par jour une mixture de son cru : un jaune d'œuf battu dans de la crème et du porter. Magella a peur des mulots et des chauves-souris. Moi, j'ai peur des voleurs, des violeurs, des hommes. J'imagine que derrière chaque arbre se cache un Indien, prêt à me scalper, souvenir de mes leçons maternelles.

L'été est long. Papa vient parfois la fin de semaine, mais il a son commerce qu'il ne peut pas laisser trop longtemps. Jean s'arrange pour venir à moto une fois dans l'été, mais la route est en gravier à partir de Joliette et il travaille de plus en plus à la radio.

À la fin de l'été, le grand air, les T-bones, le porter avec crème et jaunes d'œufs ont fait leur effet. J'ai engraissé, je suis rose et je tousse à peine.

En septembre, lorsque je reviens en ville, le docteur Joannette est surpris : je suis guérie. Il me reste une cicatrice au poumon (que j'ai encore), mais je peux reprendre mon école, La Ruche du bon parler français.

Pierre Péladeau, lui, organise à l'auditorium Le Plateau de grands débats oratoires qui sont très populaires. Il vient tellement de monde que Pierre loue même des chaises sur la scène. Il me demande de faire partie des débatteurs, à la prochaine soirée. Le sujet : les hommes.

Moi si conciliante, je me transforme en tigresse quand il s'agit de parler des hommes. J'en ai gros sur le cœur. Le public rit, est intéressé et je gagne. Je participerai à une dizaine de débats oratoires... pour la gloire et pour des prunes. Pierre, intelligent comme il est, a vite vu que j'aime tellement être valorisée qu'il serait fou de me payer en plus. D'ailleurs, je ne demande rien, rien que des applaudissements pour soigner un ego chétif. J'ai tant besoin d'être appréciée, de montrer à mon père et à mes frères qu'une fille ça vaut quelque chose ! Et puis je n'ai pas besoin d'argent, je ne dépense pas. Mon père et mes frères ne viennent pas me voir triompher. Pas par méchanceté, plutôt parce que, selon les idées du temps, ce qu'accomplissent les filles en dehors de la maison ne vaut pas le dérangement. Un jour j'ai appris que Pierre payait ceux et celles qui l'exigeaient. Je lui ai dit que, peut-être, j'aimerais ça, moi aussi... Il m'a acheté une boîte de produits de beauté. J'étais bien contente !

L'Office national du film cherche un jeune couple d'amoureux pour jouer dans un documentaire sur la rue Saint-Laurent. Le réalisateur, Jean Palardy, demande à

Jean d'être le jeune homme qui se promène dans cette rue exotique. Jean propose qu'il m'engage aussi. Ce petit film très bien fait aura une longue carrière. Quand il m'arrive de le voir à la télé, je ne me reconnais pas. L'expérience a été très agréable, et puis, c'est une double paye… qui va dans la même poche. Pas la mienne.

Jean et moi, on ne se quitte pas, on est toujours ensemble. Il ne me parle plus de se marier. Il est encore aux études à temps partiel, il travaille trop à la radio, comme acteur, et puis il y a une crise du logement. Et il n'a pas encore amassé assez d'argent et tutti quanti. Je suis très inquiète parce que, après trois ans de préliminaires, nous avons commencé à faire l'amour à la sauvette. Il n'y a pas de motels encore et les amoureux des villes n'ont que les escaliers intérieurs et les banquettes arrière des autos pour s'aimer. Jean n'a pas d'auto et je me vois mal goûter à l'extase sur le siège arrière de la Harley-Davidson ! J'ai une peur bleue de devenir enceinte. Je ne peux pas faire ça à mon père. Il en mourrait. Sa « ti-fille », une fille dénaturée, une marie-couche-toi-là, comme celles dont on dit qu'il n'y a que les « petits chars » qui ne sont pas passés dessus ! La maternité est une épée de Damoclès au-dessus de ma tête à moi, pas celle de Jean. L'avortement est impensable. Un avortement équivaut à une mort certaine, l'utérus transpercé par un support à vêtements en fer ou des broches à tricoter. Et puis, je ne connais pas de « faiseuses d'anges ». Et l'avortement est un meurtre. La religion catholique en est certaine, et je suis encore farcie de principes religieux.

J'ai dû faire pression sur Jean parce que finalement, contre son gré, pour me soulager de ma crainte d'être enceinte, il finit par demander ma main à mon père. Mon père, qui l'aime beaucoup, le met en garde :

— T'as pas de job sérieuse. T'as pas d'argent. T'es encore étudiant. Qu'est-ce que vous allez faire ?

C'est moi qui propose la solution :

— On va vivre avec vous, papa !

Je savais que Magella pensait à se marier. Elle voulait des enfants à elle, une maison à elle et c'était légitime. Mon arrangement arrivait à point. Je prendrais soin de papa et de Jean. Je serais la reine de la maison familiale. Je recevrais mes frères partis de la maison et je leur montrerais ce que je savais faire. Tout ce monde heureux, grâce à moi !

Papa hésite. Mais comme Magella va se marier, que papa ne peut pas tenir la maison seul, on fixe la date de mon mariage, le 22 mai 1947.

Je fonce dans le mariage comme le Bélier que je suis. Est-ce que Jean m'aime ? Je ne me pose pas la question. Pour moi, c'est lui, à la vie, à la mort ! J'ai la certitude d'avoir rencontré dans la vraie vie une créature de rêve tellement supérieure à moi. Je suis en admiration devant lui, honorée qu'il daigne s'intéresser à moi. Il a tout ce que je n'ai pas et que j'aimerais avoir : du front, de l'assurance, une haute estime de lui-même, la parole facile, de la mémoire, de l'instruction, de la culture. Je me persuade qu'il a un trésor pour moi. Je veux ce trésor. J'ai la patience des chercheurs d'or, la persévérance. L'amour, je le sais maintenant, ça n'arrive pas à n'importe qui, faut être en manque, prédisposé, faut être déterminé. Il faut aussi être idéaliste, croire au père Noël, aux miracles. Il faut surtout le vouloir de toutes ses forces, vouloir changer de vie, en commencer une nouvelle. Croire fermement aux paroles de la chanson que je me chante :

Un amour comme le nôtre
Il n'en existe pas deux
Ce n'est pas celui des autres
C'est quelque chose de mieux.

Je crois que pour nous deux, ce sera pareil, que notre amour sera quelque chose de mieux. Jean va guérir mes blessures de l'enfance, calmer mes craintes, faire disparaître mes peurs. Je vais enfin pouvoir m'aimer puisqu'il m'aimera. Jean, c'est le Christ qui est descendu de la croix pour me sauver, moi ! C'est mon sauveur personnel. Je le vénère, je l'adore littéralement. Je ne peux vivre sans son regard.

— T'es mince.

— Ah oui ? Je me pensais grosse.

— T'as un joli nez.

— Ah oui ? Je pensais que j'avais une patate au milieu du visage.

Je me découvre des talents de femme de maison et quand il me dit : « Tu es la reine des tartes », je ne ris même pas !

Jean est une obsession, une compulsion, ma drogue. Je n'ai plus aucune dignité. Je reste des heures à l'attendre aux répétitions. Je fais la cuisine pour ses confrères de classe. Je lui offre des cadeaux. Je pars à la conquête de sa famille.

Mais lui, est-ce qu'il m'aime ? Il n'a pas besoin de le dire, il me désire, et à cette époque-là je crois que le désir, c'est de l'amour.

Je veux un mariage intime, pas de trouble. Papa veut un grand mariage où il pourrait inviter ses amis. Il est allé à tant de mariages qu'il faut bien qu'il remette la politesse, et comme il n'a qu'une fille... Et puisque je suis une espèce de fille-pas-de-mère qui ne sait pas s'habiller et ne connaît pas les règles de l'étiquette mondaine, papa demande à sa sœur Anita, l'« Écossaise », de m'aider à organiser le mariage.

— Elle vit à Notre-Dame-de-Grâce, elle connaît ça !

Je nage dans le bonheur. Mariée, j'aurai mes deux hommes près de moi. Je serai importante. Je serai reconnue comme la meilleure cuisinière, la meilleure repasseuse, la meilleure des filles, la meilleure des femmes. Je ne le sais pas, mais j'entame ma carrière de « superwoman ». Je serai parfaite dans tout et on m'aimera parce que je serai parfaite dans tout. J'oublie que je déteste le travail ménager, qu'à part la cuisine je ne sais rien faire dans une maison. J'apprendrai ! Puisque je ne peux pas être journaliste à plein temps, je serai ménagère à plein temps.

On s'est fiancés à Noël. C'est moi qui ai fait à manger pour les deux parentés. Je ne me rappelle pas ce que j'avais fait, mais je me souviens de m'être brûlé l'intérieur de la main très gravement en retirant une poêle en fonte que j'avais laissée traîner dans le four allumé.

— Traîneuse. T'es qu'une traîneuse !

Et puis ce furent les préparatifs du mariage. Je n'ai pas de draps et de taies d'oreiller, de linges à vaisselle brodés de ma main, comme la plupart des fiancées. J'haïs la broderie. De toute façon, je n'ai pas besoin de trousseau puisqu'on va vivre chez papa. Pas question de m'acheter une robe de mariée dans un magasin. D'abord ça coûte un prix fou, et je n'aime pas les robes proposées, trop sophistiquées, trop chargées pour moi. Elles ne me ressemblent pas. Je demande à mon copain peintre, Pierre Garneau, de me dessiner une robe qui me ressemble. Elle est toute simple, en satin ivoire, avec un col haut et une longue traîne. J'en suis folle. La sœur de Pierre va la confectionner pour pas cher. Je n'ose dépenser pour moi. Je ne mérite pas qu'on mette de l'argent sur moi. Je crois fermement, comme beaucoup de femmes d'ailleurs, que moins on dépense, plus on est aimé.

Je suis victime des diktats d'après-guerre : la femme est un modèle de vertu. Elle ne trompe pas son mari et si lui la trompe, elle l'accepte avec compréhension. Un homme est un homme ! Elle porte la maison sur son dos.

Une maison propre et en ordre est l'apanage d'une ménagère compétente. On juge une femme sur l'éclat de son
prélart de cuisine. Pour atteindre le cœur d'un homme,
il faut passer par son estomac. Il faut varier les repas,
inventer des recettes, suivre les principes d'une saine
alimentation et profiter des rabais chez le boucher et
l'épicier. Dans le cas des enfants, il faut faire attention
autant aux microbes qu'aux complexes qu'ils pourraient
développer. L'enfant n'est plus un animal qu'on dresse,
mais une poupée dont on doit devenir l'ami. La femme
au foyer doit être pimpante, souriante, maquillée, sur
son trente-six toute la journée, sinon le mari va regarder
ailleurs. Pour couronner le tout, le clergé condamne
les garderies ouvertes pendant la guerre et met sur le
dos des mères qui travaillent la délinquance juvénile.
Le bonheur et le bien-être de la maisonnée reposent
entièrement sur la femme. L'homme, lui, travaille, c'est
bien assez. Il n'a pas à partager les tâches ménagères ni
à s'occuper de l'éducation des enfants. La femme agit,
l'homme critique. Ce que l'après-guerre exige de la
femme devrait me faire fuir le mariage, mais ça ne me
fait pas peur : je suis en amour. Ah, l'amour !

Les préparatifs de mon mariage sont excitants. Les
cadeaux arrivent : des « toasters », des chaudrons, des
fers à repasser, une machine à coudre. Je ne comprends
pas le message.

Je renoue avec mon amie du couvent. Elle vient de
se marier avec un médecin. C'est normal, son père en
est un. Ils vont vivre à Paris. C'est d'un romantisme ! Je
suis heureuse pour elle. Je lui parle de ma peur d'être
enceinte trop tôt après le mariage. Jean est aux études,
je ne travaille pas et je n'ai que vingt-deux ans. Je veux
des enfants, plusieurs, mais pas tout de suite. Je veux
profiter de ma vie de couple un peu. Qu'à cela ne tienne,
son mari va nous expliquer, à Jean et à moi, une méthode

infaillible, la méthode Ogino. Je suis déçue : il y a des jours où on ne pourra pas faire l'amour. Faire l'amour, pour moi, c'est être touchée, caressée, avoir le contact physique qui m'a tant manqué. Jean, fort en chiffres, note les bonnes dates, les mauvaises. Je n'écoute pas. J'ai une idée si romantique de l'amour que je ne veux pas de règlements. Je promets à Jean de me faire un calendrier, de calculer mes jours de fécondité, nos jours d'abstinence.

Le 22 mai, je me présente à l'église Saint-Eusèbe de Verceil pour me marier pour la vie avec Jean Lajeunesse. Je suis confiante en l'avenir, seule la mort pourra nous séparer. J'ai ma belle robe de mariée, un voile aussi long que la traîne, un bouquet de muguet dans les mains. Je dis « oui, oui, oui, je le veux », et en route pour la noce au Club Canadien. Il n'y a pas moins de deux cents invités. La plupart me sont inconnus. Mon père pleure. Je pleure aussi. À vingt-deux ans, je me lance, tête première, dans la vie de couple.

DEUXIÈME ACTE

Mon père nous prête son auto pour notre voyage de noces. Je pars, habillée de noir et de blanc. Je suis en demi-deuil et ne peux me permettre la moindre couleur. Les mœurs du temps exigent un an de deuil, un an de demi-deuil pour les femmes ! Les hommes portent le deuil seulement sur leurs cravates. Ça ne me dérange pas, j'ai le cœur en rose « nanane ». Jean veut se rendre au Mexique. On ne dépassera pas Virginia Beach. La première journée, on la passera au lit. On a attrapé tous les deux un coup de soleil carabiné qui nous empêche de nous toucher, même du bout des doigts. Après une semaine, la peur du soleil nous ramène à Montréal.

Au retour de notre voyage de noces, je me retrouve avec le ménage, le lavage, le repassage, la cuisine. Papa utilise sept chemises blanches par semaine, Jean aussi. Chaque lundi je dois laver, empeser et repasser quatorze chemises. Sans compter le reste ! Moi qui n'ai jamais repassé, qui ne sais pas repasser, qui déteste repasser, je suis découragée. Si c'est ça, le mariage !... Je n'arrive pas à faire de « la belle ouvrage », comme Magella. Il y a des plis aux collets, aux poches. Ça m'enrage que ce travail ennuyant soit réservé aux femmes. Pourquoi Jean ne repasse-t-il pas ? Papa m'offre d'envoyer le lavage à la buanderie. Ça m'insulte presque : je suis capable ! Je vais lui montrer ! Et je m'acharne, et je sue, et je m'en veux de ne pas atteindre la perfection. Je ne suis même pas bonne à repasser une chemise.

Ma mère avait raison, je ne vaux rien.

Jean accepte de nombreuses émissions de radio pour gagner de l'argent. Les responsabilités de mari lui pèsent déjà. Lui qui dépensait à mesure ce qu'il gagnait quand il était célibataire, il doit maintenant économiser. Moi, je n'ai pas un sou, ni à la banque ni dans ma sacoche. Je tends la main à mon père et à mon mari ! Mon livre a connu un honnête succès, deux mille exemplaires écoulés, mais comme il se vend quatre-vingts cents et que je reçois dix pour cent de droits d'auteur, je n'ai pas de quoi acheter une automobile. De toute façon, j'ai donné l'argent à Jean. Moi, l'argent, je touche pas à ça ! Caca !

Au bout d'un mois, j'ai mal au cœur. Ça doit être le repassage. Je ne peux pas être enceinte, ce n'est pas possible : on a suivi le maudit calendrier infaillible. Je vomis en cachette tous les matins. Non, ce n'est pas possible. Je fais une réaction à la poussière que je déplace. Jean reprend ses études à plein temps en septembre. Je me sens enceinte. Je lui en parle et il me dit :

— Ça se peut pas, on suit la méthode Ogino.

Devant ma certitude, Jean me propose de passer le test de la lapine à la pharmacie (seul test accessible), pour être sûr que je me trompe. Le test est positif. Je ne sais pas quoi penser. D'une part, je suis heureuse. Je veux des enfants, mais je n'ai que vingt-deux ans et un mois de mariage. D'autre part, je commence ma vie de couple, j'aurais aimé en profiter. Jean n'est pas content. Il ne voulait pas se marier. Le voilà marié et père. Je me sens coupable. Papa, quand je lui annonce la nouvelle, réplique :

— Ça se peut pas, vous venez juste de vous marier.

De là à penser qu'on aurait commencé avant...

Je ne connais pas de médecin. Papa me suggère une de ses connaissances, un accoucheur de renom. Je vais le voir. C'est un homme imposant, froid, distant, très pressé. Il m'examine, me regarde, intrigué. J'ai l'air d'une petite fille de quinze ans.

— Puis, est-ce que je suis en famille ?

— Vous êtes enceinte de jumeaux !

Je ne le crois pas, ça se peut pas. Un, je dis pas, mais deux !

Puis je me souviens que ma mère était jumelle. Sa jumelle est morte à la naissance.

— C'est ça, votre mère n'en a pas eu, c'est à votre tour.

Cette nouvelle me trouble. Des jumeaux ! Moi ? Je ne suis donc pas si nulle que ça ? Je suis capable, moi, de faire deux bébés à la fois ! Je regarde Jean dans l'attente de félicitations :

— Des jumeaux, double responsabilité !

— Double amour !

Je commence ce jour-là à me sentir vraiment fautive de l'avoir embarqué dans le mariage sans qu'il le veuille vraiment. Mais il est beau joueur et il fera semblant d'être ravi de la nouvelle. Et moi je ferai semblant de ne pas voir qu'il fait semblant. Mon père, lui, est renversé, estomaqué, fier et inquiet à la fois.

— Ma ti-fille va avoir des jumeaux ! Comment elle va faire ?

Mon mal de cœur durera des mois. Je passe mes matinées la tête dans le bol de toilette. Mon ventre pousse vite. Je troque mes robes de petite fille contre des robes de maternité pour prouver à tout le monde de quoi je suis capable. Pas un enfant, deux à la fois ! Hein, la « nounoune », elle vous épate ?

Cet été-là, Jean joue dans les jardins de l'Ermitage *Le diable s'en mêle*, une pièce écrite et dirigée par Pierre Dagenais. La distribution comprend aussi Janine Sutto, Juliette Huot, Paul Berval, Denis Drouin, Denise Pelletier, Nini Durand, et j'en oublie. Pierre joue le rôle principal. J'assiste à toutes les répétitions. Rendu à la première, me voyant dans les coulisses, Pierre me confie le rôle de souffleuse. Des coulisses, je souffle aux acteurs les mots dont ils ne se souviennent plus. C'est ainsi que je souffle à mon mari les mots d'amour qu'il susurre à Nini Durand. Quand il l'embrasse, je ferme les yeux tant ça me fait mal. Et s'il allait la trouver mieux que moi ? Et s'il allait l'aimer ? Je me raisonne... Je vais être parfaite, si extraordinaire, si indispensable qu'il ne pourra pas se passer de moi. Comment devenir indispensable ? En cultivant d'abord mes talents... Et quels sont mes talents ? Je cherche, je cherche, et je trouve : la cuisine ! J'ai obtenu l'affection de mon père par le sucre à la crème, je vais gagner l'amour de Jean par... les tartes. Jean est amateur de tartes, mais sa mère n'en faisait pas. Je me mets à confectionner des tartes et des pâtisseries de toutes sortes. Je réussis même à reproduire toutes les pâtisseries françaises, millefeuilles, éclairs au chocolat, etc. Jean se vante à ses amis que je suis la meilleure faiseuse de tartes du monde. Je suis contente de ses compliments, mais il reste qu'il y a des femmes mieux habillées, mieux faites, plus grandes, plus belles et, surtout, plus intelligentes que moi. Le doute s'installe de nouveau en moi. Pourquoi resterait-il avec moi, alors qu'il y en a des mille fois mieux que moi ? Je ne crois pas un instant qu'il puisse tout simplement aimer qui je suis.

La cohabitation avec papa s'avère moins idyllique que je ne l'avais pensé. Jean ne se sent pas chez lui dans la maison paternelle. Papa ne se sent plus chez lui avec Jean dans la maison. Je devine que la venue des deux bébés inquiète papa. Il n'a plus l'âge d'élever des enfants. Surtout pas deux en même temps ! Nous parlons, Jean et moi, de nous trouver un logement, mais je ne peux pas laisser mon père seul. Je suis déchirée. Entre-temps, Magella s'est mariée, mais comme son mariage n'a pas été consommé, elle envisage de quitter son mari et de demander une annulation au pape. Je lui offre de revenir s'occuper de la maison. Papa hésite, puis finalement accepte. Magella laisse son mari et revient rue Ontario. Il nous reste, à Jean et à moi, à nous trouver un nid. On est en pleine crise du logement. Les soldats revenus au pays ont la priorité. Ça va nous prendre des mois pour dénicher un « deux salons doubles » avec balcon, au troisième étage. De plus, il faut payer une clé symbolique équivalant à six mois de loyer pour obtenir le logement. Ce n'est pas légal, mais si on veut se loger...

Je suis enceinte de six mois quand on emménage rue Sherbrooke Est, coin Frontenac, à cinq minutes de chez mon père. Papa nous achète un mobilier « dans le gros ». Ce sont des meubles canadiens Thibault que l'on retrouve dans les hôtels du Nord. Je suis contente. Il y a entre autres une grande table. Jean y fait ses devoirs le soir avec ses confrères des HEC. Comme les femmes du temps, je tente de me faire des vêtements à la machine à coudre. La « superwoman » fait ses vêtements, ses tentures, ses couvre-lits, habille ses enfants, son mari. Pendant que Jean étudie, je sue sur l'engin infernal. Le fil casse, les coutures sont croches. Je ne comprends pas les patrons. Je dois me rendre à l'évidence : je couds encore plus mal que je ne repasse. Mais je sais faire des bébés, deux du coup ! Mes jumeaux me tiennent l'estime au beau fixe. Les confrères de Jean, tous célibataires, l'envient tout en le plaignant. Je sais qu'ils se sont fait un « pot » pour acheter un cadeau aux jumeaux. L'oreille collée à mon ventre, ils écoutent à tour de rôle les deux cœurs. Je suis fière de moi ! Jean fait contre mauvaise fortune bon cœur. Mais il a des périodes de découragement. Va-t-il être capable de nous faire vivre ? Il est encore aux études. Jean a établi un budget serré, car il va devoir payer le docteur, l'hôpital. Il n'y a pas d'assurance-maladie et un gynécologue coûte cher. C'est ma faute aussi, j'avais juste à ne pas être si féconde ! Pour le moment, on n'a pas l'argent pour acheter les trousseaux des bébés. Il va nous falloir tout en double : berceaux, « carrosses », literie, camisoles, couches en coton, pyjamas et le reste. Il est soucieux et moi aussi. Heureusement, après ses études, il aura le choix des emplois. Il ne parle plus d'être ambassadeur quelque part dans le vaste monde. Je me sens responsable de sa morosité.

Un matin de décembre, le 15, plus précisément, Jean est parti tôt pour l'université. Il est en période d'examens. Une douleur intense au dos me réveille. Je tente de me lever, mais reste pliée en deux. Je tends la main vers le téléphone et appelle au magasin :

— Papa, je sais pas ce que j'ai. J'peux pas me déplier.

— C'est rien. (Papa commence toutes ses phrases par « c'est rien ».) Essaie encore.

— J'essaie, papa, ça veut pas.

— Ben oui, ti-fille, t'es capable.

Papa est tout sauf un catastrophiste. Rien n'est jamais grave, il a toujours la réponse qui dédramatise.

— C'est une crampe, frotte-toi, ça va se passer, salut.

— Papa ! Je vois plus clair ! Papa, je peux pas m'empêcher de faire pipi à terre ! Papaaaaaaaa !

Deux minutes plus tard, il est là !

— C'est rien, c'est rien.

Ce n'est pas rien, je suis en crise d'éclampsie, mais je ne le sais pas. Lui non plus.

Je ne me souviens plus de l'ambulance, ni de mon arrivée à l'hôpital de la Miséricorde auquel mon médecin est rattaché. Je me souviens d'un corridor engorgé de femmes en douleurs. Près de moi, une femme crie comme un cochon qu'on étrangle :

— Je ne veux pas l'avoir, je ne veux pas !

Une autre descend de la civière et se sauve vers l'ascenseur en hurlant :

— Non, non, non !

On la ramène de force et on l'attache sur la civière.

Je me rends compte que je suis à l'étage des salles d'accouchement.

— Je veux voir mon père !

— Pas d'hommes ici, les femmes sont en jaquette de papier.

— Je veux voir mon mari. Où est mon mari ?

— Pas de maris ici, on a assez de troubles comme ça.

Je tente d'expliquer aux infirmières que je ne suis enceinte que de sept mois, que je ne suis pas là pour accoucher, qu'il y a erreur.

— Je suis juste malade, pas sur le point d'accoucher.

Personne ne m'écoute. J'ai l'impression que mon dos va éclater. C'est comme si des mains m'arrachaient les entrailles. Je crie avec les autres femmes. Je me souviendrai toujours de ce concert d'abattoir humain. Pas un instant je ne pense que mes douleurs sont celles de l'enfantement. Je ne suis que de sept mois ! Ça fait trop mal. Je demande qu'on me soulage. Les infirmières ne peuvent rien me faire prendre, il leur faut attendre le docteur et il n'est pas « rejoignable », qu'on me dit. Finalement, après plusieurs heures de souffrances insoutenables, on me donne des médicaments. Je m'endors. Quand je me réveille, je suis dans la salle d'accouchement, le docteur est là.

— Je veux voir Jean.

Le médecin, que je n'ai rencontré qu'une fois, me répète que les hommes sont interdits dans la salle d'accouchement, puis, sans plus d'explications, on m'attache les pieds dans des étriers, les mains à des poignées, et pendant que je crie « Je ne suis que de sept mois », on me met le masque de chloroforme sur le nez. Je me sens violée.

Je me réveille dans une grande chambre de huit lits : huit accouchées du jour. Ce doit être la nuit, il fait noir. Ce que j'entends m'horrifie. Jamais de ma vie je n'ai entendu des femmes parler des hommes avec tant de mépris. Les mots sont crus, précis, aiguisés comme des haches. Un chat est un chat ! J'apprends que les hommes de mes voisines de chambre ne se lavent pas pour faire l'amour. Qu'ils boivent tellement qu'ils ne peuvent pas bander ; et puis ils vomissent partout et ce sont elles qui doivent ramasser les dégâts. Qu'ils lèvent la main et même le poing sur elles dès qu'ils sont contrariés et, surtout, qu'ils ne se soucient pas de leur plaisir, trop occupés par le leur. Je crois faire un cauchemar. Jean n'est pas comme ça.

Je souffre. Les crampes dans le ventre continuent. Je demande à l'infirmière :

— Pourquoi suis-je avec des femmes qui viennent d'accoucher, je ne suis que de sept mois ? Qu'est-ce que j'ai ? Où est mon père ? Où est mon mari ?

L'infirmière me donne une pilule et se sauve sans dire un mot. J'ai peur parmi ces femmes. Je veux papa ! Je veux Jean ! Plus tard, je me réveille dans une chambre à moi toute seule. Il fait jour. Jean est là. Il a l'air triste à mourir. Il m'apprend que je viens d'accoucher de deux petites filles.

— Ça se peut pas, je ne suis que de sept mois.

— Le docteur a provoqué l'accouchement.

— C'est pas possible. Je n'ai pas de layette, pas de berceaux.

— C'est fait, elles sont nées.

Je mets quelques secondes à comprendre. Mes jumeaux sont nés et ce sont des filles.

— Je veux les voir, tout de suite. Qu'on me les apporte. Des filles ! Elles vont s'appeler Marie et Martine. Elles sont belles ?

— Elles pèsent trois livres et demie chacune.

— Je veux les voir.

D'un bond, je m'assois dans le lit, prête à partir vers la pouponnière. La tête me tourne. Je me recouche. Je regarde Jean. Il pleure.

— Qu'est-ce qu'il y a ? Pourquoi tu pleures ?

— Il y en a une de morte !

— Il en reste une, je veux la voir.

— Elle est dans l'incubateur, tu ne peux pas te lever. Demain…

Je ne sais pas que j'ai été entre la vie et la mort et que le docteur a tenu un conseil de famille pour décider si on me sacrifiait moi ou si on risquait la vie des bébés. Le docteur ne pouvait pas prendre cette décision seul. L'éthique du temps conseillait aux médecins de sauver les nouveau-nés d'abord. Jean, selon papa, aurait répondu :

— Des enfants, on en fera d'autres. Je veux garder Janette !

Il venait de me sauver la vie. Je ne me souvenais pas que j'avais été en douleurs pendant trois jours, dans le maudit corridor.

Le lendemain, quand je me réveille, Jean est là, le nez dans un livre de classe. Il est en pleine période d'examens, mais il n'étudie pas. Je le vois à la façon dont il fixe le livre. Papa est là aussi. Il m'a apporté une boîte de chocolats. Je suis indignée. Je n'ai aucun vêtement de bébé et il m'apporte des chocolats. Je lui demande s'il a vu ma fille, si elle est belle.

— Elle est petite.

— Oui, mais est-tu belle ?

— Bien belle.

Je me tourne vers Jean. Il pleure.

Papa pleure.

— Elle est malade ?

Le docteur entre à ce moment-là et c'est lui qui m'apprend, froidement, que la seconde jumelle est morte dans la nuit.

— Je veux la voir.

— Elle est déjà partie, avec sa sœur, pour se faire enterrer avec maman.

Je n'écoute pas la fin, je ferme les yeux. Je m'enfonce dans ma douleur. Je ne suis que douleur, de bord en bord.

Même pas capable de faire des enfants !

Il est à remarquer qu'en quarante ans l'accouchement est passé d'une affaire de femme à une affaire d'homme. L'accouchement gratuit pratiqué par les femmes, voisines ou sages-femmes, est devenu un acte médical payant pratiqué par des docteurs. La médecine, surtout dans les villes, fait du bébé un malade en puissance, et de l'accouchement, un risque. J'aurais aimé qu'une femme m'accouche de mes jumelles. Au moins, j'aurais pu lui prendre les mains.

Je resterai sept jours à l'hôpital à entendre pleurer les bébés de la pouponnière, à voir de ma porte entrouverte la joie des mères qui présentent leur bébé à la parenté. On ne vient pas beaucoup me voir. Que dire à une jeune femme qui vient de perdre ses jumelles ? Un soir que Jean m'a apporté les journaux pour me distraire, je lis en première page de *La Presse* que ma grande amie du couvent, ma seule amie en fait, s'est jetée par la fenêtre de l'hôtel *Lutétia*, à Paris. Elle était enceinte de sept mois ! Je pleure sur elle, sur moi.

Même pas capable de garder une amie !

Je reviendrai à la maison les mains vides, le cœur vide. J'ai avec moi les empreintes des petits pieds de mes jumelles, c'est la preuve que je ne vaux rien. Je fais des montées de lait, que je pompe et jette à la toilette. Mon jus, mon essence, rien de ce qui vient de moi ne sert à rien. Je suis de plus en plus convaincue que Jean ne peut pas rester avec une nullité comme moi. J'épie ses téléphones, ses sorties : je deviens d'une jalousie maladive, c'est le mot. Je voudrais parler de ma peine. Je n'ai personne. Papa tient à sa philosophie : « Si on n'en parle pas, ça n'existe pas. » Jean, éduqué par les jésuites, est stoïque. Il faut dominer ses souffrances, ne pas les étaler. Je ravale mes larmes. Je refoule mes émotions, puis l'orage éclate. Je ne suis plus la petite femme gaie et vive que Jean a épousée.

Je sais aujourd'hui que j'ai fait une dépression circonstancielle. Je fais des crises de larmes incontrôlables. Je m'enferme avec les petits pieds de mes jumelles des heures de temps. Je deviens possessive, beaucoup trop possessive. Je n'ai que Jean : s'il fallait que je le perde, lui aussi… Au bout de quelques mois, il claque la porte. Il me quitte en me jetant :

— Je ne t'aime plus.

La mort vient de passer, encore une fois.

Je supplie papa de lui parler. Je suis prête à tout pour qu'il revienne. La plante grimpante manque d'eau, elle va se dessécher à jamais. Il le rencontre, lui explique que la perte des jumelles a été un dur coup pour moi.

Finalement, Jean revient, mais quelque chose est cassé entre nous, quelque chose que j'essayerai pendant trente-quatre ans de réparer.

Il ne me dira plus jamais qu'il m'aime de son propre chef.

— M'aimes-tu ?

— Ben oui, voyons !

— Dis-moi que tu m'aimes ?

— Bien oui, voyons.

— Je t'aime.

— Moi aussi.

— Dis-moi : je t'aime !

— Bien oui, bien oui, je t'aime, sans ça je serais pas revenu.

Comme on ne parle plus d'amour, on le fait, comme on met un pansement sur une plaie. Je décide alors de tout mettre en œuvre, mais alors tout, pour qu'il m'aime. Je serai la femme la plus... la plus... tout ! Il lui sera impossible de ne pas m'aimer comme avant. Je pars à sa conquête. Si j'ai échoué avec ma mère, avec lui je vais réussir.

Fin février, deux mois après la mort des jumelles, je suis enceinte à nouveau. Ogino *rides again* ! Je me souviens de ma joie. Je souhaite des jumelles pour remplacer celles que j'ai perdues, mais je me contenterai d'un seul enfant, du moment que ce soit une fille. Cette fois-ci, pas de nausées. Je me porte à merveille.

Jean termine ses études en administration avec honneur. Jean est un premier de classe. Dès la fin de son cours primaire, les jésuites l'avaient choisi pour en faire un prêtre. Il a fréquenté gratuitement le collège Saint-Ignace, pépinière de moines, puis, à la fin de sa versification, il a osé avouer qu'il préférait les filles au sacerdoce. Parce qu'il était un sujet brillant, il a pu faire ses deux années de philosophie au collège Brébeuf. Il payait son cours en étant pion à l'étude et aux récréations. Ses deux ans dans un collège de riches vont le marquer à jamais. Sa pauvreté lui est apparue comme une infirmité. Il s'est juré de faire de l'argent, beaucoup d'argent. Il s'était rendu compte que le monde était fait pour les riches. Il découvrait le pouvoir de l'argent. S'il s'est inscrit en administration à l'université, c'est qu'il voyait que les diplômés d'aujourd'hui étaient les riches de demain.

Ses études maintenant terminées, il doit faire un choix : ou il se trouve un emploi en administration, ou il continue sa carrière d'acteur. Il examine de près les propositions d'affaires qu'on lui fait, toutes à l'extérieur de Montréal. Il hésite entre le plaisir et l'argent, et finalement décide de retarder d'un an le travail à plein temps en administration. Il continue à faire de la radio et à fréquenter la bohème montréalaise.

La bohème de l'époque est copiée sur celle de Paris. On vit la nuit. On boit beaucoup. Plein d'acteurs ont des maîtresses, des actrices couchent à droite et à gauche. Il y a des lesbiennes et des homosexuels. Tout ce monde s'invite, se retrouve dans les restaurants à la mode, les clubs de nuit. Jean et moi sommes le petit couple « straight » et nous sommes respectés dans notre choix. C'est la liberté. Tout est occasion de fêter. L'alcool coule à flots. On passe nos nuits à refaire le monde. Moi, j'écoute, béate. J'apprends.

Le camp du lac est devenu celui de nos amis. Ils sont les bienvenus. Je reprends espoir. L'enfant que je porte y contribue pour beaucoup. Cette fois-ci, je me prépare longuement à l'accouchement, mais je change de docteur. Le nouveau est aussi pressé, aussi raide, mais un peu plus tendre. Il m'assure que je ne porte qu'un enfant et qu'il est en bonne santé.

Depuis que Jean a pris la décision de poursuivre sa carrière d'acteur, les offres à la radio affluent. Malheureusement, l'Union des artistes n'en est qu'à ses débuts. Elle a de la difficulté à faire admettre aux employeurs que jouer est un métier sérieux. Ils ne comprennent pas qu'on doive payer des gens pour faire les bouffons tout en s'amusant comme des petits fous. « Les artistes ont du plaisir en jouant, on ne va pas les payer en plus ! » Il faut se souvenir que, dans la religion catholique, le travail est la punition d'Adam et Ève pour avoir mangé la pomme. Il est indécent d'aimer une punition. On ne parle que de dur labeur. Jean, plus fortement marqué que moi par la religion, ne cessera jamais de se plaindre de travailler. Je l'entends encore soupirer en rentrant à la maison. Pauvre lui, il faut qu'il gagne notre vie ! Si je pouvais donc l'aider en gagnant des sous (une femme gagne des sous, un homme fait de l'argent). Malgré mon sens de l'économie, chaque fin de mois est difficile. Jean trouve lourde cette obligation de faire vivre une femme. Il s'inquiète de l'avenir, avec le bébé. Mais qu'est-ce que je pourrais faire pour alléger son fardeau ? Je ne sais même pas taper à la machine. Comment apporter de l'eau au moulin ? Je veux faire de l'argent pour le lui donner, afin qu'il trouve moins pénible de me faire vivre. Je ne demande que deux dollars par semaine pour la nourriture. C'est dire qu'on mange de la saucisse et du steak haché. Heureusement que le dimanche, chez papa, un gros rosbif nous attend.

Pierre Péladeau, avec qui je suis restée en contact, achète le *Journal de Rosemont* et me demande d'y collaborer. J'ai carte blanche. Si mes articles sont bons, ils passeront en première page. Le seul hic : je ne serai pas payée parce que... parce que... Pierre a de si bonnes raisons de ne pas me payer et j'ai tellement envie d'écrire dans un journal que j'accepte. Je ferai enfin du reportage.

Il ne se passe rien à Rosemont. Pas de meurtres, pas d'enlèvements pour titiller Pierre. J'ai ma chance de faire la une quand j'apprends que Louis Jouvet, le grand acteur français, est de passage à Montréal. Ce n'est pas une nouvelle typique de Rosemont, mais Pierre accepte mon idée de fou. Moi, une illustre inconnue, j'interviewerai le grand Louis Jouvet que j'admire depuis que je vais au cinéma.

Je mets ma plus belle robe et me rends au théâtre où il joue *Knock*, de Jules Romains. Je le rencontre dans sa loge. Il est accompagné de sa flamme du moment, Dominique Blanchard, la fille de Pierre Blanchard, un autre grand acteur français que j'admire. Je suis clouée sur place, pas tant par Louis Jouvet que par Dominique. Jamais de ma vie je n'ai vu une telle beauté. Elle a un teint de satin, des cheveux de soie noirs. Elle est ronde et rose, comme une mcIntosh. On veut la croquer. Je décide sur-le-champ que si l'enfant que je porte est une fille, elle va s'appeler Dominique.

J'ai dû poser de bonnes questions à Louis Jouvet, mon article est publié en première page ; et je pense, je n'en suis pas certaine, que j'ai été payée. Je veux gagner des sous pour aider Jean, mais je suis toujours très gênée de recevoir de l'argent pour mon travail. Je n'y ai pas droit, je suis une fille ! Je m'empresse de donner à Jean tout ce que je reçois, comme si l'argent me salissait les mains.

Et puis vient le grand jour. Je ne me souviens pas des douleurs. Tout ce qui compte, c'est l'enfant. C'est une fille ! Elle va s'appeler Dominique. Papa, déçu, me fait :

— C'est pas grave, tu te reprendras.

Pour lui, avoir un gars, c'est assurer la descendance, c'est perpétuer le nom, c'est mettre au monde ce qu'il y a de mieux après Dieu, un homme !

Mais, bon, pour une fille, c'est un beau bébé, calme, souriant, un bébé parfait. Jean, réticent au départ, se laisse séduire par ce sourire édenté. Quand elle entoure son doigt de sa toute petite main, ses convictions philosophiques faiblissent. Lui qui croit que le monde est absurde, lui dont le livre de chevet, *De l'absurdité d'être né*, préconise

175

de ne pas projeter dans un monde absurde de nouvelles victimes, il se laisse prendre au jeu de ce poupon qui fait avec sa salive les plus belles bulles du monde. En quelques mois, elle a fait sa conquête à jamais ! Je flotte dans le bonheur.

Je commence à être invitée à participer à des émissions de radio. Je ne sais pas vraiment pourquoi, mais on m'invite. Je parle, je dis ce que je pense et ça plaît. Jean ne comprend pas trop ce qu'on me trouve et moi encore moins. D'après lui, je suis trop impulsive, je dis trop de choses intimes. Je ris trop. Mon optimisme à toute épreuve est fatigant. Il a raison.

— Fais attention à ce que tu dis. Tu t'es encore mis les pieds dans les plats. Tu parles trop vite. Réfléchis avant de parler.

Le professeur guette les fautes de son élève. Je n'ai jamais, jamais cent pour cent. Je suis contente, ça me permet de corriger mes défauts, de marcher sur la route ardue de la perfection. Je promets de faire mieux la prochaine fois. Je me « dope » à son approbation.

Dominique grandit, c'est un amour d'enfant. Toujours de bonne humeur, intelligente. Si raisonnable ! Son père en est fier. Je respire. J'ai tellement eu peur qu'il ne l'aime pas.

Jean travaille de plus en plus à la radio. Il joue les jeunes premiers, les bandits ou les détectives. Il voudrait jouer au théâtre les grands rôles que se partagent les Jean Gascon et les Jean-Louis Roux, mais il n'arrive pas à prendre l'accent français de France. Les jeunes artistes qui veulent jouer au théâtre dans des pièces françaises doivent adopter cet accent. C'est une obligation.

Il existe bien un théâtre dit populaire, le Théâtre National, mais il est snobé par l'intelligentsia qui le trouve vulgaire. L'élite a besoin d'un portrait embellissant, pas d'un portrait qui nous montre conquis, soumis, nés pour un petit pain. À la radio, la plupart des feuilletons sont des traductions de « soaps » américains, bien souvent traduits par des Français du Québec. Les autres radioromans sont des paysanneries. On est en pleine crise d'identité, comme peuple. On ne s'appelle pas encore des Québécois. On n'a pas encore chanté *Nous sommes québécois*. On ne sait pas qui on est. Quand on ne sait pas qui on est, c'est tentant d'emprunter une identité. Pour certains, ce sera l'anglomanie, dont ma tante Anita est un bon exemple ; pour d'autres, la « francomanie ». On parle, on mange, on chante à la française. Plusieurs artistes sont atteints de cette maladie. Elle s'attrape. Jean rêve de la France, il veut aller s'y ressourcer, plonger dans ses racines.

Pendant que nos acteurs rêvent de la France, des artistes français viennent nous découvrir et planter leur croix. Ils arrivent forts d'une culture existant depuis des siècles et trouvent ici une vie culturelle à peine éclose.

C'est le pactole.

— Chez nous, en France...

Cette petite phrase répétée à satiété est à l'origine de l'expression « maudits Français ». Qui est méritée ! Ils sont plus cultivés, ils ont plus de vocabulaire, ils ont vu plus de théâtre que nous, on le sait, mais ce n'est pas nécessaire de nous le répéter à longueur de journée.

***

Nous voilà en route vers la France sur British Airways. C'est notre premier voyage en avion. C'est un long voyage ! Si long qu'il y a des couchettes à bord avec de vraies couvertures, de vrais oreillers. Notre avion fait escale à Londres, puis repart aussitôt pour Paris.

Paris ! J'ai la tête bourrée de chansonnettes. Je m'attends à voir le Paris de Charles Trenet et d'Yves Montand, les vedettes de l'heure. Je découvre une ville noire, sale, avec des trous de bombe à chaque coin de rue. Les hommes portent des vestons cintrés qui leur donnent un air féminin. Les femmes sont surhabillées, surmaquillées. En comparaison, j'ai l'air de sortir de la campagne. D'ailleurs, dès que j'ouvre la bouche, on s'exclame :

— Ah, vous êtes de la province ?

— Oui, de la province de Québec.

On rit. J'ai dû dire quelque chose de drôle. Je suis à cette époque d'une telle naïveté que j'en suis comique.

J'ai voulu loger à l'hôtel *Lutétia* pour retrouver un peu mon amie du couvent. Je la pleure. Pourquoi s'est-elle enlevé la vie ? J'apprendrai plus tard qu'elle souffrait d'une psychose déclenchée par sa grossesse. Cet hôtel sent la punaise écrasée (je suis connaisseuse !). Les meubles sont abîmés et pleins de poussière. On m'informe que cet hôtel, aujourd'hui fort réputé, servait de quartier général à l'armée allemande d'occupation. Je visite les musées, tous les musées, tous les monuments, tout ce qu'il y a à visiter. En une semaine, moi qui ai de l'oreille, j'ai pris l'accent parisien. Je pars à la découverte de la cuisine française. Je mange carnet à la main. Je note tout ce que je mange et demande aux chefs leurs recettes, ce qui embarrasse beaucoup mon mari. Je découvre Pigalle, ses prostituées, ses boîtes de filles nues. Jean est excité. De retour à l'hôtel, je me mets à pleurer. Je ne sais pas pourquoi je pleure, mais je ne peux pas m'arrêter. Jean me jure qu'il n'a pas de désir pour ces filles. Ça ne me console pas. Je pleure sur moi. Ce que j'offre à mon mari avec tant d'amour, ça se paye, et pas cher en plus. Vingt ans plus tard, ma fille Dominique, rentrant de son premier voyage en France, m'avouera avoir pleuré, elle aussi, à Pigalle.

La crise passée, nous louons une Citroën noire avec marchepieds, et en route pour la province française ! Je sais maintenant ce que « province » signifie. Je me sens bien en France, mais je n'arrive pas à me sentir française. Je m'ennuie affreusement de Dominique et j'ai le plaisir de m'apercevoir que Jean s'ennuie plus que moi encore.

Nous revenons en Amérique sur le paquebot *Île-de-France*. La traversée dure cinq jours, peut-être plus, je ne m'en souviens pas. Elle me paraît durer un mois tant la mer est mauvaise et le mal de cœur, ravageur. Tout le monde est malade, même l'équipage. Couchée à terre sur le pont, je veux débarquer. Les passagers râlent entre deux vomissements. Un soir, on nous traîne de force dans une salle de cinéma où on nous montre un film qui vient juste de sortir à Paris et qui, paraît-il, est un chef-d'œuvre. À la fin de la représentation, les passagers sont outrés.

— Ça, un chef-d'œuvre ? Insipide ! Ennuyant ! Endormant ! Plate !

Tout le monde est d'accord, on s'est payé notre tête. On a voulu rire de nous. Le voyage continue aussi mal qu'il a commencé. Une fois le bateau arrivé à New York, le mal de mer disparaît comme par enchantement. Vite, rentrons à Montréal retrouver notre Dominique. On se jure de ne plus jamais quitter notre fille. On s'est vraiment trop ennuyés d'elle. Un mois plus tard, le fameux film vu sur le bateau est présenté au Cinéma de Paris. On s'empresse de dire à nos amis de ne pas aller voir ce navet, que c'est mauvais, qu'on l'a vu et que ça nous soulevait le cœur, une telle platitude. Ils y sont allés malgré nos dires et… ont aimé ! C'était *Jour de fête*, de Jacques Tati. Nous sommes retournés le voir et avons adoré. Comme quoi la critique est toujours subjective et qu'un mal de cœur peut influencer le jugement des spectateurs les plus avertis.

Même si notre voyage ne nous a pas coûté cher – le franc est au plus bas –, il nous faut regarnir notre compte de banque. Serai-je encore invitée à des émissions ?

Jean me suggère d'écrire des dialogues tendres et comiques entre lesquels on pourrait faire jouer de la musique, pour une émission du matin. Son argument :

— Tant qu'à travailler séparément à la radio, pourquoi ne pas travailler ensemble ? C'est double salaire.

Je suis tout à fait d'accord. D'autant plus que je suis persuadée que, sans lui, je ne peux rien.

— Peut-être que je suis pas capable.

— Si c'est pas bon, je vais te le dire.

Jamais de compliments ! Jean est un homme de son temps. Faire des compliments est considéré par les hommes comme une faiblesse, comme une ouverture dans la carapace, et qui dit ouverture dit possibilité de blessure. On ne remarque que ce qui n'est pas bon, le mieux est tenu pour acquis. Je ne sais pas si c'est dans nos gènes de Québécois issus de Français « critiqueux », ou si ce trait nous vient de l'Église qui avait peur comme de la peste du péché d'orgueil, ou encore si la nature humaine a besoin de cruauté pour survivre, personne ne fait jamais de compliment à personne. Moi, j'ai beaucoup souffert de ne pas être complimentée. J'en souffre encore.

Je concocte donc un projet d'émission que Jean va, seul, proposer à Radio-Canada. Il est accepté. L'émission s'appelle *Déjeuner en musique* et est signée Jean Lajeunesse et Janette Bertrand, même si c'est moi qui écris les sketches. Elle est en ondes le matin, de neuf heures à dix heures, tous les jours. Je suis reconnaissante à Jean d'avoir si bien vendu mon idée. Je ne tique même pas sur son nom devant le mien. Sans lui, je le sais, je n'aurais pas d'émission. Il est impensable qu'une femme puisse proposer une émission à la radio. Et puis, dans notre ménage, c'est Jean, le talentueux. Moi, je suis considérée comme une petite dinde qu'il traîne avec une laisse. Je suis heureuse d'être en laisse, elle ne me blesse pas : elle me guide. Sans laisse, je me perdrais. J'aime ma laisse !

Un scandale international divise les hommes et les femmes : Ingrid Bergman a quitté son mari pour suivre un Italien même pas beau, Roberto Rossellini, et ils ont eu des jumeaux hors mariage ! Elle est bannie du cinéma américain ! Les femmes, au Québec, prennent parti pour l'amour. Les hommes, pour le respect du mariage. Pour la fidélité... des femmes.

Je découvre que je suis enceinte de nouveau. Je me sens coupable. Comment Jean va prendre ça ? Une autre responsabilité ! Mon père est content. Il va avoir son gars ! Moi, je veux une fille, et je veux lui donner le nom de ma nouvelle amie, Isabelle Cloutier.

Les femmes de mon époque n'ont pas d'amies de filles. Elles ont pour amies les femmes des amis du mari. Je n'échappe pas à la règle. Isabelle est la femme d'un ami de Jean, Eugène. L'amitié entre femmes est très mal vue. Que peuvent se dire deux femmes, sinon parler contre les hommes ? Et puis les femmes se déchirent entre elles, se jalousent, médisent les unes des autres, c'est bien connu. Or, avec Isabelle, il n'y a pas de jalousie, ni médisances ni méchancetés. On discute, on dialogue, on communique. Je me souviens de nos grandes promenades rue Sherbrooke. On pousse chacune notre tour le carrosse de Dominique. On parle littérature. Comme des hommes.

C'est à cette époque que je découvre *Le Deuxième Sexe*, de Simone de Beauvoir. Ce livre me bouleverse. La femme est l'égale de l'homme, affirme-t-elle. Cette idée est si saugrenue que j'ai peine à y croire. Les hommes ont peur des femmes, c'est pour cela qu'ils les traitent en inférieures, dit-elle en gros, et elle ajoute que « la passivité est un destin imposé aux femmes par les éducateurs et la société ». Ce qui me trouble, parce que je me reconnais dans cette analyse, c'est que l'amour mystifie les femmes et représente pour elles « une totale démission au profit d'un maître ». Évidemment, les hommes ne sont pas d'accord avec Simone de Beauvoir. L'intelligentsia l'ignore, ce qui constitue la plus grande forme de mépris. Les autres la traitent de lesbienne, de folle, d'hystérique, de mal baisée. Je lis son ouvrage en cachette. Se pourrait-il qu'elle ait raison ?

Je m'aperçois que si je peux discuter littérature avec mon mari, je ne peux discuter de l'égalité des femmes avec lui.

— Les femmes ne sont pas les égales des hommes, voyons donc !

C'est ce qu'il me dit avoir appris pendant toutes ses années chez les jésuites. La femme est le péché, la tentation, c'est un mal nécessaire quand on n'a pas la force de se consacrer à Dieu. Il est persuadé que l'intelligence de l'homme est supérieure à celle de la femme. La preuve :

— Nomme-moi un grand inventeur femme, un grand écrivain femme, un grand peintre femme ?

Je n'ai pas encore lu Virginia Woolf. Je ne sais pas encore que Marie Curie, la femme de Pierre Curie, a découvert le radium avec son mari, et que Camille Claudel a autant de talent que son maître, Rodin. Je ne peux que dire :

— T'as raison.

Il a toujours raison et il le croit encore plus que moi. J'ai une très belle grossesse. Je suis très contente d'être de nouveau enceinte. Jean l'est moins d'être père. Il aime les enfants, mais il ne se voit pas travailler pour nourrir tout ce monde. Ce n'était pas dans ses plans d'avoir une famille. Il se sent attaché, enchaîné. Il me le dit et me le montre. Je me sens coupable d'être si fertile.

En janvier 1951, j'entre à l'hôpital le 18, on doit provoquer l'accouchement le lendemain. Certains médecins provoquent les accouchements pour ne pas être de service les fins de semaine et se réserver des jours de congé. Jean vient me reconduire à l'hôpital à huit heures le soir, me donne rendez-vous pour le lendemain matin. Me jure qu'il sera là, dans la salle d'attente des pères. Ces derniers n'ont pas encore le droit d'assister à l'accouchement. Mon médecin me donne pour raison que les hommes ne doivent pas voir le sexe des femmes en train de donner naissance, ça pourrait les dégoûter. Je le crois. J'ai une belle grande chambre. Je m'installe pour lire le nouveau roman de Roger Lemelin, *Au pied de la pente douce*. Dominique est chez papa. Tout va bien. Je suis assise dans le fauteuil de cuir, je lis, puis tout à coup je sens de l'eau couler de moi. Je m'affole. J'appelle la garde.

— C'est vos eaux. J'appelle le docteur !

Je me revois en train de perdre mes eaux pour mes jumelles. J'ai peur. Je tente d'appeler Jean à la maison, il n'est pas là. J'appelle papa, il n'est pas là non plus. Il est sorti avec Jean, me dit Magella. Elle ne peut pas venir, elle garde Dominique. Je ne veux pas accoucher sans personne que je connais. J'ai peur ! On m'amène à la salle d'accouchement où, seule, encore une fois, j'accoucherai de ma fille Isabelle.

Quel bonheur, deux filles. J'ai enfin mon couple de jumelles ! Mais Isabelle est loin de ressembler à Dominique. Isabelle a le teint brun. Dominique était blanche. Dominique était chauve, Isabelle a tant de cheveux noirs qu'on doit lui faire un « coq » pour lui voir les yeux. Je vais, par la suite, faire une erreur monumentale : je me ferai croire que ces deux petites filles, nées à deux ans d'intervalle, sont mes jumelles. Je vais les habiller pareil, les coiffer pareil. Et même si je n'en parle jamais, moi, dans mon cœur, j'ai la conviction d'avoir retrouvé mes bébés perdus. Je ne verrai pas qu'Isabelle tente d'être autre chose qu'une copie de sa sœur. Elle veut être unique, et prend les moyens pour que je remarque à quel point elle l'est. Elle prend la nuit pour le jour, elle pleure beaucoup. Elle fait des coliques. Tout ça, ce sont des signes pour m'avertir : « Maman, je suis moi, je ne suis pas Dominique. »

Aveuglée de bonheur, je ne vois pas les signes qu'elle m'envoie.

* * *

Je m'enfonce dans mon désir d'être une super-woman. Je veux devenir celle qu'on ne peut pas quitter parce qu'elle est vraiment indispensable. Je veux devenir tellement parfaite que Jean va bien finir par me dire qu'il m'aime.

Je suis à la radio tous les matins et l'après-midi j'écris les textes du lendemain. En même temps, je suis femme de maison et je fais à manger. Les couches de papier n'ont pas été inventées, les petits pots de nourriture pour bébé non plus. Avoir deux enfants en bas âge est déjà un emploi à plein temps. Moi, j'en ai un autre : j'écris et je joue. De plus, cette année-là, on déménage à Rosemont, sur la 16e Avenue, l'appartement de la rue Sherbrooke étant devenu trop petit pour quatre personnes.

Jean, lui, n'écrit pas de textes, il corrige les miens. J'entends encore son crayon tracer des croix sur mes textes :

— Pas plausible ! Pas drôle ! Pas intéressant !

Jamais de compliments, mais j'apprends.

À la fin de la saison, CKAC, le grand compétiteur de Radio-Canada, nous offre de passer à leur antenne. Ça doit être avantageux financièrement puisque Jean accepte. Je me tiens volontairement en dehors des questions d'argent, je ne veux pas savoir combien je gagne. Il me suffit de savoir que je réduis l'angoisse de Jean. Je continue à tendre la main quand j'ai besoin de sous pour mes petites dépenses. Pour ce qui est du reste, c'est Jean qui paye. Je ne mentionne jamais, au grand jamais que je fais de l'argent. J'ai appris ma leçon un jour que nous étions invités chez Lucille Dumont, alors mariée à Jean-Maurice Bailly. Comme elle parlait de s'acheter un manteau de fourrure et que Jean-Maurice s'y opposait, elle avait répondu :

— C'est mon argent, je l'ai gagné, je peux m'acheter ce que je veux.

Jean m'avait avertie :

— Ne me fais jamais ça ! Ton argent, c'est mon argent. Mon argent, c'est ton argent.

Il me précise qu'il ne pourrait supporter une femme qui aurait son argent à elle. Je savais à quoi m'en tenir.

Le nouvel appartement, un deuxième avec escalier extérieur, est plus vaste. Dominique peut se promener dans le corridor. La propriétaire, qui habite au premier, ne tolère pas les petits pieds sur le plancher, même s'ils sont nus. Chaque fois que Dominique court, on entend un coup de manche à balai dans le plafond du dessous. Je vais m'expliquer avec la propriétaire. Elle me dit qu'elle a élevé une grosse famille et qu'elle ne supporte pas les enfants. Étonnant ! Je mets des pantoufles aux pieds de Dominique et l'empêche de courir. C'est intenable. Il nous faut déménager encore.

Le couple que nous formons, Jean et moi, commence à être connu. Comme les petites histoires que je raconte sont des histoires de couples, le public qui se reconnaît en nous nous adopte. C'est la célébrité. On ne fait pas sa popularité soi-même, c'est le public qui rend populaires les gens qu'il aime.

Cet été-là, Jean-Yves Bigras, de l'Office national du film, nous demande de jouer un petit couple d'amoureux dans *La Petite Aurore l'enfant martyre*. C'est, d'après Jean, une histoire quétaine, mais on nous offre trois cents dollars pour les deux. On loue une maison d'été à Repentigny, à trois maisons de celle de Papa, et on s'engage une gardienne. Papa et Magella vont superviser la gardienne. Le tournage commence : la gardienne fout le camp. C'est le bordel ! Certains jours on doit amener les filles sur le plateau. Yvonne Laflamme, la petite Aurore, joue avec elles pendant qu'on tourne. Mon père n'est pas content :

— Moi, ma femme, je la faisais vivre, elle ne travaillait pas !

Mon père est prêt à garder mes filles quand je pars en voyage, mais pas quand je travaille. Il ne comprend pas que je dois gagner de l'argent si je veux garder Jean.

En septembre, nous sommes à CKAC. M. Biondi, le directeur des programmes, insiste pour que l'émission s'appelle *Jean et Janette* :

— Ça va bien ensemble.

Nous sommes si bien payés que nous pouvons penser à nous faire bâtir une petite maison en banlieue, l'endroit idéal pour élever une famille. Je respire. Jean ne pourra pas partir. Une maison, deux enfants, ça ne se quitte pas comme ça. Je tente de me trouver de l'aide à la maison. La mode est aux petites bonnes venant de la campagne. J'en trouve, mais je ne sais pas les garder. Je ne suis pas une bonne patronne. Je suis trop molle, trop désordre. Je ne leur dis pas quoi faire, ne le sachant pas moi-même, alors elles ne font rien. Je n'ai pas le tour !

Même pas bonne à garder une bonne !

Je me retrouve donc avec tout le travail. J'ai l'estime à zéro ! Le déménagement m'achève. Jean n'est pas un homme de maison, il préfère les livres aux travaux ménagers. Heureusement, le nez plongé dans ses bouquins, il ne voit pas les vêtements à repasser et à raccommoder qui s'entassent sur les chaises. Comme papa me blâme de travailler à l'extérieur, je ne peux pas me plaindre à lui, alors je joue la jamais-fatiguée, la pleine-de-pep. Heureusement, mes filles sont des anges. Elles s'amusent ensemble des heures de temps. Elles s'entendent à merveille. J'ai deux filles, deux amours, je suis comblée.

J'aime notre petite maison de Saint-Lambert. C'est une de mes compagnes de classe douée pour la décoration qui l'a peinte de couleurs vibrantes. La toilette est noire, entièrement noire. Jean est daltonien, c'est une chance !

Je ne conduis pas l'auto. (Ma dyslexie m'empêche de distinguer ma gauche de ma droite, l'est de l'ouest, le nord du sud.) Et comme il n'y a pas de service d'autobus pour aller à Montréal, je suis dépendante de Jean. Comme nous avons d'autres activités en dehors de notre émission quotidienne, je l'attends souvent, trop souvent. C'est pour moi un inconvénient majeur ; j'ai si peu de temps libre. Je décide, malgré mon handicap, de suivre des cours de conduite automobile. Je suis recalée.

Même pas capable de conduire un char !

Je trouve enfin Thérèse, une bonne fée qui va m'aider à passer au travers de toutes mes tâches. C'est l'aînée d'une famille nombreuse. Merci, Thérèse !

Mon père est allé à New York où il a vu un phéno-mène extraordinaire qui l'a jeté par terre :

— C'est une boîte avec une vitre. Tu regardes dans la boîte, puis, tout à coup, tu vois apparaître un avion. L'avion s'approche, chose, tu l'as sur le nez. Puis là, ils te montrent le monde dans l'avion. Puis après, il y a une fille qui se met à chanter. Je te dis, ti-fille, c'est magique. Puis là, imagine-toi donc que je me suis vu, moi, dans la petite boîte. Je me reconnaissais pas, je suis pas si gros que ça, mais je me suis gratté le nez, puis le gars s'est gratté le nez. J'ai fait une grimace, c'était moi ! C'était pas un portrait de moi, ça bougeait quand je bougeais. J'ai crié : « J. A. Bertrand, Canada ! » Je me suis entendu. Je te dis, ça parle au diable, cette patente-là. Mais c'est aux États, ils ont des affaires qu'on a pas. Pas de danger que ça vienne icitte.

À ce moment-là, Fernand Seguin, qui écrit un film pour promouvoir l'électrification rurale, nous demande, à Jean et à moi, de jouer un jeune couple de fermiers qui voudrait bien que le père du mari, le comédien Ovila Légaré, fasse installer l'électricité dans sa ferme. On est, ne l'oublions pas, dans les années cinquante, et les fermes n'ont pas encore été électrifiées. Moi, fille de la ville, j'ai de la misère à croire que la vie des femmes de la campagne soit si en retard sur le progrès. Fernand me passe sa documentation et j'apprends – comme j'aime le mot « apprendre », que de trésors il cache – que l'agriculture est encore artisanale et la main-d'œuvre, familiale. Le père de famille compte sur sa femme et ses enfants pour faire fructifier sa terre. J'apprends que la femme est considérée comme une bête de somme, qu'elle travaille autant que son mari, mais que son travail n'est pas reconnu. Pourtant, les articles dans les journaux ne cessent de mettre en valeur les joies de la vie champêtre. On nous présente la femme comme la reine du foyer, trônant à table. La cuisine, bien sûr, est son royaume. On oublie de nous dire que c'est elle qui a nourri le poulet qu'elle sert, qui a extrait de la vache le lait que boit sa famille, qui a cultivé les légumes, les a mis en conserve pour l'hiver. C'est elle qui coud les vêtements de la famille, qui élève les enfants, s'occupe du mari, et le jour et la nuit, et tout ça sans être rémunérée. Reine ou esclave ?

Chaque semaine dans le supplément de *La Presse*, un monseigneur se fait photographier avec la famille nombreuse du mois, quatorze, quinze, dix-neuf enfants, quand ce n'est pas vingt et un. C'est bucolique, romantique, un idéal à atteindre. Sur la photo, l'homme est fier, la femme, en retrait, a l'air fatiguée : on le serait à moins. C'est vraiment la double tâche ! Je ne comprends pas que le travail de la femme à la ferme soit tenu pour acquis. Ça me choque ! Pourtant, tout le monde sait que, sans femme, un cultivateur n'arrive pas. La preuve : dès qu'un cultivateur devient veuf, le village entier s'organise pour lui trouver au plus vite une femme puisque : pas de femme, pas de ferme. Or personne ne parle du rôle de la femme sur la ferme. Comme si cela allait de soi. Les femmes ne se plaignent pas. C'est leur sort de subir sans se plaindre. Si, comme peuple, nous sommes nés pour un petit pain, les femmes sont nées pour quoi ? Pour des miettes ! Pourquoi, en m'enseignant l'histoire de mon pays, ne m'a-t-on parlé que de nos défricheurs et pas de leurs femmes ? Pourquoi avoir parlé de nos grands aventuriers, nos grands trappeurs et pas de leurs femmes ? Où sont les femmes dans nos livres d'histoire ?

Je me penche sur le sort des agricultrices et n'en reviens pas. Les femmes sont si occupées à leurs multiples travaux qu'elles sont tenues loin de la civilisation ; pas de journaux, pas de radio. Il semble que le principe colonisateur perdure. Plus on maintient le peuple dans l'ignorance, moins il se révolte. Les femmes n'ont pas le temps de lire ! Elles n'ont souvent que le catalogue d'Eaton ou de Dupuis Frères pour rêver. Les appareils destinés à soulager le travail des femmes arrivent avec beaucoup de retard à la ferme. C'est ainsi qu'en 1953 il faut faire un film pour inciter les cultivateurs à électrifier leur ferme. Il ne faut pas s'étonner, alors, que plusieurs familles veuillent aller vivre en ville où tout semble plus facile. Pensez-y : on chauffe encore au bois, on s'éclaire à la lampe à huile, on baratte encore le beurre à la main. Pourquoi ce retard ? Parce que l'électrification rurale, qui serait si utile aux femmes, est considérée comme dangereuse pour leur âme par les autorités civiles et religieuses. La ville est source de tentations. Il faut garder les familles sur les terres ! Cette peur de la désertion vers la ville est à l'origine d'une organisation destinée à ses débuts à attacher la femme à son foyer, les fils à la terre et les filles à la paroisse : les Cercles de Fermières. Pendant le tournage du film, les femmes des cultivateurs me confient leur écœurement. Elles veulent que soit reconnu leur rôle de collaboratrice du mari. Elles veulent bien partager les tâches de la ferme, mais aussi la reconnaissance et l'argent. La lutte commence pour les femmes de cultivateur. Elle sera longue.

Mon père se trompait : en 1952, la télévision débarque chez nous.

Au début, l'appareil de télé coûte très cher. Peu de gens ont les moyens de se l'offrir. Le clergé n'est pas content. Il a su ou vu que des danseuses de ballet y évoluent en collant-qu'on-voit-tout, et que les danseurs exhibent leur appareil génital au nez de tout un chacun. Un scandale ! Voilà d'où viendra la perdition !

Les artistes de la radio ont peur : la télévision va-t-elle leur enlever leur gagne-pain ? Les acteurs et actrices qui n'ont qu'une belle voix et peu d'attraits physiques craignent pour leur avenir. Les intellectuels prédisent que ce moyen de communication de masse va abrutir le peuple. Ils refusent d'acheter cet engin niveleur de classes sociales.

Moi, je suis fascinée par la télévision. Je me meurs de posséder cette boîte magique. Curieuse, je suis très attirée par ce qui est nouveau, mais on n'a pas les moyens de s'offrir ce luxe de riche. Un appareil coûte mille dollars, presque le prix d'une automobile. Il faut dire que la télévision est toujours encastrée dans un meuble comprenant également la radio et le gramophone, un meuble en bois précieux, sculpté, ouvragé, verni.

Je me contente donc comme tout le monde de regarder la télévision dans la vitrine d'un marchand de meubles. Papa a raison : ça parle au diable ! Quand on a la chance d'avoir des parents ou des amis ayant les moyens de posséder un appareil, on fait des bassesses pour se faire inviter chez eux. S'ils ont le malheur de dire « Viens donc regarder la T.V. », on s'amène avec sa chaise, pour passer une soirée de rêve. La maîtresse de maison sort les « peanuts », la « liqueur », le sucre à la crème, quand ce n'est pas les sandwiches. C'est la fête ! On s'installe. Personne ne parle. On regarde tout, même le « Sauvage » qui a l'air d'être là pour compter le nombre de téléspectateurs. Le lendemain, on envoie des chocolats Laura Secord ou des fleurs pour remercier ses hôtes d'avoir passé une si belle soirée. Le lendemain, aussi, tout le monde parle des programmes de la veille. C'est la nouvelle messe. Les amis intellectuels de mon mari, qui se cachent pour regarder la télévision, sont inquiets. Ils ont peur de l'influence d'une telle machine. Ils parlent de la fin du livre, du théâtre, de la radio, de la famille, de la fin du monde :

— On ne se parlera plus ! (Comme si on se parlait avant.)

— On n'élèvera plus les enfants. (Au moins on sait où ils sont.)

— On va perdre son temps. (Comme si se bercer sur la galerie, c'était pas perdre son temps.)

— On va abêtir le peuple. (C'est l'ignorance qui rend bête, pas la connaissance.)

Les premières émissions sont guindées, maladroites, et, surtout, elles nous rappellent, à nous francophones, que nous habitons un pays où l'on parle deux langues, même si les anglophones parlant français se comptent sur les doigts d'une main, et les francophones parlant anglais, sur les doigts de dix mains. La CBC, comme on appelle Radio-Canada, pense servir l'unité nationale en diffusant des émissions bilingues. Notre différence nous saute en pleine face ! Le bilinguisme à la télé ne durera pas un an. Le Québec va inventer une télévision unique, originale, bien à lui.

Les premiers réalisateurs sont des metteurs en scène de théâtre. Les premiers auteurs sont des auteurs de livres et de pièces de théâtre. Les techniciens inventent, il n'y a aucune école. Ce sont tous ces artisans qui bâtiront, à partir de rien, notre télévision.

Jean et moi pensons que la télévision n'est pas pour nous. Elle est pompeuse, élitiste. On veut y éduquer le peuple, lui donner de la culture.

— Assoyez-vous, peuple, nous, de l'intelligentsia, nous qui savons tout, nous allons vous dire ce qui est beau et bon !

La masse a droit à la musique classique, à « la mort du cygne » ; les pièces du répertoire français sont favorisées. Le monde ordinaire admire sans se reconnaître. C'est maintenant évident : il existe deux classes sociales au Québec, les instruits et les autres.

Mais en septembre 1953, une émission va rejoindre le monde ordinaire : *La Famille Plouffe.*

Roger Lemelin, auteur de livres à succès et de radio-romans, transporte sa famille Plouffe au petit écran. Il invente ce qui fera la distinction et la gloire de notre télévision : les téléromans. On entre pour la première fois dans l'intimité d'une famille ordinaire de Québec. On partage l'espoir de Guillaume de se sortir de la pauvreté et de l'anonymat en devenant champion de baseball. On se reconnaît dans maman Plouffe (Amanda Alarie), mère avant tout et tenant à deux mains le pouvoir qu'elle exerce sur son mari et ses enfants. On se reconnaît dans le père (Paul Guèvremont), le bon diable silencieux, pas instruit, faible et mou, dépassé par les événements. Cécile Plouffe (Denise Pelletier) pourrait être ma tante, ma cousine, une vieille fille acariâtre parce que privée d'amour. Jean-Louis Roux incarne à la perfection Ovide, le petit gars brillant que les prêtres sortent de son milieu et transforment en un être étriqué. Enfin, Roger Lemelin nous renvoie une image si juste de nous qu'on adopte la famille Plouffe comme si c'était notre parenté. On ne veut pas manquer leur visite. Le mercredi soir, les rues se vident, les bingos n'ouvrent pas leurs portes, faute de joueurs, les retraites fermées ferment, faute de pénitents. On est tous devant la télévision à se regarder s'haïr et s'aimer. Autrefois, des penseurs nous disaient qui on était, là on le voit ! C'est ça, nous autres ! Bien sûr, les snobs parlent de misérabilisme, de complaisance dans l'ignorance, de détérioration de la langue, de voyeurisme. Ce n'est pas du Racine, c'est du Roger Lemelin ! Roger Lemelin est snobé parce que c'est un self-made-man. Il n'a pas fait son cours classique, donc il ne peut pas avoir de talent. Le public, lui, s'endette pour se procurer son miroir. Se regarder vivre passe avant l'auto ou la moissonneuse. Dans une province en mal d'identité, une thérapie collective est plus que bienvenue. Les gens ne font pas que se regarder, ils se reconnaissent, ils apprennent qu'il y en a d'autres comme eux. Le téléroman devient notre référence, notre école de vie.

Parmi les idéateurs de Radio-Canada, il y a un de nos fans : Pierre Pétel. C'est un jeune père de famille, poète, chansonnier, amoureux fou de sa femme. Il rêve de porter au petit écran nos histoires de couples. Il nous le propose. La télévision, je ne connais pas ça. À la radio, on ne me voit pas. À la télévision… ! Je ne suis pas assez belle, pas assez mince, pas assez grande, et j'ai l'accent de la rue Frontenac… Et mon argument final :

— On est bien à la radio, pourquoi changer ? Un tiens vaut mieux que deux tu l'auras.

Pierre Pétel insiste. Nous aurions un contrat de cinquante-deux semaines, une année complète, quinze minutes par semaine. Nous serions auteurs et interprètes. Nous aurions carte blanche quant au contenu et au choix des comédiens. Évidemment, comme chaque fois, c'est Jean qui négocie et les conditions de travail et les conditions financières. Je n'assiste même pas aux discussions. Comment dire à Pierre que c'est moi qui écris les textes et que j'ai peur de ne pas être capable de trouver cinquante-deux sujets drôles et passionnants pour le public ? Je demande à Jean un temps de réflexion.

— T'es capable, voyons donc !

Comme l'âne que l'on fait avancer en lui présentant une carotte, j'accepte.

Pour se lancer dans cette aventure, il nous faut quitter la radio. On se présente au bureau de Phil Lalonde, grand patron de CKAC, pour lui faire part de l'offre qu'on a eue.

— Pauvres enfants ! Pensez-vous vraiment que le monde va s'asseoir devant une petite boîte carrée tous les soirs que le bon Dieu amène ? Ça « pognera » pas, la télévision !

Jean signe le contrat. Ça se passe entre hommes. Je ne veux pas savoir combien je gagne, je veux juste savoir si Jean est content, si ça lui enlève un fardeau des épaules.

Cette aventure de la télévision me fait terriblement peur. Je sais que je ne suis pas une comédienne comme Monique Miller, Janine Sutto ou Béatrice Picard. Elles, ce sont des vraies ! Elles, elles personnifient des personnages, moi, je ne sais qu'être moi-même. De plus, j'ai de la misère avec ma mémoire. Je ne fais pas que mêler les lettres quand j'écris, je déparle des fois (toujours la dyslexie). Malgré tout je me mets à écrire. Et Jean se met à me corriger à coups de blâmes. L'émission commence en septembre.

En juillet, les cris de Jean me réveillent. Il est dans les toilettes et se tord de douleur. Je ne sais pas ce qu'il a, mais ça fait mal. J'appelle l'ambulance. On se retrouve à l'hôpital Notre-Dame. Il tente de passer une pierre aux

reins. Je reste avec lui toute la nuit. Quand il a une douleur, je lui tends mes mains et mes bras à tordre. Je ne
peux m'empêcher de penser à l'accouchement de mes
jumelles. Comment se fait-il qu'on me permette de rester
avec Jean et qu'on ne lui ait pas permis, à lui ou à papa,
de me tenir la main ? Ce n'est pas juste ! Ça me choque !
Au petit matin, comme il n'a pu passer sa pierre, on va la
lui enlever par les voies naturelles. Je n'ai pas à m'en faire,
c'est une affaire de rien, dit le docteur, en me renvoyant
à la maison. Je retourne écrire en me jurant de parler de
la douleur des hommes… tellement plus forte que celle
des femmes !

Au retour de Jean de l'hôpital, une complication
s'ajoute à ses malheurs : un abcès aux testicules ! Il a
le scrotum gros comme un pamplemousse. Pour un
homme qui se dit cérébral, c'est la honte. Il doit se promener en supportant le fruit de ses deux mains. Après
une semaine de souffrances, le docteur crève l'abcès, à
froid. J'entends encore le cri de Jean. Je me vois, aussi,
projetée sur le tapis : je lui tenais les mains pour l'empêcher d'étriper le médecin. J'espère qu'il va aller mieux
pour le début de l'émission.

Je travaille fort : le mois de septembre arrive et je
veux avoir une quinzaine de textes d'avance. J'écris. Jean
ne me corrige plus. Je suis dans le doute. Est-ce bon ? J'ai
besoin de son approbation pour travailler. Moi, seule,
je ne peux pas me juger. Je me trouve toujours pourrie.

Depuis sa maladie, il n'est plus le même. Il dort le
jour, marche de long en large la nuit. Entre-temps, on
m'a offert une émission à la radio le jour. Je ne conduis
pas, je vis à Saint-Lambert et il n'y a pas de transport en
commun. Je prends donc des taxis. Ça coûte une fortune. Le soir, de retour à la maison, je m'acharne à faire
manger Jean. Il ne veut rien, n'aime rien. Il ne mange pas.
Papa, venu me remplacer auprès de lui, me dit :

— Viens-t'en à la maison, il est viré fou.

Je ne sais pas quoi faire parce que je ne sais pas ce qu'il a. Il reste dans la noirceur, ne veut pas voir ses filles. Rien ne l'intéresse. Il ne lit même pas ! Je prends rendez-vous avec Fernand Seguin pour lui parler de ce qui se passe chez nous. Fernand Seguin est l'être le plus intelligent que je connaisse. Il sait tout sur tout. J'ai une totale confiance en lui. Je pense qu'il m'aime bien. En tout cas, je bois ses paroles, je m'intéresse passionné- ment à tout ce qu'il dit. Ça doit lui plaire. Je sais qu'il ne me considère pas comme un interlocuteur valable, mais je suis une élève attentive et c'est un professeur-né : on est faits pour s'entendre. Je lui raconte l'évolution de la maladie de Jean et lui, qui est biochimiste, me dit que Jean a une peur bleue de passer de la radio à la télévision et qu'il fuit cette responsabilité dans la dépression. Il me promet de s'en occuper. La dépression, affirme-t-il, va durer huit semaines. Jean va régresser jusqu'à l'état de bébé, et puis… et puis après il va remonter la côte et s'en sortir.

Il a vu juste ! Deux mois plus tard, Jean, amaigri, fragile, sortait de sa torpeur pour commencer *Toi et Moi* à Radio-Canada. J'avais tenu le fort pendant tout l'été ; j'avais travaillé tous les jours à la radio pour que l'argent rentre, je l'avais fait manger à la cuillère, je l'avais lavé comme un bébé. J'avais pris soin, avec Thérèse, que les filles ne s'aperçoivent de rien. « Papa est malade, il ne faut pas le déranger. » J'avais peu dormi. Il me réveillait toutes les nuits, malade d'angoisse.

— Parle-moi.

Je lui parlais jusqu'à ce qu'il se rendorme.

J'avais caché à tout le monde l'état de Jean, surtout aux gens de Radio-Canada. J'avais fait tout ça, mais tout ce que je ressentais, c'était de la culpabilité. « Si j'avais pas insisté pour qu'on se marie, aussi… »

Toi et Moi voit le jour malgré tout. L'émission est un succès dès les premiers mois. J'y exploite la vie de couple, mais aussi les relations avec les beaux-parents. Michel Noël et Olivette Thibault jouent le rôle de mes parents. On est en direct. On joue comme au théâtre. Pas d'arrêt pour se changer, pas moyen de se reprendre si on se trompe. Je ne suis pas très bonne actrice et les grands metteurs en scène appelés à diriger *Toi et Moi* ne se privent pas pour me crier par la tête que je suis pourrie. C'est l'époque du terrorisme des réalisateurs. Ils ont du pouvoir et l'exercent avec les plus faibles qu'eux. Pas tous, mais plusieurs ! Je remarque qu'ils parlent doucement à Jean, qui en impose avec sa grosse voix et ses six pieds deux pouces, mais sacrent après moi. Je ne sais pas me défendre. Je ne sais que pleurer. Ça m'humilie de pleurer devant eux, mais mes larmes sortent d'elles-mêmes comme propulsées d'un puits inépuisable de doutes.

La même année, un téléroman écrit par une femme fait son apparition sur les ondes de Radio-Canada. *Le Survenant*, tiré d'un roman de Germaine Guèvremont, remporte un immense succès. C'est un miroir nostalgique de notre passé. C'est aussi une belle histoire d'amour impossible dont Jean Coutu est la vedette. Jean Coutu est beau, grand, charmeur : une vraie vedette de Hollywood. Il fera rêver toutes les jeunes filles.

Mon mari ne parle plus de ses rêves de voyages, de carrière diplomatique. En a-t-il fait le deuil ? Jean, qui est grand parleur quand il s'agit de discourir sur la philosophie ou la politique étrangère, ne parle pas de ses émotions. Il est allé à bonne école. Parler de ce qu'on ressent en dedans, c'est féminin, c'est une tare. Je fais tout en mon pouvoir pour qu'il soit heureux. Je l'englue dans l'amour et le succès. Il se sentira pris au piège et me le dira souvent.

Le travail continue. Jean me corrige à tour de bras. Je tique un peu quand on le félicite du texte qu'il a écrit, mais c'est ainsi, je ne peux rien y changer pour le moment. J'accepte que ma place soit au-dessous de lui. Je le pense plus intelligent que moi, et sans lui je n'aurais pas de travail. Germaine Guèvremont a dû faire ses preuves en écrivant un livre. Moi, je ne suis rien.

Il n'existe pas de femmes réalisatrices. Les femmes sont « script-assistantes », en dessous, elles aussi. Ce qui me révolte, c'est que les scriptes font souvent tout le travail des hommes. J'ai connu de nombreux réalisateurs qui partaient dîner à midi et revenaient à trois heures, engourdis par les apéritifs, le vin et les digestifs (on buvait beaucoup à cette époque). Qui réalisait les émissions ? Les scriptes ! J'ai vu de mes yeux vu un réalisateur dormir pendant l'enregistrement de son émission. La scripte était là ! Il ne faut pas s'étonner qu'après les premières vagues de réalisateurs les scriptes soient devenues réalisatrices : elles connaissaient le métier.

La première année de *Toi et Moi* prend fin. On nous demande pour une autre année. Je suis heureuse, Jean est heureux. Tout va bien. Les filles sont des amours, elles jouent ensemble, ne s'ennuient jamais, elles sont faciles à vivre. On les emmène partout, elles sont bien partout. On est jeunes, on a de la patience. Jean, s'il ne partage pas les tâches ménagères, joue avec les filles, en prend soin. Moi, je veux compenser le temps passé loin d'elles en étant deux fois là quand j'y suis. Je m'arrange pour écrire quand elles sont couchées de façon à ce qu'elles ne s'aperçoivent pas que je travaille.

Une femme qui travaille est encore très mal vue, et par les hommes et par les femmes. Mon père pense encore que je néglige ma famille et me fait la tête. Mes amies évitent de me parler de ce que je fais. Moi, je suis très heureuse de travailler avec mon mari. Lui a des moments d'étouffement et ressent alors un urgent besoin de fuir. Il part s'enfermer à la trappe d'Oka ou va à New York avec des copains.

— Un homme a besoin d'être seul, des fois ! Un homme a besoin d'air. De prendre un « break ».

J'ai de la difficulté à comprendre ce besoin. Est-ce qu'on représente un tel poids qu'il doive se sauver de nous ? Moi je ne ressens pas le besoin de tout lâcher pour une semaine. Je me sens coupable d'exister. Je me sens coupable de lui avoir donné des enfants. Je me sens coupable de ne pas le rendre heureux.

Un soir que Jean est à New York et que je suis seule avec les enfants, un monsieur sonne à la porte. Cet homme (appelons-le monsieur X) est le directeur au Québec d'une grosse compagnie de savon commanditaire de radioromans. Je le connais, je l'ai rencontré avec Jean à quelques reprises. Il m'avait proposé d'écrire un radioroman. J'ai déjà écrit le synopsis de la série et quelques demi-heures. Ce soir-là, les filles sont couchées, ma Thérèse n'est plus avec moi, elle est entrée chez les religieuses. Polie mais surprise, je le fais entrer dans la maison. Il enlève son chapeau. C'est un petit homme chauve, maigre comme un clou, dans la cinquantaine. Il sent le pouvoir à plein nez. Il m'explique qu'il veut réviser les textes avec moi. Je l'amène au bureau de Jean ; moi, je n'ai pas de bureau, j'écris sur la table de la salle à manger. Je n'aime pas me corriger sans Jean, alors je le préviens :

— Jean n'est pas là.

— Je sais.

— Ah !

— Il est à New York avec des amis de gars... qu'il dit !

— Oui, avec ses amis des Hautes Études.

— Et vous le croyez ?

— Oui, je le crois.

— C'est pas prudent de laisser sa jolie femme seule...

Ah non! pas lui aussi! Je veux très fort cette série, alors je m'assois. Il continue à me parler de l'émission. Je me sens capable de l'écrire en même temps que *Toi et Moi*. Et si jamais *Toi et Moi* devait disparaître des ondes, il me resterait la radio. J'essaie de lui expliquer comment j'envisage la série. De nouveaux quartiers se développent en périphérie de Montréal, garnis de bungalows tous pareils. On y fait pousser le même gazon, les mêmes haies. J'aimerais parler des familles qui s'y installent pour vivre comme les autres, une même vie. Ce serait nouveau et original.

Il me prend un sein. Me dit qu'il ne tient qu'à moi que j'obtienne le contrat.

Je le repousse. Je prends son chapeau et le lui mets sur la tête et, sans un mot, lui désigne la porte. Il sort, traverse la rue, monte dans sa grosse auto et démarre. Je viens de perdre deux, trois, quatre ans de travail.

Je joins Jean à New York et lui raconte l'incident. Il pense me consoler en me disant:

— Si j'avais été là, ça ne se serait pas passé de même.

Ce qui me prouve, encore une fois, que, seule, je ne suis que des seins. Je n'ai bien sûr pas eu la série. C'est un homme qui l'a obtenue.

En 1954, l'écrivaine Colette meurt. J'ai de la peine comme si c'était une amie. J'ai lu tous ses ouvrages et je me reconnais un peu en elle. Elle a eu Willy. J'ai Jean. Comme elle, je suis bûcheuse, persévérante, passionnée et j'ai, comme elle, une faculté d'émerveillement à toute épreuve. Hélas, je n'ai pas son talent. Je suis persuadée que si Colette avait été un homme, elle aurait été reconnue comme le plus grand écrivain de tous les temps. Colette, ma sœur, est mon idole et le restera toute ma vie. J'achète toutes les biographies portant sur elle pour la connaître et l'aimer encore plus.

À CKAC je rencontre le jeune réalisateur Claude Barnwell, un homme d'une grande beauté, d'une élégance comme je n'en avais jamais vu. Il a une femme superbe, une déesse intelligente, chaleureuse et très cultivée. On l'appelle Clairon. Elle devient mon amie-mère (elle l'est encore). J'assisterai au baptême d'une de ses filles, la dernière de cinq, toutes des beautés, elles aussi. Moi qui doute tant de mes capacités intellectuelles, elle me dira un soir, devant nos amis :

— C'est très intelligent, ce que tu dis là !

Je ne la crois pas, mais c'est la première femme qui me dit que je suis intelligente. Ça me remonte dans mon estime. C'est à cette phrase-là que, toute ma vie, je m'accrocherai quand je me sentirai moins que rien. Merci, Clairon !

Nous recevons beaucoup. Je suis une essayeuse de recettes. Mon plaisir, c'est de jongler avec les ingrédients. De défier les mesures. Pour moi, l'art culinaire est justement ça, un art, et qui dit art dit création, et non pas copie. Je suis en compétition hebdomadaire avec Fernand Seguin qui, lui, croit dur comme fer que la cuisine est chimie pure. Chaque semaine, l'un reçoit l'autre. Nous nous lançons dans la grande cuisine française. Moi, j'ai le *Larousse culinaire*, lui, le *Carême* (du nom du célèbre cuisinier français du début du XIXe siècle, Antonin Carême), l'ancêtre des livres de recettes. Il suit les recettes à la virgule. Je saute des ingrédients, en remplace certains par d'autres, prends des raccourcis. Pour lui, orgueilleux, rater un plat est une catastrophe. Moi, j'apprends de mes erreurs. On discute. Fernand Seguin daigne parler avec moi... de cuisine, mais c'est toujours ça.

Un jour de festin – est-ce que j'avais bu trop de vin ? sans doute –, j'ose dire à mon mari :

— Tu n'as pas raison. Moi, je pense…

Jean se fige, raide, me fait des yeux à me changer en statue de sel. Oups, je viens de dépasser mes prérogatives. Ce soir-là, sur le chemin du retour à la maison, Jean, en colère, m'a jeté :

— Ne me contredis pas devant le monde. Jamais !

Jean n'est pas un monstre. Il est un homme de son temps. À cette époque de grande noirceur, l'homme a le monopole des idées. La femme est là pour approuver ce qu'il dit, rire de ses farces, aimer ce qu'il aime, détester ce qu'il déteste. Ça ne veut pas dire qu'elle ne donne pas son opinion, mais quand elle le fait, c'est dans le privé, « en dessous des couvartes », comme dit mon père. Dans les soirées entre amis, les femmes, dans la cuisine, parlent entre elles des enfants, du ménage et de la mode. Les hommes, au salon, règlent le sort du monde. Moi, je m'oppose à cette ségrégation. Je déteste être reléguée à la cuisine pour parler juste entre femmes. Je suis pour l'échange d'opinions entre hommes et femmes, pour l'égalité.

« Allez jaser, les femmes ! » se fait-on dire. Le mot « jaser » me met en soda à pâte (j'ai le juron culinaire). Les hommes parlent, nous, on jase ! Je trouve qu'il y a autant de conversations intelligentes entre filles qu'entre gars, et autant d'insipides. Je suis un être humain, pas juste une fille ! Je me demande pourquoi les autres femmes trouvent normal, naturel d'être reléguées à la cuisine. Pourquoi est-ce que je veux être dans le salon avec les hommes ? Ça doit s'expliquer par l'envie du pénis dont parle Freud. Je lis le célèbre psychiatre et trouve qu'il ne comprend rien aux femmes. « C'est un continent noir », dit-il. Je n'ai pas de mal à le croire.

***

On continue notre série *Toi et Moi* (elle durera six ans). Je prends de l'expérience. Réalisateurs, caméramans, tous nous inventons, prenons des risques : nous créons la télévision. Le direct nous projette dans des aventures rocambolesques.

Un jour, Michel Noël joue une scène où il doit se coucher sur un lit de camp. Il se jette sur le lit qui s'écrase sous lui. Il n'est plus capable de se relever. Il invente une réplique pour arranger les choses :

— Ah ! je souffre, je souffre !

Jean s'approche pour le tirer de là afin que la scène continue. Jean le regarde d'un air si fâché que Michel pouffe de rire. Il a le rire contagieux. On se met tous à rire. Même Jean. Michel, pensant sauver la scène, ajoute :

— Je ris dans ma douleur !

On ne rit plus, on se gondole. Il a fallu mettre fin à l'émission, faute d'acteurs, tous crampés dans le studio. Le lendemain, le directeur des programmes nous semonce :

— Vous devez savoir retenir vos fous rires ! Ça fait partie du métier ! Vous n'êtes pas professionnels.

On promet de ne pas recommencer, mais on recommencera.

Dans une émission en direct, les changements de costume se font *on camera*. Des fois, j'ai quatre changements de costume en quinze minutes. Pendant que la caméra isole mon visage, des costumiers, hommes et femmes, me déshabillent et me rhabillent de la tête aux pieds. En dix secondes ! Ma pudeur en prend pour son rhume ! Il m'est arrivé de jouer avec une robe chemisier qu'on avait oublié de boutonner. On voyait mon soutien-gorge et ma petite culotte. Les acteurs avaient beau me faire des signes, je ne comprenais pas. Quand je me suis aperçue que j'étais indécente, j'ai continué à jouer tout en essayant de me reboutonner et je me suis boutonnée en jalouse (tout croche). Je n'ai pas dû être très bonne cette fois-là. J'ai développé une philosophie pour ne pas m'en faire avec mon indécence ; je me dis : je suis obligée de me déshabiller, tant mieux pour ceux qui regardent ! J'ai joué avec des souliers de couleurs différentes et… avec une aiguille de sapin dans l'œil. Pas question d'arrêter, il faut continuer. Les erreurs de mémoire me rendent folle. Je me vois, quand je sautais une page, essayer de la rattraper. Me décourager, inventer du texte. Je voyais les yeux de mon mari se durcir, me transpercer de reproches. Je paniquais. Je revenais au refrain de ma vie : je ne vaux rien, je ne suis pas bonne. Bien souvent, en revenant à Saint-Lambert, je pleure. Mais il faut gagner de l'argent.

Le public regarde de plus en plus la télévision. Regarder « d'un Sauvage à l'autre » est une expression courante. Il y a un grand engouement, plus, une passion dévorante pour le petit écran. Le public ne sait pas que le nouveau veau d'or est en fait une bombe à retardement. Rien n'est plus pareil ! Le Canadien français, jour après jour, se regarde en train de s'exprimer dans sa langue et s'aperçoit qu'il n'est pas aussi arriéré qu'on lui a fait croire. Mon père dit :

— Coudonc, on est pas si pires que ça pour des ignorants !

Cette nouvelle fierté est le signe évident que le règne de Duplessis achève. Celui de la religion aussi. La télévision est devenue une autre religion, avec ses rituels, ses icônes, une autre sorte de saints, avec des bâtons de hockey à la main à la place d'auréoles sur la tête.

Mon père appelle la télé son université. Lui qui n'a pas étudié beaucoup, qui n'a lu qu'un seul livre, qui ne sait rien de la géographie et de la politique étrangère, il est rivé sur *Point de mire*, avec René Lévesque comme vulgarisateur de génie. Mon père, qui serait du genre à aller à Miami, se met à planifier un voyage au pays de ses ancêtres, la France. Il a soif d'apprendre.

Regarde-t-il sa fille Janette ? Bien sûr que oui. Il ne m'en parle jamais cependant. Magella me dit qu'il se vante partout d'être le père de Janette Bertrand, mais il n'est pas capable de me dire, à moi, que je suis bonne, que j'ai du talent. Ça me fait beaucoup de peine. Moi qui ai tant besoin de son approbation ! Je comprendrai plus tard, très tard, que je bouleversais toutes ses idées sur la vie. Pour lui, ce sont mes frères qui auraient dû avoir du succès, pas moi. Pas une fille.

Dans ces années d'avant la Révolution tranquille, *Toi et Moi* scandalise les âmes bien pensantes. Jean et Janette, le petit couple de la télé, couchent dans le même lit ! Ça ne s'est jamais vu à la télévision. Même les Américains n'osent pas montrer deux personnes de sexes différents couchées dans le même lit, et cela, même si elles sont dans la vie et à l'écran bel et bien mariées. Même si elles ne font que parler dans le lit, même si elles ne se touchent pas, elles doivent coucher dans des lits jumeaux. C'est la loi de la télé ! J'aurais été curieuse de connaître le nombre de couples qui avaient des lits jumeaux, chez les téléspectateurs. J'ai beau dire aux frileux de Radio-Canada qu'on est mariés, qu'il n'y a rien de pervers à se parler dans un lit, les pyjamas attachés jusqu'au cou, ils me montrent les lettres qui me traitent de cochonne. Elles sont nombreuses. Je n'en démords pas, et gagne mon point. Jean et Janette auront un lit double, à la condition de bien se tenir. Comme si s'embrasser, se coller, se caresser quand on s'aime était une faute contre la décence. Quelle hypocrisie ! Au même moment, Michelle Tisseyre, une grande dame distinguée, racée, qui anime l'émission de prestige de Radio-Canada, *Music-Hall*, ose se montrer enceinte à la télé. Les lettres de téléspectateurs scandalisés sont si nombreuses qu'elle doit se retirer des ondes. Quoi, avoir l'audace, l'outrecuidance de montrer à l'écran la preuve qu'on a couché avec un homme ? Pouah !

Je n'invente rien. Nous sommes en plein Moyen Âge.

La sexualité est un sujet tabou. Si l'on veut se renseigner, on ne trouve rien. Les livres les plus explicites sont à l'Index. Pas le droit de les lire sous peine de s'en confesser. Il y a bien quelques livres du marquis de Sade qui circulent sous le manteau, mais est-ce bien là un mode d'emploi pour une sexualité saine ? Il y a aussi les *Esquire*, *Playboy* et autres magazines du même acabit. Les hommes se cachent pour regarder la soi-disant fille d'à côté, « *the girl next door* », qui sert le souper à son homme les seins nus et pas de petite culotte. Les articles sont intéressants, disent les hommes quand on les surprend aux toilettes, magazine à la main ; ou bien : « un homme, c'est un homme ! », ce qui implique que la sexualité de l'homme a besoin de s'exprimer, pas celle de la femme.

De fait, les épouses, pour rester de vraies épouses, ne doivent guère montrer leurs désirs. En plus d'être des Yvette, elles doivent être des Saintes Vierges. Les hommes divisent les femmes en deux catégories, la mère et la putain. Devoir et plaisir. Les hommes font leur devoir avec leur épouse, en vue de procréer. Pour les plaisirs de la chair, il y a les prostituées du « red-light ». Avec les prostituées, ce n'est même pas une infidélité, ce ne sont pas de vraies femmes, elles sont payées pour faire jouir les hommes. Les hommes, en payant une prostituée, achètent le droit de les mépriser et de les traiter comme des bêtes. De plus, un homme n'a pas besoin de dire « je t'aime » à une prostituée, il paie.

Il y a aussi les maîtresses. Elles sont destinées à l'amour romantique. Les hommes qui ont de l'argent et du pouvoir ne les traitent pas en prostituées, mais les payent en sorties, en bijoux, en voyages. Les femmes mariées, elles, sont ignorantes des choses du sexe. Elles savent qu'il doit bien y en avoir de plus dégourdies, de plus savantes, mais elles ne peuvent pas demander au mari de les instruire : elles seraient vite traitées de nymphomanes. La majorité des femmes baignent dans une ignorance lénifiante. Moi-même je nage dans l'ignorance ! Mon mari, si instruit, qui a tout lu, n'en connaît pas plus que moi sur le sujet. Il y a l'amour puis le vice, rien entre les deux. Où apprendre la sexualité ? À qui demander conseil ? Les docteurs n'en savent pas plus que nous, la sexualité n'étant pas au programme des études de médecine. Le prêtre ? Tout est péché pour lui et je ne vois pas comment un homme qui n'a jamais partagé le lit et la vie d'une femme pourrait me conseiller sur l'intimité conjugale. C'est le néant ! Pas de psychologue. Pas de thérapeute de couples. Pas de sexologue. Et il y a, surtout, un profond dédain de parler de sexe. Cette chose sale qu'on fait à la noirceur quand on a un peu bu. On se demande comment il se fait que le Canadien français est grand amateur de farces cochonnes ? Parce que c'est le seul moment où il peut parler de ce qui le préoccupe : la sexualité. Mon père ? Je ne parlerais pas de sexualité avec lui pour une terre en bois debout (c'est une de ses expressions). Pourtant, il croit que la sexualité a un rôle à jouer dans le couple. Chaque fois qu'un couple se chicane ou ne semble pas s'entendre mais s'aime quand même, il lâche :

— Va donc voir ce qui se passe en dessous de la couvarte !

J'aimerais bien aller voir... pour comprendre !

Les histoires salées véhiculent des idées machistes qui ne me conviennent pas.

On ne parle pas plus de contraception, sujet tabou par excellence. Il y a peu de méthodes de contraception. Celles qui existent ne sont pas sûres, alors que faire si on ne veut pas quinze enfants ? Pratiquer la continence, proclament les prêtres ! Empêcher la famille est un péché si grave que les confesseurs ferment le carreau du confessionnal aux femmes qui prennent les moyens pour espacer les naissances. Un jour que je me promenais à la campagne avec une jeune mère, j'ai vu le curé regarder dans le carrosse le bébé qui y dormait, puis demander :

— Il a quel âge, cet enfant-là ?

— Deux ans, monsieur le curé.

— Je vous attends à la confesse ce soir.

La jeune mère me confie que dans ce village le curé oblige les jeunes femmes à avoir un enfant tous les deux ans, sous peine de se voir refuser la communion.

Moi, j'ai deux enfants, deux jobs. Je ne veux pas d'autres enfants, mon mari non plus. On empêche la famille avec les moyens du bord : les douches vaginales à l'eau de Javel – c'est irritant au possible, mais « faut ce qu'il faut ». Endoctrinée par la religion catholique, je me sens coupable de transgresser ce que je crois être une loi de Dieu et qui n'est en somme qu'une forme de colonisation de la femme. Un jour que je discutais du problème de la contraception avec un confrère de collège de mon mari, il me donne le nom d'un jésuite qui a trouvé une solution pour régler les problèmes de conscience des femmes qui empêchent la famille. Je m'empresse de me présenter à son confessionnal.

— Mon père, je m'accuse d'empêcher la famille. J'ai deux enfants, je travaille...

— Mon enfant, c'est très simple. Vous n'avez qu'à ne prendre aucun plaisir à l'acte et il n'y aura pas faute de votre part ! C'est votre mari qui portera la faute. Vous ne faites que subir !

— Mais je ne veux pas subir, j'aime ça, faire l'amour !

— S'il y a plaisir, il y a faute !

— Si mon mari va en enfer, je veux y aller avec lui.

Ce n'est pas le prêtre qui m'a fermé le carreau au nez, c'est moi qui ai claqué la porte du confessionnal. Enragée. Je n'ai jamais plus remis les pieds à l'église.

Pour moi, l'amour, c'était le partage du pire et du meilleur.

Je me suis procuré un diaphragme.

Le clergé n'évolue pas et véhicule une idéologie qui ne correspond plus à la réalité des gens. C'est le début du déclin. Et je ne sais pas si le clergé s'en aperçoit.

Toi et Moi va bien, même si je suis snobée par la station qui m'engage.

— Vous faites de la télévision pour concierge ! Pour la madame de la rue Panet.

Moi, je pense que la madame de la rue Panet a le droit à la télévision tout autant que l'intellectuel d'Outremont. Il faut dire que les premiers artisans de la télévision sont en majorité des hommes des quartiers riches, instruits chez les jésuites. Ils ont une attitude hautaine vis-à-vis du peuple. Ils ont la même attitude vis-à-vis de moi, qui suis du peuple.

Malgré tout, une nouvelle émission copiée sur les Américains fait appel à mes services, *Chacun son métier*. Il s'agit pour des « panélistes », deux hommes et deux femmes, de trouver le métier des concurrents. Louis Morrissette et Fernand Seguin seront, successivement, les animateurs du jeu. Les deux femmes invitées à participer sont Nicole Germain et moi. Nicole pour son sérieux, son sens du décorum, moi, pour mon impulsivité. L'impulsivité est donc une qualité. Tiens, tiens !

Cette émission a lieu en direct, le samedi soir. On nous paie cinquante dollars l'émission contre cinq mille pour nos équivalents américains. Nicole et moi devenons habiles à ce jeu d'intuition. Un jour, un des patrons nous fait monter à son bureau, toutes les deux. Nous sommes inquiètes. Qu'est-ce qu'on a bien pu faire de mal ?

— Radio-Canada ne fait pas de népotisme. Vos maris travaillent pour la société d'État, c'est assez. Vous ne faites plus partie de *Chacun son métier*. On n'engage pas de couples à Radio-Canada !

Nicole Germain, plus âgée, plus rusée que moi, fait :

— Très bien, on va divorcer et comme ça on pourra travailler en tant que maîtresses, comme une telle et une telle, maîtresses de X, Y, Z.

Nicole se lève, m'entraîne à l'extérieur. Moi, je crois avoir perdu mon contrat ; elle, elle est certaine du contraire. Je ferai partie de cette émission pendant six ans. J'y rencontrerai Gérard Filion, rédacteur en chef du *Devoir*, et deviendrai une sorte d'oreille pour lui. Cet homme à l'apparence sévère est doux et tendre avec moi. Ça m'émeut. J'aime les hommes tendres et doux. On parlera beaucoup tous les deux. Il m'aidera à prendre conscience de mon intelligence.

Duplessis n'aime pas la télévision. Le cardinal Léger non plus. Les deux hommes les plus puissants du Québec vont tout essayer pour détourner leurs moutons de l'antre du diable. Mais le public, lui, est emballé. Ils désobéissent aux curés, aux députés, et courent s'acheter des téléviseurs malgré les prix élevés. J'ai connu des familles sans réfrigérateur, sans chauffe-eau s'endetter pour se procurer un appareil. Les portes du salon réservé à la visite rare et à l'exposition des morts s'ouvrent pour accueillir ce meuble imposant, source de toutes les curiosités. On regarde tout, tout, tout.

Les années cinquante sont de bonnes années pour moi. Mes filles s'épanouissent. Isabelle rejette les robes et s'habille en garçon. C'est sa période « tomboy ». Elle ne veut plus être une jumelle. Elle veut être elle. Je me suis trompée. Je ne peux pas demander à mes filles, nées à deux ans d'intervalle, d'être pareilles ! Rolande, une nouvelle bonne, m'apprend qu'elle s'est fait faire un enfant dans le parking d'une salle de danse dans le char d'un inconnu. Elle est tannée d'aimer les enfants des autres. Elle veut s'assurer d'être aimée pour la vie en se faisant un enfant. C'est un enfant à elle seule qu'elle veut, sans père. Je suis troublée. Je sais par la mère de Jean que la majorité des filles-mères deviennent enceintes par carence affective, et que, souvent, ce qu'on appelle un accident n'en est pas vraiment un. Comme Rolande est une brave fille, je la garde jusqu'à l'accouchement et, bien sûr, pour ne pas la fatiguer, je fais le ménage, le lavage, le repassage à sa place. Elle accouche, est forcée par sa famille à placer son enfant, revient travailler chez moi et devient de nouveau enceinte. Cette fois, elle est tombée sur un homme sensé qui l'épousera et adoptera le premier bébé. Elle me quitte pour se marier ! J'ai des amies dont les bonnes restent des années avec elles. Pourquoi faut-il que, moi, je les perde tout le temps ? Même pas capable d'être une bonne patronne !

Un dimanche, à Saint-Lambert, ça sonne à la porte. C'est Jean-Charles Harvey, le grand patron du *Petit Journal* où j'écris des articles féministes sous le titre « Opinions de femme ». Il a une grosse boîte de carton dans les bras, qu'il dépose sur la table de la salle à manger.

— Lis ça !

— Là, là ?

— Oui, il faut que tu me donnes une réponse lundi matin.

— C'est quoi ?

— Des lettres de personnes en détresse.

— Oui, mais…

— Ma courriériste du cœur vient de donner sa démission. J'ai personne pour la remplacer. J'ai pensé que toi…

Je pars à rire. Moi, un courrier du cœur ? Jamais ! Je déteste les courriers du cœur avec leurs questions vagues, leurs réponses toutes faites. Jamais ! Et surtout, je ne connais rien à la vie. Je suis trop jeune. Ça ne m'intéresse pas !

M. Harvey a dans sa poche la carotte qui fait avancer l'âne.

— T'es capable !

Je résiste.

— J'ai moi-même besoin de conseils, je ne vais pas en donner aux autres. Rapportez votre boîte. Je ne veux pas... Faire des reportages, ça, j'aimerais ça, par exemple... (Une fille s'essaye !)

— Lis les lettres. Ça ne t'engage à rien. Tu me donnes ta réponse lundi matin.

— Non !

Il est déjà parti ! Je jette un œil sur la boîte et me promets de ne pas lire les lettres. Je n'ai pas de temps à perdre. J'oublie la boîte. Je vaque à mes occupations. Le soir, après avoir couché les enfants, je tourne autour de la boîte. La curiosité l'emporte. J'ouvre une lettre. Puis une autre. Puis encore une autre. Je lis toutes les lettres jusque tard dans la nuit. Je suis bouleversée. Les lettres sont déchirantes, vraies, écrites dans le sang. Ce sont des appels au secours ! Des noyés tendent les mains. Je ne peux pas leur tourner le dos, faire comme si je n'avais pas entendu leurs cris de désespoir. Jean, qui déteste parler de ses émotions, méprise les gens qui étalent leurs problèmes. Je sais qu'il méprise les confessions publiques. Je lui en parle.

— Tu fais ce que tu veux !

Les lettres viennent de femmes mariées à des hommes rustres qui ne se lavent pas pour faire l'amour, qui ne les caressent jamais, qui se sentent insultés si elles ont mal à la tête certains soirs. Pour les forcer à faire leur devoir, ces hommes invoquent la loi de l'Église qui stipule qu'une femme n'a pas le droit de refuser ça à son mari. Elles ont entendu parler de femmes qui tirent du plaisir de ça et elles demandent comment ces femmes-là peuvent aimer un acte qui dure deux minutes en tout.

D'autres lettres sont signées par des filles qui veulent savoir comment mettre fin aux relations sexuelles qu'elles ont, des fois depuis l'âge de trois ans, avec leur père, leur grand-père ou leur frère. En lisant cela, j'ai peine à respirer. Je sais que l'inceste existe, qu'il se pratique et dans les villes et dans les campagnes, que le père de famille à qui l'Église et l'État ont dit et redit qu'il était le maître après Dieu chez lui, le chef incontestable de ses enfants, et que les enfants lui appartiennent, profite parfois de ce pouvoir pour abuser de ses filles. Je sais tout ça, mais de là à le voir écrit par des femmes qui l'ont subi ! Une femme de trente ans, sœur aînée d'une « trâlée » de filles, demande comment éviter à la petite dernière d'y passer elle aussi. Un jeune homme de dix-sept ans pense à se tirer une balle dans la tête parce qu'il est attiré par des garçons. C'est certain, il est un monstre ! Il n'y a personne d'autre comme lui. D'autres racontent qu'ils ont peur que leur père se pende ou les tue s'il apprend la vérité sur leur homosexualité. Je suis effarée par ce que je lis. Je connais plusieurs homosexuels dans le milieu des artistes. Ce sont des êtres humains comme les autres (il y en a des fins et des pas fins), excepté qu'ils aiment les hommes. C'est tout ! Je ne vois pas pourquoi cette orientation indépendante de leur volonté leur vaudrait d'être mis au ban de la société. Qu'il y ait autant de préjugés me renverse. Mais j'hésite encore. Quoi dire à ces gens ? En quoi puis-je être utile à tous ces malheureux ?

Je dors mal cette nuit-là. Je voudrais lutter contre les préjugés, mais je n'ai pas assez d'expérience de vie. Qui suis-je pour dire aux autres quoi faire ? Je suis convaincue d'être moins que rien. C'est non. Je n'aurai pas de courrier du cœur au *Petit Journal* !

Le lendemain je téléphone à M. Harvey, qui refuse ma réponse. Je lui demande une semaine de réflexion !

Je vais à la bibliothèque voir ce que je pourrais lire pour me renseigner sur la sexualité, sur l'inceste, sur l'homosexualité. Il n'y a rien, la censure est passée par là. Tout ce que je trouve, dans la très sérieuse section « Science », ce sont deux livres récents écrits par des psychanalystes, *La Sexualité de la femme*, de Marie Bonaparte, et *La Psychologie des femmes*, d'Hélène Deutsch. Je dévore ces lectures, et me voilà prête à écrire à un courrier du cœur... pour vérifier si je suis normale. Ces deux disciples de Freud veulent guérir les pauvres clitoridiennes. Elles prônent l'« abandon du plaisir clitoridien au profit de la jouissance vaginale qui correspond mieux au caractère passif et masochiste de la femme ». Je ne sais plus que penser. Le plaisir est le plaisir d'où qu'il vienne, il me semble. Quand on mange une crème glacée, le plaisir vient-il des papilles ou du palais, ou est-ce la luette qui contribue au plaisir ? La crème glacée, c'est bon ! Mais je ne suis pas une experte. Juste une femme qui aime la crème glacée ! Non, décidément, je ne peux pas donner de conseils.

Par hasard, dans la semaine, je suis invitée à participer à une émission d'affaires publiques à la télévision. Le sujet : la psychologie, nouvelle science humaine. L'invité est le professeur Lagache, de Paris. Il représente l'association des psychologues de France. L'émission terminée, dans la salle de maquillage (où les hommes se démaquillent rapidement après une émission ; un fond de teint, ça fait tellement efféminé), je dis au professeur Lagache regretter de ne pas être psychologue. Je pourrais répondre aux questions d'un courrier du cœur. Mes confrères rigolent. Un courrier du cœur, c'est ce qu'il y a de plus... peuple. De plus « madame de la rue Panet », de plus concierge. Le professeur m'écoute avec grand intérêt.

— Mais il ne faut pas refuser. C'est très utile, un courrier du cœur.

Et d'expliquer que les gens n'ont souvent personne à qui se confier, qu'ils se sentent isolés, perdus, pris avec un problème qu'ils considèrent comme insoluble. Le fait de condenser leur problème pour le décrire par écrit constitue déjà une thérapie. Comme les propos du professeur semblent agacer mes confrères, je l'invite à prendre un verre et c'est devant un ballon de rouge (France oblige !) qu'il va me persuader d'accepter l'offre du *Petit Journal*.

Ce qui me convainc, c'est le fait que ma réponse dans le journal n'est pas importante. Ce qui compte, c'est que le correspondant voie son problème imprimé dans son intégralité. Il aura alors le recul nécessaire pour prendre, lui-même, les décisions qui s'imposent pour régler ce qui le blesse. Le professeur me parle de sa collaboration avec Ménie Grégoire, courriériste dans la revue *Elle*, à Paris. Le lendemain, j'appelle M. Harvey et accepte son offre. Je serai payée cinquante dollars par semaine.

Si je parle de mon salaire, c'est que l'argent, faire de l'argent, a représenté pour moi un moyen de me faire aimer de Jean. Non pas qu'il ait été vénal ; il était, comme beaucoup d'hommes d'aujourd'hui, incapable de prendre sur ses seules épaules les responsabilités d'un ménage. Je donne tout ce que je gagne à Jean sans même regarder le montant. Il me suffit de savoir que je partage les dépenses de notre foyer, ça me procure un grand sentiment d'indépendance et je me sens moins coupable de travailler. Il ne faut pas oublier que peu de femmes travaillent, que celles qui le font sont peu payées : la moitié du salaire des hommes. Il n'y a que dans le milieu des artistes que les femmes sont rétribuées presque à l'égalité des hommes. Je dis bien « presque ». Moi, je ne demande pas à voir les contrats, je fais confiance à mon mari qui me jure qu'on est payés moitié-moitié (même si le travail n'est pas moitié-moitié ; mais ça, c'est une autre histoire). Je ne parle jamais à personne de l'argent que je gagne parce que je suis une femme, et une femme qui fait de l'argent, c'est connu, perd sa féminité. On en est encore à une époque où l'argent a mauvaise réputation, où l'on porte un jugement sur ceux qui en gagnent beaucoup. Seule exception, les médecins : on préfère croire que c'est surtout par grandeur d'âme qu'ils nous soignent. Curieusement, les avocats et les notaires, qui demandent eux aussi des honoraires élevés, passent pour des voleurs. Les marchands veulent tous nous enfirouaper. Les cultivateurs prospères ont tous des bas de laine remplis d'argent, mais vivent comme des pauvres. L'argent est une maladie honteuse. Cette hypocrisie m'agace.

J'ai retenu une phrase de Marguerite Duras : « On est tous des gens d'argent, il s'agit de commencer à en gagner. » Mon idole, Colette, a couru après l'argent toute sa vie. Aurait-elle écrit autant de livres si elle n'avait pas eu tant besoin d'argent ? Émile Zola a écrit cent bouquins parce qu'il était en manque d'argent. L'argent n'est ni sale ni propre. C'est un moyen de se procurer ce qu'il nous faut pour vivre. Je n'ai jamais cru à l'« heureux les pauvres » de la religion, mais plutôt au gros bon sens de mon père : « On est mieux riche et en santé que pauvre et malade. »

**

Depuis la fin de la guerre, l'Église et l'État veulent que les femmes retournent au foyer pour repeupler le pays. Elles sont passées de ménagères à femmes au foyer, puis à reines du foyer, puis à fées du logis. Je contribue moi-même à cette course à la perfection en inventant un slogan pour la marque de réfrigérateurs Roy :

— Pour la reine du foyer, il vous faut un Roy...

Pour être heureuses, mesdames, il vous faut, en plus du réfrigérateur, un aspirateur, une cuisine fonctionnelle et, pour laver les caleçons de votre mari, une laveuse qui lave toute seule, qui tord toute seule, qui lave plus blanc que blanc, et aussi une sécheuse ! Chose curieuse, les femmes sont maintenant divisées en deux clans : celles qui travaillent et les ménagères. Comme si celles qui travaillent à l'extérieur n'étaient pas aussi des ménagères. Comme si les ménagères ne travaillaient pas et ne faisaient que s'amuser avec leurs gadgets dernier cri. Beau moyen de culpabiliser les femmes qui travaillent et de dévaloriser celles qui restent à la maison. Elles n'ont plus rien à faire, ce sont des machines qui font tout. Pourtant, les tâches ménagères étant toujours à recommencer, les heures que les femmes passent à faire la cuisine et à entretenir leur maison ne diminuent pas, au contraire. Plus il y a d'appareils sophistiqués, plus les exigences par rapport à la propreté et à l'ordre sont grandes.

— Comment ça se fait que mes chemises sont pas propres avec toutes les machines que t'as ?

— Il n'y a pas de tartes ? Avec ton beau poêle Bélanger, ça se fait tout seul !

Est-ce une libération de laver son linge tous les jours ? De passer l'aspirateur tous les jours ? La société de consommation exige des femmes une perfection inatteignable : une maison sans poussière grâce à l'aspirateur, du linge toujours propre grâce à la laveuse-sécheuse, des mets raffinés grâce au réfrigérateur. Il faut faire sa propre crème glacée, son propre pain, son vin. Il n'y a plus de fin ! La femme doit être une superwoman !

Certaines femmes entrent même dans le cycle infernal du crédit pour posséder ces appareils qui semblent procurer le bonheur à la ménagère. Dans les annonces publicitaires, le plaisir de la femme est toujours lié aux appareils ménagers et aux nouveaux produits devant alléger sa tâche. La femme sourit en passant la balayeuse, en faisant la lessive, la cuisine. Elle ne se tient plus de joie quand elle a réussi à faire partir le cerne autour du col de chemise de son mari. Les femmes se font avoir, et ne s'en aperçoivent même pas. Pendant que leur mari brasse des affaires, décide du taux d'intérêt des prêts hypothécaires, elles entretiennent l'illusion de « runner » leur famille, alors qu'elles ne « runnent » que des appareils électriques !

J'ai la très forte impression d'être victime d'une conspiration pour me réduire au rôle de « conductrice de machines ». J'haïs passer la balayeuse. J'haïs repasser. Je me souviens d'un vendeur de balayeuses, à Saint-Lambert, qui me vantait des gadgets pouvant « déloger la poussière d'en dessous du sofa, madame ». Je me dis : « Je n'époussette jamais en dessous du sofa. Il va falloir que je le fasse si j'ai cet appareil miracle. » Conditionnée, le cerveau lavé, je demande à mon mari de m'acheter la fameuse balayeuse qui doit m'apporter le bonheur. Je n'ai pas été plus heureuse, j'ai juste eu plus d'ouvrage !

Les maris, qui n'aidaient déjà pas à la maison, ont de nouvelles raisons de ne pas participer aux tâches ménagères : les appareils qu'ils offrent à leurs femmes, ils les payent, ils ne vont pas s'en servir en plus !

La femme est au foyer ; le mari, le père, est au travail. Quand le mari rentre chez lui (pas « chez elle », ni « chez eux », ni même « chez nous », chez *lui*), il veut trouver sa maison impeccable, propre et en ordre, sa femme coiffée, maquillée et portant la jolie petite robe qu'elle s'est faite elle-même avec sa machine à coudre qui fait tout, même les boutonnières. La « reine du foyer » accueille son mari fatigué par une dure journée de labeur avec, dans les bras, un petit lavé, peigné et sentant bon la poudre Johnson, et un bébé naissant, frais changé de couche (les hommes haïssent la pisse et le caca).

— Comment a été ta journée, mon minou ? demande l'homme.

Il n'écoute pas la réponse, fait des « gidi-gidi » aux petits et file regarder les nouvelles en attendant le souper. Sa femme l'entend crier du salon :

— Qu'est-ce qu'on mange ?

Elle a envie de lui crier « de la marde », mais se retient ; une femme, ça ne parle pas gras. Ce n'est pas encore de la révolte, juste un malaise. Le malaise de la personne qui s'aperçoit qu'elle s'est fait avoir. J'ai mal à mon âme de ménagère. Je ressens ce que je ressentais quand mes frères jouaient aux cartes avec moi. J'étais toujours perdante. Je perdais parce qu'ils profitaient de ma naïveté, de ma bonne volonté. Ils trichaient. Quand je me suis aperçue de leur stratagème, je n'ai plus joué à rien. Je me suis éloignée d'eux.

Un Noël, je ferai une crise à mon mari parce qu'il m'a offert comme cadeau un Mix Master de luxe qui-fait-des-gâteaux-dans-le-temps-de-le-dire.

— C'est pas un cadeau pour moi, c'est un cadeau pour toi ! Je veux un cadeau pour moi ! Pas un cadeau qui me donne de l'ouvrage !

— Oui, mais t'en manges du gâteau, toi aussi.

— Je suis pas juste une ménagère, je suis une femme aussi !

Je parle de jeter le Mix Master aux vidanges. Je rage. Mon mari ne comprend pas ma réaction, d'autant plus que c'est moi qui lui ai demandé ce cadeau-là ! Je ne suis pas à l'abri de la propagande de la femme au foyer. Mon mari, cartésien, m'accuse de ne pas savoir ce que je veux, comme toutes les femmes d'ailleurs. Je réplique que je ne sais pas ce que j'ai, mais que tous ces appareils n'atteignent pas le but visé : mon bonheur. Plus j'ai d'appareils, plus je me sens coupable de ne pas être à la hauteur de ces appareils ! Je ne suis pas la seule à éprouver ce malaise. De nombreuses femmes commencent à se poser des questions sur leur rôle dans la famille.

Au même moment, la religion proclame le dogme de l'assomption de la Vierge Marie. Selon cette légende devenue dogme, Marie a été enlevée par les anges et est montée au ciel. Marie nous est proposée comme la vraie mère, pure, asexuée, et dont le mariage céleste fut salué par la naissance d'un sauveur. Elle doit être un exemple pour toutes les femmes. Comme modèle inaccessible, on ne fait pas mieux. Je commence à être en colère, pour vrai.

Radio-Canada grossit. Le public, sous le charme de la petite boîte magique, demande de plus en plus d'émissions. La société engage de plus en plus d'artistes et d'artisans. Or il n'y a aucune école où apprendre les métiers de la télévision. Plusieurs ont du talent, les autres improvisent. Certains sont des cancres et seront mis sur des tablettes et peu utilisés. Les artistes appartiennent à l'Union des artistes. Les réalisateurs veulent se regrouper en syndicat. Radio-Canada refuse. Il y a grève.

Le gouvernement fédéral n'apprécie pas beaucoup les journalistes trop à gauche de la société d'État, les élans nationalistes de certains d'entre eux. Le conflit devient vite politique. André Laurendeau, au *Devoir*, le traitera comme un exemple de la colonisation des Canadiens français par le gouvernement d'Ottawa. Cette grève annonce le thème nationaliste des prochaines élections provinciales, qui seront marquées par le « Maîtres chez nous » du chef libéral, Jean Lesage.

Mon souvenir de ces mois de piquetage est douloureux. Personne ne me demande ce que je veux, ce que je pense en tant qu'artiste. On n'a le droit ni aux questions ni aux remises en question. Je me sens manipulée, utilisée par le noyau dur du syndicat et je ne peux pas le dire sous peine de me faire casser les jambes. Les menaces, les appels anonymes, l'exclusion, le sarcasme : voilà le lot de ceux qui osent douter un instant du bien-fondé de telles ou telles actions de chefs souvent plus émotifs que rationnels. On est artiste ou on ne l'est pas ! Je suis syndicaliste par principe, mais je n'aime pas les moyens que l'on prend pour me forcer à penser comme les dirigeants. Je me rends compte que la démocratie est bafouée quand l'intérêt est en jeu et je perds mes illusions sur la pureté de tout mouvement comptant plus de deux membres. Quelle déception ! Les réalisateurs gagneront, mais moi j'aurai perdu mes illusions (pas toutes, heureusement !) sur la nature humaine. Je prendrai quand même part au spectacle au profit des artisans dans le besoin. Tous les soirs, pendant des mois, Jean et moi jouerons un sketch comique et osé sur la scène du théâtre Her Majesty's. Dans cette petite pièce à deux personnages, écrite par moi, nous serons dirigés par Jean-Louis Roux. C'est de lui aussi que j'ai appris à diriger des comédiens. Merci, Jean-Louis !

Olivier Guimond, dit Ti-Zoune, fait partie du spectacle. Comme La Poune (Rose Ouellette), lui et tous les artistes du Théâtre National sont « barrés » à Radio-Canada, où on les juge trop vulgaires et où, disons le mot, on les méprise. Ils jouent pour la masse. Pouah ! Ce sont pourtant des vedettes immenses qui remplissent les salles en ville et en tournée. En coulisses, Olivier Guimond m'est apparu comme un homme bon et touchant d'humilité. Il souffre d'être snobé, lui aussi ! Ça nous rapproche. On se sourit, puis on se parle.

Cette grève représente un drame pour la plupart des artistes, qui n'ont pas de travail pendant des mois et, surtout, ne peuvent dire ce qu'ils pensent vraiment. Le régime totalitaire, quoi ! Moi, je n'aime pas ! Mon cycle menstruel a été bouleversé par cette perte de travail et toutes ces émotions. Je suis enceinte. Le plus comique, c'est que le sketch que nous jouons tous les soirs a pour sujet la contraception. La jeune femme que je joue finit par porter une « jaquette anticonceptionnelle » se fermant par le bas ; il faut des heures pour défaire les nœuds du cordon. Ce numéro comique a un message. Je ne comprends pas que l'on soit si habile à inventer des armes pour tuer des gens, mais incapable de mettre au point une méthode qui permettrait à la femme d'avoir des enfants à son rythme. La pilule s'en venait, elle n'était pas encore arrivée !

Jean ne veut pas d'autres enfants mais il accepte son sort. Je me sens coupable d'être enceinte. De lui mettre une autre responsabilité sur les épaules. Moi, ce qui m'ennuie, ce n'est pas d'élever un autre enfant, c'est de le mettre au monde, seule, dans la douleur. L'hôpital de la Miséricorde m'a traumatisée. Je me souviens alors d'une thérapie que j'avais suivie pour vaincre ma peur de tomber en bas des ponts ; j'avais été un très bon sujet pour l'hypnose. Je me trouve donc un médecin qui pratique l'hypnose. Il se fera un plaisir, dit-il, de tenter une expérience sur moi, avec d'autres médecins comme témoins. J'exige que cette fois-ci Jean soit à mes côtés tout le long du processus. C'est accepté.

La mode est à l'accouchement sans douleur (oh *yes* !). Les médecins (tous des hommes) considèrent que les douleurs des femmes sont dans leur tête et citent en exemple à tour de bras les arrière-grands-mères qui accouchaient comme des animaux dans les champs. Selon eux, une bonne préparation par un médecin compétent suffit à faire passer le bébé comme une lettre à la poste. Je les crois !

Entre-temps, il nous faut déménager de Saint-Lambert, nous rapprocher de Radio-Canada pour que je perde moins de temps et d'argent en déplacements. La grève est terminée, le travail recommence. C'est l'époque des bungalows en périphérie de Montréal. Mon père vient lui-même de quitter la rue Ontario pour la rue Langelier, dans l'est. Il a acheté un « split-level » ultramoderne et voudrait bien que sa ti-fille fasse comme lui. Des amis établis à Westmount, à deux pas de Radio-Canada, nous indiquent une grosse bicoque de trois étages, quatre avec le sous-sol aménagé, qui est en vente depuis des années et qui ne trouve pas preneur. (Les escaliers sont passés de mode.) Nous allons visiter la maison. Elle est délabrée, sombre, tapissée de vert bouteille, pleine de recoins, mais elle est couverte de lierre et entourée de grands ormes. Jean fait une offre d'achat très basse. Elle est acceptée. Moi, à Westmount, de l'autre côté de la rue Saint-Laurent, chez les Anglais ! Westmount que je venais visiter en touriste quand j'étais petite et qui m'apparaissait comme une ville de conte de fées. La petite Janette passe du côté de l'ennemi ! Je n'en reviens pas. Ce qui compte, c'est que je serai à quelques dollars en taxi de Radio-Canada qui loge boulevard Dorchester Ouest (aujourd'hui boulevard René-Lévesque).

Papa n'ose pas désavouer son gendre, il l'adore.

On vend la maison de banlieue, on s'installe en ville. Je fais la décoration moi-même : c'est un désastre. Tout est beige et brun. C'est ennuyant comme la pluie. Non, je n'ai décidément aucun talent pour la décoration.

Je suis de plus en plus passionnée par le courrier du cœur. C'est mon école. L'école de la misère humaine, de l'inégalité entre hommes et femmes. Je sais maintenant ce que je veux faire. Je veux prendre la parole pour défendre ceux qui ne l'ont pas. Puisque ni l'État ni l'Église ne me donnent la parole, je vais me servir des médias. Je ne peux pas laisser les femmes se faire battre, se faire harceler. Je ne peux pas changer les êtres humains, mais je peux dénoncer les abus dont les femmes sont victimes.

J'ai obtenu de mon patron la permission de publier les lettres sans les édulcorer, comme me l'a recommandé le professeur Lagache. Cela fait scandale. On me traite

de dévergondée, de cochonne. Les intellectuels me snobent, pire, ils m'ignorent ; je ne suis pas digne d'eux. J'ai
un rapport direct, intime avec le peuple. Ouache ! Je ne
comprends pas qu'on m'en veuille d'accueillir les gens
que le silence étouffe, qui sont démunis émotivement. Je
continue mon bonhomme de chemin, étant sûre de faire
du bien en publiant les lettres de mes correspondants.
Je connais le prix à payer. Je suis prête à le payer et à ne
plus jamais travailler à Radio-Canada. Je continue. Je n'ai
pas rejeté à l'eau la « madame corporente » qui se noyait,
je ne vais pas davantage repousser de la plume ceux qui
s'accrochent à moi dans le courrier du cœur.

« Le refuge sentimental » ouvre ses portes aux histoires des mal-aimés, des pas aimés, des incompris, des
laissés-pour-compte, des solitaires, des suicidaires.
Jamais une lettre de bonheur ; les gens heureux n'ont
pas d'histoire. Ma chronique est un refuge, pas un club
Med. N'empêche, j'aimerais avoir une baguette magique
et asperger mes réfugiés de confettis de plaisirs et de
joies. J'aimerais que tout le monde autour de moi soit
au moins aussi heureux que moi. L'occasion d'être une
bonne fée va m'être présentée sur un plat d'argent. Une
femme de quarante ans m'écrit qu'elle a été la maîtresse
d'un homme marié pendant vingt ans, dont elle a eu, il
y a dix ans, un enfant, et que son grand amour vient de
la laisser pour se consacrer uniquement à son épouse.
Cette femme blessée veut refaire sa vie et me demande
de l'aider à trouver un mari. Elle s'estime pleine de qualités. Elle n'a fait qu'une erreur : aimer un homme qui lui
a fait accroire pendant de longues années qu'un jour il
quitterait sa femme pour l'épouser. Elle a perdu vingt
ans de sa vie à l'attendre. Elle signe sa lettre de son nom
et me laisse son adresse et son numéro de téléphone.

La lettre est si intelligente, si fine, si pleine d'émotions que je décide de me servir de mon courrier du cœur

pour lui trouver l'homme qu'elle mérite. Je lui téléphone et lui soumets mon projet. Je vais suggérer à ceux qui veulent mieux la connaître de m'envoyer leurs lettres, je les lui ferai parvenir et elle fera son choix. Mon patron hésite. C'est un homme et l'idée qu'on ait besoin d'un intermédiaire pour trouver l'amour lui semble farfelue au plus haut point. J'ai beau lui expliquer que les jeunes gens d'Angleterre, d'où j'arrive, font appel à des agences matrimoniales, il n'en démord pas. C'est un chasseur de femmes et les chasseurs n'aiment pas qu'on leur présente leurs proies, ils préfèrent les trouver eux-mêmes. Il finit par accepter, sans y croire, que son journal serve, pour une fois, de Cupidon.

La lettre est publiée et je reçois cent réponses au moins. J'en attendais deux ou trois. Je lis les missives. Elles sont signées par des hommes qui eux aussi ont été pris dans des amours impossibles ou malheureuses et qui souhaitent refaire leur vie. J'envoie les lettres à ma correspondante en lui recommandant la prudence. Je lui suggère d'insister pour que le premier rendez-vous avec un candidat ait lieu dans un restaurant, à midi, au cas où... Je reste des mois sans nouvelles et puis, enfin, je reçois la lettre heureuse que j'espérais depuis des années. Ma correspondante, après avoir éliminé de nombreux candidats, a choisi celui qui va devenir son mari. Je lui téléphone. Elle me raconte comment sa vie a été transformée par tous ces hommes qui s'intéressaient à elle, elle qui ne se croyait pas aimable, parce qu'elle n'était plus aimée. La qualité des candidatures l'a surprise et enchantée. Elle a choisi celui qui lui apportera enfin le bonheur, elle en est certaine. Je le lui souhaite. Puis je vais, preuve en main, convaincre mon patron de la nécessité d'offrir ce service aux lecteurs du *Petit Journal*, et ce, gratuitement, j'y tiens. Un mois plus tard, « L'agence matrimoniale » prenait sa place auprès du « Refuge sentimental ».

C'est un succès ! Je reçois tant de lettres destinées à « L'agence matrimoniale » que *Le Petit Journal* doit engager une assistante, Ghyslaine Cardinal, pour faire le tri et acheminer les lettres. Je suis invitée, quelques mois plus tard, au premier mariage de l'agence. Un aveugle épouse une semi-voyante. La cérémonie est touchante. Ils s'aiment, c'est évident. Ils me remercient d'avoir contribué à les réunir : ils n'avaient aucune chance de rencontrer des « prospects », ne sortant jamais à cause de leur handicap. *Le Petit Journal* leur offre en cadeau de noces un service de vaisselle de chez Birks. L'année suivante, il y a tant de mariages que mon patron décide qu'une assiette va suffire comme cadeau, mais elle sera en céramique et signée. Je ne pourrai, faute de temps, assister à tous les mariages, il y en a trop. Dans la rue, dans les magasins, des couples m'arrêtent pour me dire d'un petit ton gêné : « Vous nous avez mariés. » Ils ont l'air épanoui des gens qui ont enfin trouvé le bonheur. Je me doute bien que certains de ces couples ont dû se séparer, divorcer, mais ils ont eu une chance et c'est moi, par l'entremise de ma chronique, qui la leur ai donnée. « L'agence matrimoniale » a ouvert la voie. S'y sont précipités par la suite tous les clubs et agences de rencontre… payants ! Dans mon esprit, les fées sont bénévoles.

Je répondrai à mon courrier du cœur pendant seize ans, de l'automne 1953 à l'été 1969. *Le Petit Journal* conservera « L'agence matrimoniale » jusqu'en 1971.

***

À la première séance d'hypnose, dans le bureau du docteur, tout va bien. En relaxation profonde, j'apprends à respirer, à détendre mon corps, à obéir aux ordres du docteur. Il me pince le doigt et je répète après lui :

— Je ne ressens aucune douleur.

Il est content de moi. Je suis contente de moi. Tout le monde est content. Jean aussi. L'accouchement me fait moins peur.

En septembre je commence une autre saison de *Toi et Moi*, la dernière, trente-neuf semaines. Quand j'apprends à mes patrons que j'attends un bébé, je provoque presque un tremblement de terre. C'est tout juste si l'édifice de Radio-Canada ne s'écroule pas. On me rappelle que Michelle Tisseyre a dû quitter son émission parce que le public ne voulait pas voir le produit de l'amour sur leur écran. Je propose de vivre toute ma grossesse à l'écran, de mettre le public dans le coup, dès le départ. Jean et moi ne sommes pas que des acteurs, nous sommes mari et femme dans la vie. Je dois être bonne vendeuse, les patrons finissent par accepter mon idée audacieuse. Tout en me prévenant qu'à la première lettre de protestation ils retirent l'émission des ondes. J'écris des textes drôles, humains, et ma grossesse passe comme dans du beurre.

Cette année-là, un homosexuel misogyne réalise l'émission. C'est un phénomène. La plupart des homosexuels aiment les femmes. Lui me défend de parler de ma grossesse, les affaires de femmes l'écœurent. Je sens son mépris constant. Son intelligence est au service d'une ironie qui cache une méchanceté profonde. Je ne sais pas me défendre. Je pleure souvent. Je me sens coupable d'être enceinte. Le réalisateur n'est pas content de moi ! Moi qui veux que tout le monde m'aime !

Une autre séance d'hypnose.

— Vous êtes au théâtre. Vous assistez à une pièce. C'est vous, l'actrice sur la scène, c'est vous qui donnez naissance sur scène. Vous vous regardez accoucher de la salle. Prenez de grandes respirations. C'est l'heure d'expulser l'enfant, vous poussez, vous poussez ! Est-ce que ça fait mal ?

— Non !

— Vous obéissez à ma voix. Poussez, poussez !
Bravo ! L'enfant est né et vous n'avez rien senti.

— Non, non, je ne veux pas. Non !

Jean me calme, remercie les médecins venus assister
à l'expérience. Ils se retirent.

— Pourquoi tu pleures ?

— Ce que j'ai vu sortant de mon ventre, c'était un
garçon !

Je suis aussi étonnée que lui de ma réaction. Je ne
savais pas que je ne voulais pas de garçon. J'ai peur de
mon subconscient. Je ne poursuivrai plus les séances
d'hypnose.

À l'époque où j'attends mon troisième enfant, les
jeunes filles, qu'on n'appelle pas encore adolescentes,
se posent toujours la même question au sujet de leur
avenir : se marier, entrer chez les sœurs ou rester vieille
fille ? Le choix ne change pas, mais de nouvelles ave-
nues s'ouvrent pour celles qui ne souhaitent pas être
religieuses. Les études secondaires deviennent de plus
en plus accessibles aux jeunes filles. Les écoles normales
offrent le même cours aux filles et aux garçons. Les
écoles ménagères commencent à perdre de la clientèle,
la plupart des parents considérant ce qu'on y enseigne
comme des études inutiles. On préfère le cours commercial à l'enseignement ménager. Le cours que j'avais
suivi, Lettres-Sciences, que l'on appelait aussi « cours
universitaire », est aboli. Les pensionnats désertés se
transforment en externats ! Quinze collèges classiques
féminins ouvrent leurs portes. Deux sont laïques. Les
« Business Colleges » deviennent des écoles de secréta-
riat pour filles. Mais attention, dans ces années-là, les
études des filles visent non pas à en faire des femmes
de carrière, mais des maîtresses de maison accomplies,
des épouses et des mères parfaites. L'instruction est un

bijou que la fille apporte dans son trousseau de mariage. Les femmes travaillent comme secrétaires, infirmières ou institutrices à condition que ça ne nuise pas au mari et aux enfants, et une fois la maison propre et le garde-manger plein. Comme le divorce n'existe pas, la femme peut toujours compter sur le mari pour subvenir à ses besoins ; elle n'a pas à gagner sa vie au-dehors ! En somme, les réformateurs du système scolaire du temps demandent aux femmes de ne pas aller travailler, si ce n'est que pour passer le temps, tromper leur ennui... en attendant le prince charmant. J'entends partout :

— Ça l'amuse, ma femme, de travailler. Elle a pas besoin de ça, je gagne bien ma vie.

De toute façon, les femmes ne peuvent pas vivre de leur travail : elles sont payées la moitié de ce que les hommes gagnent et ne font que les tâches que les hommes méprisent. Mon mari lui-même, tout en appréciant mon apport économique, n'aime pas trop que je dise que je travaille. Je joue donc à la ménagère qui écrit pour se distraire. Je ne vais pas jusqu'à dire aux gens que je m'amuse, mais je ne dois pas parler de mon travail, encore moins préciser que je fais de l'argent. Ça fait mal à l'orgueil mâle.

Ce Noël-là, j'attends le bébé de la grève de Radio-Canada. Je ne sais pas si c'est une fille ou un garçon, l'échographie n'est pas inventée. Je voudrais bien une autre fille, les miennes sont si faciles, si gentilles : des anges. Et je me souviens de la séance d'hypnose. S'il fallait que j'aie un garçon et que je ne sois pas capable de l'aimer ! L'angoisse ! L'accouchement doit être provoqué le lendemain de Noël, un vendredi, pour que je puisse jouer dans *Toi et Moi* le jeudi suivant. Ça me fait une grosse semaine de repos.

Le samedi, je m'amène à l'hôpital avec Jean et m'embarque dans cette fumisterie qu'est l'accouchement sans douleur. J'ai cru mon nouveau médecin. Puisque le docteur le dit, ça doit être vrai.

Malgré les grandes respirations, je souffre ! J'ai des douleurs. J'ai été flouée, il ne s'agit pas d'un accouchement sans douleur, mais sans médicaments. Les tranchées sont aussi douloureuses, mais cette fois on ne me donne rien pour me soulager :

— L'accouchement, c'est quelque chose de naturel ! Pensez à votre arrière-grand-mère, qui accouchait dans les champs...

Je me sens coupable d'être plus douillette que mon arrière-grand-mère, mais qui me dit qu'elle aimait accoucher dans les champs, qu'elle n'aurait pas préféré être endormie ? Le raisonnement du docteur ne tient pas, mais je n'ai pas la force de discuter. Je pousse, tout en pensant qu'on n'a pas le droit de me laisser souffrir ainsi. Je me dis que, si un jour un homme a un enfant, la recherche médicale va vite trouver des moyens mécaniques et pharmaceutiques pour faciliter les naissances. Je suis choquée par l'indifférence des hommes devant la souffrance féminine, comme si on se plaignait pour rien ! Je supplie le docteur de me soulager. Je tente de lui prendre les mains pour l'amadouer. Rien à faire ! C'est écrit dans la revue médicale à la mode : l'accouchement peut se dérouler sans souffrance, aucune ! Jean est vert, décomposé. Il ne pouvait pas se douter. Il reste là à me regarder souffrir, sans trop savoir quoi faire. Il demande qu'on m'aide, mais il ne sait pas comment m'aider. On le tolère. Il ne va pas se mettre dans les jambes du dieu. Il est aussi impuissant que quand il va faire réparer son différentiel chez le garagiste. Il tente un :

— Peut-être que...

Le docteur considère qu'il lui a fait une faveur en le laissant assister à l'accouchement. S'il commence à se mettre les doigts dans le moteur... Il le rabroue !

Finalement, le docteur place un miroir en face de ma vulve et je pousse l'ultime poussée. J'expulse un bébé gris de placenta. C'est un garçon ! On me le met sur le ventre, on lui coupe le cordon.

J'ai un garçon ! Je pleure, mais c'est de bonheur. Il va s'appeler Martin en souvenir des jumelles qui s'appelaient Marie et Martine. Je n'ai aucun doute, je sais que je suis capable d'aimer un bébé-gars : je l'aime déjà éperdument. Dominique et Isabelle sont enchantées. À onze et neuf ans, elles ont une poupée vivante qui braille et fait pipi et caca. Elles l'embrassent, se pâment sur sa beauté. De fait, il est long et maigre, et ressemble plutôt à un pépère chauve et édenté. Je l'aime pareil ! Entourée de ma famille, je suis heureuse, si heureuse !

Mon père est enfin fier de moi, j'ai été capable de lui faire un petit-fils.

— Hein, papa, ti-fille est pas si pire que ça ? Elle est capable de faire un garçon !

Je n'allaite pas mon bébé, le médecin ne veut absolument pas. On est encore à l'époque où les femmes obéissent aveuglément au médecin. Pensez, ils possèdent le secret de la vie et de la mort ! Ce sont des sorciers. Ils ont remplacé les sorcières ou celles jugées telles parce qu'elles accouchaient les bébés. Mais on ne brûle pas les docteurs comme on a brûlé les accoucheuses d'antan. Les médecins font la loi et, en bonnes Yvette, on obéit.

La durée de la « convalescence » de la mère est passée de sept jours à cinq. L'enfant, dès la naissance, est pris en charge par des infirmières. Les bébés sont à la pouponnière, les mères, dans leurs chambres. Il y a de brèves rencontres. Pas longtemps ! Sinon ça pourrait nuire à la mère et aux bébés. En fait, ça nuit à l'ordre de l'hôpital ! Au cours de la première rencontre, je déshabille Martin pour lui compter les doigts des mains et des pieds. Il est complet. Je regarde son pénis et ses testicules. Il a tout ce qu'il faut pour se sentir supérieur aux femmes. Je prends la décision d'en faire un homme tendre et doux malgré les armes que la nature a déposées entre ses jambes. Je remarque aussi qu'il est couvert de boutons. Je ne m'inquiète pas, à l'hôpital il ne peut rien lui arriver. On refuse aux femmes le plaisir d'accoucher à la maison justement pour protéger mères et enfants des maladies. Le lendemain, la pouponnière ferme parce qu'il y a épidémie de furonculose. Je dois amener Martin à la maison, illico.

Pauvre petit. Les boutons sont devenus pustules. Je dois percer chacune et la recouvrir de mercurochrome. Il a l'air d'une punaise. Ses sœurs invitent leurs compagnes d'école à venir voir le bébé qu'elles viennent d'avoir.

— Il est beau, hein ?

Pas une ne trouve qu'il est beau. De fait, il est affreusement maigre, la peau lui pend sur les bras et les jambes, et il est picoté de rouge !

— Il est spécial.

C'est le seul compliment qu'on fera à son sujet.

Je retourne faire *Toi et Moi* le jeudi. Je suis chambranlante, mais « *the show must go on* ». C'est à ce moment qu'on nous informe que c'est la dernière saison et, dans le fond, je suis ravie. Je veux m'occuper de Martin à plein temps. Il grossit à vue d'œil. C'est un bébé joyeux, gourmand et très, très affectueux. Il fait la conquête de son père en un rien de temps. Mais quelle différence par rapport aux filles ! Il n'a pas trois mois qu'il descend déjà seul de son ber. Il brasse sa couchette. Lance sa nourriture. Ce n'est décidément pas une fille. J'ai beau essayer d'oublier son sexe et l'élever comme un être humain, c'est un gars, et tout un !

Je quitte Radio-Canada et pense ne plus y revenir. Je sais qu'on fera appel à Jean, comme acteur, mais moi, ma réputation est ternie par le courrier du cœur et l'agence matrimoniale qui est devenue le scandale dont on discute dans les foyers. Les lettres qu'on m'envoie révèlent cependant des retombées positives de ma chronique. Elles commencent toutes à peu près de la même façon :

« Grâce à votre courrier, j'ai découvert… que mon mari finira par me tuer si je le laisse me battre ; que je n'étais pas seul au monde à désirer les garçons plutôt que les filles ; que mon patron n'a pas le droit d'exiger des faveurs sexuelles de moi ; que je peux dénoncer mon père qui abuse de mes sœurs… »

Les tenants du patriarcat ne sont pas contents. Si je n'étais pas une femme mariée, mère de famille, je pense qu'on me lapiderait au carré Viger ! Dans certains bulletins paroissiaux on dénonce mon action comme de l'exhibitionnisme. M'a-t-on assez traitée d'exhibitionniste ! Chaque fois que j'accorde une interview, d'entrée de jeu on me traite d'exhibitionniste ! On m'accuse d'étaler les turpitudes du monde dans le journal pour faire de l'argent. J'essaie de me défendre en invoquant le succès du courrier auprès des malheureux. Il me semble que je réponds à un besoin. On me rétorque que répondre à un besoin du peuple, c'est s'abaisser à son niveau. Moi, ça ne me gêne pas d'être au niveau du peuple. Je viens d'un quartier populaire, autour des rues Ontario et Frontenac, là où vit le peuple. Jean, lui, se sent un peu mal à l'aise à cause de ma réputation. Il se dissocie de mon activité de courriériste. C'est mon affaire, pas la sienne. Malgré tout, je crois sincèrement que je peux aider un peu, un tout petit peu, des gens qui ne savent pas où chercher de l'aide. Je ne le fais pas par bonté d'âme. Mais pour me valoriser. C'est une bonne raison. La raison de tous les bénévoles.

Cet été-là, Martin a six mois. Je passe l'été à le surveiller. Il se traîne à quatre pattes dans le bois. Il court après les lièvres et, des fois, il les dépasse. Sa vivacité fait l'admiration de toute la famille.

Je me demande comment il se fait que dire d'une fille « c'est une vraie fille », c'est péjoratif et négatif, alors que dire d'un garçon « c'est un vrai gars », c'est admiratif et positif.

En tout cas, moi, il m'éreinte.

Durant l'été, Télé-Métropole, par l'entremise de Robert L'Herbier, en couple lui-même et très heureux avec sa Rolande, nous propose d'animer une émission de notre choix à l'occasion de l'ouverture prochaine du poste. Télé-Métropole n'a pas l'argent pour produire des émissions dramatiques, alors je suggère un jeu pour couples, basé sur les jeux de société très populaires avant l'avènement de la télévision. Dans la parenté de mon père, où l'on aimait organiser des veillées, j'ai participé à de tels jeux opposant les femmes et les hommes. Dans le jeu que j'envisage, il y aura une répartition des forces. Par ce jeu, je veux démontrer que si les hommes sont plus forts physiquement, les femmes ont d'autres forces.

Mon mari, qui n'a jamais participé à des jeux semblables dans sa jeunesse, n'a pas confiance. L'argument qui l'emporte, c'est qu'on a une hypothèque à payer et un autre enfant à nourrir.

À reculons (Jean aura toujours honte devant ses confrères de Radio-Canada de jouer à des jeux qu'il considère comme enfantins), il accepte d'aller proposer mon projet à Robert. Celui-ci, son cigare à la bouche, est emballé. Il nous offre un réalisateur aussi dynamique que compétent, Jean Péloquin, que tout le monde appelle Pélo.

L'émission que j'invente s'appellera *Adam ou Ève*. De nombreux prix seront cachés dans un arbre, mais surtout la pomme d'amour qui vaudra au gagnant ou à la gagnante soit une automobile, soit un ameublement complet. Seuls des couples seront invités à participer. Comme les jeux sont toujours des jeux d'habileté et non de force physique, les femmes gagneront souvent. Dans le fond, je crois que le succès que connaîtra *Adam ou Ève* est lié tant au message nouveau qu'il véhicule qu'aux prix distribués.

En parlant de prix !... Dans le brouhaha de l'ouverture de Télé-Métropole, Pélo s'aperçoit que personne ne s'est occupé de trouver des commanditaires pour garnir l'arbre de prix. Nous sommes affolés : pas de prix, pas d'émission, et le poste ouvre dans une semaine ! Jean, Pélo et moi appelons des compagnies pour leur vendre l'idée de nous donner des prix pour une émission qui n'est pas encore en ondes. Comme nous avons un nom, une respectabilité, on nous offre des meubles, des appareils domestiques et même une automobile. Nous sommes devenus, par la force des choses, des vendeurs hors pair et réussissons à garnir l'arbre une journée avant la grande première.

Il faut dire que l'arrivée de Télé-Métropole est très attendue par le grand public et qu'il règne, rue Panet, où niche la nouvelle station, là où justement vit la « madame de la rue Panet » dont Radio-Canada ne veut pas comme téléspectatrice, une atmosphère de fièvre mêlée de la joie du découvreur. Tous les nouveaux artisans sont sur les dents, il faut que ce poste de télévision soit un succès. C'est un besoin, une nécessité. Tout le monde met la main à la pâte. Personne ne compte ses heures, ses pas. C'est l'euphorie des pionniers.

Les confrères de mon mari, patrons de Radio-Canada, n'ont même pas peur de ce petit poste « populo ». Ils se trompent. La chaîne privée offre des émissions près du monde. La masse, comme les snobs appellent le grand public, se reconnaît enfin.

Trois ans plus tard, les cotes d'écoute de Télé-Métropole dépassent celles de Radio-Canada. Moi, je suis comme un poisson dans l'eau. Au « canal 10 », je ne suis plus snobée mais reconnue pour ce que je vaux et même admirée par mes patrons. Et puis j'ai toujours voulu rejoindre le vrai monde. J'aime les petites gens. Je reconnais que Radio-Canada a joué un grand rôle. Le théâtre, la musique classique, le ballet ont pris leur essor grâce à la société d'État. On a fait appel à des écrivains pour écrire des téléromans, je pense, par exemple, à Germaine Guèvremont, Claude-Henri Grignon, Victor-Lévy Beaulieu. J'ai moi-même beaucoup appris à Radio-Canada, mais la culture, c'est aussi la comédie, la chansonnette, les jeux, etc. La culture doit être populaire, sinon elle ne concerne que quelques personnes. À Radio-Canada, à cette époque, être populaire équivaut à être vulgaire. Radio-Canada veut instruire. Télé-Métropole veut distraire. Radio-Canada s'adresse à l'élite, Télé-Métropole, à tous les autres. Ils se complètent et s'avéreront tous les deux nécessaires, indispensables.

* * *

Martin grandit. C'est un enfant aussi aimant, tendre et doux que tannant. Il n'arrête pas deux minutes. Il dévale les escaliers sur le derrière, et comme ça ne va pas assez vite, il s'attaque aux rampes des escaliers. Il faut le surveiller sans arrêt, et quand il fait une bêtise, il demande pardon avant qu'on le gronde, s'accusant lui-même d'être le plus méchant petit garçon du monde. Il nous bourre de becs dégoulinants. C'est un vendeur-né, comme son grand-père. Il se vend si bien qu'on lui pardonne tout. Ses deux sœurs en sont folles. C'est leur enfant à elles aussi ! Pour le calmer, on lui offre un petit chiot de quelques semaines, un golden retriever, qu'on nomme Macaire du nom d'un chien dans la saga *Les Thibault* de Roger Martin du Gard.

Comme je n'ai qu'une émission par semaine, j'offre mes services comme commentatrice de « parades » de mode. Je crois encore aveuglément que plus je gagne

d'argent, plus je suis aimée. Les défilés de mode s[...]
très populaires. Le mannequin vedette est Élaine Bédard.
Dupuis Frères, qui offre des prix à notre émission, m'engage pour un défilé qui a lieu au théâtre Saint-Denis.
C'est l'angoisse. Les cartes que je dois lire sont rédigées
dans un charabia ennuyant au possible. De toute façon,
je mélange les cartons dès le début (dyslexie toujours !).
Alors j'invente, je donne mes goûts, je m'adresse aux
hommes. Je me dis que, comme c'est certainement la
dernière fois que je ferai ce métier-là, autant dire ce que
je pense d'eux. Je récite un poème de Géraldy, *Abat-jour*,
en changeant la fin pour faire rire, une vraie cabotine !
Non, je suis une fille qui mêle ses cartons parce qu'elle
n'a pas d'allure, pas d'ordre, une moins que rien, qui fait
tout pour s'en sortir. Mais je suis aussi une fille qui se
noie mais qui nage quand même, une tuberculeuse qui
se guérit elle-même, une dyslexique qui gagne sa vie
en écrivant. Je suis une survivante. Les mannequins ne
savent pas quoi penser de cette parade de mode inusitée,
moi non plus, Dupuis Frères non plus.

De retour à la maison, je dépose le billet de cinquante dollars discrètement sur le bureau de Jean et me
couche, le cœur gros. Jean a raison, sans lui...

Le lendemain, le téléphone n'arrête pas de sonner.
Les magasins de vêtements pour femmes veulent tous
m'avoir comme commentatrice. Sans le savoir, sans faire
exprès, pire, pour pallier mon incompétence, je viens
d'inventer un nouveau style d'animation. Jean, qui me
considère comme la reine des « botcheuses », est surpris que mon manque de rigueur soit vu comme une
qualité. J'aimerais avoir de l'ordre. J'aimerais distinguer
ma gauche de ma droite, les accents aigus des accents
graves, les *m* des *n*. J'aimerais être comme lui, intelligente, cultivée, avec une mémoire phénoménale : parfaite. Hélas, je suis moi, rien que moi.

Mon petit moi est petit, petit, petit quoi que je fasse. Malgré tous mes efforts, je suis une « dompe » d'imperfections. Je sombre dans la culpabilité. Je pourrais faire mieux, je pourrais faire plus attention, être moins brouillonne, plus ordonnée, moins impulsive, plus attentive aux fautes quand j'écris. Je pourrais apprendre à taper à la machine, je pourrais, je pourrais… Je me promets de me corriger de tous mes défauts et de devenir digne de Jean. Je me demande même comment il fait pour rester avec une femme si ordinaire, lui que je trouve extraordinaire. Je suis persuadée qu'à la première occasion il va partir avec une autre, mieux que moi. Elles sont toutes mieux que moi. J'ai des rechutes de jalousie ! Mais je me soigne. J'ai trop peur de le perdre. Je veux qu'il m'aime. Ma mère ne m'aimait pas, lui, il va m'aimer, coûte que coûte !

Comme je ne veux plus avoir d'autres enfants – je travaille trop –, je cherche frénétiquement un moyen sûr d'empêcher la famille. Par hasard, je retrouve une camarade de couvent qui a épousé un gynécologue, lequel s'avère être un confrère de collège de Jean. Je les invite à souper et profite de l'occasion pour parler de mon désir de ne plus avoir d'enfant. Le docteur, au courant des derniers développements de la science médicale, me révèle l'existence d'une pilule anticonceptionnelle sûre à quatre-vingt-dix-neuf pour cent, un miracle pour les femmes. Je la veux, tout de suite !

On ne la trouve pas facilement. Les prêtres, les médecins… les hommes… Il y a une forte opposition. « Les femmes ont assez de contrôler la balayeuse, la lessiveuse, la sécheuse, elles vont pas contrôler les naissances en plus. » (J'ai réellement entendu cette phrase.)

Je veux cette pilule. Jean est d'accord, il me la faut ! Notre ami docteur finira par trouver un collègue anglophone qui rédigera une ordonnance et je pourrai me procurer la pilule dans une pharmacie de Westmount.

Je la prendrai bien avant qu'elle soit sur le marché. Elle sera trop forte et je développerai un fibrome, mais je peux enfin faire l'amour sans inquiétude. Je prends ma fécondité en main. Je ne connais pas à ce moment-là la place qu'occupera cette petite pilule dans la révolution des femmes. Ce qui me tracasse, c'est que les Anglaises de Montréal y ont accès alors que chez les francophones on la prend comme si c'était une drogue illicite. Pour avoir accès à la pilule, il faut connaître le « bon » docteur à l'esprit ouvert et ayant des relations chez les Anglais. Il faut avoir de l'argent, fréquenter un certain milieu. Qu'importe, je suis libérée de la peur d'être enceinte qui jetait un froid sur ma vie sexuelle. Je peux faire l'amour quand je veux, quand ça me tente, sans les tracas des préservatifs mécaniques ! Mon mari prend peur. L'appétit sexuel est depuis toujours l'affaire des hommes. Ce sont eux qui demandent, pas les femmes. Il s'avère donc que la pilule ne fait pas que limiter les naissances, elle transforme les relations de couple pour le meilleur parfois, souvent pour le pire. Des livres publiés en France par des hommes affirment que la pilule est l'œuvre du diable, que les femmes vont avoir des centaines d'amants, vont se vautrer dans le vice. Les hommes de mon courrier du cœur sont plus directs et plus francs. Tous ceux qui n'ont pas un gros appétit sexuel sont affolés. Ils n'auront plus l'excuse des jours « dangereux » pour se tourner de bord après le petit bec du soir. Certains craignent de perdre leur virilité, d'autres, leurs érections devant les demandes des femmes. En 1968, le pape va aider les hommes qui ont peur de la libido libérée des femmes en condamnant l'usage de la pilule. Les femmes, heureusement, ne tiendront pas compte de la défense du pape et n'en feront qu'à leur tête. Elles auront des enfants, mais quand elles le voudront et le nombre qu'elles voudront, et ce ne sera pas négociable.

En 1961, Jacqueline Kennedy entre à la Maison-Blanche à côté de son mari président des États-Unis, Jack Kennedy. C'est une épouse moderne qui marche non plus deux pas derrière son grand homme, mais main dans la main avec lui. On ne sait pas à cette époque que son mari est un coureur de jupons et que derrière son sourire elle cache la tristesse de la femme trompée, mais elle devient un modèle pour les femmes. Une épouse ne doit pas être derrière son homme, mais à ses côtés. La femme d'un grand homme peut être autre chose qu'une servante ou une potiche. L'année suivante, Marilyn Monroe meurt, victime de son sex-appeal. Elle emporte avec elle dans la tombe le modèle de la femme-enfant qui a besoin d'hommes, de beaucoup d'hommes pour la protéger. *Poor little thing.*

Un livre, un autre, va changer ma vie. C'est l'œuvre d'une Américaine, Betty Friedan, et son livre s'intitule *The Feminine Mystique*. Je le lis en anglais, puis en français sous le titre *La Mystique féminine*, pour être sûre de bien comprendre chaque phrase. Elle a le talent de mettre le doigt sur le nouveau malaise des femmes. Elles ont tout pour être heureuses, un mari qui gagne la vie de la famille, des enfants, une maison, des meubles modernes, une cuisine-laboratoire, et pourtant elles ne sont pas heureuses. Elles se sentent «comme dans un camp de concentration tout confort». Betty Friedan constate qu'après un siècle de luttes féministes les femmes se sentent encore coupables d'exercer une profession ou un métier et de gagner de l'argent. La culpabilité est leur pain quotidien. C'est l'histoire de ma vie.

Betty Friedan, elle-même mariée et mère de trois enfants, invite les femmes à penser à elles et à «s'accomplir grâce à un travail qui les fasse exister par elles-mêmes». Je suggère à mon mari de lire ce livre. Il le repousse comme il avait repoussé *Le Deuxième Sexe* :

— J'ai autre chose de plus important à lire ! Il y a une révolution qui se prépare en Chine.

J'ai envie de lui dire :

— Il y a la révolution des femmes qui se prépare ici.

Jean n'est pas une exception. Il croit comme les autres hommes de ce temps qu'ils sont supérieurs aux femmes. Comment ne le penserait-il pas ? Ça fait des siècles qu'on le répète. La religion lui en donne la preuve en n'acceptant pas de femmes dans le clergé. De plus, il n'y a pas de femmes en politique. Toutes les décisions importantes hors du foyer sont prises par des hommes. Jean ne peut pas être autrement que les autres hommes. Il ne sait pas qu'on peut être autrement. Si j'ai gardé mon nom de fille, c'est que dans le milieu des artistes on ne saurait faire carrière sous le nom de Mme Jean Lajeunesse (pour se nommer, les femmes mariées utilisent les nom et prénom de leur mari, précédés de « madame »). Jean est considéré par plusieurs de ses amis comme un pré-homme rose parce qu'il me laisse travailler et porter mon nom de fille. D'autres le traitent de profiteur. Ce n'est qu'un être anxieux, inquiet sous des airs de matamore.

***

La vie des Canadiens français change. À la mort de Maurice Duplessis, Jean Lesage prend le pouvoir avec son « équipe du tonnerre ». Après le conservatisme, le libéralisme. En 1961, le député libéral de Jacques-Cartier meurt et c'est sa fille, Claire Kirkland-Casgrain, qui se présente pour le remplacer. Elle gagne. Ce sera la première députée québécoise. Elle est épouse et mère de famille, et devient un bon alibi pour les politiciens : le Parti libéral est d'avant-garde, il a accepté une femme. (J'allais écrire une Noire !) On doit à cette femme le projet de loi 16 qui mettra fin à l'incapacité juridique de la femme mariée. Une femme n'est plus tenue de présenter la signature de son mari pour faire des transactions à la banque. La femme peut maintenant exiger la séparation de corps si son mari est reconnu coupable d'adultère. Il faudra des années, cependant, avant que toutes les dispositions de la loi soient appliquées tant les préjugés contre les femmes sont solides. Chose étonnante, cette loi, si importante pour les femmes, est critiquée par elles. Les femmes sont habituées à agir individuellement et les lois les concernant comme groupe ne semblent pas les atteindre. À cette époque, la solidarité n'existe que pour les hommes. On le dit, on nous le répète jusqu'à ce qu'on le croie.

J'anime de plus en plus de défilés de mode en dehors de Montréal. Savoir conduire me serait très utile. Je suis à la merci de mannequins possédant une auto. Je m'inscris à un cours de conduite automobile. Le professeur ne comprend pas que je ne puisse reconnaître ma gauche de ma droite. Pour m'orienter, je dois à chaque tournant faire mon signe de croix, vestige de mon éducation religieuse. Je coule mon examen. Je ne sais pas encore que je souffre de dyslexie, alors me reviennent mes pensées noires. Pas même capable d'apprendre à conduire une auto.

Je suis un autre cours et cette fois-ci – est-ce par pitié ou par favoritisme ? – j'obtiens mon permis. Mon mari m'achète une petite auto pas chère. Je me demande si c'est normal que la femme se retrouve toujours avec une familiale d'occasion ou une toute petite auto neuve alors que c'est elle le plus souvent qui transporte le bien le plus précieux de la famille : les enfants.

Je conduis, mais je suis un danger public. Je suis toujours perdue. En plus de ne pas différencier ma gauche de ma droite, je ne sais pas où est le nord, le sud, l'est, l'ouest. Il m'arrive même de me rendre à Laval en croyant être à Ville Saint-Pierre. Un jour, en route pour aller animer un défilé de mode dans Villeray, je me perds. Je sais que l'on m'attend. Je suis énervée. Je tourne en rond. J'aperçois une auto de police, me colle derrière elle. Les policiers descendent, agressifs, style « les maudites femmes, elles savent pas conduire », et m'aperçoivent en larmes.

— J'ai perdu le nord !

Ils se regardent, perplexes. Je sens qu'ils pensent que j'ai bu. Je me lance dans une longue explication qu'ils ne comprennent pas. Finalement, ils m'offrent de les suivre. Je pense qu'ils m'amènent au poste, mais non, ils me guident jusqu'à mon défilé de mode. Ouf !

Je déteste conduire. Chaque fois c'est une épreuve. Je pars des heures à l'avance pour arriver à temps. Je ne suis jamais sûre d'emprunter la bonne route, alors je prends une passagère qui peut m'aider à me diriger. Un mannequin que je voiture souvent me fascine. C'est une très belle et très sculpturale autochtone, Alanis Obomsawin. C'est une splendide Abénaquise. En cours de route, je lui pose des questions sur sa vie. Comme elle voit que je m'intéresse à l'histoire de son peuple, elle se vide le cœur. Elle me parle de l'école des Blancs qu'elle a été forcée de fréquenter, des livres qui lui apprenaient que les Indiens sont tous méchants et les Blancs, tous bons. Elle me parle des religieuses qui lui défendaient de parler sa langue. Elle s'enflamme. Je sens sa colère et je la partage. Nous qui avons été dominés par les Anglais, nous essayons de toutes nos forces de dominer les Amérindiens, comme si le fait de les assujettir allait nous guérir d'avoir été colonisés.

***

Martin a deux ans et demi et je m'apprête à passer l'été au lac quand je reçois un appel de l'Office national du film. Des producteurs de Disney, à Hollywood, cherchent une jeune actrice pour jouer le rôle de la femme d'Émile Genest dans un film. Je ne comprends pas trop pourquoi on m'invite à passer une audition, je ne me considère pas comme une actrice. On m'apprend qu'on cherche la petite Canadienne française typique et que je suis typique. Moi, typique !... Je passe donc l'audition, avec toutes les actrices du temps, devant des producteurs de Hollywood. Après le rituel : « *Don't call us, we'll call you* », j'oublie le film ; je ne peux pas être choisie, je parle trop mal anglais.

Une semaine plus tard, je reçois un autre appel, de Los Angeles cette fois. J'ai été sélectionnée pour passer le *screen test*, à Montréal. Je me présente par acquit de conscience et lis le texte du mieux que je peux. À la fin du bout d'essai, me jugeant pourrie, je m'écrie :

— Torpinouche que je suis pas bonne !

Et je me tape la tête en riant.

J'étais sincère, je me trouvais en dessous de tout. Je rentre donc à la maison convaincue que je n'ai aucun avenir comme comédienne à Hollywood, et puis, dans le fond, j'étais bien contente d'avoir mal joué, ne voulant pas laisser mes trois enfants pour l'été. Je n'y pense plus. Une semaine avant la fin de l'école, le téléphone sonne de nouveau : c'est Norman Tokar, le réalisateur du film. J'ai été choisie pour jouer Thérèse, la femme d'Émile Genest dans un film intitulé *Big Red*, du nom de la vedette du film, un chien. Walter Pidgeon interprète le rôle principal, l'éleveur du chien. J'hésite beaucoup à laisser les enfants pour un mois, surtout Martin qui est si petit et a tant besoin de moi. Jean considère que je ne peux pas refuser cette offre alléchante. Lui-même, cet été-là, jouera à Seattle. On partirait ensemble, puis il viendrait me rejoindre dès qu'il serait libre et on passerait une semaine en amoureux à Los Angeles. Ça me tente... surtout pour l'argent. Je recevrais trois cents dollars, toutes dépenses payées. Je demande à papa et à Magella s'ils peuvent garder les enfants pendant le mois de juillet. Ils sont ravis. La mort dans l'âme, je prends donc l'avion, seule, pour l'aventure avec un grand A.

À mon arrivée là-bas, un chauffeur en livrée m'accueille et m'accompagne jusqu'à une immense limousine. Il m'informe qu'il sera mon chauffeur durant toute la durée de la production. Il me conduit à mon hôtel, le Roosevelt, là où a lieu la cérémonie des Oscars ; c'est juste en face du Grauman's Chinese Theatre, devant lequel des mains de stars de Hollywood sont imprimées dans le ciment. Je n'en crois pas mes yeux. C'est trop ! Si ma mère me voyait ! On file ensuite aux studios Disney, à Burbank, où on me traite comme une star, moi qui n'en suis pas une. Je retiens constamment un fou rire. Ça n'a juste pas d'allure ! Je rencontre Pat Boone, l'idole numéro un des teenagers ; il porte un habit bleu poudre, de la même couleur que ses yeux. Je croise Jane Russell au volant d'une décapotable rose, les seins comme des « ballounes » ; les sièges de son auto sont recouverts de « minou » rose.

Quand on me présente ma répétitrice et mon chaperon, on précise :

— *We want you to be happy, honey.*

On a trouvé, me dit-on, une fille qui parle ma langue, une Française, et qui va m'aider à me débrouiller dans Hollywood. Je trouve ça gentil tout plein. Excepté que la fameuse fille connaît à peine quatre mots en français : « oh là là ! », « c'est magnifique », « la vie en rose », « c'est si bon ». C'est une « Française » née aux États-Unis de parents nés eux aussi aux États-Unis et qui ne parle pas français. Je découvre immédiatement la supercherie, bien sûr, mais elle me supplie de ne pas en dire un mot à personne, car elle gagne sa vie en faisant croire qu'elle parle français. Je ne la dénonce pas, mais j'insiste pour me débrouiller seule ; ce sera plus profitable pour moi.

Après une semaine d'essayages de costumes, de perruques, on découvre que je fais trop jeune, que je suis trop sexy, surtout. Dans l'histoire, Émile Genest et moi travaillons pour un éleveur de chiens. Ce film étant destiné aux enfants, il ne faut pas que mon patron, Walter Pidgeon, puisse avoir du désir pour moi. On me procure un genre de corset pour m'aplatir les seins. On me teint les cheveux en brun et on ajoute une toque artificielle. C'est tout juste si on ne me colle pas de la barbe au menton et quelques « titines ». Le jeune réalisateur passe son temps à me dire :

— *You're too sexy, honey.*

Moi, sexy ! Je crois sincèrement n'être ni plus ni moins sexy qu'une autre fille de mon âge, mais les Américains, puritains, sont convaincus que les « Frenchies » sont toutes « cochonnes ».

Le tournage commence. La première journée, Émile, gâté par le succès des *Plouffe*, fait une crise de vedette qui me met très mal à l'aise. Norman Tokar, qui a l'air d'avoir eu vingt-deux ans la veille, s'approche doucement de lui et dit, avec un sourire suave :

— *Émile, prima donna is out of fashion.*

Émile ne fera plus de crise et j'apprendrai, moi, comment parler aux comédiens.

Walter Pidgeon est gentil avec moi, il m'appelle sa « *sweetheart* », sa « *honey* », mais ça ne veut rien dire. Les Américains aiment les mots sucrés. Je m'ennuie beaucoup de mes enfants. Un jour, sur le plateau, je me mets à pleurer. Le réalisateur demande une pause et vient me rejoindre dans ma roulotte (j'ai une roulotte à moi toute seule). Je lui confie en braillant que je m'ennuie de mes filles et de mon petit garçon. Il propose que je les appelle. Je lui dis qu'ils ne sont pas joignables puisqu'il n'y a pas le téléphone au camp de mon père, et que le premier appareil est à dix milles. Il me console et le tournage

246

reprend. Le lendemain, en plein tournage, j'entends crier : « Maman, c'est Martin ! » La production a réussi à joindre mon père, je ne sais comment, et j'ai pu parler à mes enfants. Quelle délicatesse. Le soir, le réalisateur m'apprend que chez Disney on considère qu'un acteur heureux épargne de l'argent à la production.

Pendant mon séjour, des agents d'acteurs me font la cour. Ils me promettent tous la gloire. Moi, je n'ai qu'un désir : retrouver mon mari et mes enfants, et ma télévision. Le cinéma à Hollywood, très peu pour moi. À mon retour, au bout du mois, Martin me boude, il s'accroche à Magella, ne veut plus de moi. Je dois faire sa conquête. Je me jure de ne plus le laisser. Quand le film sortira à Montréal, un an plus tard, au cinéma Loews, il passera presque inaperçu. Il était présenté en anglais uniquement. *Big Red* n'est pas un grand Disney, mais il m'aura appris que plus jamais je ne laisserai mes enfants pour un mois !

***

La « Révolution tranquille » se prépare. Je remarque qu'elle n'implique que les hommes. Malgré le vent de libéralisme qui souffle sur le Québec, c'est encore et toujours le même patriarcat, le double standard, la même inégalité entre hommes et femmes. La femme est encore inférieure à l'homme. Mais la Révolution tranquille lui apporte l'espoir qu'il y a enfin de la lumière au bout du tunnel.

Fort du succès d'*Adam ou Ève* qui se poursuit, Robert L'Herbier, qui a des adolescents, m'offre d'animer une émission destinée aux jeunes. Je lui suggère *Comment ? Pourquoi ?*, une émission hebdomadaire qui sera diffusée le samedi, juste avant le hockey. J'y propose des chroniques sur la santé des jeunes, sur leur sexualité, sur les nouveautés qui leur sont destinées. J'invite des jeunes et je leur donne la parole. C'est une première. Autre première : je travaille seule, je négocie seule.

Je m'entoure de spécialistes pour m'aider à aider les jeunes. Cette émission fera l'unanimité chez les ados parce que j'aborde des sujets tabous dont personne ne parle et dont les jeunes ne peuvent parler à personne sans se faire rabrouer. Un exemple : à cette époque, la virginité des filles préoccupe beaucoup les garçons. On leur répète sur tous les tons qu'il faut marier une fille vierge. Mais qu'est-ce au juste que la virginité ? Ils ne savent pas ce qu'est une vulve, un vagin, encore moins un hymen. Certains pensent que c'est un mur de béton armé, d'autres, que c'est un voile qu'il suffit de soulever. J'apporte à l'émission une planche médicale représentant des vagins et des hymens de toutes sortes, et même des vagins sans hymen, comme ça peut arriver. Le gynécologue qui participe à l'émission explique aux jeunes tout ce qu'il faut savoir sur la virginité. Je lui pose des questions tout simplement, il me répond tout simplement, comme si on parlait d'une autre partie du corps. J'ai pour mon dire qu'il faut parler normalement des choses normales, et c'est normal pour une fille d'avoir un vagin.

Le lendemain, les journaux me condamnent. Je pervertis la jeunesse. Je fais de l'exhibitionnisme ! Dès qu'on parle de sexualité au Québec, on est taxé de voyeurisme, d'exhibitionnisme. Je suis très surprise des réactions outragées. Je parle aux jeunes comme je parle à mes filles, tout simplement. Télé-Métropole m'appuie, d'autant plus que les cotes d'écoute grimpent. L'émission répond aussi à des questions d'ordre plus pratique. Si je propose une lotion pour assécher les boutons, le fabricant est assuré de vendre sa réserve de l'année en une journée. Si je conseille des exercices pour redresser les jambes croches, je reçois des centaines de lettres me suppliant de trouver des exercices pour faire grandir, maigrir, grossir. Je suis toujours très franche avec les jeunes. Ils savent que je ne triche pas. Ils ont confiance en moi, garçons et filles.

Pour cette émission, je me tiens au courant des idoles des jeunes. Un jour, j'apprends que les Beatles viennent à Montréal donner deux concerts au Forum. Je veux faire un reportage sur eux, les interviewer, ramener des images d'eux. Je m'organise pour me faire inviter à la très sélecte conférence de presse au Forum. Je me retrouve avec une majorité de journalistes anglophones qui les criblent de questions. Le gérant des Beatles est rigide comme un général d'armée, c'est lui qui décide si les jeunes chanteurs doivent ou non répondre aux questions. Les Beatles ont l'air de s'ennuyer ferme. Ils parlent entre eux, ils se font des blagues. Des garçons mal élevés ! Leur gérant nous explique que la tournée est fastidieuse et qu'ils arrivent de Toronto, qu'ils sont fatigués. Ce sera court !

J'ai beau lever la main, le gérant des Beatles n'a pas l'air de me voir. Finalement, à force d'insister, j'obtiens la parole. J'ai quelques secondes pour m'exprimer. Je demande en anglais aux Beatles s'ils savent qu'ils sont au Québec et que ce soir ils se produiront devant quatre-vingts pour cent de francophones. Le gérant, sans broncher, passe à une autre question.

La conférence de presse se termine. Le caquet bas, je sors avec les autres journalistes, quand je sens une main sur mon bras. C'est John ! Il me demande, dans un français cassé, de le suivre et il m'amène sur l'estrade où sont restés les autres Beatles. Ils m'entourent, me demandent de leur expliquer Montréal, le Québec. Ils s'excusent de leur ignorance. Ils croyaient le Canada strictement anglais. Ils sont d'une politesse extrême. Je me sens à l'aise avec eux. Je leur fais en cinq minutes un cours d'histoire du Québec. Ils me remercient en me donnant deux billets pour le concert, puis les quatre me serrent la main à tour de rôle. Je flotte jusqu'à Télé-Métropole. Je vais voir ce phénomène musical de près et en rendre compte à mon émission.

À la maison, mes filles n'en reviennent pas. J'ai la main droite bénie. Elles veulent toutes les deux venir avec moi, mais j'ai donné l'autre billet à un caméraman de la station. Travail oblige ! Je l'ai prévenu que les caméras sont défendues sous peine de se les faire confisquer. Qu'à cela ne tienne, il découpe dans son imperméable un trou rond grandeur lentille de caméra, cache sa caméra en dessous de son imper et en route pour le Forum ! Il me filmera en train de regarder le cirque. Car c'est un cirque ! Les cris des petites jeunes filles couvrent la musique et la voix des Beatles. Il y en a qui sont en transes et en pleurs, et autour de moi c'est une marée de mains tendues, de bras qui se tordent. Je me demande pourquoi les filles se pâment devant des garçons inaccessibles et je comprends que c'est exactement parce qu'ils sont inaccessibles qu'elles les aiment tant. Elles sont sûres qu'ils resteront un rêve. Je comprends que les petites filles ont des pulsions amoureuses très intenses. Si elles les dirigent vers un être réel, elles sont déçues, tandis qu'avec une idole elles ne risquent rien. Je sortirai du concert sans avoir entendu une seule chanson, les cris les ayant couvertes, mais j'aurai une grande satisfaction. En entrant sur scène, les Beatles ont dit à l'auditoire leur joie d'être à Montréal en français, et ça, c'est grâce à moi. Je découvre que je suis profondément fière d'être francophone et que je sais me faire respecter dans mon identité. Le samedi suivant, je fais une émission entière sur le phénomène des idoles chez les adolescents avec, en prime, l'extrait du show. On est les seuls à avoir réussi à filmer les Beatles pendant qu'ils chantaient.

Je ne me souviens pas de tous les sujets abordés à *Comment ? Pourquoi ?*, mais je sais que j'y ai parlé d'homosexualité. Il m'arrive encore, en me promenant dans la rue, de me faire aborder par un homme qui me remercie de lui avoir permis de vivre son homosexualité sans honte. Au bout de cinq ans, l'émission m'est retirée ; c'est un garçon qui prend ma place. La raison ? Je ne l'ai jamais sue.

Il y a à la télévision une règle non écrite qui perdure. J'en suis encore victime. Si ce sont les patrons qui vous engagent, ce ne sont jamais eux qui vous mettent dehors. Vous apprenez le plus souvent que vous ne faites plus une émission par une note qui traîne sur un bureau. Vous demandez une explication en haut lieu et on vous en donne dix, nébuleuses. On ne veut plus de vous, mais on n'a pas le courage de vous le dire. Je compare les ruptures à la télé aux ruptures amoureuses. Personne n'a le culot de dire à l'autre : « Je ne t'aime plus, va-t'en. » Alors on trouve des raisons vagues, mais difficiles à avaler : « On l'a assez vue ! — Elle fait trop d'argent, elle là ! — Faut donner la place à un autre. — Trop jeune, trop vieille, trop grosse, trop maigre, trop populaire, pas assez… »

J'aimais *Comment ? Pourquoi ?*, cette excroissance de mon courrier du cœur. J'ai de la peine de quitter l'émission, de quitter le réalisateur Jean Bernatchez qui a cru en moi et avec qui j'ai connu une grande complicité. Nous faisions nos propres recherches, nos propres appels téléphoniques. Nous portions l'émission sur nos épaules. Et juste comme elle est bien rodée, on nous l'enlève. C'est la télévision !

Entre-temps, Télé-Métropole m'offre une émission quotidienne en après-midi. Je propose *L'École du bonheur*. L'idée vient encore de mon courrier du cœur. Je reçois parfois des lettres de gens qui ont trouvé une solution à un petit problème de leur vie. Ils veulent la partager. *L'École du bonheur* sera faite de suggestions du public. Je vais demander aux gens de m'envoyer la version avant-d'avoir-réglé-le-problème et la version après. Les meilleures lettres serviront de canevas à un sketch improvisé par des comédiens. Les correspondants pourront gagner un lave-vaisselle, une nouveauté sur le marché. Je sais un peu, après avoir observé Olivier Guimond, comment on improvise sur canevas, et dans ce bateau j'embarque des couples : Juliette Huot et Denis Drouin, Pierre Dufresne et sa femme, René Caron et Denise Proulx, etc., tous capables d'improviser. J'agis comme animatrice et comme directrice des comédiens. Bien avant la Ligue d'improvisation, on fait de l'impro à la télé. Il y a des bons sketches, d'autres moins bons. On ne peut ni les raccourcir ni les enlever : on est en direct. Cette émission va durer trois ans et se terminera faute de canevas venant du public. Le bonheur est rare !

Et pendant ce temps, la superwoman travaille comme une folle et fait semblant de ne pas être fatiguée. À qui dire « je suis au coton » quand on n'a pas de mère ? Un jour que je me plaignais à mon père d'être débordée, il m'a répliqué sèchement :

— T'as juste à pas travailler. Moi, ma femme a jamais travaillé.

Pour mon père, une femme mariée qui travaille est un signe de grande pauvreté ou de lâcheté du mari.

J'essaie d'être bonne mère, bonne épouse, bonne ménagère tout en travaillant comme un homme. Je me sens si coupable de travailler, et surtout de prendre plaisir à travailler, que je compense les heures passées loin de la maison. Je vais patiner avec les enfants. Je fais du ski avec eux. Je passe l'été avec eux, au lac. Je fais à manger pour eux. Je reçois des amis à souper. Je donne des « partys » pour cinquante personnes. Je fais mes chocolats, et les pâtisseries françaises n'ont pas de secret pour moi. Il n'y a que le ménage que je ne fais pas. Si je n'ai pas d'aide, la poussière s'accumule, c'est tout. Une chance, Jean ne voit ni la poussière ni le désordre. Enfin, s'il les remarque, il ne m'en parle jamais. Je suis très heureuse. Ma famille m'apprécie, les téléspectateurs m'apprécient, mes patrons m'apprécient, il y a juste que je suis fatiguée de vivre tant de vies à la fois. Je ne me plains pas, je fais semblant de ne pas être fatiguée et, ma foi, j'arrive même à le croire. Je bannis le mot « fatigue » de mon vocabulaire. Au contraire, je proclame que je ne suis jamais fatiguée. Ça aide !

Mon mari, qui travaille moins que moi, est heureusement souvent à la maison. S'il ne sait pas faire cuire un œuf ni passer la balayeuse, il s'occupe des devoirs des enfants, il est attentif à leurs besoins. Il est là pour eux. Il est d'une grande patience avec eux. Plus grande que la mienne. Il peut jouer des heures à se batailler avec Martin. Mes deux grandes filles s'occupent de leur frère quand Jean travaille. Habitant la ville, je m'arrange pour être à la maison à midi et les enfants, qui vont à l'école dans le quartier, viennent dîner. Le soir, je ne travaille pas, je suis là, doublement. Je ressens quand même beaucoup de culpabilité de ne pas être une mère à plein temps. Plus tard, quand je demanderai à mes filles si j'étais une mère absente, elles seront surprises de ma question.

— T'étais toujours là !

Ce n'est pas vrai, je n'étais pas toujours là, mais elles n'ont pas trop ressenti mon absence.

Chaque année, un grand bal a lieu pour couronner Miss Télévision. C'est un bal grandiose organisé par le journal *Radio-Monde*. Une année, c'est mon tour, après Michèle Tisseyre, Nicole Germain, et d'autres. Selon les lecteurs de *Radio-Monde*, je suis la vedette la plus populaire de la télévision. Ça me flatte. Mon mari, lui, est vexé que je puisse penser accepter ce prix donné par un journal à potins. Je déteste les potins. Je ne suis pas une potineuse. C'est vrai, il y a dans ce journal des potineurs qui payent n'importe qui qui leur apporte des ragots sur les vedettes, qu'ils publient sans les vérifier. J'ai eu moi-même à souffrir d'entrefilets assassins, mais le bal est considéré comme l'événement artistique de l'année, et c'est un compliment énorme que d'être jugée la meilleure cette année-là par les lecteurs d'un journal. J'ai un immense besoin d'être approuvée, reconnue. Comme je dis souvent : « Les compliments, c'est la gazoline qui fait fonctionner mon moteur. »

Mon mari m'ordonne de refuser et, pour la première fois de ma vie, je lui désobéis. J'accepte le prix. Je comprends ses raisons, mais je lui demande de comprendre les miennes. J'irai au bal le cœur en compote. Jean est bien forcé de m'accompagner. Je devrais être heureuse, je ne le suis pas.

***

La publication du rapport Parent, en 1964, marque une étape importante dans l'histoire des femmes. C'est, d'après moi, ce qui donne le coup d'envoi au mouvement de libération de la femme. Le rapport Parent, tout en continuant d'affirmer que le rôle premier de la femme est sa vocation de mère, préconise pour les filles le droit à une éducation identique à celle des garçons. Il recommande la gratuité scolaire et les classes mixtes. C'est la fin du cours classique, du cours universitaire, le début des cégeps. C'est la fin des religieuses. En 1960, 1526 religieuses occupaient des postes de commandement dans l'enseignement. En 1985, il en restera 185. Des hommes cadres remplaceront les religieuses. Les jeunes filles qui sont entrées en religion surtout pour faire carrière dans l'enseignement, pour pouvoir poursuivre des études ou pour voyager à l'étranger se retrouveront le bec à l'eau. Les vocations diminuent. En 1960, il y avait près de 38 000 religieuses au Québec et environ 12 000 à l'étranger. Il en reste combien aujourd'hui ?

N'empêche, elles ont été vaillantes et généreuses. Sans elles, je ne sais pas qui aurait recueilli les enfants abandonnés, donné à manger aux pauvres, soigné les malades, accueilli les vieillards sans toit. Elles ont enseigné du mieux qu'elles le pouvaient, avec les préjugés du temps et avec le clergé sur le dos, à de nombreuses générations d'enfants et de jeunes filles. Nous leur devons beaucoup.

Les religieuses perdront, avec l'arrivée des cégeps, un fief important : la direction des écoles d'infirmières. Elles en dirigeaient trente-sept au Québec, soit presque toutes.

Une infirmière m'a raconté ses trois années d'études à l'hôpital Hôtel-Dieu, en 1956. Les jeunes filles apprenaient tout en travaillant. Elles faisaient du 8 à 8, soit le jour, soit la nuit, et, quel que soit leur horaire, elles devaient suivre leurs cours. Elles recevaient cinq dollars par semaine pour le travail qu'elles accomplissaient, mais devaient payer elles-mêmes le Chinois qui empesait le voile qui retenait leurs cheveux et le plastron qui dissimulait leur poitrine. Elles étaient pensionnaires. On leur interdisait de s'asseoir à la cafétéria avec les internes de peur que l'amour fleurisse entre eux. À la fin des trois ans, elles seront payées trente-cinq dollars par semaine pour le même 8 à 8. Je comprends pourquoi il n'y avait pas d'infirmiers à cette époque : aucun homme n'aurait accepté ce salaire de famine.

Les temps changent à une vitesse folle. Un bon prétendant, dans les années trente, c'est un bon travaillant. Dans les années soixante, c'est un bel homme, propre de sa personne, affectueux, qui ne boit pas, ne sort pas, ne dépense pas trop. Le critère « bon travaillant » arrive en dernier.

En 1930, les époux ne font qu'un et c'est l'homme qui domine. En 1960, les époux sont deux personnes qui unissent leurs destinées par amour.

Jusqu'aux années soixante, les femmes offraient leur soumission en échange de la protection du mari. Les femmes commencent alors à se prendre en main, à travailler à l'extérieur. Elles veulent échanger la protection contre l'égalité. Les hommes ne sont pas d'accord. Depuis quand un patron veut-il que son employé soit son égal ? C'est un non-sens. C'est bien caractéristique des femmes, rêver à des chimères ! Jusqu'aux femmes collaboratrices de leur mari qui commencent à réclamer une reconnaissance financière de leur conjoint. Il y en a même qui veulent que le restaurant qu'ils tiennent à deux soit baptisé du nom des deux. Des femmes de médecin qui travaillent avec leur mari comme pharmacienne ou secrétaire réclament un salaire. Elles en ont assez de travailler dans l'ombre d'un homme, d'être tenues pour acquises. Les hommes sont étonnés : les femmes sont virées folles, qu'est-ce qui leur prend tout d'un coup ?

Chez les femmes d'agriculteurs, la révolte gronde, mais ça prendra des années de lutte avant qu'elles soient reconnues sur les plans juridique, social et financier.

Dans les années soixante, pour la majorité des femmes salariées, avoir un emploi signifie ne pas être payées autant que les hommes et travailler un plus grand nombre d'heures qu'eux. De plus, ces travailleuses n'ont accès ni à des services de garderie, ni à des congés de maternité, ni à de l'aide à la maison. Malgré quelques petits éclats ici et là, les femmes restent en général très soumises et très dépendantes des hommes. Il n'y a pas seulement les hommes qui soient conditionnés par des siècles de lavage de cerveau. Nous aussi. Les femmes sont encore persuadées de leur infériorité physique et intellectuelle. J'ai beau me poser des questions sur mon rôle dans mon couple, je n'en parle pas à mon mari, de peur de le fâcher. Si j'ai si peur de le perdre, c'est qu'on m'a convaincue que sans un homme, point de salut.

Jean joue de temps à autre au théâtre, à la télévision, mais sa grande force, c'est de faire fructifier l'argent. Il y passe des heures. Je suis les bras, il est la tête, et c'est très bien comme ça. Pour le moment.

En 1965, révolution dans la mode : la minijupe apparaît.

Jamais auparavant les femmes n'avaient montré leurs cuisses. Même du temps du Charleston, les robes s'arrêtaient aux genoux, jamais plus haut. Il a suffi que Mary Quant, une Anglaise de Londres, lance cette mode et que la France, en la personne du couturier Courrèges, emboîte le pas pour que toutes les femmes, même celles du Québec, suivent en vraies brebis. Je me rappelle très bien cette époque. J'essaie de toutes mes forces de ne pas suivre cette mode qui n'avantage que les filles maigrichonnes aux longues jambes, mais c'est impossible, pas moyen de trouver une jupe ou une robe qui ne soit pas rase-fesses. Ce qui compte dans les années soixante, ce n'est pas d'être élégante, mais d'avoir l'air d'une petite fille sans seins, sans ventre, sans hanches. On peut dire que l'ère de la « madame » est terminée, c'est le temps de la jeunesse. La jeunesse bouge, danse, court, il lui faut des vêtements confortables et simples. Pour porter sous les minijupes, on propose des collants inspirés de ceux des danseuses de ballet. C'est la fin de la contrainte du corps par le corset et la gaine.

À ce sujet... Les mères ont toujours cru que les corsets et les gaines protégeaient la vertu. Comme s'il n'y avait pas de plaisir à délacer lentement un corset ou à retirer une gaine… Quoi qu'il en soit, les mères croyaient que ces dessous constituaient un obstacle de plus à franchir avant de sauter le pas. Donc, plus de gaines, plus de porte-jarretelles, c'est l'ère du collant. Les femmes, si elles ne peuvent pas s'offrir une minijupe, coupent leurs robes et font des ourlets qui ourlent leurs fesses surtout. L'été, les hommes se rincent l'œil même si certains nostalgiques trouvent encore qu'une cheville nue est plus excitante qu'une cuisse nue. La plupart des hommes détesteront le collant, qui leur apparaîtra comme une cuirasse ne laissant entrevoir aucun éclat de peau rose. Dans le fond, la minijupe répond à un désir profond des femmes de se libérer le corps des modes qui entravent leurs allées et venues. La minijupe est signe de liberté. Elle sera adoptée à l'unanimité par toutes les femmes, jeunes ou vieilles, grosses ou maigres, aux jambes croches ou trop musclées. Twiggy, seize ans, quatre-vingt-dix livres, est sacrée mannequin numéro un !

Durant la vague de la minijupe, Fernand Seguin invite le couturier Courrèges à son émission, *Le Sel de la semaine*. Considérant que je représente la Québécoise typique, il aimerait que je sois mannequin d'un soir. Flattée, j'accepte. La veille de l'émission, je dois me présenter devant M. Courrèges pour un essayage. Excitée de rencontrer un grand couturier, je m'amène à son hôtel. Il me regarde longuement, puis s'écrie, en guise de salutation :

— Ah non, ce n'est pas possible !

Il fait le tour de ma personne comme si j'étais un Rodin, il me jauge, m'examine, puis conclut :

— On ne peut rien faire avec ça !

Son assistante, une asperge, imite son maître et s'exclame, elle aussi :

— Quand même, on ne fait pas de miracles !

Je n'ose pas encore comprendre que c'est de moi qu'on parle. Il y a erreur. Ils doivent s'entretenir d'un quelconque objet que je ne vois pas.

Le génie de la minijupe m'enferme dans la chambre avec son assistante, qui me dit sur un ton dédaigneux :

— Déshabillez-vous !

J'enlève ma robe. Elle me regarde comme si je pesais deux cents livres ; je ne suis pas si grosse, je pèse cent douze. J'essaie une robe, puis une autre : pas une ne me va. Découragée, elle va chercher le maître. Très, très ennuyé, il m'examine sous tous les angles et le verdict tombe :

— Trop de seins !

Ah bon, je pensais que mes seins étaient… normaux, pour ma taille. J'en étais même fière. Les hommes, en tout cas, ont l'air de les trouver super si je me fie à leurs regards.

— On peut les bander.

— On peut les baisser.

— On peut les remonter.

Puis, le génie a une illumination :

— Il faut les mettre de côté.

Et de me pousser les seins en dessous des bras. C'est tout juste s'il ne se choque pas parce que mes seins lui tiennent tête.

À la fin, déçu, défait, démoralisé, écœuré, il abdique et sort de la pièce. Son assistante m'explique en détail que j'ai trop de ceci, pas assez de cela pour les robes de son patron. Je sors de là en miettes. Arrivée à la maison, je me sens plus petite que Tom Pouce. Je me jette dans les bras de Jean et lui dis que je dois absolument me mettre au régime – je suis énorme –, et me faire rapetisser les seins qui déparent ma devanture, que je suis laide, mal faite. Cet entrepreneur en démolition a bien réussi : je ne suis que décombres.

Mes deux filles sont des adeptes de la minijupe. Je mets un temps fou à leur montrer comment se pencher pour qu'on ne voie pas leur fond de culotte. Quand je sors avec ma jupe à mi-cuisses, on me siffle. J'ai, paraît-il, je ne le savais vraiment pas, de jolies jambes. En même temps que la minijupe et le collant, le jean pour femme apparaît sur le marché. Les femmes vont l'adopter pour la maison, pour le sport et même pour travailler. C'est le début de l'ère du jean.

Cette année-là, Vincent Gabrielli remplace Robert L'Herbier à la direction des programmes à Télé-Métropole. Il m'offre d'animer un « talk-show » dans l'après-midi, une quotidienne. C'est une suite logique au courrier du cœur que j'ai toujours dans le *Petit Journal*. Je propose *Janette veut savoir*. La direction n'est pas contente de mon titre.

— C'est toi, l'animatrice, c'est toi qui es supposée tout savoir.

Je veux détruire cette idée très radio-canadienne que l'animateur sait tout. Je trouve indélicats ceux qui passent leur temps à interrompre leur invité pour lui prouver qu'ils en savent plus qu'eux. Ça m'indispose. Je me retrouve souvent debout dans mon salon, devant la télé, en train de crier à l'animateur : « Laisse-le parler ! Écoute-le ! » Je ne veux pas trôner au haut d'une chaire et dire aux gens ce qu'ils doivent penser. Je ne suis pas un curé. Je veux vraiment, de tout mon cœur, être une oreille à l'écoute des gens, apprendre d'eux. Je donne un exemple qui rallie mes patrons : je n'ai pas subi l'inceste, mais je veux savoir ce qu'on ressent, de quoi on a peur. Le public est intelligent. Il a des choses à dire.

La plus grosse objection qu'on soulève :

— Le Canadien français n'a pas de vocabulaire, il ne sait pas s'exprimer. Regarde tel joueur de hockey...

— Les gens, quand ils sont en confiance, parlent avec leur cœur. Il s'agit d'établir un climat de confiance dans le studio pour qu'ils se sentent chez eux et ils vont parler.

— Comment on fait ça ?

Je suggère de cacher les caméras. Il n'y a rien de plus intimidant qu'une caméra qui trouve la tache sur la robe ou découvre le ressemelage de la chaussure. Je veux que mes invités se croient dans mon salon. Or il n'y a pas de caméra dans mon salon.

— Ça ne se fait pas.

— Tout se fait.

Je ne dis pas « je veux », une femme ne dit jamais « je veux », elle dit « j'aimerais ». Donc, je dis que j'aimerais avoir des recherchistes. Jusqu'à maintenant j'ai travaillé sans recherchiste, mais je m'attaque à cinq heures par semaine. Après hésitation, on m'en alloue deux, Jeanne Maranda et Jacqueline Reid ; une troisième me sera permise pour les grands dossiers, et ce sera ma grande amie Claire Barnwell, ma Clairon. Je rencontre le décorateur et lui parle d'un fauteuil en forme de beigne dont on aurait mangé un morceau. Je suggère des panneaux noirs pour cacher les caméras. Je serais assise au centre du beigne, avec mes invités collés contre moi. On ne verrait ni n'entendrait aucun technicien. Je sens beaucoup de réticences de la part de la technique. « Pour qui elle se prend ? » J'affiche une belle assurance, mais s'il fallait que je me trompe ?

La première émission a lieu et ça marche ! Mes invités se confient à moi sans sembler s'apercevoir qu'ils sont à la télévision. Ils se livrent en toute confiance. Je commence par inviter des femmes, puis j'invite des hommes, censés être incapables d'aligner deux mots sans sacrer. Ils me parlent de leur mère, de leurs enfants, de la difficulté d'être père. Je m'adjoins un thérapeute familial, Michel Lemieux. Il m'aide à régler les problèmes qui dépassent ma compétence. *Janette veut savoir* aura beaucoup d'impact sur le public. On m'en parle encore. Moi, je suis au comble du bonheur : j'apprends, je me renseigne, j'engrange des connaissances qui me serviront à alimenter mon écriture. Mon but est atteint.

C'est au cours d'une émission de *Janette veut savoir* que j'aurai une révélation qui va changer ma vie. À cette époque, mon fils Martin a cinq ou six ans. Très intelligent et très débrouillard, il a cependant de la difficulté à apprendre à lire et à écrire. Un jour où nous sommes à la plage, il vient tirer sur mon costume de bain ; il veut me montrer quelque chose.

— Regarde, maman, j'ai écrit mon nom sur le sable avec un bâton.

Je lis « Nitram » sur le sable.

— C'est pas ton nom, Nitram.

— J'ai écrit Martin. Regarde comme il faut : Martin.

— T'as écrit Nitram !

— J'ai écrit Martin !

Il a les larmes aux yeux. Il est déçu que je ne sache pas lire son nom.

Je m'aperçois soudain qu'il a en effet écrit Martin, mais à l'envers. Je suis troublée. Il m'arrive à moi aussi d'écrire à l'envers, mais moi, c'est parce que je suis sans allure. Pas lui. Mon mari m'accuse de ne pas faire attention, d'écrire trop vite, de ne pas réfléchir. Martin, lui, a l'esprit éveillé, il est vite sur ses patins.

Je vais voir un docteur. Il me dit que les enfants gauchers, comme l'est Martin, sont plus lents que les autres. Il ne connaît pas mon Martin, l'enfant le plus vite que je connaisse, qui apprend rapidement, retient tout. Je décide de me servir de mon émission pour aller fouiller plus loin et comprendre pourquoi un enfant brillant peut être pourri à la maternelle. Il ne doit pas être le seul.

J'invite un neurologue, un pédiatre, des psychologues. Je me souviens de cette émission comme si c'était hier. Ils sont quatre savants sur mon beigne à me parler de troubles d'apprentissage et de dyslexie. À mesure qu'ils m'expliquent les symptômes de la dyslexie, je me reconnais. À la fin de l'émission, je suis convaincue : je suis dyslexique. Je suis dyslexique ! C'est tout juste si je ne les embrasse pas. Je ne suis pas une « pas d'allure », je suis une dyslexique. J'admets publiquement être atteinte de ce trouble d'apprentissage. Je suis tellement soulagée.

Les spécialistes m'apprennent que ce trouble est une dysfonction du système nerveux central et qu'il touche de dix à quinze pour cent de la population. Plus de sept cent mille Québécois vivent avec mon handicap. J'apprends que ce trouble n'est pas lié à une déficience intellectuelle et qu'il peut se manifester à divers degrés. J'apprends qu'on peut vivre avec un trouble d'apprentissage et même réussir sa vie. Je suis rassurée, et pour moi et pour Martin. À force de me faire corriger par mon mari, j'ai déjà fait d'immenses progrès. Martin en fera, lui aussi, je vais l'aider. Je l'inscris en orthophonie à l'hôpital Sainte-Justine et, surtout, pendant des années j'irai expliquer à ses professeurs ce qu'est la dyslexie. Je vais me battre pour que ses enseignants l'aident au lieu de le détruire par des remarques humiliantes comme celles que j'ai entendues tout le long de mon enfance. Je vais lui donner ce que moi, je n'ai pas : l'estime de soi !

* * *

Un autre livre va avoir une grande influence sur ma vie : *Human Sexual Response*, de Masters et Johnson. Deux sexologues américains, un homme et une femme, découvrent, après une étude scientifique au cours de laquelle ils ont observé en laboratoire dix mille actes sexuels, que les Américains ne savent pas faire l'amour.

Résultat de onze ans de recherches, leur livre montre à quel point les hommes et les femmes sont ignorants à la fois de leur corps et de celui des autres. Ils prônent l'éducation sexuelle dès l'enfance. Je crois à l'éducation sexuelle. Justement, la compagnie Johnson & Johnson, qui fabrique des serviettes sanitaires, vient de me demander d'écrire un livret original en français (c'est une première) expliquant les menstruations aux jeunes filles. Ce petit livre sera inséré dans chaque boîte de serviettes sanitaires. Forte de la recommandation de Masters et Johnson et de mes propres convictions, j'écris le petit livre. Il semble qu'il réponde à un besoin énorme puisqu'il sera réédité plusieurs fois et que les ventes de serviettes sanitaires monteront en flèche. Comme en d'autres occasions, le clergé me blâme : le livret pourrait tomber sous les yeux des enfants, qui y apprendront comment se font les bébés et voudront en faire. Je ne tiens pas compte de ces critiques faites par des hommes célibataires et sans enfant. Je suis femme et j'ai souffert de mon ignorance en matière sexuelle. J'ai deux filles et je veux qu'elles soient plus savantes des choses de la vie que leur mère. Il est temps qu'on appelle un chat un chat, qu'on démythifie les menstruations et qu'on parle d'« accoucher » d'un bébé et non pas d'en « acheter » un.

On me parle encore de ce petit livre que les mères mettaient sous l'oreiller de leurs filles pour ne pas avoir à aborder *ça* avec elles. Je ne condamne pas ces mères : elles n'avaient pas appris le vocabulaire pour discuter de la sexualité et elles étaient d'un temps où les menstruations étaient considérées comme sales et honteuses. Je tente de changer les choses, pour mes filles d'abord, puis pour toutes les filles à venir.

***

Je suis heureuse à Télé-Métropole et au *Petit Journal*, mais l'écriture dramatique me manque. J'aime créer des personnages, les faire vivre. J'éprouve un grand plaisir à raconter des histoires. J'aime m'exprimer par écrit. En 1968, Radio-Canada sent le besoin de se rapprocher du vrai monde et veut faire remonter ses cotes d'écoute qui sont en chute libre. La société a besoin d'une série dramatique pour le dimanche soir, une série pour la famille et qui soit populaire. Tiens donc ! Le mot « populaire », si péjoratif dans cet antre d'intellectuels, est devenu un mot phare, un mot clé, un mot rempli d'espoir. Moi qui suis une fidèle dans l'âme, j'ai du mal à quitter la station de la rue Panet, mais une série dramatique me tente, d'autant plus que j'ai toute liberté, et du sujet et des acteurs et des décors. Je parle au « je », mais la série est proposée à Jean, l'homme de la famille. La haute direction de Radio-Canada croit que de nous deux, c'est surtout Jean qui écrit et que c'est par grandeur d'âme que mon nom est mentionné au générique. Il faut dire que j'écris à la « plume-fontaine », que mes textes sont émaillés de fautes de dyslexie (pas d'orthographe) et que c'est la copie corrigée par Jean qui se retrouve sur le bureau des patrons. Je n'aurais pas de travail sans Jean. Il me dit souvent :

— S'il fallait qu'on sache que tu fais des fautes !

Comme si les fautes étaient plus importantes que l'histoire et les personnages ! Jean, cependant, ne fait pas que corriger mes accents aigus et graves, il coupe ce qu'il juge trop long, inintéressant ou pas plausible. Il fait en somme un travail de script-éditeur très important, je dois le reconnaître.

Enfin, nous proposons une série qui va à l'encontre du grand succès américain *Papa a raison*. Je veux montrer que les parents sont des êtres humains faillibles, pleins de défauts, qui n'ont aucun mode d'emploi pour élever leurs enfants et qui cherchent des solutions. C'est le reflet de ce que nous vivons comme parents de trois enfants. Le couple fictif, Gérard et Fernande Tremblay, est de classe moyenne citadine. Il habite le bas du duplex que possèdent les parents de Fernande, qui habitent le haut, avec la grand-mère. La famille compte cinq enfants, de cinq à dix-huit ans.

Ce n'est pas un téléroman que nous proposons, mais une série d'histoires de trente minutes. Chaque histoire se boucle dans la demi-heure. Les tribulations de la famille Tremblay seront des prétextes pour parler de faits de société : rapports homme-femme, sexualité, drogue, sort des aînés, etc. Le projet est accepté. On nous offre un réalisateur de la maison, Aimé Forget, un homme bon comme du bon pain, qui deviendra un complice et un ami. Le couple sera joué par Jean et moi, cela va de soi, c'est dans le contrat. Pour trouver les interprètes des enfants, on fait passer des auditions. Robert Toupin et Ghislaine Paradis sont choisis pour les rôles des aînés, Germain et Nicole. Depuis qu'elle sait lire, Isabelle, notre fille, est la répétitrice de son père. Elle joue tous les rôles. Elle veut devenir comédienne. J'hésite beaucoup à lancer ma fille dans ce métier imprévisible. Mais si elle ne joue pas, elle meurt. Elle sera donc de la série, en gardant son prénom. On cherche désespérément une jeune actrice de huit ans pour jouer le rôle ingrat de la fillette grassouillette, Marie-Josée, souffre-douleur de ses frères et sœurs. Un ami réalisateur a une fille douée pour la comédie, Joanne Verne. Elle gagne l'audition haut la main. Reste le petit garçon de cinq ans. Il n'y a pas d'enfants comédiens ailleurs que dans les écoles de diction. Il nous faut un petit garçon authentique qui ne récite pas son texte, qui soit capable d'être affectueux avec nous. Nous faisons passer audition sur audition. Nous ne trouvons personne. On songe à enlever le personnage. Ce serait dommage, le petit dernier remet souvent les parents en question. On en discute avec le réalisateur, qui nous suggère Martin.

— C'est pas possible. Il est trop tannant !

C'est un véritable cri du cœur que Jean et moi lançons en même temps ! Je ne me vois pas courant après lui dans les corridors. Puis mon mari, qui est fou de son fils, me fait penser que s'il est avec nous en studio, on n'aura pas à le faire garder, ce serait une inquiétude de moins. Et Martin qui se cherche constamment des activités en aurait une déjà programmée.

On pèse le pour et le contre. C'est oui ? C'est non ? On finit par lui en parler. Cette aventure l'excite. Il accepte de passer une audition. Il sait ce qu'est la télévision, on le traîne dans les studios depuis qu'il est né. Pour lui, un studio, c'est une seconde maison. À l'audition, il est d'un naturel fou. Il lui suffit d'entendre une réplique une fois et il la sait. En jouant, il m'embrasse, il sort la chemise du pantalon de son père ou fait claquer la bretelle de mon soutien-gorge. On n'a jamais vu ça ! Il ne joue pas : il est ! D'habitude, les enfants ne touchent pas leurs parents de télévision. Lui, comme il joue avec ses vrais parents, il ne se prive pas de nous caresser. Il est engagé sur-le-champ. Jean et moi, on se dit que, pour une série qui doit durer un an, ça ira.

J'ai demandé au décorateur qu'il copie l'intérieur et l'extérieur d'une maison que j'ai repérée sur le Plateau, et j'aimerais (remarquez la diplomatie !) que le corridor qui sépare l'appartement en deux soit utilisable. La direction technique rue dans les brancards. Pas « éclairable » ! Pas moyen de prendre le son ! J'insiste. Il doit bien y avoir moyen de moyenner ? On me regarde d'un drôle d'œil.

— Ça ne s'est jamais fait à la télé.

— Eh bien, on va le faire, nous autres.

J'insiste tant que j'obtiens ce que je demande. On trouve le moyen de prendre le son et d'éclairer le corridor. Jouer dans un corridor reliant les chambres, le salon, les toilettes et la salle à manger est une innovation à la télévision canadienne. Avant, les caméras sautaient d'une pièce à l'autre, sans continuité. J'aimerais qu'on puisse suivre les comédiens passant de la cuisine au salon, puis du salon au sous-sol, etc. Je demande, de plus, avec des gants blancs jusqu'aux épaules, que la salle de bain soit complète et qu'on puisse tourner à l'intérieur. C'est un comble ! On ne montre pas à la télé cet endroit intime ! Je sais que la salle de bain joue un rôle important dans la maison d'une famille de sept personnes. On se chicane pour l'avoir à soi. On attend devant la porte et, quand enfin on l'a, on s'y enferme pour fuir la cohue, avoir la paix ou jaser entre filles. Je veux exploiter ce filon. J'obtiens ma salle de bain fonctionnelle. C'est une première, encore.

Par fidélité et parce que ce sont de bons acteurs, Michel Noël sera le grand-papa gâteau et Olivette Thibault, la grand-maman « fancy », qui gardent Mémère chez eux. Mémère est inspirée de ma mémère à moi. Elle est méchante, têtue, injuste et drôle. Elle sera jouée par une ancienne souffleuse de théâtre venue à la télé sur le tard, Nana de Varennes. Celle-ci a l'âge du personnage, quatre-vingts ans.

Cette famille de la fin des années soixante ne serait pas complète sans un chien... Là, c'est non, catégoriquement non. Un règlement interdit aux chiens d'entrer dans l'édifice de Radio-Canada.

— Un règlement, ça se change !

Oui, mais quel trouble et quelle dépense ! On m'objecte qu'il faudrait un entraîneur pour le chien, que ça coûte cher et que, de toute façon, le chien ne regarderait jamais ses supposés maîtres mais l'entraîneur, etc. Je propose notre propre chien, Macaire, qui a une bonne nature et est très obéissant, surtout grâce à Dominique qui l'a dressé. Macaire ne sera jamais payé, contrairement à ce que certaines mauvaises langues ont dit. Dominique, qui passera ses dimanches à faire en sorte que Macaire joue ses scènes, sera dédommagée légèrement pour son gardiennage. Point ! On ne verra jamais plus un chien aussi performant à la télé.

Nous nous retrouvons, Jean et moi, avec une responsabilité énorme sur le dos : ramener le public à Radio-Canada. Si cette émission n'est pas un succès, notre carrière est terminée. Nous risquons gros et ça nous rend nerveux. Par chance, le pari est gagné.

Le monde aime cette famille moderne, avant-gardiste, mais qui ressemble à la leur. C'est un succès sur le plan des cotes d'écoute. Les snobs nous snobent, bien entendu.

— La télévision de Radio-Canada n'est plus ce qu'elle était !

Je me souviens d'une soirée mondaine à Ville Mont-Royal où des « madames » outragées m'ont dit qu'elles défendaient à leurs enfants de regarder *Quelle famille !* Trop vulgaire ! D'autres m'accusent de « déséulever » leurs enfants, de leur montrer à répondre à leurs parents.

— Dans votre émission, les enfants parlent à table ! Chez nous, on laisse parler les grandes personnes.

D'autres s'indignent qu'on montre Germain, le fils aîné, prendre une brosse :

— Ça donne des idées à nos jeunes.

Une émission est consacrée à la venue des menstruations de Marie-Josée. La famille lui fait une fête pour souligner l'événement. C'est le tollé général.

— Ouache ! Parler de ces saletés, à l'heure du souper !

Les critiques de télévision habitués à mettre sur un piédestal les œuvres étrangères présentées à Radio-Canada méprisent *Quelle famille !* On nous accuse d'étaler notre vie privée. Or, ce sont des personnages inventés que nous jouons. Je ne suis pas Fernande, loin de là. Fernande est une femme qui reste à la maison, je travaille à la télévision. Gérard est un père traditionnel, ce que n'est pas mon mari, un acteur.

Les Tremblay représentent la famille sur le point de se remettre en question, sur le point de changer. Je suis, moi, en plein questionnement, en plein changement. C'est sûr que l'émission dérange, mais, oh paradoxe ! je voudrais que tout le monde l'aime en plus.

Les critiques me brisent, me déchirent. Je ne vois plus les cotes d'écoute faramineuses, je ne vois que les quelques lignes qui me démolissent. À la radio de Radio-Canada, chaque matin, une émission fait une parodie de *Quelle famille !* Au début, je ris, mais quand la méchanceté remplace l'humour, je sombre. Je ne peux plus écrire sans me demander comment ma pensée va être détournée par les responsables de cette parodie. Leur cheval de bataille, c'est le chien. Jamais auparavant on n'a vu un chien dans une série à la télé québécoise, alors on en fait tout un plat. On nous accuse d'exiger une fortune pour le chien. On me caricature en super-niaiseuse qui dit toujours comme son niaiseux de Gérard. On nous reproche surtout l'argent que l'on gagne et le fait que deux de nos enfants jouent avec nous. Jean est accusé d'exploiter ses enfants. J'arrête d'écrire. Le réalisateur s'inquiète. Jean s'inquiète. Les textes n'arrivent pas. Je suis bloquée, complètement. Je ne peux pas créer dans la risée. Je vais démissionner. Radio-Canada a le choix entre la parodie ou l'original. Quand la société choisira de retirer la parodie des ondes, *La Presse* titrera à la une : « Janette Bertrand mène Radio-Canada par le bout du nez ! » et c'est signé par un journaliste très sérieux qui boucle ses fins de mois en écrivant des parodies.

Je suis écœurée. Je ne comprends pas qu'on ne soit pas content du succès de ses compatriotes. Je suis si heureuse pour Félix Leclerc qui réussit en France, si fière de Pierrette Alarie qui chante l'opéra partout au monde. Est-ce un trait typiquement québécois que d'être jaloux du talent des autres et de « varger » sur tous ceux qui dépassent par le talent la moyenne des gens ? Les Américains, les Français adorent leurs vedettes. Nous, on les lapide. Combien sommes-nous à être fiers que Céline Dion soit une vedette internationale ? Les journaux à potins de l'époque s'occupent de trancher les têtes qui dépassent. On va vous montrer, nous, qui sont pour vrai ces gens. C'est tellement judéo-chrétien ! Ces journaux sont des torchons. Ils m'ont massacrée, traitée de tous les noms. Ils m'ont fait souffrir, et pourquoi ? Parce que mes émissions rallient les goûts du public et répondent à un besoin.

Les potineurs se justifient en disant que le public a besoin de savoir la vérité. Ils se trompent. Le public a besoin d'icônes, de modèles. La preuve : les journaux artistiques d'aujourd'hui qui ne bavent plus sur les artistes, mais les montrent sous leur plus beau jour sont les plus vendus. Malgré tout, en dépit des nombreuses critiques, *Quelle famille !* comptera parmi les émissions les plus écoutées des cinquante années d'existence de Radio-Canada.

Mon enfance m'a fragilisée. Une critique, et je me retrouve à douze ans devant ma mère qui jure que je ne ferai jamais rien de bon. Et si elle avait raison ? Et si les critiques avaient raison ? Je ne suis qu'une femme de ménage avec une robe de soie (dixit un potineur). Je deviens paralysée, je ne peux plus écrire. Dans le fond, ma mère avait raison ! Je ne suis rien puisque je suis incapable de faire face aux critiques.

Je dois ici faire une distinction entre critiques et remarques. Je considère toutes les remarques que mon mari et le réalisateur me font sur mon écriture. Je corrige, recommence, récris sans rouspéter. Je suis prête à tout accepter de ceux qui connaissent mon métier. Les autres qui me jugent selon leurs émotions ou leurs humeurs ou leur digestion, ceux-là me paralysent. De plus, il faut dire que les patrons se gardent bien de me faire des compliments : je pourrais demander plus d'argent ou m'enfler la tête. Critiquer est facile. C'est créer qui est difficile.

Quand j'entends des jeunes traiter de « téteux » ceux qui font des compliments, le poil des bras me tourne de bord. On a tous besoin d'être apprécié et reconnu par les autres, et comment le saurait-on sans compliments ? Même les critiques aiment qu'on les complimente sur leurs articles. J'essaie depuis toujours, par compensation probablement, de trouver chez les autres matière à les complimenter. Je veux donner ce dont j'ai tant manqué, ce dont j'ai besoin.

À l'époque de *Quelle famille !* je suis encore dans ma période où je veux rallier tout le monde. Je veux que tout le monde m'aime, comprenne ce que je veux faire. Alors quand on me critique, je me dis que ceux qui le font doivent avoir raison. Ils savent, eux, que je ne suis qu'un imposteur, que je n'ai aucun talent et que le succès m'arrive parce que Jean est derrière moi. Pas moyen de m'enfler la tête, il y a toujours quelqu'un pour me dire que je joue mal, que je grimace, que ma voix est haut perchée, que l'émission est mal faite, que ce que je décris n'existe pas, etc. Pas de compliments des gens du métier non plus : on pourrait penser qu'ils veulent du travail. Je me retrouve sans essence dans ma machine à créer, moi qui en ai tant besoin pour continuer à produire ! Une chance qu'il y a les compliments du public, des hommes et des femmes que je rencontre au marché, dans les magasins. Pas surprenant que je travaille pour eux : eux m'aiment !

Mon père est fier de moi, paraît-il, mais il n'est toujours pas capable de me le dire, trop surpris que ce ne soit pas ses fils qui le rendent fier, mais moi qui ne suis qu'une fille. Je pense que lui aussi croit que c'est grâce à Jean si je suis rendue là où je suis.

— Pas ti-fille !

Ce sobriquet, que ma mère appelait un « sourbouquet », est doublement diminutif. Ce n'est pas assez d'être une fille dans un monde de gars, je suis une « tite fille ». Mon père ne comprend pas du tout ce que je fais. L'été, je dois écrire au moins une quinzaine d'épisodes de *Quelle famille !* J'écris sur le quai, au lac, ainsi je peux surveiller les enfants qui se baignent. J'écris toujours à la « plume-fontaine » et j'ai comme table un carton rigide que je tiens sur mes genoux. Mon père, qui habite de l'autre côté du lac avec Magella, traverse tous les jours en Verchères à moteur et vient s'asseoir en face de moi, en disant :

— Continue, ti-fille, occupe-toi pas de moi !

Et il me raconte sa pêche de la veille, la grosseur des truites, comment il les a mangées. Il me parle de la température. Il est convaincu qu'il fait plus beau de son côté du lac.

— Il fait soleil chez nous. Viens te baigner, lâche ça ! L'eau est chaude chez nous !

Il ne comprend pas que je ne puisse pas « lâcher ça » et il me parle sans arrêt, et je n'ai pas le courage de lui dire que je gagne ma vie en écrivant, que mon travail est aussi important que celui d'un vendeur de vêtements pour homme, et plus payant ! Il n'est pas le seul à ne pas comprendre ce que fait un auteur dramatique. Plusieurs patrons n'en ont pas la moindre idée et pensent que ça sort comme ça, sans effort. Comme une diarrhée.

Je dois écrire dans le bruit de paroles, parmi les rires et les cris des enfants.

— Isabelle, nage près du bord !

— Dominique, laisse ton cousin Pierre nager tranquille.

— Martin ? Où est Martin ? Martin a disparu !

Et me voilà à la recherche de Martin. Il joue au noyé dans le fond du lac. Tout le monde rit excepté moi. J'ai une peur maladive qu'il se noie depuis que je l'ai ramassé entre deux eaux.

J'ai écrit cinq ans de *Quelle famille !*, trente-neuf épisodes par année, sur le quai, au lac, ou sur la table de la salle à manger à Westmount, en surveillant Martin qui faisait ses devoirs et en guettant le gâteau qui cuisait ou la soupe qui mijotait. Je rêvais parfois d'être un auteur masculin. Je pourrais écrire tranquille. Ma femme dirait aux enfants :

— Faut pas déranger papa. Papa travaille !

Quand Martin sera plus grand et pourra dormir à l'étage, je demanderai un bureau à moi pour écrire. Je l'aurai, mais ma porte restera toujours ouverte pour répondre aux besoins des enfants. S'il fallait qu'il arrive quelque chose aux enfants...

Pendant cinq ans, l'émission est enregistrée quelques heures avant sa diffusion, le dimanche soir. La plupart du temps, Robert, Ghislaine, Dominique et son mari (ma fille aînée s'est mariée durant cette période) viennent souper à la maison pour regarder l'émission. Je pourrais commander une pizza, mais non, j'ai préparé la veille au soir un repas raffiné. Je suis au plus fort de ma période « superwoman », et de ma fatigue aussi. Il m'arrive de m'endormir le nez dans mon assiette, comme un bébé qui a dépassé son heure.

Robert et Ghislaine font partie de la famille, et Martin va régulièrement s'asseoir sur les genoux de Michel Noël pour lui donner des becs et lui demander un petit dix sous pour s'acheter un bonbon. Quant à Mémère, c'est notre mémère à tous. On en prend soin, on lui souffle son texte quand elle perd la mémoire. À la fin, je le lui souffle réplique par réplique. Elle est pour moi la bonne grand-mère que je n'ai pas eue. Je l'aime. J'insiste pour qu'elle partage ma loge et c'est moi qui l'aide à s'habiller.

Quelle famille !, sous le titre *Les Tremblay*, sera diffusée en France, en Belgique, en Suisse, au Luxembourg et à Monte-Carlo sur les chaînes de télévision nationales. Chose curieuse, à cette époque, les Français comprennent le québécois... L'émission n'a pas été doublée ni sous-titrée. C'est à se demander si, plus tard, une maladie « audio-protectionniste » n'a pas atteint les oreilles de nos cousins !

L'été où *Les Tremblay* sont à l'antenne en Europe cinq jours par semaine, à une heure de grande écoute, Jean décide d'aller voir ce que les Français pensent de notre émission. Nous emmenons Isabelle et Martin.

Nous sommes reçus comme des vedettes. Tout un choc ! Au Québec, nous sommes surtout critiqués. En Europe, c'est la gloire ! Les gens nous reconnaissent dans la rue. Les clients d'un restaurant plein à craquer se lèvent pour nous applaudir longuement. Nous sommes invités à des émissions de variétés. Comme des vedettes ! Il faut dire que c'est Martin qui est la star. On n'a jamais vu en France un tel charme chez un enfant acteur. En deux jours, Martin a pris l'accent parisien et donne des entrevues qui me jettent par terre. Il explique, par exemple, ce que signifie l'expression « je suis tanné » que les Français découvrent dans l'émission. À mon grand étonnement, il explique que, lorsque les Amérindiens tannent la peau des ours au Canada, ils doivent gratter, gratter, gratter jusqu'à ce que la peau soit mince. « Je suis tanné » veut donc dire : « Tu me grattes, tu me grattes, tu me grattes, tu vas finir par m'user la peau ! » Où a-t-il pris cela ?

Un soir, à un spectacle son et lumière, dans un château de la Loire, Martin est repéré par un groupe d'enfants de son âge. Il est entouré, agrippé, ovationné. C'est tout juste si on ne déchire pas ses vêtements. J'ai peur pour lui. Soudain, il disparaît dans la cohue. On le retrouvera au parking où un autre autobus d'enfants se l'arrache.

Un dimanche, nous sommes attendus en Normandie par des amis d'amis qui veulent recevoir à déjeuner (dîner) les vedettes de l'heure. Jean et moi nous y rendons en train (Martin et Isabelle sont restés à Paris). À l'arrivée, une fanfare se fait entendre. On se demande qui d'important est dans le train avec nous. On cherche la célébrité, puis on s'aperçoit que la fanfare, c'est en notre honneur. On est vraiment étonnés. Je rougis ; Jean ne sait pas quoi dire. On a l'air carrément fous ! Ça n'a aucun sens ! Au Québec, on passe inaperçus, ou presque. La fanfare joue toujours. Il y a foule. Tout le monde applaudit. Jean et moi, nous nous sentons ridicules. C'est trop ! On nous invite ensuite à monter dans une voiture qui tient à la fois du corbillard et du char allégorique, et en route pour la mairie ! Il nous a fallu toute la journée faire la tournée des villages et des petites villes des environs pour saluer nos fans.

— Si le monde, chez nous, voyait ça !

Mais qu'est-ce que les Français aiment tant dans *Les Tremblay* ? Pour le savoir, je les interroge. Les parents se reconnaissent dans Mémère, dans ma mère, mon père, en nous. Ils voient à l'écran les mêmes problèmes qu'ils rencontrent en tant que parents. Ce qui les étonne, les charme et leur fait peur en même temps, c'est la liberté de parole des enfants. Ça, c'est nouveau ! En Europe, les enfants se taisent, laissent parler les adultes. Et ce qui enchante les plus jeunes, c'est le sous-sol, cet endroit réservé exclusivement à la jeunesse, totalement inconnu en Europe.

En Belgique, où les cotes d'écoute atteignent des sommets, le public nous fait un accueil délirant. On nous acclame dans la rue, dans les restaurants. Le matin, en sortant de nos chambres à l'hôtel, nous trouvons des fleurs et des chocolats (belges, évidemment) à nos portes. On a du mal à croire à ce qui nous arrive.

Après notre retour à Montréal, et une fois reconnu notre succès en Europe, les critiques et le public commenceront à nous trouver des qualités. Ce serait donc vrai que nul n'est prophète en son pays ?

Hélas, juste comme on commence à être appréciés chez nous, Jean décide de mettre fin à l'émission. Il n'y aura pas de sixième saison. Les enfants de la famille Tremblay vieillissent, les acteurs veulent faire autre chose et ça se comprend. Mais moi, j'ai de la peine. C'est un véritable deuil. Je suis très attachée et au réalisateur et à son équipe. Ma famille de la télévision, c'est ma famille aussi. Je m'apercevrai, avec les années, que Jean a eu raison, il faut partir en plein succès. Mais que c'est difficile de quitter le succès pour... l'inconnu.

* * *

Comme je l'ai mentionné plus haut, Dominique, mon aînée, s'est mariée pendant la période de *Quelle famille !*, avec un confrère de classe du Collège Français où elle a obtenu son baccalauréat, et, en 1974, elle donne naissance à mon premier petit-enfant. C'est un gros garçon de onze livres et je fonds en le voyant. Ce paquet d'amour vient de ma fille qui, elle, vient de moi ! La filiation d'utérus à utérus, de ventre à ventre est si forte, si directe, que je m'empare d'Olivier comme si je venais moi-même d'accoucher de lui. Je pleure de bonheur comme j'ai pleuré en mettant au monde mes enfants. Cet enfant est de moi puisqu'il est de ma fille à moi. Dominique et moi n'avons pas besoin de parler. Nous savons toutes les deux qu'Olivier est à nous, qu'il vient autant de moi que d'elle. Cela nous rapproche encore plus. Olivier est né le 31 juillet, et le 15 août il est dans mes bras, au lac. Je le berce. Je l'aime pour la vie. On a beaucoup écrit sur les sentiments des grands-mères vis-à-vis de leurs petits-enfants, mais a-t-on assez écrit sur la relation de la mère et de la fille qui se reconnaissent un destin commun : la maternité ? Nous ne sommes plus dans une relation mère-fille, mais dans une relation mère-mère. Tout est changé. Nous ne sommes plus en lutte pour le pouvoir, nous sommes deux adultes reliées par le ventre. C'est animal et très intense ! Reste que c'est un choc : ma fille a atteint l'âge où elle peut donner la vie à son tour. Donc, je ne suis plus jeune. Je ne panique pas. Je sais, et le sais encore, que je serai éternellement jeune puisque j'ai la jeunesse du cœur. C'est un don du ciel !

Je me mets à tricoter comme une démone pour vêtir mon gros garçon. Je tricote mal, je compte les mailles de travers, mais qu'importe. Après avoir tant travaillé durant les cinq années de *Quelle famille !*, si je ne tricote pas, ne fais pas la cuisine, je me sens inutile et, par le fait même, coupable de ne rien faire. Je suis encore convaincue que Jean va me quitter pour une femme plus intelligente, qui ne fait pas de fautes en écrivant, qui est de son calibre intellectuel. Alors, pour qu'il reste, je m'efforce de l'épater en ne dépensant jamais pour moi-même et en ayant tous les talents.

***

On est en pleine « Révolution tranquille ». Le nationalisme à la Duplessis a été remplacé par un nationalisme basé sur la fierté de nos réalisations. L'épithète « québécois » est adopté à l'unanimité, l'idée d'un État québécois sourit à la majorité. Pourquoi pas ? Le succès d'Expo 67 nous a donné confiance en nous, comme individus et comme peuple. On n'est pas si « nonos » que ça ! La culture québécoise fleurit à travers la chanson, l'artisanat, la cuisine, les arts, le théâtre, notre télévision. Si les chansonniers comme Pauline Julien, Robert Charlebois, Gilles Vigneault, Claude Gauthier et tant d'autres sont si populaires, c'est qu'ils chantent ce que le public ressent : on est bons ! Le temps des victimes est fini ! On a réussi Expo 67, on peut réussir n'importe quoi ! Notre estime nationale est en hausse ! Le barrage hydroélectrique de la Manic ralliera tous les tenants du nationalisme traditionnel, comme mon père. Lui, ancienne victime-née-pour-un-petit-pain, cesse d'être un Canadien français, un *pea soup*, un colonisé, pour devenir un Québécois.

Le Québec qui vient de naître lance parfois des cris perçants. Il a besoin de crier pour dire qu'il existe. Je me souviens du défilé de la Saint-Jean-Baptiste en 1969. *Quelle famille !* fait partie du cortège. Jean, les enfants et moi sommes dans une décapotable blanche louée pour l'occasion par Radio-Canada, pour faire la promotion de l'émission, qui doit débuter en septembre. Nous nous dirigeons, rue Sherbrooke, vers l'estrade d'honneur où se pavane Pierre Elliott Trudeau, premier ministre du Canada, quand notre auto reçoit des projectiles. Nous ne comprenons pas pourquoi on nous attaque. L'émission n'est pas encore à l'écran, on ne peut pas nous haïr à l'avance ! J'ai peur pour les enfants. Le cortège continue. Une fois rendus presque en face de l'estrade, nous sommes pris en sandwich entre l'estrade et les manifestants. Jean saisit la main de Martin et nous crie de nous sauver à toutes jambes vers notre auto, stationnée non loin. En courant entre les tomates et les chaises qui volent, on arrive enfin à la voiture et on quitte les lieux immédiatement ! On rentre à la maison sans trop comprendre pourquoi on nous a attaqués, nous. On se souviendra plus tard que sur la décapotable était inscrit « Radio-Canada ». Le mot

« Canada » était devenu subversif. Je n'avais encore jamais vu de manifestants les yeux remplis de haine. J'ai eu peur. La haine, quelle qu'elle soit, me fait peur. Ce n'est pas un sentiment que je comprends, ne l'ayant jamais ressenti.

La crise d'octobre 1970 constituera le point culminant de cette période de revendications intense. Nous habitons Westmount, un fief anglais. Aux yeux des Anglais de notre quartier, nous représentons ce que représente le Noir américain qui habite Fifth Avenue, à New York. Durant cette période troublée, nos voisins de Westmount nous fuient. On a peut-être des bombes dans nos poches, qui sait ? On est devenus des ennemis.

Chaque Québécois, quel que soit son sexe, est devenu un militant pour la cause du Québec. Le militantisme a ceci de bon : il ne fait pas de différence entre les hommes et les femmes. Il y a autant de Québécois que de Québécoises qui manifestent dans les universités, les cégeps, les écoles secondaires. Jeunes filles et jeunes gens chantent ensemble : « Nous sommes québécois... »

Les années soixante-dix sont aussi marquées par la laïcisation de la société. Les religieux et les religieuses sont remplacés peu à peu par des laïcs. Les églises se vident. Les femmes qui découvrent la pilule ne mettent plus les pieds à l'église, certaines de se faire fermer le carreau du confessionnal au nez. Et quand les femmes ne vont pas à l'église, les hommes n'y vont pas non plus. À croire que la religion, c'est comme le théâtre : les hommes n'y vont que poussés dans le dos par les femmes, mères ou épouses.

Une révolution moins tranquille s'amorce. La révolution des femmes. On a toutes entendu parler des féministes américaines qui ont supposément brûlé leur soutien-gorge pour protester contre l'oppression des femmes. Je dis « supposément » parce que, en fait, ces femmes ont simplement jeté leurs sous-vêtements dans une poubelle. La poubelle de la liberté. Elles manifestaient contre le concours de Miss America, à Atlantic City, le trouvant dégradant pour les femmes. La presse, pour ridiculiser ces militantes, a inventé de toutes pièces la version des soutiens-gorge brûlés. N'empêche, le mouvement des femmes voit le jour et atteint l'Europe, et même le Québec. Un autre événement, cette fois en France, fait scandale. Des femmes déposent, sous l'Arc de Triomphe, à Paris, une gerbe de fleurs à la mémoire de la femme du soldat inconnu. Je me frotte les mains de contentement ! Il est temps que la révolte qui fermente en chacune de nous explose sur la place publique. Les femmes en ont ras le bol d'être considérées comme des inférieures par les hommes et comme des machines à faire des bébés par l'Église qui dit non au divorce, non à l'avortement, non à la pilule. Je rage et je ne suis pas la seule ! Au Québec, quand une femme ose parler de ses droits, les hommes répondent comme les Anglais de Westmount répondent aux Québécois :

— *What do women want ? We never used to have problems with our women servants, before.*

— Bien non, chose, on obéissait !

Les hommes sont mêlés et je les comprends ! Les femmes contrôlent leur fécondité grâce à la pilule, elles sont instruites grâce au rapport Parent et, de ce fait, prennent mieux conscience des injustices dont elles sont les victimes. Les femmes ne déclarent pas la guerre aux hommes, mais au sexisme. Je suis de celles-là. Forte de mon passé de fille dans un monde fait par et pour les hommes, je veux lutter à ma façon pour que les femmes prennent leur place à côté de l'homme, tout près de l'homme. Je me ferai traiter de lesbienne ! Il y a bien sûr des lesbiennes qui manifestent, mais ce ne sont pas les plus nombreuses. Les médias en feront des caricatures. Mon mari est très étonné de mon nouveau discours : une femme vaut un homme ? Il n'en discute même pas avec moi, tant ça lui semble incongru. C'est une lubie, une mode, ça va passer !

Il est vrai que je le traite encore en roi de l'univers, comme un dieu. Il me considère encore comme la dernière des « nounounes ». Je n'ai même pas le courage d'aller déposer mon chèque à la banque, ni de signer seule mes textes. Mon côté dépendant est plus fort que mon côté indépendant. Jouer la petite fille qui a besoin d'être protégée m'arrange, c'est rassurant : j'ai des années de pratique ! Avant de faire la guerre au sexisme, je pourrais peut-être partir en guerre contre moi-même, qui suis incapable de secouer mon conditionnement de dominée. Je suis un paradoxe sur deux pattes. Je suis faible et forte, douce et dure. En fait, je suis un être complexe comme tous les êtres humains. Pourquoi s'acharne-t-on à vouloir que les êtres soient bons ou méchants, alors qu'ils sont à la fois bons et méchants ? Mais pour en revenir à la domination, je veux comprendre ce besoin qu'ont les hommes d'assujettir les autres. Pourquoi y a-t-il eu un Néron, un Jules César et, plus près de nous, un Hitler ?

À cette période de ma vie, j'éprouve le besoin de me rapprocher des femmes. Je développe pour la première fois la sororité, une sorte de solidarité entre femmes très différente de la fraternité entre hommes. Je ne me range pas du côté des hommes quand ils parlent contre les femmes, j'essaie de trouver des qualités aux femmes qui m'entourent. Je leur fais confiance. J'essaie de les aimer en tant que femmes. C'est nouveau pour moi. On me jure qu'entre elles les femmes se déchirent, sont envieuses les unes des autres, cassent du sucre sur le dos des autres femmes. Je m'aperçois que c'est faux la plupart du temps. C'est un premier pas, un tout petit pas.

Alors que les féministes tentent de revaloriser le clitoris, l'organe de la femme fait exclusivement pour le plaisir, j'apprends à mon grand désespoir que dans plusieurs pays on coupe le clitoris à des millions de femmes. Il y a de quoi être en colère ! Je le suis ! Et puis il y a la pornographie, qui me blesse dans mon intégrité. Je n'aime pas que les femmes soient considérées comme des objets. Ça m'humilie. J'enrage quand on arrête une prostituée, mais en laissant courir, avec un petit sourire de complicité mâle, celui qui fait qu'il y a des prostituées. Pourtant, sans clients il n'y aurait pas de prostitution !

Partout dans les pays nantis, les femmes manifestent. Elles prennent la parole chacune à leur manière. Il y en a qui gueulent, d'autres se réunissent tout simplement entre voisines et parlent de leurs expériences et de leurs malaises. Elles en ont assez de cette société d'hommes, créée par des hommes pour des hommes. Les femmes ne savent pas faire la révolution le fusil à la main ; elles s'arment plutôt de la parole, elles se racontent, s'écoutent, discutent, partagent et changent. La révolution, notre révolution, est en marche. La plupart des hommes, surpris dans l'exercice de leur pouvoir, minimisent ou ridiculisent les efforts des femmes pour se faire reconnaître. Je dois admettre que certaines femmes exagèrent parfois. Il y a des excès, des bavures, nous n'avons pas l'expérience de la révolution. Ce sont ces excès et ces bavures qui font la une des médias. Et cela, pas juste au Québec.

Chez moi, quand je parle du mouvement des femmes, mon mari me regarde comme si j'étais tombée sur la tête. Qu'est-ce que j'ai à me plaindre ? Il me laisse travailler, gagner de l'argent, conduire une auto... Il ne s'aperçoit pas qu'il me parle comme si j'étais sa domestique. Comme mâle, il réagit normalement. Si j'étais un homme, un chef, un patron, Dieu sur terre, je ne comprendrais pas qu'on veuille me tasser sur mon trône pour faire de la place à un autre chef, un autre patron, un autre dieu. Le pouvoir, ça ne se partage pas ! Ou bien tu es dominé, ou bien tu domines. Le partenariat, c'est bon en affaires, pas dans les familles. Jean, qui décide de tout et que je laisse décider de tout parce que je le crois plus intelligent que moi, plus cultivé et plus sensé, alouette, ne me prend pas au sérieux quand je lui parle de l'évolution des femmes. Mes filles, elles, ne comprennent pas encore mon ardeur à défendre les femmes. Elles étudient, elles ne sont pas encore sur le marché du travail. Elles ne connaissent pas encore l'injustice de gagner la moitié du salaire d'un homme pour exécuter le même travail.

Martin, lui, est victime de mes tentatives d'égalité. Dès l'âge de deux ans, il essuie la vaisselle comme ses sœurs. Et quand je suis fâchée contre lui, il m'arrive de le traiter de « petit mâle ». J'essaie surtout de ne pas en faire un tidieu, mais un homme. Je dis bien j'essaie ! Je me trompe parfois. Je fais des erreurs. Il n'y a pas de mode d'emploi pour élever un garçon qui ne soit pas macho. Suivant les conseils de certaines de mes lectures, je lui ai acheté une poupée... noire. Je ne veux ni d'un sexiste ni d'un raciste comme fils. Pauvre Martin ! Il a regardé la poupée, lui a enlevé la jupe, a examiné ses dessous, l'a déshabillée. Sa poupée non sexuée devenait une « chose » en guenille. Il s'en est fait une petite auto. Vroom, vroom !

Je comprends en élevant Martin qu'un garçon est différent d'une fille. Autant mes filles sont capables de s'amuser en dessinant ou en lisant, autant mon gars a besoin de courir, de se tirailler. Pendant qu'il se bataille avec son père, mes filles m'aident à la cuisine. On ne sortira donc jamais des stéréotypes ! Les Yvette et les Guy sont-ils le fruit de la culture ou de leurs gènes ? Je comprends que les hommes et les femmes sont différents, mais cela n'empêche pas qu'ils peuvent être égaux, et c'est pour cette idée-là que je me bats.

***

Dans le fabuleux monde de la télévision, il y a les vaches grasses et les vaches maigres, les temps prospères et les temps de chômage. La popularité est un feu de paille qui s'éteint rapidement s'il n'est pas attisé par de nouvelles émissions. Après *Quelle famille !*, le téléphone ne sonne plus. Personne ne semble vouloir de moi. Est-ce un hasard, est-ce une concertation ? Après quelques mois, une année sans travail, il est facile de tomber dans la paranoïa, tout au moins dans la victimisation.

— Si on ne fait pas appel à moi, c'est que je ne suis pas bonne.

Le bon vieux complexe de l'imposteur se remonte le bout du nez.

— Enfin, ils se sont aperçus que je n'ai aucun talent.

Je perds confiance. Je remets en question ma vocation d'artiste. Je regrette de ne pas être vendeuse de lampes chez Eaton, ou secrétaire à Hydro-Québec, au moins j'aurais un salaire régulier. On ne peut même pas se tourner vers l'assurance-chômage, il n'y en a pas dans notre métier. On vit sur le vieux gagné. Je regarde les économies fondre comme beurre au soleil. Je suis découragée. Je propose des idées d'émissions à Radio-Canada, pas de réponse. C'est à n'y rien comprendre. On est finis ! Après le succès, rien.

Au bout d'un an d'inquiétudes et de petits boulots ici et là, CKAC nous appelle pour nous offrir une émission du midi à la radio. Je propose *Mon mari et Nous*. Je poserais des questions à Jean sur la politique nationale et étrangère, sur la géographie, l'argent, etc. En me répondant, il expliquera aux femmes à l'écoute ce qui en est. C'est un très bon vulgarisateur. Je sais poser des questions intéressantes. Ça va marcher. Cette émission va mettre les connaissances de Jean en valeur. Il souffre beaucoup de ne pas être un grand acteur. Il dit souvent qu'il a raté sa vie. D'après ses professeurs, il aurait dû être un Pierre Elliott Trudeau, confrère de collège et modèle de sa génération. Cette émission devrait lui permettre de se remonter le moral qu'il a facilement au troisième sous-sol. Je suggère que l'émission soit diffusée de la maison pour plus d'intimité. Comme Martin vient manger, à midi, il pourrait ajouter de la vie. CKAC est emballé par mon idée. C'est donc dans notre salle à manger que l'on enregistre cette émission. C'est une première à la radio francophone.

C'est un succès, un gros. Ça ne m'étonne pas trop, je sais que les femmes qui sont à la maison sont avides d'apprendre des choses jugées du domaine masculin. Mais les femmes restent des femmes. Comme Jean s'exclame souvent sur les odeurs que la cuisine dégage, qu'il me pose des questions sur ce qui mijote, il m'arrive de donner mes recettes aux auditrices. Jean met son grain de sel critique. Au bout de six mois, Jacques Hébert, directeur de la maison d'édition Le Jour, dont la femme est une fan de l'émission, téléphone à Jean pour lui proposer de publier mes recettes. Je n'en reviens pas. Je ne suis pas une professionnelle de la cuisine. Je ne suis qu'une femme qui aime manger, et surtout faire manger les autres : cuisiner, c'est aimer. J'ai aussi le don de couper dans les recettes classiques pour que ça aille plus vite. Je fais une cuisine nouvelle pour femmes occupées. Je ne saurais pas faire un répertoire de recettes, mais je peux donner les miennes. *Les Recettes de Janette et le Grain de sel de Jean* prend forme.

Le livre, annoncé régulièrement à notre émission, devient l'ouvrage le plus vendu au Québec. Cent mille exemplaires à la première édition. Jacques Hébert est critiqué de s'abaisser à publier un livre de recettes populaire et, surtout, de faire de l'argent ; un éditeur doit perdre de l'argent, en faire est suspect. On n'est pas sorti du bois ! Je l'entends encore se défendre dans les médias en invoquant les poètes qu'il a pu publier grâce aux profits réalisés avec le livre de recettes. Mon livre est préfacé par Fernand Seguin, ami et compagnon de cuisine, et postfacé par Henri Bernard, mon professeur de fine cuisine. Mes recettes me viennent de mes voyages, de mes amies, de mes tantes, de Magella et même de mes filles. Elles sont toutes très faciles d'exécution et excellentes. Je les fais encore, et je rencontre souvent des gens qui me parlent de certaines recettes devenues des classiques chez eux. Dans ce livre, je n'ai eu aucun scrupule à recommander des produits du commerce, comme le Jello ou la pâte feuilletée congelée, que j'utilise pour alléger ma tâche. J'y donne des adresses, des trucs. C'est un livre de partage, et ça aussi c'est nouveau au Québec. Il s'en vendra plus de deux cent mille exemplaires. Il n'en reste plus sur le marché depuis fort longtemps, mais on me le réclame encore.

***

En 1975, c'est l'Année de la femme. L'ONU propose cette pilule pour calmer les femmes en colère dans le monde. La pilule n'a pas calmé les femmes, mais a fait sourire les hommes : à quand l'année du chien ? Les femmes, elles, ne prisent pas le terme « la femme » dans « l'Année de la femme », comme s'il y avait un modèle unique de femme ! Il aurait fallu dire l'Année « des femmes » pour bien indiquer qu'il existe autant de sortes de femmes que de sortes d'hommes. Reste que cette année de la femme est une année importante. L'ONU reconnaît les problèmes spécifiques de la moitié du genre humain. À partir de 1975, les femmes seront enfin écoutées. Grâce à leurs témoignages dans les différents médias, le public a accès à leurs idées. Elles seront plus visibles, plus présentes. On ne demandera plus :

mais qu'est-ce que veulent les femmes ? Désormais, on le saura !

Mes convictions sont souvent ébranlées. J'admire celles qui ont le courage de ne pas se maquiller et de se promener jambes nues et poilues, celles qui revendiquent et qui forcent les portes, mais j'ai peur de déplaire, j'ai peur que l'on ne m'aime pas, j'ai peur que les hommes m'en veuillent. J'ai peur, et je continue à m'épiler et à me maquiller.

Je sais que mon féminisme irrite mon mari. Lui qui a marié une fille dépendante, incapable de prendre une décision toute seule, il a du mal à supporter ma nouvelle autonomie. Il m'arrive même de le contredire... devant le monde ! Il ne connaît pas cette nouvelle femme. Il ne l'aime pas beaucoup ! Elle l'énerve.

Une chance que j'ai mes enfants. Mes filles sont épanouies, joyeuses. Elles font leur vie. Dominique comme animatrice à la radio et à la télévision, Isabelle comme directrice de sa propre agence de casting et comme comédienne. On se voit tout le temps. On ne se dit pas tout, mais presque. Et puis il y a Martin. C'est un enfant rieur, toujours de bonne humeur. Sportif. En santé. C'est ma joie ! Il a des difficultés en classe, mais je l'aide en lui donnant confiance en lui. Je l'enduis de compliments. Il me couvre de becs ! Cet enfant est un rayon de soleil dans ma vie. Il me réchauffe le cœur. Je suis convaincue qu'il va réussir malgré sa dyslexie. Il est si intelligent. Il est très fin avec moi. C'est un charmeur qui sait m'enrouler autour de son petit doigt. C'est ma consolation.

Lorsqu'il atteint ses quinze ans, cependant, il lui arrive de me regarder comme si j'étais la dernière des connes. Je lui trouve des excuses et tente de me rassurer en me disant que ça va passer. Sauf que ce n'est pas le cas ! Ça empire ! Comme toutes les mères, je ne comprends pas que mon fils puisse cesser de m'aimer alors que je n'ai pas changé et que je l'aime, moi, comme au premier jour. J'ai beau lire tous les livres de psychologie sur l'adolescence, j'ai beau savoir qu'il doit couper le lien qui me relie à lui, que ce qui se passe en lui est normal, je me dis que nous deux, c'est pas pareil, que nous deux, on devrait échapper à la règle. Je n'ai pas connu de crises majeures avec mes deux filles, alors pourquoi lui, le petit dernier, l'enfant cadeau, l'enfant de mon cœur, voudrait-il me rejeter ? Il commence toutes ses phrases par « tu ne comprends pas ». Il ne veut plus de moi. Il coupe le cordon avec une hache. Plus le lien est fort, plus l'arme est tranchante. À dix-huit ans, il quitte la maison pour aller vivre dans le Nord, loin de moi. Je pense ne plus le revoir. Je pense qu'il ne m'aime plus. J'ai mal ! Si mal ! Et, bien sûr, je m'accuse. Je l'ai trop aimé, trop caressé, c'est de ma faute.

Même pas capable de se faire aimer de son fils !

***

En 1976, deux ans après la fin de *Quelle famille !*, Radio-Canada se souvient de nous et nous commande une télésérie. Le sujet est à notre discrétion. Comment je trouve mes sujets de série ? C'est très simple, je me demande ce que je veux dire au monde. Qu'est-ce qui est urgent que je leur dise ? Je crois fermement qu'il faut avoir un but pour écrire, il faut avoir quelque chose à dire, quelque chose à démontrer. Un auteur prend le public par l'épaule et lui dit : « Regarde, je vais te montrer quelque chose. » Quand j'entends des auteurs proclamer qu'il n'y a aucun message dans leurs textes, j'aimerais leur dire que tout est message : c'est faire passer un message que d'affirmer que leurs écrits n'ont pas de message. Donc, je me fais une liste de ce qui m'achale le plus dans la vie et que je voudrais contribuer à changer. La liste est longue, mais je finis toujours par trouver ce qui me semble le plus urgent. Cette fois-ci, ce qui m'agace, c'est le mythe du père parfait. J'ai remarqué qu'on ne peut pas mettre en doute les pères de famille. Si quelque chose ne va pas dans la famille, c'est toujours la faute de la mère ; les pères sont intouchables. Ils sont censés être justes, aimer tous leurs enfants de la même façon, sans aucune préférence. Ils ne mentent jamais, ils sont fidèles à leur femme, etc. Les grands-pères, c'est encore pire. Ils possèdent la vérité. Dans le fond, je veux donner une jambette au patriarcat. Il est temps que quelqu'un montre des grands-papas qui ne sont pas parfaits ; des hommes attachants parce que humains. La série s'appellera *Grand-papa*.

Jean, vieilli par le maquillage, tient le rôle principal. Pierre Dufresne joue son fils préféré. Pierre est marié à une femme qui cherche à se libérer, Amulette Garneau. Ils ont une petite fille interprétée par une débutante de génie, Diane Lavallée, dont c'est la première apparition à la télévision. Dans la famille de grand-papa, il y a un mouton noir, un mal-aimé. Pour ce personnage, je choisis Jean-Louis Millette, le fabuleux Jean-Louis Millette ! Je cherche une actrice pour incarner la fille mal mariée de grand-papa et je découvre au théâtre Rita Lafontaine. Je suis renversée par son naturel. Je la rencontre et lui offre son premier grand rôle à la télévision. Albert Millaire, le superbe Albert Millaire, habitué à jouer les jeunes premiers flamboyants, personnifie son mari, un menteur, un ivrogne, un dégueulasse. Ils vivent chez le grand-père, avec leur fille handicapée, rôle tenu par la fille de Rita Lafontaine. Une fille aînée est religieuse en Afrique. Grand-papa a de vieux amis qu'il rencontre pour jaser et jouer aux cartes. Il est entouré de Jean-Pierre Masson, raconteur d'histoires, de Gérard Paradis, ancien chanteur de charme, et d'un Roumain, Septimiu Sever, seul étranger du village qui ne cesse de répéter : « Chez nous, en Roumanie… »

La veille de la signature du contrat, Jean et moi allons voir notre petit-fils Olivier, à Saint-Lambert. Juste avant d'emprunter le pont Victoria, je dis à Jean qu'étant donné qu'il ne corrige plus mes textes, qu'il n'écrit pas et qu'il ne participe même plus à l'élaboration des idées, je ne vois pas pourquoi il signerait les textes avec moi.

— Je veux signer seule ce que j'écris seule.

L'auto s'arrête. Sans un mot, Jean descend, vient ouvrir ma portière et me sort de l'auto. Puis il remonte dans l'auto et part en me laissant dans la rue. Je viens de le blesser à mort !

Ça faisait des mois que j'élaborais des scénarios pour lui dire que je ne trouvais pas juste qu'il signe des textes qu'il n'écrivait pas. Je n'ai pas pris le bon, c'est évident. Dans mes scénarios, il y avait échange de points de vue. Après discussion, on en venait à un arrangement quelconque mais qui satisfaisait les deux parties en cause. Ça se terminait par un baiser. On était contents d'avoir tiré la situation au clair. J'ai repoussé l'échéance et ça m'est sorti comme ça, sans gants blancs, bêtement. Sur le bord du trottoir, je regrette mes paroles ! Je me demande si je n'aurais pas dû continuer comme avant. Je viens de démolir son image, de donner un coup mortel à son orgueil de mâle. Depuis toujours, c'est lui qui passe pour « la bolle » de la famille. Moi, je n'ai que le tour de raconter des histoires. Je m'apprête à courir après lui pour m'excuser, lui dire pour la millième fois que sans lui je ne serais rien et lui offrir de mettre son nom devant le mien. Et puis je pense aux femmes à qui je conseille d'être autonomes, de penser à elles, de cesser d'être dépendantes des hommes. Je ne peux pas ne pas faire ce que je prêche, ce serait malhonnête de ma part. Je vais tenir mon bout !

Je sais que je joue gros.

Je ne savais pas que je jouais mon mariage !

Quelques minutes plus tard, l'auto revient. Je monte. Jean me dit froidement :

— Très bien, ce sera fait ! Je ne m'occuperai que de jouer mon rôle !

À son ton, je sais que je viens de le perdre.

J'ai été son élève, sa disciple, je ne pensais que par lui, je le citais, l'admirais, je l'avais mis sur un piédestal. C'était lui qui avait fait le fameux cours classique, qui avait une mémoire phénoménale, il était la lucidité, l'intelligence, le bon sens, la modération, et c'était moi qui étais reconnue, applaudie, payée : quelle injustice ! Sans le vouloir – il n'était pas méchant –, il me le fera payer cher. Moi, je mettrai dix ans à cesser de l'aimer.

Je lui en ai voulu très longtemps, j'étais fâchée contre lui. Aujourd'hui, j'essaie de le comprendre. On lui a mis dans la tête dès le collège classique que les jeunes gens éduqués par les jésuites allaient devenir l'élite de demain, des leaders, des chefs, les têtes pensantes du Québec, et il se retrouve à jouer les textes de sa femme. Quelle humiliation il a dû ressentir. J'ai compris, plus tard, pourquoi il avait recours à l'alcool si souvent.

* * *

1980, c'est l'année du référendum. Lise Payette, ministre au sein du Parti québécois, dans un discours sincère et candide, rappelle l'Yvette de nos livres de classe et blâme ce modèle de soumission qui était proposé aux femmes. J'en aurais fait autant ! Certaines femmes au foyer, pas toutes, sont insultées. Elles croient que Lise Payette mésestime le travail des femmes au foyer, ce qui est faux. Les hommes se frottent les mains de contentement : les femmes vont se crêper le chignon, prouver qu'ils ont raison d'affirmer qu'elles se détruisent entre elles, qu'elles n'ont aucune solidarité. Des militantes du Parti libéral, profitant de l'incident, organisent une rencontre au Forum qui va faire pencher la balance du côté du « non ». Les femmes se sont encore fait avoir ! Il faut diviser pour mieux régner, dit-on. C'est réussi ! Les hommes, ravis, parlent en se pourléchant les babines de l'éternelle division des femmes et de la mort du féminisme. On a l'air fines ! Je me jure de ne jamais faire de politique. Si je veux changer un peu le monde, juste un peu, je vais le faire à ma façon.

À partir des années quatre-vingt, le féminisme devient moins spectaculaire, plus clandestin. Il n'est pas de bon ton de se dire féministe. On peut l'être dans ses actions, mais il ne faut pas que ça paraisse trop. S'il fallait que les hommes se fâchent contre nous... On les aime, les hommes, on voudrait juste qu'ils nous considèrent comme des égales. Je continue malgré tout à dire que je suis féministe même si je doute que les mouvements de femmes veuillent de mon féminisme. Je ne fais partie d'aucun groupe de femmes. Je me sens snobée, mise à l'écart, et pourtant, quand la Coordination nationale pour l'avortement libre et gratuit me demande de signer sa pétition, je le fais de bonne grâce, même si je n'ai jamais eu besoin d'avoir recours à l'avortement. J'ai lu dans mon courrier du cœur des descriptions horribles d'avortements maison. Je pense, comme le déclare la pétition, que les femmes ne sont pas nées pour se soumettre et qu'elles doivent avoir les enfants qu'elles veulent.

J'ai compris l'importance de la télévision. Je sais que si je veux aider les femmes à devenir les égales des hommes, je dois le faire par la télévision, qui rejoint les plus isolées, les démunies, les moins instruites, la « madame de la rue Panet » qui a des droits tout autant que la « madame d'Outremont ». Plus tard, très tard, les groupes de femmes et les journalistes me rendront hommage pour ma contribution.

***

En 1981, ma fille Dominique met fin à son mariage.
Si, quand elle a accouché, j'ai accouché moi aussi, je vis
son divorce comme si moi-même je divorçais. Ce drame,
parce que divorcer est un drame, nous unit encore plus.
Nous devenons inséparables ! Le divorce, impensable il
y a vingt ans, est devenu accessible. Il existe même des
« kits » pour divorcer sans avocat. La médiation, timi-
dement, se pointe le nez. Rien n'oblige plus deux personnes à rester ensemble si elles ne s'entendent pas. Les
couples peuvent se séparer, divorcer et… recommencer !
Les âmes bien pensantes s'offusquent.

— C'est la fin de la famille !
— On divorce pour un oui, pour un non.

Je crois, au contraire, qu'il faut énormément de
courage pour mettre fin à un mariage, surtout s'il y a
des enfants issus de cette union. Pour moi, la lâcheté,
ce n'est pas de divorcer, mais de rester dans une union
toxique qui empoisonne aussi bien les parents que les
enfants. Il y a cinquante ans, le divorce étant pour ainsi
dire inaccessible et inabordable, les couples restaient
ensemble pour le meilleur et pour le pire, même si le
pire était pain quotidien. Mariée pour la vie ! Mal mariée
pour la vie ! Dès que la loi sur le divorce est promulguée,
c'est comme si la digue avait sauté. Les divorces déferlent
sur le Québec. De vieux couples qui se disaient heureux
se quittent. De jeunes couples mal assortis se fuient à
toutes jambes. Ce sont les femmes, pour la majorité, qui
demandent le divorce.

« Qu'est-ce qui se passe ? » se demandent les
hommes emmitouflés dans le confort du patriarcat.
Les femmes sont subitement devenues folles, ça leur
semble évident. Ils accusent la loi d'être trop laxiste ; ils
ne pensent pas encore à se questionner sur leur rôle dans
l'augmentation fulgurante du nombre de divorces. En

quelques années, les femmes de presque la moitié des couples du Québec profitent de cette bouée que la loi leur lance et brisent une union qui ne les rendait pas heureuses. Ma fille est de celles-là et je l'approuve. Si ma mère avait pu divorcer !

Les femmes changent à une vitesse vertigineuse. Elles sont des tornades et les hommes s'agrippent encore à leurs vieux principes pour résister au vent qui souffle sur le Québec. Ils ne croient pas un instant que les femmes puissent changer : est-ce qu'ils changent, eux ?

Je découvre un livre qui a choqué, ému et rassuré des millions d'Américaines (vingt millions de lectrices), mais qui par le fait même met en colère des millions d'hommes : *Le Rapport Hite*, de Shere Hite, sur la sexualité féminine. C'est le résultat d'une enquête effectuée auprès de trois mille Américaines. Jamais auparavant une femme n'avait demandé à d'autres femmes de parler de leur sexualité. Je dévore ce rapport, le lis et le relis. Il vient confirmer ce que mon courrier du cœur me révèle tous les jours : la pénétration ne conduit au plaisir que trente-cinq pour cent des femmes. Les femmes ont recours à la masturbation pour atteindre le plaisir ! C'est un coup de sabre dans l'orgueil des hommes. Les femmes, elles, se reconnaissent, pour une fois. Après avoir étudié sérieusement les mystères de l'orgasme féminin, Shere Hite en vient à la conclusion que le plaisir féminin est différent de celui des hommes, mais souvent plus intense. L'orgasme procuré par la pénétration reste un plaisir diffus, plus émotionnel que physique. Je suis d'accord. Mon courrier du cœur est rempli de lettres de femmes qui se sentent coupables de ne ressentir que du bonheur dans les bras de leur mari et non pas du plaisir. Elles se sentent coupables de se masturber après la pénétration, quand le mari ronfle. Le rapport Hite confirme autre chose qui se dégage des lettres que je reçois : le vieillissement aggrave la peur des hommes de ne pas performer, mais la vie sexuelle des femmes est plus riche et plus satisfaisante après la ménopause, et ce, jusqu'à la mort. Ce livre est une bombe !

— Voyons donc, ce ne seraient plus les hommes qui feraient jouir les femmes ? Encore une crisse de féministe mal baisée !

— La masturbation, c'est une affaire d'homme.

— J'ai demandé à ma femme si elle se masturbait, elle m'a juré que non.

J'ai des discussions enflammées avec des hommes. Ce livre les blesse dans leur virilité. L'Église leur a appris que toutes les femmes jouissent par la pénétration puisque pénétration égale procréation. Pas un homme ne veut admettre que sa femme simule l'orgasme. Mais comment ne pas simuler quand l'homme demande sans cesse :

— C'est bon ? C'était bon ?

Je sais, moi, parce qu'elles sont nombreuses à me l'écrire, que beaucoup de femmes sont obligées de faire « comme si » pour que leur homme se sente homme. J'apprends aussi par mon courrier que les femmes âgées ont des désirs et des activités sexuelles très satis-faisantes. Autrefois, les femmes étaient contentes de se débarrasser de leur devoir conjugal après la ménopause ; elles n'avaient aucun plaisir et on les avait convaincues que, passé la période de fécondité, une femme ne servait plus à rien. C'était avant la « découverte » du clitoris.

Le clitoris n'a pas été « inventé » par les féministes. Il y avait des femmes et des hommes qui le connaissaient et savaient s'en servir. Ils en bénéficiaient. Mais un grand nombre de femmes ignorent l'existence de ce bouton qui déclenche leur plaisir. Quand elles le découvrent, elles découvrent en même temps que faire leur devoir et faire l'amour sont deux choses bien différentes. On peut faire l'amour juste pour le plaisir !

Ici encore, je parle de la majorité des femmes. Il y a eu de tout temps des femmes qui jouissaient, mais elles se gardaient bien d'en parler, de peur de passer pour des cochonnes, des perverses, des putains.

Le rapport Hite me fait découvrir une inégalité flagrante entre les hommes et les femmes : les hommes âgés peuvent aimer de jeunes femmes, mais le contraire est impensable. Ce tabou en béton perdure. De nos jours, seulement un pour cent des couples est formé d'une femme plus âgée de dix ans ou plus que son homme, alors que le contraire est courant.

Ce rapport Hite, les femmes l'achètent, le lisent, le passent à une amie qui le passe à une autre. C'est une épidémie. Surtout, elles en discutent entre elles. Elles sont rassurées : elles sont normales ! Quant à moi, je m'en sers comme outil pour rassurer mes correspondantes.

***

Un succès mondial au cinéma va aussi contribuer à changer les mentalités, *Kramer contre Kramer*. Une femme, interprétée par Meryl Streep, quitte son mari et laisse l'enfant au père, l'acteur Dustin Hoffman. Pendant tout le film on verra le mari apprendre à devenir un vrai père. À la fin, la mère laissera définitivement l'enfant à son ex-mari pour poursuivre sa carrière. Ce film bouleverse les conventions du patriarcat : le père pourvoyeur, la mère qui prend soin de l'enfant. Il démontre que la fibre paternelle peut être aussi forte que la fibre maternelle, si l'occasion est donnée à l'homme de la laisser s'exprimer. Ce film marque le début de la revendication des pères lors d'une séparation ou d'un divorce. Il fera beaucoup réfléchir sur le rôle des pères et des mères dans la famille. Dustin Hoffman démontre que l'homme a tout ce qu'il faut pour s'occuper d'un enfant, et que l'homme en tire profit.

* * *

À vingt-trois ans, Isabelle quitte la maison familiale pour s'installer avec une amie dans un appartement. On a du mal à se laisser toutes les deux, mais les oiseaux doivent quitter le nid un jour et je la pousse un peu. Je l'aide à s'installer. On rit beaucoup, mais on a toutes les deux envie de pleurer. Isabelle, c'est mon miroir. Je me reconnais en elle, mais je la veux plus forte, plus sûre d'elle. Je la veux mieux que moi. Cette exigence lui fait peur parfois. Elle a des talents que je n'ai pas. Elle est plus sociable que moi, elle a plein d'amies et d'amis. C'est une soie, ce que je ne suis pas ! Comme actrice, c'est une ingénue de talent. Elle est d'un naturel fou.

Je suis fière de mes filles, mais je me demande dans quelle galère elles se sont embarquées. Je ne suis pas certaine que les enfants d'artistes devraient exercer le même métier que leurs parents. Il y a de nombreux inconvénients. D'abord, ils sont comparés à eux, c'est inévitable, et puis ils doivent supporter les moqueries et les jalousies de leurs confrères et consœurs. Comme les parents sont nécessairement plus expérimentés dans le métier, ils doivent accepter conseils et critiques sans broncher. Le pire, ce sont les allusions perfides de certains envieux sur l'opportunisme de leur situation :

— On sait bien, c'est à cause de ta mère si tu travailles…

Le seul avantage qu'ont mes filles à faire le même métier que leurs parents, c'est qu'elles sont nées dedans, qu'elles en entendent parler constamment et qu'elles l'aiment puisqu'elles ont vu leurs parents y être heureux.

J'aurais mieux aimé que mes enfants exercent un autre métier que le mien, mais elles étaient libres et c'est en femmes libres qu'elles ont choisi de suivre mes traces. Je ne les ai pas poussées, ni découragées. Elles ont fait ce qu'elles ont choisi de faire. Au Québec, il est mal vu que les enfants d'artistes suivent la trace des parents. On parle de népotisme, de favoritisme. Aux États-Unis, c'est le contraire : on applaudit une Jane Fonda, fille de Henry Fonda ; un Coppola engage ses enfants dans toutes ses productions, et on l'en félicite.

À vingt-trois ans, Isabelle est choisie pour créer un rôle d'ingénue à la télévision anglaise, à Montréal. Paul Wayne, Canadien d'origine et auteur à succès à Los Angeles (*Ma sorcière bien-aimée*, *All in the Family*, *Three's Company*, etc.), lance une sitcom, *Excuse my French*, où il exploite la rivalité entre francophones et anglophones. Isabelle est enchantée. Elle a décroché ce contrat toute seule, par audition. Dès les premiers jours, Paul Wayne tombe malade et se retrouve à l'hôpital. Isabelle me demande d'aller le voir. Il est seul à Montréal, ses enfants, sa conjointe sont à Los Angeles. Elle a peur qu'il s'ennuie. Curieuse et bonne âme, je me rends à l'hôpital, et je tombe en amitié avec Paul Wayne comme on tombe en amour. On se comprend à demi-mot, on a le même sens de l'humour, on aime les mêmes auteurs. Il m'étonne, je l'étonne. Il parle mal le français, je parle mal l'anglais. On est tous les deux amoureux, moi de mon mari, lui de sa conjointe. À sa sortie de l'hôpital, je l'aide à trouver des comédiens. Paul, en plus d'écrire la série, la dirige et la produit. Je le suis, le regarde faire : j'apprends. J'ai trouvé un autre Pygmalion. Décidément ! La série a un grand succès auprès du public anglophone du Québec. Elle durera deux ans. Au cours de ces années, Paul sera mon professeur d'écriture dramatique. J'ai toujours écrit à l'instinct, je vais maintenant structurer mes histoires et écrire plus habilement et plus facilement *Grand-papa*.

Mon couple, si solide, commence à s'effriter tout doucement, mais je ne veux pas l'admettre. Mon mari m'en veut d'être celle qui crée et d'être, lui, celui qui interprète. Il m'en veut de réussir comme auteure alors qu'il est convaincu que, des deux, c'est lui qui devrait écrire, étant l'intellectuel de la famille. Il m'en veut d'être ce qu'il m'a faite ! Il est malheureux d'être obligé de jouer des « conneries » pour vivre. Ces conneries, c'est moi qui les écris ! J'ai toujours pensé qu'à force de l'aimer je réussirais à me faire aimer de lui. J'ai toujours pensé que si je donnais plus, si je rapportais plus d'argent, il finirait par m'apprécier à ma juste valeur. Je crois encore qu'un miracle va se produire et qu'il va enfin être content. Mais j'ai beau être optimiste, enjouée, faire semblant de ne pas être fatiguée, je n'arrive pas à lui donner le goût de vivre. C'est ça, il n'a pas le goût de vivre. Il n'est bien qu'après deux martinis. À cette époque, je ne m'en inquiète pas trop. Les hommes de son âge et de son intelligence boivent beaucoup, comme s'ils devaient noyer dans l'alcool leur déception de n'être pas tous des Pierre Elliott Trudeau. Je ne désespère pas. Je vais lui montrer, moi, que la vie est belle, qu'on est chanceux d'avoir des enfants merveilleux, un métier qu'on aime. Je vais lui prouver qu'il est chanceux de m'avoir. Je n'ai pas réussi à me faire aimer de ma mère, mais lui, il va m'aimer. Il me vient la tentation de ne plus écrire puisque ça le dévalorise, de me consacrer uniquement à l'entretien de la maison et à la cuisine, de devenir pour de bon Mme Jean Lajeunesse ! Cependant, je n'ai pas la force de renoncer à la reconnaissance du public. Si Jean ne peut se passer d'alcool, moi, je me drogue aux compliments des téléspectateurs. Je suis accro. Une semaine sans reconnaissance du public et mes vieilles idées reviennent au galop : je ne suis rien, je ne vaux rien.

À la fin de la deuxième saison de *Grand-papa*, Jean m'annonce qu'il met fin à la série. Radio-Canada ne comprend pas. L'émission a atteint des cotes d'écoute de presque trois millions de téléspectateurs, 2 736 000 pour être plus juste. Je me rappelle que Louise Cousineau, critique télé du quotidien *La Presse*, m'avait téléphoné, avant de partir en vacances, pour savoir si « sœur Juliette Huot » allait marier grand-papa !

À Radio-Canada, on veut continuer ce succès. On nous offre plus d'argent. Jean est implacable. C'est non ! Il ne veut plus jouer mes textes ! C'est sa décision. Je n'ai pas voix au chapitre. Je m'écroule ! Que vais-je devenir ? Pour qui vais-je écrire si je n'écris pas pour lui ? Ma vie est finie, je suis finie ! En voulant tout gagner, j'ai tout perdu. En voulant signer mes textes, j'ai perdu mon mari.

Même pas capable de garder son mari.

J'atteins le fond du désespoir. Et là, rendue bien au fond, je rebondis comme une balle, comme si le désespoir était un trampoline. Il va changer d'idée. Il va de nouveau vouloir jouer mes textes. Il va m'aimer autant que je l'aime ! Je crois encore qu'il va changer, s'apercevoir de ma valeur et qu'on va enfin avoir la conversation dont je rêve, où il va me dire qu'il m'aime, que je suis tout pour lui, et que le reste n'a pas d'importance. Je rêve ! Je m'accroche à ce rêve ! Il s'inscrit à un club de golf, à un club de bridge. Il sait que je n'aime ni le golf ni le bridge. Ça ne me décourage pas. Ça va lui faire du bien de se séparer de moi un peu, on a été trop collés. Il commence à espacer les fois où l'on fait l'amour. Ça doit être l'âge ou l'alcool, ou les deux. Je suis une optimiste à toute épreuve : je me dis que ça va passer. Ce n'est qu'une période difficile à traverser.

Je me cherche du travail. Je propose à Radio-Canada des séries dramatiques. Ou bien on ne me répond pas, ou bien on repousse la décision de jour en jour. Je sens bien que l'on croit encore fermement que des deux c'est Jean, l'auteur. On ne misera pas sur moi seule.

Jean est de moins en moins à la maison. Martin, lui, que je croyais perdu à jamais pour moi, revient. Il avait brisé le lien qui l'attachait à moi, il en tricote un autre. Nous avons une passion commune : la cueillette des champignons sauvages. Nous marchons des heures de temps dans les bois, tous les deux. C'est un baume pour mon cœur. L'enfant perdu : retrouvé !

Un jour, j'ai un malaise cardiaque, le cœur me serre, le bras me fait mal, ma mâchoire est un étau. Comme je suis seule, j'appelle mon amie Clairon qui vient aussitôt. Quand Jean arrive et qu'elle lui dit que j'ai failli mourir, il sourit et répond :

— Pas elle, elle est pas tuable !

Et il file lire ses journaux.

Ce que j'ai pris pour une crise du cœur, le muscle, n'est en fait qu'une crise du cœur, l'émotion. Je ferai d'autres fausses crises d'angine pendant mes années de désamour. Elles s'arrêteront quand j'aurai cessé d'aimer mon mari. Ça me prendra dix ans.

***

Je suis invitée à participer à la promotion de Tévec, un projet communautaire de télévision éducative pour le Saguenay–Lac-Saint-Jean. Je dois me rendre à Québec pour enregistrer des émissions et je fais les voyages aller-retour avec Guy Provost. Je reprends confiance en moi, un peu. Janine Sutto me suggère d'écrire une pièce de théâtre.

— Moi ? J'suis pas capable de faire ça !

— Bien oui, t'es capable. Quand on sait raconter une histoire...

Elle a dit, comme toujours, les paroles qu'il fallait. Janine fait de l'écoute active comme M. Jourdain, dans *Le Malade imaginaire* de Molière, faisait de la prose sans le savoir. Comme je ne crois pas en moi, si quelqu'un pense que je suis capable de faire une chose, je la fais. Je parle à Jean de mon projet de pièce de théâtre. Il me répète avec une indifférence glaciale que je fais ce que je veux, il fait ce qu'il veut. J'essaie de discuter avec lui, il ne me répond pas. Ça s'envenime entre nous.

Je retrouve ma culpabilité d'enfant : tout ce qui arrive est de ma faute. Je retrouve le « cold-shoulder » de ma mère. Il est de glace ! Je pleure, ça agace Jean encore plus. Il claque la porte, comme il l'a déjà fait plus d'une fois. On est dans un cul-de-sac. Mais moi je ne veux pas le perdre. Qu'est-ce que je ferais sans lui ? Je vais le reconquérir. Je vais devenir parfaite sur tous les plans, pour lui, pour qu'il oublie mes crimes de lèse-Pygmalion. Je me dis, encore une fois, que je ne devrais peut-être plus écrire. Mais alors, je ne gagnerais plus d'argent, et je suis certaine qu'il apprécie le fait que je le soulage du devoir de pourvoir à nos besoins. Je lui remets encore tout ce que je gagne.

Je travaille à ma pièce. J'ai tant d'idées qui me tiennent à cœur que je ne sais pas laquelle choisir. Pour mettre de l'ordre dans mes idées, je reprends ma méthode. Je me demande : si j'avais une baguette magique, qu'est-ce que je voudrais changer pour améliorer le monde ? J'ai trouvé ! Si j'avais une baguette magique, je ferais en sorte que les hommes acceptent leur côté féminin et nous le montrent. Ça y est, je vais écrire une pièce sur l'identité masculine. Je vais raconter l'histoire de Tarzan, joueur de hockey, forcé de prouver tous les jours qu'il est un supermâle alors que c'est un tendre, un doux. Une interview que j'ai obtenue d'une grande vedette du hockey m'inspire ce sujet. J'avais demandé sur les ondes à ce hockeyeur de me parler de la tendresse. Il m'avait regardée comme si je lui demandais s'il était homosexuel. Il était presque insulté. Après l'émission, on va prendre une bière et devant sa Molson il me confie qu'il marque des buts pour se faire aimer de son père qui a toujours préféré son frère. C'est un autre homme que j'ai devant moi, sensible, fragile, presque une femme. Ma pièce va donc explorer le côté féminin de l'homme, côté qu'il subit comme s'il avait deux nez dans la figure et qu'il tente de cacher sous des dehors rudes de mâle. Un homme n'est pas que Tarzan. Tarzan est parfois Jane ; Jane est parfois Tarzan. Ce sera mon idée maîtresse, puis mon titre : *Moi Tarzan, toi Jane*.

Je me mets à l'écriture. Ma structure n'est pas encore au point. Je vais dans tous les sens, tourne en rond. Je trouve difficile de ne pas consulter Jean. Je me sens perdue, seule, abandonnée. Je me décourage. Janine, qui doit mettre en scène ma pièce, me donne de précieux conseils que je suis à la lettre. J'écris, puis récris. Je ne suis jamais contente de moi. Je recommence.

Malgré tout, je termine l'histoire de *Moi Tarzan, toi Jane*. Janine demande à Louise Turcot et à Raymond Legault de tenir les rôles principaux. Ils acceptent.

J'aimerais que la pièce s'ouvre sur une chanson. Je vais rencontrer Luc Plamondon et lui parle abondamment de Tarzan, de mon Tarzan qui aimerait bien, à l'occasion, pouvoir pleurer, être bercé, être Jane. L'idée lui plaît. Il accepte d'écrire les paroles de la chanson. Pendant que je suis chez Luc, Robert Charlebois téléphone de Paris. Il se cherche des paroles. Il veut un « hit ». Quelques semaines plus tard, la chanson est terminée. Robert a mis de la musique sur les paroles de Luc. *Moi Tarzan, toi Jane* fera un malheur ici et en France. Laisser entendre qu'un homme puisse souhaiter, ne serait-ce qu'une seconde, devenir femme, pleurer, être bercé, est avant-gardiste. Aucun homme ne désire, même le temps d'une chanson, devenir un être de seconde classe. Cette chanson fera jaser.

Moi Tarzan, toi Jane
paroles de Luc Plamondon

Tu descends de ma côte
On est faits l'un pour l'autre
Moi Tarzan, toi Jane

Mais plus on vit ensemble
Et moins on se ressemble
Moi Tarzan, toi Jane

Depuis qu'j'suis avec toi
Y a deux personnes en moi
Moi Tarzan, toi Jane

Parles-en à personne
Mais des fois ce s'rait l'fun
Si c'était toi Tarzan… moi Jane

Pour être un homme
Y faut qu'tu fasses du sport
Y faut qu'tu sois l'plus fort
Faut qu't'aies l'air d'un cow-boy
Pis faut qu'tu lises Playboy
Y faut qu'tu boives d'la bière
Pis faut qu'tu fasses la guerre
Y faut qu'tu sois intelligent
Pis qu'tu gagnes ben d'l'argent
C'est fatigant
C'est effrayant
Ça a pas d'maudit bon sens

Avec les femmes
Faudrait pouvoir scorer
Comme on score au hockey
Mêm' si des fois pour changer d'rôle
On voudrait juste se mett'… la tête sur une épaule

Des fois moi aussi j'aurais envie d'rester au lit
Pendant qu't'irais gagner ma vie
Pis ris pas d'moi si j'bois du cream soda
Moi la bière j'aime pas ça
Pis ch'pas tapette pour ça
Ch'pas tapette
Ch'pas tapette
Ch'pas tapette pour ça

Mais des fois un gars s'tanne
D's'prendre pour Superman
Quel est l'homme qui n'a pas
Au moins une fois déjà
Rêvé d'être une femme

Pars pas en peur
À toutes les fois que j'pleure
Mais va m'ach'ter des fleurs
Berce-moi comme un enfant
Pis j'vas t'app'ler maman
J'aim'rais ça moi aussi
Pouvoir m'faire faire un p'tit
Passer ma vie à l'dorloter
Passer ma vie rien qu'à t'aimer

Pendant que je peine sur ma pièce de théâtre, une idée de série dramatique pour la télé m'obsède. Voici comment elle m'est venue.

Mon amie Clairon est bénévole depuis de nombreuses années à un centre d'écoute téléphonique pour personnes en difficulté, Tel-Aide. Cette femme gâtée par la vie, je l'ai vue s'améliorer au fil de ces années de bénévolat. À l'écoute du malheur des autres, elle est devenue plus tolérante, plus ouverte. Je veux m'améliorer moi aussi. Si je deviens meilleure, peut-être que Jean...

Je me présente à Tel-Aide avec Dominique, ma fille. On est testées, puis acceptées toutes les deux. Après avoir suivi un cours d'écoute active, nous pouvons enfin répondre à des appels, sous la supervision d'un vétéran de l'écoute. Moi qui ai un courrier du cœur, je ne devrais pas être étonnée du contenu des appels, et pourtant, au téléphone, la misère humaine m'apparaît plus déchirante encore. On peut déceler dans la voix, plus encore que dans les mots écrits, la peur, le chagrin, la haine, l'amour. Le rôle des écoutants n'est pas de donner des conseils, mais justement d'écouter en reflétant ce que ressent émotivement l'appelant. Il ne s'agit pas de faire preuve de sympathie, mais d'empathie. C'est terriblement difficile, l'empathie. C'est le contraire de ce qu'on fait naturellement dans la vie. Exemple : si votre sœur vous téléphone pour dire qu'elle vient de casser avec son chum, vous pouvez lui répondre :

— C'est effrayant, pauvre toi !

Ça, c'est de la sympathie.

Ou :

— Tu dois avoir de la peine.

Ça, c'est de l'empathie. Essayer ainsi de se mettre à la place de l'appelant et de ressentir ce qu'il ressent, c'est de l'écoute active !

Autre exemple : en courant après le chat, votre enfant tombe, se blesse au genou et pleure. Vous dites :

— Ça fait pas mal, c'est rien, pleure pas !

Une telle réaction, c'est nier à l'enfant le droit d'exprimer ses émotions, de pleurer. Ce n'est pas l'écouter. On peut dire, plutôt :

— Ça fait mal, se râper les genoux. Tiens, j'ai des kleenex.

On écoute sa douleur, et on lui permet de pleurer. C'est de l'écoute active.

Cette méthode d'écoute fonctionne. Voici un exemple avec une conversation fictive.

— Tel-Aide, bonjour.

— Je vais la tuer, la christ de câlisse !

— Vous êtes en colère ?

— J'ai ma hache avec moi puis, quand elle va rentrer, elle va apprendre qu'on me joue pas dans le dos, pas comme ça. Elle va y goûter, la maudite vache, puis elle me trompera plus, je vous en passe un papier.

— Ça vous fait de la peine qu'elle vous trompe.

— Euh... C'est ça... Oui !

L'appelant éclate alors en sanglots, jure qu'il aime sa femme, qu'il ne lui ferait pas de mal. Il avait besoin de dire sa colère et sa peine à quelqu'un sans être jugé. Il a été écouté, on ne lui a pas fait la leçon, ni donné de conseils. Il est soulagé. Sa colère est tombée. Il va peut-être pouvoir parler avec sa femme, qui sait ?

Cette façon de communiquer, je veux la partager avec le public. Partager est un besoin viscéral chez moi. J'ai une bonne recette : je la donne à mes amis. Je découvre un bon restaurant : je le conseille à tout le monde. Je suis, dans le fond, un genre de professeure.

Je jette sur papier un projet d'émission pour Télé-Métropole, que j'intitule *S.O.S. j'écoute*. Il s'agit d'une série dramatique de treize demi-heures ayant pour cadre un poste d'écoute pour personnes en difficulté, avec Muriel Dutil et Gilles Renaud comme écoutants. On y suivra l'intrigue amoureuse des deux écoutants, mais, aussi, des appelants sortis de mon imagination feront appel à eux. Le directeur des programmes, Vincent Gabrielli, est enchanté. Il trouve le sujet original. C'est du jamais vu ! Il me donne son O.K. On enregistre une émission pilote, l'affaire est pratiquement dans le sac, quand le directeur des programmes me fait venir à son bureau pour m'annoncer que la haute direction ne veut pas diffuser une émission parlant de suicide. Trop morbide. Personne ne va regarder ça !

— Mais il s'agit de prévention du suicide, de faire connaître une méthode d'écoute qui peut servir à tout le monde. Et il y a une histoire d'amour entre les écoutants.

Je me débats comme une diablesse dans l'eau bénite. Mais, pas de *S.O.S. j'écoute* à l'antenne du canal 10 ! Si Jean avait été à mes côtés, je suis certaine que ses six pieds deux et sa grosse voix auraient ébranlé les certitudes de la haute direction. Moi, je n'ai aucun poids, je ne suis qu'une femme. Je fonds en larmes devant un M. Gabrielli désolé mais obligé d'obéir à ses patrons.

— C'est une bonne idée, dit-il. Allez la vendre ailleurs !

Et il me glisse la cassette de l'émission pilote dans la main.

— Vous me la rapporterez demain.

Je lui dis merci et me dirige, cassette en main, vers Radio-Québec. Je ne connais personne à cette station, sauf Claude Désorcy, ancien réalisateur de Radio-Canada devenu directeur des programmes. Je frappe à sa porte, il me reçoit. Je lui raconte ce qui vient de m'arriver et lui laisse la cassette sous le sceau du secret, en précisant que je dois la reprendre le lendemain pour la rapporter à qui de droit. Puis j'attends le verdict.

On ne parle pas assez de ces jours, semaines, mois, années où un auteur attend une réponse de la direction des programmes. Pendant ces jours, semaines, mois, années, l'auteur descend dans les bas-fonds de l'estime de soi pour y retrouver la certitude qu'il n'a pas de talent, pas d'imagination, pas d'idées, qu'il n'est qu'un imposteur enfin démasqué. C'est l'enfer ! On n'ose pas sortir de peur que le téléphone sonne à ce moment-là. On élabore quarante scénarios catastrophiques. On veut changer de métier, aller vendre des crayons sur un coin de rue. On veut mourir.

Pour une fois, mon idée est acceptée la journée même. On m'assigne un réalisateur et un décorateur, André David et Donald Janson. Je vais diriger les comédiens et, comme je l'ai toujours fait, me mêler de tout, être responsable de tout ! J'ai peur, mais je fonce. Même si je doute toujours de moi, j'ai confiance en mon talent. Paradoxe ! Je suis une montagne de contradictions. Ça m'énerve, je voudrais tant être sûre de moi, savoir ce que je veux tout le temps. Être certaine de ne pas me tromper. Et puis, il y a toujours ce dilemme : Jean ou la carrière.

Quand je demande à Jean ce qu'il me reproche, il me répond :

— Tu n'es plus la femme que j'ai mariée. T'as changé.

Une chance ! Si, comme disent les historiens, l'histoire ne peut pas revenir en arrière, moi non plus je ne peux pas revenir en arrière et retrouver la petite fille ignorante et naïve que j'étais. Nous sommes dans une impasse, mon mari et moi. Il veut que je reste la même, je veux qu'il change. Je m'accroche quand même. Tout à coup qu'il finirait par comprendre que la nouvelle Janette est plus intéressante que l'autre ?

On vit comme des étrangers. La maison me devient de plus en plus insupportable. Les enfants, sentant la soupe chaude, se tiennent loin des éclaboussures. Je les comprends. Je vois beaucoup mes amies de cœur, Isabelle, Clairon, Janine. Je vais au théâtre, au cinéma, et je tricote de plus belle. C'est rendu que je cours après le monde pour leur faire des chandails tout croches. Mes mains ont besoin d'être occupées. J'achète de la laine comme une droguée, sa coke. Je ne veux pas en manquer. Si je manque de laine, ma vie va s'écrouler. Qu'est-ce que je ferais de mes mains si elles n'étaient pas occupées ? Je tricote pour ne pas tuer, pour ne pas me tuer ?

Je grignote à longueur de journée. Mon corps, peu sollicité par l'amour, a besoin de douceurs. Je me bourre de chocolat et j'engraisse. Je me replonge dans le cycle infernal des régimes. Depuis une hystérectomie subie à quarante-cinq ans, je lutte pour rester mince à coups de régimes. Comme je ne peux pas me faire grandir – je ne mesure que cinq pieds trois –, qu'au moins je sois mince. Moi qui suis une essayeuse, j'essaie tout ce qu'on propose pour maigrir, tous les appareils, toutes les gymnastiques, toutes les pilules miracles, tous les médecins spécialisés ou non dans l'obésité. Je maigris, mais je reprends toutes les livres perdues dès que je reviens à mon sucré. Pendant les régimes, je déprime ; après, je culpabilise.

Même pas capable de garder son poids !

Mon surpoids me rend malheureuse, mais les régimes encore plus. Une fois que j'en suivais un à huit cents calories par jour, je me suis retrouvée en train de manger la nuit de la cassonade à pleines poignées. Je me souviens d'avoir fouillé dans les poches de Martin pour trouver un vieux caramel collé, oublié dans son parka de ski. Je voulais mourir de honte. Je me rappelle m'être demandé si ça valait la peine de vivre sans amour, je veux dire... sans sucre.

Je ne me sens pas la bienvenue à Radio-Québec. Je suis, bien malgré moi, une vedette et Radio-Québec est anti-vedettes, anti-cotes d'écoute, anti-popularité. On se vante presque de ne rejoindre qu'une infime minorité : l'élite. On me laisse entendre que, comme je viens de Télé-Métropole, la direction s'abaisse en m'engageant. Je me souviens d'un party de bureau où une animatrice maison ayant un peu trop bu me jette à travers la salle une série d'injures et accuse la direction de favoriser une fille populaire. Le gros mot est lâché : populaire, qui rime avec populo ! À Radio-Québec, dans les années quatre-vingt, c'est une tare d'être populaire. On n'a que le mandat en tête : il faut être éducatif.

Ma première rencontre avec le décorateur est tendue. Comme j'aurai des invités à l'émission, j'ai besoin d'un sofa confortable. Donald me montre le sofa qu'il me destine. Il est très beau. En m'y assoyant, je m'aperçois que mes jambes ne touchent pas à terre. Je fais remarquer qu'en général les sofas sont conçus pour des jambes d'hommes et qu'il faut en trouver un qui convienne à mes jambes à moi. Je sais pour l'avoir expérimenté qu'un bon fauteuil est important. Donald me regarde pour me tuer. Il n'a pas l'habitude d'entendre critiquer ses choix. Je me suis fait un ennemi. Le lendemain, j'ai un autre sofa... convenant à mes jambes ! Je le remercie et le regarde avec attention pour la première fois. Il me fait penser à mon père.

La première émission de *S.O.S. j'écoute* est un succès. Je reviens à la maison fière de moi. Mon mari ne l'a pas regardée. Je ne vois pas qu'il fait tout pour que je parte, je ne veux pas le voir. Je suis dans le déni complet.

Je lui fais ses repas, mais on ne s'adresse presque plus la parole. Un jour, je me choque et lui dis que si ça continue je vais partir. Il me fait un long discours sur mon besoin exagéré d'amour, il tente de me démontrer que ce que nous vivons est normal, qu'on peut très bien avoir une vie sentimentale chacun de notre côté, mais qu'on doit rester ensemble. Le public n'accepterait pas notre séparation. Je lui parle d'amour et il a cette réplique extraordinaire que je placerai plus tard dans un de mes textes :

— Arrête de parler d'amour, on parle sérieusement, là.

D'après lui, l'amour n'existe pas. Je voudrais le battre, l'étriper, lui faire comprendre de force... mais les Yvette sont douces, serviables et conciliantes ; elles

pleurent dans leur oreiller et elles ne font pas de vagues !
La vérité, la triste vérité, c'est que je suis une dépendante
affective et que je dépends de lui comme je dépends du
sucre et de la laine. Je ne suis pas fière de moi.

J'assiste à toutes les répétitions de *Moi Tarzan, toi
Jane*. J'apprends de Janine à diriger des comédiens avec
doigté, respect, amour. On se prépare pour la grande
première qui aura lieu à la Comédie nationale, une nouvelle salle très sympathique. Luc Phaneuf, un garçon
que j'adore, en est le producteur. De ce côté-là, c'est le
bonheur !

***

Un nouveau magazine a fait son apparition : *La Vie
en rose*, le seul magazine féministe de la francophonie.
J'y trouve ce que je cherche, une ouverture sur le monde
des femmes, des sujets de réflexion sur leur santé, sur la
violence dont elles sont victimes, sur leur travail, leur
place dans le monde, etc. Je peux dire que ce magazine
d'humour et d'humeur est ma « patch », il m'aide à me
défaire de ma dépendance.

Je m'achète un livre américain qui devient mon livre
de chevet : *The Courage to Divorce*.

De plus en plus sensibilisée au sort des femmes, je
me sens solidaire d'elles. Je suis comme elles, avec elles.
En 1980, les femmes gagnent la moitié du salaire des
hommes et je trouve ça aberrant. Plusieurs parlent de
la féminisation de la pauvreté. Les femmes ont de plus
en plus accès au travail rémunéré, mais elles sont de plus
en plus pauvres. Les emplois des femmes sont ceux dont
les hommes ne veulent pas parce qu'ils sont mal payés
et peu intéressants, comme enseigner au primaire, être
secrétaire ou infirmière. Et je ne parle pas des agricultrices, qui travaillent autant que leur mari sur la ferme
mais doivent lui demander de l'argent pour s'acheter une

jupe. Dans certains quartiers défavorisés, quatre-vingt-cinq pour cent des familles monoparentales ont à leur tête une femme, et soixante-six pour cent d'entre elles vivent des prestations de l'État. C'est donc dire que de nombreuses femmes n'évitent la dépendance au mari que pour retrouver celle de l'État. Tout ça me trouble. L'idée me vient de garder pour moi l'argent que je gagne, mais je sais que je perdrais ma dernière chance de retenir mon mari.

Les temps changent, trop lentement à mon goût, mais on avance… à pas de tortue. L'engouement pour la pilule anticonceptionnelle s'étiole, car les effets secondaires font peur aux femmes. La stérilisation devient le moyen de contraception de deux tiers des femmes de trente-cinq ans et plus… et il y a recrudescence de MTS. Les femmes ont de moins en moins d'enfants : on passe de 3,07 enfants par femme en 1965 à 1,08 dans les années quatre-vingt. C'est rendu que les familles de trois enfants sont perçues comme des grosses familles.

L'avortement a été sorti des griffes des « faiseuses d'anges » pour se retrouver dans les mains d'un comité thérapeutique composé, bien sûr, d'une majorité d'hommes. Il ne faut donc pas se surprendre si la plupart des groupes de femmes appuient le Dr Morgentaler qui pratique des avortements illégaux, mais sans comité thérapeutique. Dans quatre-vingt-dix pour cent des hôpitaux, les médecins refusent même de former des comités thérapeutiques, les jugeant non conformes aux lois de l'Église catholique. Les années 1980 sont marquées par plusieurs batailles juridiques autour de l'avortement. Deux clans se forment : les pro-vie et les pro-choix. Qui va gagner ? Ce qui me fait sourire, c'est que les tenants de l'opinion pro-vie sont des hommes pour la plupart, parmi lesquels se trouvent des députés et des membres de l'Église.

C'est la guerre ! Je ne suis pas belliqueuse, j'haïs les chicanes, mais l'injustice me fait tourner le sang. Je trouve inacceptable que les hommes soient encore dominants et les femmes, soumises, comme le veut le patriarcat. Quand je prononce ce mot devant des hommes, il y en a toujours un pour me parler de sa mère qui mène son père par le bout du nez et gère les finances de la maison. Les autres en profitent pour lui emboîter le pas. Pow ! Le mot « matriarcat » jaillit comme une arme pointée vers moi. J'ai beau leur dire que les femmes n'ayant ni pouvoir juridique, ni pouvoir financier, ni pouvoir politique, il est normal qu'elles s'accrochent au pouvoir familial et, parfois, je l'avoue, en abusent. Rien ne vient briser leur conviction. D'après eux, on vit en plein matriarcat ! Je commence à être découragée de me battre. J'aimerais être capable de me taire, de me ranger du côté du plus fort comme tant de femmes. D'autant plus que la plupart des femmes que je rencontre, tout en pensant exactement comme moi, s'empressent de me prévenir :

— Je ne suis pas féministe !

Pour moi, être féministe, c'est vouloir que les femmes soient traitées comme des êtres humains à part entière, juste ça. Pourquoi ont-elles si peur de ce mot ? Par peur des hommes ? Par peur de la solitude ? Par peur des représailles ? Par conviction ? Peut-être croient-elles que les hommes sont supérieurs à nous. Qu'on mérite de gagner moins que les hommes ! Il m'arrive d'avoir honte des femmes. De certaines femmes.

La première de *Moi Tarzan, toi Jane* approche. J'ai peur ! Et si le public n'allait pas aimer, n'allait pas venir ? La pensée que les critiques pourraient ne pas aimer ma pièce ne m'effleure même pas. J'ai sué sur mon texte, écrit et récrit sans arrêt. Ça ne peut pas être complètement pourri ! Je demande à Jean de m'accompagner. Ce sera une grande première. Le « club des Premières » doit y assister au grand complet et offrir un vin d'honneur. Ce club de femmes d'Outremont est dirigé par Nicole Germain. Jean voudrait bien ne pas m'accompagner ce soir-là, mais il y est bien obligé. Même si on ne travaille plus ensemble, si on ne se montre plus ensemble, on est encore considérés comme le couple idéal de la télé. On n'y peut rien. Le public en a décidé ainsi.

Le grand soir arrive, la salle est pleine. Janine et moi, on est dans la coulisse. Je suis morte de peur, vraiment morte. Le sang se retire de mes mains, je dois les frotter pour qu'elles ne paralysent pas. On entend les trois coups, le rideau s'ouvre, Janine et moi nous faufilons dans le noir jusqu'à nos places, au fond de la salle. Ça commence !

Je devrais être fière de moi : de bons comédiens, bien dirigés, jouent mon texte. Mais non, je ne perçois que le public qui gigote sur son siège, qui ne rit pas quand il le faudrait, qui ne s'émeut pas quand il devrait s'émouvoir. Qu'est-ce qu'ils ont, les spectateurs ? Qu'est-ce qui leur prend de tant tousser, de ne pas écouter ? Un homme se lève et sort. Je me lève à mon tour et cours après lui. Je veux lui demander pourquoi il quitte la salle, mais il a l'air si outré que je reviens m'asseoir, bredouille.

À l'entracte, on se précipite en coulisse. Louise et Raymond sont catastrophés. C'est un four. Ça ne marche pas ! Janine leur remonte le moral. Il faut terminer coûte que coûte, *the show must go on* ! La cloche annonce la fin de la récréation, c'est le temps de retourner en péni-tence ! Le deuxième acte n'est pas mieux reçu. Un silence de glace monte de la salle. Janine, qui a l'habitude de m'encourager, me souffle : « Mauvaise première, bonne deuxième. » À la fin de la pièce, c'est tout juste si les gens applaudissent. Les acteurs, dans leurs loges, sont déconfits. Il n'y a personne pour les féliciter. Ils sont à ramasser à la petite cuillère. Ce n'est pas un vin d'honneur auquel on va assister, plutôt un vin du déshonneur. On s'y rend tous, la mort dans l'âme. Janine et moi, on part pour l'échafaud en nous tenant la main. Des applaudissements polis, très polis, nous accueillent. On boit le vin de l'ignominie et personne, personne ne parle de la pièce. Aux toilettes, où je suis allée brailler, je rencontre Olivette Thibault qui est venue à la première par amitié, et je lui demande si elle, au moins, a aimé ma pièce.

— Ça vole bas !

Elle a trouvé la pièce vulgaire. J'ai employé des mots qui ne se disent pas au théâtre. J'ai parlé de sujets qu'on n'aborde pas au théâtre, pas dans les années quatre-vingt. L'heure n'est pas encore venue de dénoncer l'inceste et, de plus, j'ai eu l'outrecuidance de parler des questionnements d'un joueur de hockey sur son identité sexuelle. J'arrive trop tôt. Le public n'est pas prêt pour ça.

Moi qui pensais avoir enfin acquis une certaine estime de moi-même – eille, si Janine Sutto me suggère d'écrire une pièce de théâtre, je dois avoir un certain talent –, je viens de plonger dans une piscine... sans eau. Je suis assommée !

Ma mère avait raison.

Le retour à la maison se fait en silence. J'entends penser mon mari !

Le lendemain, je lis les critiques. C'est un massacre !

Une jeune critique qui a une influence certaine – elle est critique et dans un journal populaire et à la télévision – me lance ce couteau dans le cœur : « Qu'elle reste à la télévision ! » Un autre critique tranche du haut de son journal hyper snob : « Janette Bertrand n'est pas Pirandello ! » Invitée à un talk-show, j'oserai critiquer les critiques. Ça ne se fait pas.

Janine a beau me dire que le public est le seul juge, je ne la crois pas. Elle a pourtant raison. *Moi Tarzan, toi*

Jane est un gros succès. La salle est pleine tous les soirs. À l'été, la pièce est reprise à Sainte-Agathe. Louise Laparé remplace Louise Turcot qui a eu un accident d'auto. En été aussi c'est plein tous les soirs. Une grande tournée suit. Le public a donné son verdict : il aime.

Je sais que ma pièce a des défauts. Je les ai découverts à force d'aller la voir : trop d'intrigues, une structure boiteuse, un texte trop verbeux, trop moralisateur ! Aucun critique ne m'a souligné ces failles ; ils ont surtout souligné le fait qu'un auteur de télévision reste toujours un auteur de télévision et ne peut pas passer au théâtre avec un grand T.

Je tente d'écrire une autre pièce. Je ne peux pas. Les critiques ont paralysé mon inspiration, anéanti ma motivation. Je sais maintenant que si leur pouvoir sur les spectateurs est mince, à moins qu'ils s'y mettent à plusieurs pour éreinter une pièce, il est immense sur les auteurs. Ils les empêchent de créer, les castrent. En tout cas, moi, ça me ramène aux critiques de ma mère, de mes frères ! Ça démolit le peu de confiance que j'ai en moi. J'ai besoin d'être encouragée pour créer, pas détruite au marteau-pilon. Même mon écriture télévisuelle s'en ressent. Je veux tout abandonner. Ne plus rien faire pour ne plus être critiquée. Ou, mieux encore, me trouver dans une position où je pourrais critiquer les autres afin de ne pas être critiquée.

***

Un jour je reçois un appel de Québec. Une dame disant me vouloir du bien m'apprend que mon mari me trompe. Je lui raccroche au nez, insultée ! Je demande à mon mari qui a été témoin de l'appel si c'est vrai qu'il me trompe. Pour moi, la fidélité est une valeur absolument essentielle dans le couple. Je n'ai jamais été infidèle à mon mari, je n'ai même pas flirté, même pas batifolé. Je m'attends à la réciproque. Il me jure qu'il ne me trompe pas, me propose même d'appeler son partenaire de bridge pour que je vérifie ses allées et venues. Je le crois, d'autant plus qu'il ne sort pratiquement pas, ne se rase plus, vit la plupart du temps en pyjama en sirotant un martini.

***

Je reçois une lettre de Tel-Aide me convoquant à comparaître à une assemblée générale des membres pour m'expliquer sur ma conduite à l'égard de l'organisme. Je ne comprends pas. J'avais informé la direction de mon intention de faire connaître Tel-Aide par le biais d'une émission. Ma démarche avait été très bien reçue, d'autant plus que Tel-Aide avait un grand besoin et d'écoutants et d'argent. Je crois fermement que si un service est offert, le plus grand nombre possible de personnes doit être au courant afin de pouvoir en profiter. Je me présente donc et, de fait, je « passe au batte ». Clairon prend ma défense. La plupart des francophones présents se rangent derrière elle. Les anglophones, qui ne me connaissent pas, doutent de ma sincérité. Je sors de là brisée. Je veux tout abandonner encore une fois.

J'ai besoin d'un voyage pour voir clair en moi. J'ai beaucoup voyagé dans ma vie et chaque fois cela m'a fait un grand bien. Quand Clairon me propose de partir avec elle en France, j'hésite. J'ai toujours voyagé avec Jean. Comme je n'ai pas appris à distinguer le nord du sud, la gauche de la droite, je ne saurais lâcher sa « queue de coat » et m'envoler vers un autre pays sans lui. Mais Clairon insiste : on séjournerait chez sa fille Chantale qui habite Châteauneuf, près de Grasse, et Isabelle, qui a l'habitude de la France parce qu'elle y a vécu de longues années, se joindrait à nous. On passerait d'abord une dizaine de jours à Paris, puis on louerait une auto, et en route pour la Côte d'Azur, toutes les trois, sans homme !

Je me décide. Il faut que je sorte de la maison. Je demande des sous à mon mari, pas beaucoup pour ne pas avoir l'air de jeter l'argent par les fenêtres, et nous partons toutes les trois pour un mois. Je suis comme une petite fille en vacances de ses parents. Je vais devoir gérer mon argent, ce que je n'ai jamais fait de ma vie. J'ai peur de le perdre. De me le faire voler. Je ne m'achète rien. Je choisis les restaurants les moins chers. Je n'ai pas l'habitude de dépenser pour moi seule. J'ai beau me raisonner, me dire que je le mérite, que cet argent, en somme, c'est le mien, rien n'y fait. Les habitudes prises depuis mon enfance sont bien enracinées. Moins tu dépenses et plus on t'aime ! À Paris, on s'installe dans une chambre à trois, au *Familia*, rue Cambronne, tout près de chez Chanel, juste derrière le *Ritz*.

Moi qui suis passée de mon père à mon mari, je découvre la vie sans hommes. Je me sens libre, mais en même temps si petite, si inexpérimentée, si niaiseuse. Je me rends cependant compte que je peux me passer de Jean, qu'il ne m'est pas indispensable. L'éloignement me force à réfléchir à ma vie avec lui. Il m'a tellement éloignée de lui que je ne l'aime plus. Mais je ne peux pas admettre que mon mari me rejette comme ma mère m'a rejetée. Ça, je ne peux pas l'accepter ! Mieux vaut mourir ! Quelque chose me trouble, aussi : chaque fois que j'ai parlé à Jean de partir, il m'a demandé de rester. Il y a de quoi être confuse.

Dominique vient me rejoindre à Châteauneuf et nous partons pour Florence, seules toutes les deux, comme deux sœurs, deux chums de filles. On se fait flirter, on flirte un peu. Je me sens désirable et j'avoue que si je n'étais pas si peureuse... On rit beaucoup ! Je pleure aussi. Au retour, nous prenons le train de nuit

Cannes-Paris. J'avais mille fois, au cinéma, aperçu ces couchettes superposées, six par cabine, et m'étais juré qu'un jour j'en ferais l'expérience. Dominique est d'accord. On monte dans le train après souper, pensant avoir des sièges pour s'asseoir en attendant la nuit. Eh bien non : ou on se couche tout de suite, ou on reste debout dans un étroit corridor à regarder par la fenêtre. Un beau garçon de trente ans est collé, physiquement collé, contre nous, corridor oblige. Dominique me jure qu'il me drague. Moi, je suis sûre qu'il drague Dominique. On cause, on rit, il trouve adorable qu'on soit mère et fille. Il est tout émoustillé et on voit dans ses yeux qu'il aimerait bien se faire et la mère et la fille. Il se montre si pressant que je prends peur et demande au contrôleur s'il n'y aurait pas une autre cabine où on serait seules, toutes les deux. Je lui explique qu'on vient du Canada et qu'on n'a pas l'habitude de coucher dans la même cabine que des étrangers. Il disparaît en me faisant un clin d'œil complice. Il me comprend. Il doit avoir une femme et une fille.

Quelques minutes plus tard, il revient et m'informe qu'il a ouvert un compartiment pour nous deux où nous serons complètement seules. Nous y serons en sécurité, dit-il, car lui seul y a accès. Je le remercie mille fois et lui demande si je peux lui donner un petit quelque chose en retour du service qu'il me rend. Il me dit, avec un clin d'œil concupiscent, qu'il viendra chercher le petit quelque chose après sa ronde.

Dominique, à qui je raconte ma conversation avec le contrôleur, est morte de rire ! Elle rit de moi ! Elle a bien raison. Je suis d'une naïveté d'écolière. Finalement, on pénètre dans la cabine qui nous a été assignée dès le départ. Il n'y a personne. Je prends la couchette du haut, Dominique, celle directement au-dessous de moi pour me protéger de quelque autre don Juan. Je tente de me déshabiller, Dominique me gronde : on se couche tout habillée, au cas où… C'est elle la mère, moi, la fille !

Notre dragueur entre et s'installe face à moi, dans la couchette du haut. Dominique me lance un regard voulant dire : « Je te l'avais dit que c'était toi qu'il draguait. » Il essaie d'entamer une conversation, mais je lui tourne le dos et éteins. Heureusement, les trois autres couchettes se remplissent. On peut dormir presque en paix jusqu'à Paris.

Cette aventure, qui n'en est pas une, me fait le plus grand bien. Je suis donc encore désirable ! Quand un homme ne nous désire plus, on a tôt fait de penser que personne ne peut nous désirer. Je « pogne » encore ! Je ne le savais pas !

Le retour à Montréal est triste. La maison est sombre. Jean aussi. Je n'ai plus beaucoup d'espoir, mais je n'arrive pas à me défaire de ma dépendance. On a beaucoup parlé de la dépendance aux drogues dures, à l'alcool, au tabac. Qu'en est-il de la dépendance affective ? Il n'y a ni méthadone, ni « patch », ni pilule pour aider à se défaire d'une habitude qui détruit tout autant que les autres dépendances.

* * *

La deuxième saison de *S.O.S. j'écoute* commence, avec deux nouveaux écoutants, Marie Tifo et Marcel Sabourin.

Je reçois entre-temps un téléphone de Gaëtan Lavoie, réalisateur de Radio-Québec, qui veut me rencontrer. On convient d'un restaurant. Il me propose un talk-show à ma manière. Je lui parle de mon rêve : reconstituer à la télévision un dîner d'amis où tout le monde émet son opinion tout en dégustant une cuisine raffinée et des vins de choix. J'ai des réponses à toutes ses objections : non, ça ne s'est jamais fait, ce sera original ;

non, je ne trouve pas indécent qu'on mange devant le monde ; qu'on me montre le règlement qui défend de boire du vin à la télévision ; une femme de ménage peut très bien, moyennant rémunération, aider sa patronne à servir un repas d'amis.

Plus j'explique le contenu de l'émission que j'invente à mesure, plus Gaétan m'écoute avec intérêt, et plus j'ai des idées. Je suis ainsi. Un regard intéressé agit comme l'eau sur une plante : je bourgeonne. Pourquoi Jean me prive-t-il de ce regard ? Cette pensée m'ayant traversé l'esprit, je ne peux retenir mes larmes. Tout en me mouchant et en renâclant, je raconte au réalisateur mes malheurs conjugaux. En sortant du restaurant, je suis sûre d'avoir fait une folle de moi, certaine d'avoir gâché mes chances avec ces larmes et ces confidences intempestives.

À la maison, ça va de mal en pis. Les enfants ne viennent presque plus nous voir, l'atmosphère est trop lourde. Dominique me menace de ne plus me parler si je ne sors pas de la maison. Je ne supporte plus de coucher dans le même lit que mon mari. Même dans le sommeil, si, par inadvertance, mon pied touche le sien, il écarte sa jambe comme s'il voulait éviter un nid de serpents venimeux.

Je consulte une psychologue. Au bout d'un certain temps, elle demande à le rencontrer. Il accepte.

Je vais passer quelques jours à la campagne pour réfléchir à ma vie, et là, seule devant le lac, je me dis que ce serait plus facile si je mourais. Je regarde le lac, je sais par expérience que la noyade est douce, mais je suis une bonne nageuse et je flotte comme un bouchon. J'élabore des plans pour que mon corps cale. Je me vois chercher mon souffle, puis manquer de souffle, et ensuite je vois Jean penché sur mon corps criant qu'il m'aime, jurant qu'il m'a toujours aimée. Et on vit heureux jusqu'à la fin de nos jours.

L'idée me prend, en attendant de mourir, d'appeler la psychologue pour lui demander si elle a rencontré Jean. Je pense encore qu'il va lui dire, à elle, qu'il m'aime. Comme je n'ai pas le téléphone, je me rends au village, dans un petit bar rempli d'hommes qui parlent fort et boivent de la bière. Je compose le numéro de la psy. Elle a rencontré mon mari.

— Et puis ?

— Il ne vous aime plus.

Je le savais bien, mais de l'entendre !... Je raccroche, puis je marche comme un automate jusqu'à l'auto.

Je rentre à Montréal cassée, vidée. Il sait que je sais. Il reprend son refrain : on peut très bien faire nos vies chacun de notre côté mais rester ensemble pour éviter le scandale. Je l'informe que le 22 mai prochain, jour de notre anniversaire de mariage, je serai partie pour toujours. Et pour la première fois en trente-quatre ans, je ne couche pas dans le même lit que lui.

Cette décision de séparation qui me semblait impossible, impensable, je viens de la prendre et je ne suis pas morte. Je suis vivante, bien vivante, et soulagée d'un poids que j'avais sur le cœur. Je suis allée au fond de l'abîme et puis j'ai rebondi, comme toujours. J'ai pris un couteau bien aiguisé et j'ai coupé le lien, sclack ! C'est net, c'est propre. C'est fait ! Jean et moi, c'est fini. Et je ne me sens pas coupable ! Je ne partirai pas en coup de vent. Je veux prendre mon temps, me trouver un appartement à mon goût. Préparer les enfants, surtout.

J'ai l'appui de Dominique. Elle qui élève seule ses deux garçons, elle sait que la séparation est une question de survie. Quand je parle à Isabelle de mon départ de la maison, d'un divorce probable, elle pleure. Elle vient de rencontrer l'amour de sa vie, elle ne veut pas entendre parler de couples qui ne durent pas, surtout pas celui de ses parents. Je la comprends, mais je n'y peux rien.

Je sauve ma peau. Martin, lui, est fâché contre moi. En partant, je détruis une image idyllique du couple, et puis lui aussi vient de tomber en amour et pense à se marier et à fonder une famille. Je brise ses illusions. Je tombe mal, mais je n'y peux rien. J'ai le droit de vivre, moi aussi ! J'ai mis des années à me décider à mettre fin à une relation toxique, je ne peux pas revenir en arrière. Ce que je ne dis pas à Isabelle et à Martin, c'est qu'en fait, si c'est moi qui pars, c'est leur père qui me quitte. Je l'ai compris le jour où Michel Lemieux, mon confident et psy, m'a dit :

— Votre mari sait ce qu'il faut faire pour que vous restiez, il ne le fait pas, c'est donc qu'il veut que vous partiez.

Je veux bien porter l'odieux du départ, du moment que je sors de cette maison.

Je trouve du réconfort auprès de mes chums de filles, Isabelle, Clairon, et Janine. Elles m'écoutent. Elles m'aident à chercher un appartement. Je ne suis plus la Janette drôle, vivante et pimpante. Je suis la Janette qui braille tout le temps. Je ne sais plus ce que je pleure : les vingt-cinq ans d'amour avec Jean ou les neuf dernières années de désamour ?

L'équipe de *S.O.S. j'écoute* ne sait pas que je vis des heures difficiles. Tous sont très gentils avec moi. En particulier le décorateur, celui du sofa, qui me couve du regard ! Il ne dit pas un mot, mais je le sais là pour moi. Il m'apaise. Quand nous sommes autour de la table de réunion, si je lève les yeux, je suis sûre que je vais trouver les siens sur moi, et son regard est doux, si doux, le regard d'une mère aimante pour son enfant. On se fixe une seconde, puis il baisse les yeux. Je ne sais rien de sa vie personnelle. Très discret, il est très poli avec moi. Un soir qu'on fête tous je ne sais quoi au restaurant, il s'assoit à côté de moi, et parce qu'il est là, je me sens bien. À la fin de la soirée, il vient me reconduire à mon auto, c'est un quartier difficile, il a peur pour moi. Le temps est frisquet, il remonte mon col de manteau. Est-ce possible qu'un homme soit si prévenant, si gentil, si doux ? Qu'est-ce qu'il veut ? J'ai peur de me tromper sur ses intentions et je lui dis bonsoir, comme aux autres, sans plus. Je dois rêver. Il ne peut pas être attiré : je ne suis pas attirante.

Quand on enregistre un épisode de *S.O.S. j'écoute*, j'ai sans cesse besoin de parler aux comédiens, et pour passer de la régie au studio je dois descendre un escalier et traverser un couloir. Le va-et-vient est constant. La plupart du temps, je cours d'un endroit à l'autre. Un avant-midi, je croise Donald, le décorateur, dans le couloir. Je m'arrête, il s'arrête, on se regarde, et tout d'un coup je le colle au mur, l'embrasse, puis continue mon chemin vers le studio. La foudre vient de me frapper ! Je n'ai plus de salive. Mes genoux tremblent. C'est à peine si mes jambes me portent. J'ai une chaleur qui dépasse en force toutes les chaleurs de la ménopause. Qu'est-ce que j'ai ? Qu'est-ce que j'ai fait là ? Qu'est-ce qu'il va penser ? Je donne mes notes aux comédiens et pars à sa recherche. Il n'est plus là ! Je regrette mon geste. J'entends Jean : « T'es rien qu'une impulsive. Tu parles trop vite, t'agis trop vite ! »

Je suis de nouveau dans la régie à regarder les comédiens jouer mon texte quand, tout à coup, je le sens derrière moi. Je me lève et lui demande de venir dans le couloir, où je lui explique en rougissant et en bafouillant de honte que je ne suis pas une fille « de même », que je suis très « privée », que je regrette, que ça ne se reproduira plus. Il me regarde avec des yeux d'une infinie douceur. Il ne comprend pas ce que je veux dire par « privée ». On est interrompus par l'équipe qui sort dîner. Je lui dis que je tiens absolument à lui expliquer mon geste. À ce moment, je pense vraiment que je vais m'excuser et que tout va redevenir comme avant entre nous : nous aurons une relation distante et polie. J'ai fait une gaffe et je veux la réparer. Je l'invite à dîner, loin du regard des autres, car j'ai peur de pleurer.

Après être montée dans son auto, je lui explique que je suis privée d'amour et de caresses depuis dix ans, et, bien sûr, je pleure. Il arrête l'auto, sèche mes larmes, m'embrasse doucement, puis moins doucement.

Pour dîner, on se dévore de baisers.

Au retour en studio, je suis rouge comme une tomate. J'ai de la peine à me concentrer. Je ne sais vraiment pas ce qui m'arrive. Je suis inondée de désirs. Mes sens que je croyais à jamais dans le coma se sont réveillés. Ils ont faim, ils ont soif ! Non, non ! ça n'a pas de sens ! que je me dis. Je ne le connais pas, je ne sais rien de lui, je ne sais même pas quel âge il a. Il passe près de moi, je griffonne sur un bout de papier :

— Quel âge as-tu ?

Je lui mets le papier au creux de la main. Il y écrit « 39 ans ». (En fait, il a 38 ans. Il s'est vieilli pour moi.) J'ai ma raison pour ne pas m'embarquer dans cette aventure sans lendemain. Vingt ans de différence !

À la fin de la journée, il est toujours là à me regarder doucement, sans parler. Mon auto devait être au garage parce qu'il vient me reconduire. Lui qui ne parle jamais se met à me raconter sa vie, en me tenant la main. Dans le tunnel Ville-Marie, on décide qu'on ne peut pas se laisser. Je ne peux pas l'amener chez moi, Jean est peut-être là. Il ne peut pas m'amener chez lui, il est marié. Le désir que j'éprouve pour lui est si fort que je n'ai plus de principes, plus de morale. Je veux être dans ses bras, je veux me donner à lui. Il ne sait pas où aller, moi non plus. On tourne en rond en ville. Un hôtel ? Je serais sûrement reconnue. Et puis je ne sais pas s'il a les moyens de payer un hôtel. Je suggère le boulevard Taschereau, sur la Rive-Sud. Il y a de nombreux motels pas chers. Donald hésite. Pas Janette Bertrand au motel ! Et pourquoi pas Janette Bertrand au motel ? Moi, si raisonnable, si malheureuse, j'ai droit à mon moment de folie.

Pour se donner le temps de changer d'idée, on prend un verre dans un bar quelconque. On se mange des yeux. Sous la table, on se caresse les mains. Finalement, c'en est fait de nous deux, on part à la recherche d'un motel. J'ai une peur bleue d'être reconnue, alors je me couche au fond de l'auto. Je précise à Donald que je veux payer ma part du motel. J'insiste, je ne veux plus qu'un homme paye pour moi, jamais ! Il va s'inscrire, revient. Je lui donne douze dollars et cinquante ; la chambre en coûte vingt-cinq. J'entre ! Je ne vois même pas que la chambre est sordide, le lit, infect. Je suis dans un état second. Comme si de rien n'était, on continue de se parler, et puis on s'embrasse, et puis, malgré le désir qui nous fait battre le sang, on se caresse longuement, et puis, tout naturellement, on se donne l'un à l'autre. Ce don, c'est comme un sacrement qui consacre notre union. C'est beau, c'est sérieux, c'est grave, c'est fort, plus fort que la différence d'âge, plus fort que la différence de statut social, si fort qu'il n'y a pas d'obstacle qui résistera à notre désir d'être l'un près de l'autre, l'un dans l'autre. J'ai besoin de sa bonté, de son calme, de ses yeux admiratifs sur moi, de sa tendresse, de son amour. En somme, je sais sans le savoir que je viens de trouver la mère que je n'ai pas eue.

Ironie du sort, moi qui ai toujours eu si peur que mon mari me trompe, c'est moi qui le trompe ! Non, je ne le trompe pas puisque la relation de trente-quatre ans gît, morte, coupée en deux et vidée de ce qui faisait de nous un couple. L'amour est mort. Vive l'amour !

* * *

C'est faux de dire qu'on n'aime qu'une fois. Mais chaque fois qu'on aime, c'est comme si c'était la première fois. C'est le miracle de l'amour.

Je me trouve privilégiée de pouvoir recommencer ma vie sentimentale, repartir à zéro, aimer à nouveau, comme on aime à seize ans. Je pense à ma mère qui n'a pas eu cette chance. Je pense à toutes les femmes qui ont subi des brutes, des ivrognes, des hommes qu'elles n'aimaient pas ou qui ne les aimaient plus, et qui ont été obligées de rester mariées, à la vie, à la mort.

Je sors avec mes filles. On s'en va magasiner rue Saint-Denis. Dans l'auto, je ris, je gazouille comme une adolescente. J'ai la bouche fendue jusqu'aux oreilles. Les filles, qui ne m'ont pas vue heureuse depuis des lunes, me demandent ce que j'ai. Elles ont l'habitude de me voir soupirer et essuyer une larme. Je leur dis tout de go :

— J'ai couché avec un homme !

Dominique met les freins.

— Avec qui ?

— T'as pas honte, maman !

Isabelle joue la scandalisée, mais je sens qu'elle est heureuse pour moi. Toutes les deux savent que ma vie sexuelle est au point mort depuis des années, que rien ne va plus entre leur père et moi.

— Son nom ?

— Donald !

Elles partent à rire. Pas Donald ! Je sais que c'est un prénom qui les fait rire. Finalement, elles m'invitent à fêter ça à *L'Express*. On est entre copines ! Je sens qu'elles me comprennent et qu'elles approuvent. Ce moment-là, à *L'Express*, je ne l'oublierai jamais. Je suis devenue une femme à leurs yeux. C'est comme si on me donnait le trophée de la meilleure mère. Je leur recommande de garder le secret. Martin, surtout, ne doit pas savoir. Les mères, pour leur fils, n'ont pas de sexualité et ne font pas l'amour avec des étrangers ; c'est tout juste si elles font l'amour avec leur père. Je lui dirai plus tard.

Je vais divorcer. On divorce de plus en plus. Depuis la loi sur le divorce, votée en 1968, quarante-quatre pour cent des femmes mariées se retrouvent, de par leur volonté ou pas, de nouveau célibataires. Hélas, la plupart d'entre elles n'ont pas de travail rémunéré et sont donc propulsées dans la pauvreté avec leurs enfants. Le divorce révèle l'inégalité financière entre les conjoints. Heureusement, la communauté de biens est remplacée par la société d'acquêts, plus favorable aux femmes. Avant la loi sur le divorce, la femme mariée passait du nom de son père à celui de son mari et ne pouvait transmettre son nom à ses enfants. Après l'adoption de la loi, elle peut porter le nom de son mari si elle le veut, mais l'exercice de ses droits et de ses obligations doit s'effectuer sous son propre nom. Donner son nom à ses enfants est légal. Ainsi, si elle divorce, elle n'aura qu'à changer le « madame » pour « mademoiselle ». En même temps que le divorce se répand, le mariage perd de son attrait. De plus en plus de femmes choisissent de vivre avec leur amoureux sans se marier. Pourquoi se marier si on va divorcer ? Dans les années soixante-dix, seules quelques marginales donnaient naissance à des enfants sans être mariées avec leur conjoint. Dix ans plus tard, c'est de plus en plus fréquent. Les lois mettent fin au double standard dont ont tant souffert les femmes.

Je profite de cette évolution : je suis séparée, j'attends mon divorce, je gagne ma vie et je suis amoureuse. À vingt ans, je n'aurais jamais pensé être capable de tant changer en si peu de temps. La petite Yvette conciliante est devenue une Janette qui se bat pour elle d'abord, puis pour ses filles et pour toutes les filles à venir.

***

Janine Sutto qui est « coach » à la Ligue d'improvisation me demande de faire partie de son équipe.

— Je ne suis pas capable !

— Bien oui, t'es capable !

Si Janine croit que je suis capable, c'est que je dois l'être, et je fonce, tête baissée, dans cette aventure.

Et me voilà dans l'arène avec Marc Béland, Diane Jules, Yves Jacques, Marc Labrèche et le grand inventeur de ce jeu diabolique, Robert Gravel.

Aux séances d'initiation au jeu, je m'en tire assez bien : il n'y a pas de public, on est entre nous. On me félicite, m'encourage. Tout le monde m'aide. Ce sera facile. Le premier soir où je joue pour vrai devant un public d'invités, je comprends que je ne suis pas là pour m'amuser, mais pour gagner. L'improvisation est un jeu de gars, un jeu de compétition, comme le hockey. Tous les coups sont permis pour gagner. Je me rends vite compte que les femmes sont désavantagées, du fait de leur manque de combativité naturel. Je m'aperçois que nos compagnons mâles se servent souvent de clichés à notre endroit pour nous désarmer : les femmes se jalousent entre elles, les femmes sont menteuses, quand elles disent non, c'est qu'elles veulent dire oui... Je me sens mal à l'aise, en tant que femme. Je ne suis pas la seule. Dès la première semaine, je suis invitée à une réunion des filles de la ligue pour discuter de notre place dans le jeu. Il faut des changements. Le lendemain, on rencontre les gars et, heureusement, ils écoutent ce qu'on a à dire. On aura une plus grande place. Ils seront respectueux. Ils éviteront les clichés.

Mais mon jeu ne s'améliore pas. Pas assez d'assurance, pas assez d'audace. Je reçois des volées de claques en caoutchouc. On a beau se protéger le visage avec les bras, ça pince. J'ai des bleus au corps et des bleus à l'orgueil. Je n'ai pas l'habitude d'être huée ! Ce qui me fait le plus mal, c'est que je fais honte à Janine. Un soir j'ai mimé une prostituée. Comme je voulais éviter le cliché de la putain vulgaire, j'ai fait une prostituée distinguée ; ce n'était pas drôle. J'ai été renvoyée du jeu sous une pluie de claques et privée de jouer pour le reste de la partie. J'ai fait perdre trois points à mon équipe. Mes larmes pointent, les traîtres. Janine m'apostrophe :

— Tu ne vas pleurer en plus !

J'ai ravalé mes larmes et cuvé ma honte hors du jeu. Par la suite, j'ai joué surtout dans les parties de nuit où il y avait moins de monde. J'ai eu, la nuit, quelques bonnes improvisations, puis, juste comme je commençais à m'améliorer et à éprouver un certain plaisir, la saison a pris fin. On ne m'a pas redemandée pour l'année suivante. Je le comprends. Je n'étais pas bonne.

Cet échec me ramène sur terre. Je ne sais pas tout faire. Je ne peux pas tout faire. Je peux me tromper dans mes choix. Je serai plus prudente la prochaine fois. N'empêche, la Ligue d'improvisation m'a aidée à briser l'image du petit couple idéal, Jean et Janette. J'ai eu la chance d'être moi-même, des fois pourrie, des fois bonne, des fois ordinaire… une ou deux fois douée.

***

Mon père a quatre-vingt-sept ans. Il est en santé. Il n'a jamais vu un docteur de sa vie et s'en vante.

— Je veux pas aller voir de docteur. Il va me trouver une maladie !

Il déborde d'énergie. Seul son genou droit le fait souffrir. Je lui ai tricoté un genre de gaine en laine qu'il porte jour et nuit. Comme il ne se rend plus à son magasin, il s'ennuie. Il a beau faire un jardin l'été et passer ses hivers en Floride ou en Espagne, il souffre de ne plus voir de monde, de ne plus parler avec le monde. Il lui arrive d'aller jusqu'à l'arrêt d'autobus pour faire la conversation à ceux et celles qui attendent le bus, ou de ramener chez lui de purs étrangers, juste pour piquer une jasette, ce qui rend Magella furieuse. Il tourne en rond et Magella se plaint de son caractère. Mon frère Paul, pensant donner du repos à mon père, lui a enlevé le goût de vivre en l'empêchant de travailler.

— Reposez-vous, p'pa.

— Christ, j'ai pas besoin de me reposer, je vais me reposer pendant toute l'éternité !

Et puis, un jour, Magella m'appelle : papa a un gros rhume. Elle s'inquiète, il n'a jamais eu le rhume de sa vie. Quelques jours plus tard, le rhume dégénère en pneumonie. On craint pour sa vie. Je refuse de croire qu'il pourrait mourir, mon père est immortel. Mon père, c'est le plus fort ! Et puis j'en ai besoin. J'ai besoin de son amour, de son regard sur moi. Non, mon père ne mourra pas, je l'ai décidé. Je vais le voir tous les soirs à l'hôpital. On parle à cœur ouvert de ce dont il veut bien me parler, de mes enfants qu'il adore, de Pierre, son petit-fils préféré. Je n'ose lui parler de maman alors que c'est ma dernière chance de la connaître. Mais lui-même, l'a-t-il vraiment connue ? Je n'ose pas non plus lui parler de moi, de mes difficultés avec Jean, il adore Jean, il prendrait sa défense contre moi. Alors je lui lis les nouvelles du sport du *Journal de Montréal*. Quand je sens qu'il dort, je m'arrête, soulagée, et j'entends :

— Passes-en pas, je dors pas !

Je demande à rencontrer le docteur, qui m'apprend que papa ne se remettra pas de sa pneumonie et qu'on peut le ramener chez lui pour mourir.

Pas papa, pas lui ! La mort ne va pas m'enlever le seul être sur qui je peux compter sans condition, le seul être qui m'aime ! C'est pour lui prouver que je vaux ses fils que je travaille si fort, il ne va pas m'enlever ma motivation ? C'est tout juste si je ne l'engueule pas ! Je me réfugie dans le déni total. Il a une santé de fer, il va se remettre. Mon père ne peut pas me faire ce coup-là !

De retour à la maison, il semble pour un moment prendre du mieux ; je respire. Puis un matin, Magella me téléphone, affolée. Papa a les ongles gris et le médecin l'a prévenue : c'est le signe que la fin approche. Jean, les enfants et moi partons tous pour la rue Langelier. Mon frère Paul y est déjà, avec Pierre, mon neveu. Je ne peux plus nier la vérité, papa s'en va tout doucement. Il est conscient mais ne parle pas. Il est tout petit dans son lit « king-size », un enfant, mon enfant, presque un fœtus. Je me couche à côté de lui en cuillère. Je l'entoure de mes bras. Je lui murmure des mots d'amour à l'oreille. Isabelle vient me retrouver, puis Dominique, puis Martin. On est tous là, dans le grand lit, à lui donner de l'amour, à lui parler d'amour. Mon frère Paul l'incite doucement à se laisser aller. Pierre et Magella sont dans le lit aussi. On l'accompagne dans son dernier voyage. Et puis papa émet un long soupir et sa tête glisse sur l'oreiller comme pour dormir. On sait tous qu'il vient de nous quitter et pourtant on reste là à lui parler, à lui dire encore et encore comment on l'aime, combien on l'aime. Je me jure de m'organiser pour mourir comme lui, dans l'amour.

Papa avait exigé dans son testament d'être exposé trois jours au salon funéraire. Je déteste les salons funéraires. Pire, je les ai en horreur. J'ai maintes fois dénoncé l'hypocrisie des visiteurs, l'impudeur des membres de la parenté qui s'empressent d'oublier le mort pour se raconter leurs vies et rire. Les phrases toutes faites, du genre « il est bien arrangé », « il est ressemblant », « quatre-vingt-sept ans, c'était le temps ! » me font grimper dans les rideaux. Je ne peux supporter l'odeur des fleurs qui fanent, la fausse compassion des employés, etc. J'en veux à papa de nous imposer cela.

J'avais tort.

Il a eu raison une autre fois, la dernière. Il m'a permis d'accepter sa mort, il m'a permis de comprendre qu'il ne serait pas là demain, ni après-demain, ni jamais. Surtout, j'ai connu mon père à travers ses amis, ses clients, ses connaissances. Pendant trois jours, on est venu me raconter ses générosités, ses entourloupettes, ses drôleries et ses faiblesses. On m'a fait découvrir un côté de lui que je ne connaissais pas. Il m'est même arrivé de rire fort. Par exemple, le deuxième jour, dans le salon plein à craquer, un ami de papa, pêcheur lui aussi, entre avec un poisson en fleurs jaunes sur les épaules, un poisson d'au moins sept pieds de long. Comme papa exagérait toujours la grandeur de ses prises, j'ai éclaté de rire et tous les visiteurs avec moi.

À l'enterrement, j'étais en colère. Pourquoi naître s'il faut mourir ? J'étais jeune. Je sais maintenant qu'on naît et qu'on meurt et que c'est naturel, normal, qu'on n'y échappe pas. Papa est resté très présent dans ma vie et dans celle de mes enfants. À chaque réunion de famille, on parle de lui, on se rappelle la fois que... Il est si près de nous que Donald m'assure le connaître autant que s'il l'avait fréquenté. Il a laissé sa trace, son amour a laissé une trace. C'est mon modèle.

Magella sans papa est devenue l'ombre d'elle-même. En perdant papa, elle avait perdu le plaisir de vivre. Elle est allée le rejoindre quelques années plus tard.

***

Pendant mon passage à la Ligue d'impro, je découvre une fille extraordinaire de générosité, d'intelligence, de vivacité d'esprit et d'originalité, une championne de l'improvisation : Diane Jules. Elle s'occupe de moi comme une mère, me donnant des conseils en improvisation où elle est passée maître. C'est la femme

de ménage de mon talk-show. Elle va improviser et représenter le public autour de la table. Elle accepte ce rôle. Je
lui cherche un nom. Violette ! C'est ancien et coquin en
même temps et, surtout, c'est un nom qui ne convient
pas du tout à la femme de ménage que je veux créer. Une
violette, c'est petit, léger, ça dégage un parfum subtil. Ma
Violette va être grassouillette, directe, « heavy ». Ça me
plaît ! Comme Diane ne veut pas être identifiée à ce seul
rôle, elle souhaite composer un personnage avec per-
ruque et bourrure. Le résultat sera si convaincant qu'elle
aura du mal, après dix ans, à se débarrasser de Violette.
Les rôles marquants, le mot le dit, marquent les acteurs.
On n'y peut rien. Ou on joue des rôles marquants et on
reste marqué, ou on joue des rôles qui passent inaperçus
et on passe soi-même inaperçu.

Pour le titre du talk-show, je suggère *Parler pour
parler*. Pourquoi ? Pour redonner ses lettres de noblesse
à la parole. Parler pour le plaisir de parler, parler pour
communiquer, parler pour guérir, pour promouvoir
l'échange d'idées, la discussion, le partage d'opinions.
Dans le cliché québécois, « parler pour parler » signifie
parler pour ne rien dire, or je suis convaincue qu'on parle
toujours pour dire quelque chose. Mon titre est accepté et
j'ai hâte à la première émission, en septembre prochain.

***

Mon divorce est prononcé. Je ne pleure même pas.
J'ai dix ans de deuil à mon crédit. C'en est fait de mon
couple. Je tourne la page. Il reste à séparer nos avoirs.
Mon psy me prévient : le partage des biens peut être le
prétexte à des règlements de comptes spectaculaires et
souvent très douloureux. Ça ne peut pas se produire avec
nous, nous sommes civilisés !

La psy avait raison. Dès la première discussion sur
la manière de partager le bien acquis, le ton monte. Je

décide de me soustraire à cette tempête pour des verres ou de la coutellerie. Pour ce qui est de la souffrance, j'ai donné. J'avertis Jean que je pars avec mes vêtements seulement et ma petite auto. Je lui laisse tout ! Je vais refaire ma vie sans un sou, sans maison, sans meubles, sans rien !

Donald, de son côté, a besoin de temps pour se séparer. Cet homme que j'ai attendu cinquante-sept ans, je peux bien l'attendre encore un peu. Je suis sûre qu'on est faits l'un pour l'autre. Je ne me questionne pas. Je ne doute pas un instant. C'est lui et pas un autre ! Je me trouve un petit appartement dans une tour du centre-ville, un trois et demi. J'y installe un matelas par terre. Je me procure quelques couvertures, un couteau, une fourchette, une assiette, un petit appareil de télévision, et me voilà prête à recommencer ma vie à partir de rien. Rien d'autre que l'amour.

Mon mari m'apprend qu'après avoir fait le bilan de notre argent il m'en donne la moitié. Il me conseille un « trust », celui qui s'occupe de ses affaires (encore aujourd'hui, je fais affaire avec cette société de fiducie). Il craint que je me fasse dépouiller par le premier venu, je suis si naïve, si impulsive, si « nounoune »... Il remet l'argent à un gestionnaire qui verra à me verser une allocation mensuelle. Encore une fois, l'argent me passe par-dessus la tête sans que j'en voie la couleur. Je n'insiste pas, persuadée qu'il a raison. Je ne cesse de répéter aux femmes que leur indépendance passe par leur autonomie financière et moi-même je ne m'occupe pas de mes finances. Quel paradoxe ! J'ai vraiment un blocage psychologique par rapport à l'argent. N'empêche, juste le fait de faire de l'argent m'a procuré une liberté que je n'aurais pas eue si j'avais vécu aux crochets de mon mari.

Le 22 mai, Jean part aux États-Unis. J'entasse mes vêtements dans ma petite auto. Mes trois enfants sont avec moi, mes petits-enfants aussi. Je fais le tour de la maison, quatorze pièces. Puis je ferme la porte derrière moi. C'est fini ! Je mets fin à trente-quatre ans de vie commune. Je mets fin à un amour que je croyais immortel.

Je crois bien faire en invitant les enfants à dîner dans un restaurant en signe d'adieu à mon ex-vie. C'est une erreur. Le dîner est douloureux. Je me sens coupable de penser à moi. Une bonne mère de famille doit penser au bonheur de ses enfants en premier. Elle doit se sacrifier pour eux. Mais les enfants, eux, peuvent-ils être heureux quand leur mère est malheureuse dans un mariage qui ne fonctionne plus ? Dans ce naufrage, je pense juste à ne pas me noyer, moi. Pas un instant je ne doute de ma décision. C'est une question de vie ou de mort. J'ai choisi la vie.

Ce soir-là, seule dans ma chambre vide, je me sens délivrée, mais aussi triste à mourir.

Comme je dois m'acheter meubles et rideaux, je me pointe au trust pour demander de l'argent, mon allocation ne suffisant pas. Je me retiens de tendre la main au gestionnaire qui m'est assigné. Celui-ci tombe de sa chaise quand il apprend que je ne suis jamais, de ma vie, entrée dans une banque, que je ne sais pas faire un chèque, que je n'ai aucune carte de crédit. Je lui avoue que je suis passée du trente sous de mon père aux vingt dollars de mon mari, et que je tends cette fois-ci la main à une institution financière qui gère mon argent. Quand je lui demande si mon ex-mari m'a laissé assez d'argent pour meubler mon trois et demi, il rit en se tapant sur les cuisses. Il m'explique que cet argent, je l'ai gagné, qu'il est à moi, et que je peux le dépenser comme je veux. Moi, dépenser ? Jamais ! C'est quand je ne dépense pas qu'on m'aime. Il m'informe de la somme que j'ai au trust, ça ne me dit rien du tout. En partant, je lui demande si je peux m'acheter une paire de souliers. Je sais qu'il croit que je suis timbrée.

Plus tard, j'ai tenté de comprendre mon attitude vis-à-vis de l'argent, et je me suis rendu compte que nos rapports avec l'argent sont aussi complexes que nos rapports avec la sexualité, et que dans les deux cas l'influence de l'enfance est déterminante. Moi, si habile quand il s'agit de faire de l'argent, pourquoi suis-je si nulle quand il s'agit de le gérer ? Comme si j'avais peur de me salir les mains en le manipulant.

Quelques jours après mon départ de la maison, Donald se rend compte que je laisse tomber des billets de deux, cinq, dix dollars en sortant mon rouge à lèvres de mon sac à main. Il s'aperçoit qu'après avoir payé quelque chose je jette pêle-mêle dans le fond de mon sac les billets et la monnaie qu'on me remet. Je traite l'argent comme s'il s'agissait de kleenex usagés. Il m'offre mon premier portefeuille et me montre comment m'en servir. Les billets ici, la monnaie, là. Il me faudra du temps avant de mettre de l'ordre dans mes sous, de comprendre vraiment que j'en ai et à parler d'« argent » plutôt que de « sous ». Je n'ai cependant pas appris à gérer mon argent. Malgré tous mes efforts pour me sortir du patriarcat, il me reste encore des traces de dépendance. On ne sort pas facilement de tant de siècles de conditionnement.

***

Radio-Québec, heureux de mes cotes d'écoute, me demande une série de trois dramatiques d'une heure. Comme je suis amoureuse, je suggère une série sur l'amour, *Avec un grand A*. Entre-temps, comme les réalisateurs se sont syndiqués, un producteur m'est assigné, André Monette. Est-ce dû à des relents du patriarcat – « une fille, ça ne vaut rien » –, ou à l'anathème prononcé contre moi tout le long de ma jeunesse, mais je doute constamment de ce que j'écris, de ce que je dis. J'ai régulièrement besoin que quelqu'un m'« étampe » un imprimatur sur le front. J'ai un besoin viscéral d'être approuvée, reconnue par d'autres puisque je doute de moi. Mais cet autre ne peut pas être n'importe qui, il faut que je lui fasse confiance à cent pour cent, qu'il connaisse le métier, qu'il soit franc, honnête avec moi. André est tout ça et davantage. Petit à petit, mes relations avec lui se resserrent, j'apprends à le connaître et je découvre, sous une retenue polie, un être sensible, cultivé et sans aucun machisme, ce qui est exceptionnel. De plus, on lit les mêmes livres, on aime les mêmes pièces de théâtre, on a les mêmes vues sur la vie. Chose étonnante, cette complicité n'enlève rien à l'amour que j'ai pour Donald, c'est un plus, un complément.

André David va réaliser les « grands A » et Donald, créer les décors. Je dirigerai moi-même les comédiens comme je l'ai toujours fait. J'obtiens d'André Monette des heures supplémentaires de répétitions, pratiquement le même nombre qu'au théâtre. Il croit, comme moi, aux longues répétitions. Je respecte le public et veux lui offrir ce qu'il y a de mieux en fait de performance d'acteurs. J'ai l'appui des comédiens, qui tiennent toujours à peaufiner leur art. Diriger des comédiens, dans mon cas, consiste moins à donner des directives aux acteurs qu'à les nourrir d'informations sur le personnage qu'ils jouent. À trouver le mot juste qui va exprimer la complexité du personnage. Je les aide à fouiller au-dedans d'eux pour y trouver des émotions enfouies, et cela se fait dans le respect et l'amour. Je suis convaincue qu'il faut que je respecte les acteurs si je veux être respectée, que je dois les aimer si je veux en être aimée. Étant actrice, je sais qu'il n'est pas donné à tout le monde de devenir facilement le personnage à incarner. Les grands acteurs, comme les chefs-d'œuvre, ne courent pas les rues. Un bon acteur ne joue pas, il est le personnage, jusque dans les fibres les plus profondes de son être. Ce sont de tels comédiens que j'aime et que je demande pour jouer dans ce que j'écris. Ce sont des violons sur lesquels mon archet joue.

Le premier *Avec un grand A* raconte l'histoire d'une dentiste (Louisette Dussault) et d'un entomologiste (Marc Messier) qui, sortant tous deux d'un divorce douloureux, se sont juré de ne plus jamais aimer. L'histoire est drôle et tendre. À la fin, ils recommencent leur vie en tombant en amour. Comme tous les auteurs, je puise dans ma vie pour écrire mes histoires. Un auteur de télévision, comme un auteur de romans, écrit à partir de ses expériences. Il parle de ce qui le touche, le préoccupe, le choque. Il a des opinions à partager. Il a des choses à dire au monde, des messages à faire passer. Les messages ne sont pas nécessairement d'une moralité à toute épreuve. Il peut vouloir démontrer que le crime paie, ou qu'il vaut mieux avoir deux femmes dans son lit plutôt qu'une. Ce qui importe, c'est qu'il ait quelque chose à dire. Si la télévision doit divertir, elle peut aussi faire réfléchir. Le plus grand compliment qu'on puisse me faire, c'est de me dire qu'après une de mes émissions on a discuté ferme. Dans mon cas, écrire, c'est effectuer une étude, une recherche sur la nature humaine. J'écris aussi pour me comprendre et comprendre les autres, et transmettre ce que j'ai appris. Balzac, Zola, la grande Colette et tous les autres écrivains n'ont fait que cela : prendre la plume comme on prend la parole. Dans le premier *Avec un grand A*, je veux comprendre pourquoi, après une rupture, on retombe en amour. Je veux dire au monde que c'est possible de recommencer à neuf, puisque moi-même je le fais. Je veux donner de l'espoir à tous les éclopés de l'amour.

La deuxième dramatique est encore plus autobiographique. J'explore la différence d'âge entre des amoureux. Pour que ce ne soit pas trop évident que je projette mes peurs et mes doutes dans mon texte, j'inverse les rôles. Je mets en scène un médecin de cinquante ans (Paul Hébert) et sa jeune maîtresse de vingt-cinq ans (Johanne Fontaine). Le fils du médecin voulant qu'ils s'expliquent une fois pour toutes, il les enferme dans un sauna et fait grimper la température. Pendant une heure, le huis clos et la chaleur intense feront jaillir le pour et le contre d'une relation socialement inacceptable. L'amour vaincra, bien sûr ! Je veux très fort que ça marche, entre Donald et moi.

La troisième dramatique traite de l'amour entre jumeaux. Ma mère était une jumelle, mais sa jumelle est morte. J'ai moi-même donné naissance à des jumelles qui n'ont pas vécu. Je suis donc très attirée par la gémellité. Je veux comprendre ce qui se passe entre deux personnes nées en même temps. De vraies jumelles, Anne Dandurand et Claire Dé, incarnent mes personnages. On découvrira à la fin de la dramatique que, malgré les conflits, les crises d'identité, il n'existe pas sur terre de plus grand amour que celui de deux jumeaux.

Finalement, comme tous les auteurs du monde, je ne parle que de moi. Heureusement, seuls ceux qui me connaissent intimement s'en rendent compte et me traitent d'impudique !

***

Parler pour parler se porte à merveille. Malgré quelques mauvaises critiques, de plus en plus de téléspectateurs regardent l'émission. J'ai des recherchistes qui comprennent exactement ce que je veux faire. Marie-Hélène Roy, Johanne Mercier, Danielle Ferland et Michelle Robert me dénichent des invités qui ont des idées et les expriment avec passion et humour. La nourriture et le vin que l'on sert à ma table sont de qualité, j'y tiens, et Violette réussit à représenter le public qui écoute chez lui et n'a pas la parole. Son rôle est délicat. Elle doit réveiller le convive qui écoute trop et se tait, et faire taire celui qui parle trop. Le public adore son effronterie, ses mots crus, sa façon de dire ce qu'elle pense. Des gens de partout m'écrivent pour dire que le rendez-vous du vendredi soir est devenu sacré chez eux. Des personnes seules mangent en même temps que mes invités ; c'est tout juste si elles ne prennent pas part à la discussion. Le lundi matin dans les bureaux, les magasins, les patrons se plaignent que leurs employés ne font que discuter des sujets de *Parler pour parler* et d'*Avec un grand A*.

Ce succès populaire enrage mes détracteurs, qui parlent d'exhibitionnisme et de voyeurisme. Encore. Ils critiquent mes sujets audacieux. Ils critiquent la trucu-lence de Violette, le vin, la nourriture, Radio-Québec. Heureusement, j'ai l'appui du producteur, André Monette. Il me fait confiance et moi, quand on me fait confiance, les idées fusent, les projets abondent. « Je vais leur montrer de quoi je suis capable. » Radio-Québec n'a jamais eu des auditoires aussi nombreux, et même si la direction se vante de ne pas tenir compte de cet indice de popularité, elle est ravie que la chaîne augmente sa part de marché. Elle renouvelle mes contrats.

Un Noël, j'ai invité des sans-abri à venir manger à ma table. Johanne Mercier a eu un mal fou à en convaincre six de venir. Heureusement, ils me connais-sent tous de réputation. Ce vendredi-là, la table est abon-dante : tourtière, dinde et bûche de Noël. Vin, et du bon, à volonté. En plus de leur offrir un vrai repas, je veux savoir qui ils sont, pourquoi ils vivent dans la rue, etc. Finalement, il y en a quatre sur six qui se présentent. Le plus jeune, complètement gelé, est beau comme un Jésus. Un autre est venu crier à sa famille que ce sont tous des écœurants. Il ressasse son histoire sans arrêt. En face de moi trône le « roi des clochards » (c'est son nom de rue). Il porte un plâtre au bras depuis quatre ans. Il me parle de sa notoriété dans le royaume des sans-abri. Il est drôle, intelligent, roublard. On n'a pas réussi à lui faire enlever les trois tuques de laine superposées qu'il porte sur ses cheveux longs. Sous les projecteurs, il a chaud et… il pue !

Le jeune drogué est en fugue. Je sens beaucoup de douleur en lui, et ne peux m'empêcher de me dire qu'il pourrait être mon fils. Il est d'une grande beauté et d'une grande douceur. Comment en est-il arrivé là ? Pendant une pause publicitaire, il se lève et sort. Je suis inquiète : va-t-il revenir ? Il revient. Plus gelé que jamais. L'autre, la victime parfaite, essaie de m'amadouer. C'est un manipulateur de grande classe. Le monde entier est responsable de ses malheurs. Chose étonnante, aucun de mes invités ne mange. Ils répondent à mes questions, mais tout juste. Ils ont hâte de s'en aller. À la fin de l'émission, hors des ondes, je leur demande pourquoi ils n'ont pas mangé ni bu. Le roi des clochards me répond :

— Nous autres, on mange pas tout seuls, on partage toujours tout ce qu'on a avec nos chums.

On leur met donc la tourtière, la dinde, le vin dans des sacs pour emporter, et leurs visages s'illuminent. Ils vont partager le festin. Belle leçon de fraternité.

J'apprendrai la mort du roi des clochards quelques mois plus tard. Quant au jeune drogué, j'ai reçu une lettre de lui un an après son passage à ma table. Il était allé en cure de désintoxication, puis s'était remis aux études et il tenait à me dire que sa participation à l'émission, où je ne l'avais ni jugé ni condamné, l'avait aidé à changer sa vie.

Cette émission risquée a marqué la télévision. Pour moi, ça a été une autre expérience de vie, qui me servira plus tard à écrire l'histoire d'une *bag lady* pour une comédie musicale (qui n'a jamais été jouée).

Ce genre d'interview ne se prépare pas à l'avance. Je me lance dans la fosse aux lions avec, pour seules armes, mon instinct et mon cœur. J'aime.

* * *

Janine Sutto m'incite à écrire une autre pièce de théâtre. J'ai un sujet : le suicide. Depuis mon passage à Tel-Aide, je sais que le suicide n'est pas un geste de folie subite, mais plutôt, la plupart du temps, un acte mûrement réfléchi, la solution ultime à des problèmes qui semblent insolubles. Je sais que la personne suicidaire donne des indices, des pistes pour que ses proches l'empêchent de commettre l'irréparable. Il peut s'agir d'une parole, d'un appel téléphonique… J'ai trouvé ! Je vais écrire l'histoire de Simone, cinquante-six ans. Pourquoi Simone ? Pourquoi pas Yvette ? Tout simplement parce que Simone est un nom que j'aime écrire et prononcer. Pourquoi cinquante-six ans ? Parce que beaucoup de femmes de cet âge se retrouvent seules dans leur maison. Leur mari les a quittées pour une plus jeune, les enfants font leur vie en dehors du nid. Ce sont des femmes flouées. On leur avait vendu le mariage comme une assurance contre la solitude ; les enfants, comme une assurance-affection. Elles se retrouvent sans métier, sans amies de filles, sans autre distraction que la télévision. Elles se sont fait avoir !

J'imagine alors que ma Simone, conciliante, douce, ne voulant jamais déranger personne – ma pièce s'intitulera *Dis-moi le si j'dérange* –, tente de téléphoner à ses proches pour les avertir que, s'ils ne s'occupent pas mieux d'elle, elle va finir par se sentir carrément de trop et s'enlever la vie. Le drame se joue de sept heures et demie à minuit dans la cuisine de Simone. Elle lance des appels au secours que personne n'entend, ne comprend, et, à la fin, elle se suicide. C'est une pièce où l'on rit beaucoup, tant on se reconnaît dans cette Simone truculente et simple, et où l'on pleure beaucoup tant on s'identifie à cette femme bernée par une société qui ne reconnaît plus le mariage et la maternité comme la finalité de la femme. Elle qui a passé sa vie à servir les autres, elle meurt de ne servir à rien ni à personne.

Janine et moi, on est d'accord dès le départ : c'est un rôle taillé sur mesure pour Juliette Huot. À soixante et un ans, elle peut facilement jouer une femme de cinquante-six ans. Le rôle est exigeant. Elle est sur la scène pendant une heure trente, complètement seule. Pendant tout ce temps, elle parle au téléphone sans interlocuteur à l'autre bout du fil. Encore une fois, Janine me permet d'assister aux répétitions. Je continue d'apprendre à diriger des comédiens. Et, encore une fois, je demande à Luc Plamondon d'écrire une chanson pour rehausser mon texte. On se rencontre chez lui, à Outremont, et pendant des heures je lui parle de Simone, de son besoin de parler, d'être écoutée. Luc Plamondon est un être fascinant, multiple, complexe, plein de contradictions. Un mélange de faiblesse, de force, d'orgueil et d'humilité. Un vrai être humain comme je les aime. Quelques jours plus tard, il me revient avec le texte suivant.

J'ai besoin de parler
paroles de Luc Plamondon

Tu rentres du bureau
Tu te sers un whisky
Parce que t'en as plein le dos
De t'battre avec la vie
Tu me prends dans tes bras
Mais tu me demandes même pas
Comment ça va

Tu t'assois dans un coin
Tu m'dis jamais rien
Tu penses à tes affaires
C'est ton seul univers
Tellement que j'me dis parfois
Que si j'n'étais pas là
Tu t'en apercevrais même pas
Tu t'en apercevrais même pas

J'ai besoin de parler
De parler à quelqu'un
À quelqu'un qui voudrait
Simplement m'écouter
J'ai besoin moi aussi
De parler de ma vie
Si ce n'est pas à toi
Dis-moi à qui ?

J'ai besoin de parler
Besoin de te parler
Pour savoir où j'en suis
De ma vie avec toi
J'en suis même arrivée
Jusqu'à me demander
Si j't'aime autant qu'avant

Tu te lèves toujours tôt
Tu dévores tes journaux
Tout ce qui se passe entre nous
On dirait que tu t'en fous
Mais ce qui se passe en Iran
Ou en Afghanistan
Ça ça te passionne

Et quand tu me téléphones
Au milieu de la journée
C'est pour me demander
Ce que j'ai fait pour dîner
Mais qu'est-ce que tu dirais
Si un soir tu rentrais
Et tu ne trouvais plus personne ?
Et tu ne trouvais plus personne ?

Luc, en trois versets, un refrain, a résumé la pièce. Quel talent !

Diane Juster a composé une musique parfaite pour accompagner les paroles de Luc, et Ginette Reno accepte d'interpréter la chanson. Le bonheur !

Je me souviens du jour où Ginette est venue nous montrer comment elle interprétera cette chanson sur disque. Il y a dans mon salon Luc Plamondon, Diane Juster, le producteur Luc Phaneuf, Janine Sutto et moi. Ginette se lève et, *a cappella*, se met à chanter *J'ai besoin de parler*. Sa voix puissante remplit la pièce, nous traverse l'échine, nous déchire le cœur. Elle est devenue ma Simone. Elle crie son désespoir, elle implore son mari de lui parler. Quand elle s'arrête de chanter, pas un mot dans le salon, on pleure. Quelle femme ! Quelle chanteuse ! Quelle actrice ! Cette chanson faite sur mesure pour ma pièce dépassera nos frontières et deviendra un tube en Europe. Bien sûr, je rêve de travailler un jour avec Luc et Ginette, mais c'est un rêve… qui se réalisera presque, plus tard.

En attendant, on se prépare à la grande première de *Dis-moi le si j'dérange*. Fort du succès de *Moi Tarzan, toi Jane*, Luc Phaneuf a loué le Grand Théâtre à Québec et le théâtre Maisonneuve de la Place des Arts. J'ai peur. De si grands théâtres pour une pièce à un personnage ! Et si le monde n'allait pas venir ? Et si le monde n'allait pas aimer ?

Le soir de la première, à Québec, Donald est là, avec moi. Je le présente comme le décorateur de mes émissions, ce qui est la vérité. Je ne le dis pas, mais ça doit paraître que je suis follement amoureuse de lui. La pièce est très bien reçue. Juliette est saluée par une ovation qui dure de longues minutes ! Félix Leclerc, qui ne sort presque plus, a délaissé son île pour venir la voir jouer. Il est debout, lui aussi, et m'envoie un baiser. Le Grand Théâtre sera rempli à craquer tout le reste de la semaine. Moi qui croyais que mon monde s'écroulait parce que je divorçais, je m'aperçois qu'au contraire une nouvelle vie professionnelle et amoureuse s'ouvre devant moi. Je rebondis.

Seule dans mon petit appartement avec mon petit épagneul, je fais l'apprentissage de la liberté. Je mange aux heures que je veux. Je me lève la nuit pour lire. Je me couche en croix au beau milieu du lit… et je pense à Donald. Qu'est-ce qui m'arrive ? Pourquoi suis-je tombée en amour ? En consultant les livres d'Alberoni, j'apprends que l'on tombe en amour seulement lorsqu'on est prêt à se transformer, prêt à abandonner une expérience usée, toxique, et qu'on a en nous un élan, la force nécessaire pour commencer une autre exploration, pour changer de vie. On tombe en amour quand on est insatisfait du présent et qu'on a assez d'énergie pour entamer une autre expérience. C'est mon cas. Je reviens à la définition de l'amour de la psychanalyste Christiane Olivier : « Aimer, c'est trouver quelqu'un qui comble nos besoins, et vice versa. C'est trouver quelqu'un qui a ce qu'on n'a pas, et vice versa. »

J'ai besoin de tendresse, Donald a besoin de folie. Il a le calme que je n'ai pas, j'ai un amour fou de la vie, qu'il n'a pas. À aucun moment je ne doute de l'amour que je lui porte, je suis prête à affronter tous les obstacles pour qu'on vive l'un près de l'autre. C'est comme si je naissais une autre fois. Le perdre, ce serait retourner dans les limbes. J'aime tout ce qu'il est, comment il marche, comment sa main prend la mienne. J'adore quand il rit. Sa façon de me regarder. J'aime sa voix. J'aime sa peau, ses poumons, sa rate, son foie et tout ce qui fait que c'est lui et pas un autre. L'amour me rend cosmique. Parce que je l'aime, j'aime les arbres, le béton, les gens, les animaux. Parce que je le trouve beau, tout est beau... Je suis en plein choc amoureux. Le bonheur m'a adoptée, ou plutôt c'est moi qui ai décidé d'être heureuse. Mes enfants n'en reviennent pas du changement. J'ai rajeuni. Ils sont contents de me voir rire.

Le 22 mai, après presque un an d'attente, Donald arrive à l'appartement avec sa liberté et sa valise. On part le lendemain pour l'Europe. Ce voyage est un test pour notre couple. Ensemble pour un mois, vingt-quatre heures sur vingt-quatre. On ne se connaît pas. On a des goûts différents, des passions différentes, des passés différents. On n'a rien en commun sauf notre amour. Des fois, pas souvent, je me pose des questions. Et si... ? Mon questionnement s'envole comme plume au vent quand je me retrouve dans ses bras. À part quelques mises au point, quelques négociations animées sur des détails futiles, c'est un voyage d'amour. On est tous les deux sûrs que, malgré nos différences, on est faits l'un pour l'autre, qu'on peut faire un bout de chemin ensemble. On se garde bien de parler d'avenir, de long terme, d'éternité. Ça durera le temps que ça durera, profitons du présent ! J'en profite ! Je me gave de ce nouveau bonheur. J'ai du temps perdu à rattraper.

En septembre, le travail recommence. Donald et moi affichons maintenant notre amour. Je ne vois pas les regards étonnés des curieux : je n'ai d'yeux que pour lui ! Si je ne sens pas la différence d'âge, il y en a qui la voient et s'en scandalisent. Les journaux à potins, paraît-il, ne parlent que de nos vingt ans de différence, comme si je transgressais une loi : INTERDIT D'AIMER UN HOMME PLUS JEUNE, DANGER D'ÊTRE ABANDONNÉE ! Je sais que je peux perdre l'affection du public, mais je suis amoureuse et il n'y a rien qui peut me faire quitter Donald. Advienne que pourra ! Après avoir été la conciliante, la gentille, la soumise, la dévouée, la généreuse, je me fais passer en premier. Pour la première fois, je me fais passer en premier. Je cherche à comprendre ce qu'on me reproche. De tout temps les hommes ont aimé des femmes plus jeunes. Pourquoi une femme ne pourrait-elle pas aimer un homme plus jeune ? Je demande carrément à des femmes de mon âge ce que je fais de mal. Elles rougissent, se gourment, et une plus courageuse que les autres me répond :

— Ben, à notre âge, faire l'amour... Si vous étiez avec un homme de votre âge, on pourrait penser que c'est de la tendresse, mais avec un p'tit jeune, c'est pour... on sait quoi !

— Ah, c'est ça !

Sans le savoir, je brise un autre tabou, qui veut que, passé la ménopause, les femmes n'ont plus droit à l'amour physique, que celles qui en ont encore envie sont des perverties. Je comprends. Pour la majorité des femmes de mon âge, le temps de faire des enfants étant terminé, elles sont plutôt soulagées de ne plus avoir à faire leur « devoir ». Ne connaissant pas le plaisir (dans mon courrier du cœur, c'est la plainte unanime des femmes mariées), elles s'accommodent plutôt bien de la froideur de leur mari au lit. Même que souvent ça les arrange. Bien débarrassées ! Et voilà que moi... je fais l'amour. Je n'arrive pas à avoir honte.

Quant aux hommes de mon âge, ils me regardent avec des yeux de porc frais, comme disait mon père. S'il fallait que leur femme suive l'exemple de cette cochonne de Janette Bertrand, et se sauve avec un petit jeune, comme ils appellent Donald, dans mon dos. Je n'invente rien. Vingt ans plus tôt, un vent de liberté sexuelle a soufflé sur le Québec, mais les tabous et le double standard existent encore. Bien sûr, il n'y a plus de chaperon, mais un grand nombre de garçons fantasment encore sur la jeune mariée encore vierge le jour de leurs noces. La virginité n'est pas exigée, preuves à l'appui, mais quel homme ne rêve pas d'être le premier ? On ose, à voix basse, prononcer des mots interdits comme plaisir, jouissance, mais les mots vagins et clitoris sont proscrits, de même que le mot orgasme. Ils sont considérés comme des mots vulgaires, plus vulgaires encore que les jurons. On reconnaît que la vie sexuelle existe en dehors du mariage, mais vaut mieux se marier, ça rassure les parents. Les femmes revendiquent la même liberté sexuelle que les hommes, elles veulent, comme les hommes, avoir des amants, faire l'amour sans amour, séparer le sexe de l'amour, mais si elles font leur vie de garçon, on les traite de filles faciles, de putains. Les idées reçues, les préjugés, ont la couenne dure.

Je me souviens d'être allée un soir au théâtre du Rideau Vert, dont je suis une habituée, avec mon amoureux (c'était la première année de notre relation). J'entre, radieuse, épanouie, au bras de Donald, et je vois les femmes détourner le regard alors que les hommes me dévisagent, des revolvers à la place des yeux. D'habitude, on me sourit, me dit bonsoir, bonne soirée. Je me sens comme une pestiférée. J'ai envie de leur crier :

— Si vous m'aimez tant que ça, laissez-moi être heureuse !

Je mets du temps à comprendre que si le public ne me pardonne pas de refaire ma vie, c'est qu'il a fait de Jean et moi le couple idéal.

Je dois ici faire une mise au point. Jean et moi n'avons pas mené une campagne de publicité pour promouvoir notre couple. Nous travaillions ensemble, nous nous aimions et ça paraissait. Nous devions répondre à un besoin de modèle puisque le public s'est emparé de nous pour s'offrir les images de bonheur dont il a besoin pour rêver. Je l'ai dit, et je le répète, c'est le public qui fait la popularité d'un artiste, et pas le contraire. Le public aime ou n'aime pas. Je crois que, à une époque de grands bouleversements, nous représentions la stabilité. Nous n'avons pas joué la comédie. Pendant vingt-cinq ans, nous avons été un couple qui s'aimait et s'entendait bien. C'est après que ça s'est gâté. Notre couple a mis dix ans à crever de sa belle mort. Je n'allais pas crever moi aussi pour ne pas briser une image. À certains, il a fallu du temps avant de me pardonner.

— Ah non, pas eux autres !

— Si eux autres divorcent, qu'est-ce qui va arriver à mon mariage, à moi ?

Je perçois cette hostilité, mais, pour une fois dans ma vie, je ne me sens pas coupable, mais là pas du tout ! C'est terminé, la culpabilité !

Je fais contre mauvaise fortune bon cœur et, petit à petit, je sens que le public accepte mon changement de vie. Dans la rue, des femmes viennent me chuchoter à l'oreille : « Chanceuse ! »

Il n'y a que les hommes de mon âge qui me tiennent la dragée haute. Je suis un mauvais exemple pour leur femme. Il faut dire que les hommes, bien assis sur leur suprématie, ne comprennent pas encore ce que les femmes veulent.

Les femmes veulent tout ! Elles ne posent pas de bombe dans les boîtes à lettres, ce n'est pas leur style, mais elles revendiquent l'égalité en matière d'éducation, l'égalité salariale, la liberté sexuelle, une place au soleil à côté de l'homme, et puis le droit à l'avortement, des garderies, etc. Même celles qui se défendent d'être féministes le sont au quotidien. Les femmes s'éveillent d'un long abrutissement. Elles veulent vivre librement. Être reconnues comme citoyennes à part entière, comme être humain. Certaines vont exagérer, dépasser les bornes, mais fait-on une omelette sans casser des œufs, fait-on une guerre sans blessés ?

* * *

Dans les années quatre-vingt, on assiste à une véritable guerre des sexes avec des batailles, des stratégies, des victoires, des défaites, des bonds en avant, des sauts en arrière. Une belle victoire est celle des agricultrices. À cette époque, la femme collaboratrice de son mari est mariée sous le régime de la séparation de biens. Elle a en moyenne quatre enfants. En plus d'élever ses enfants, de tenir la maison et de nourrir tout son monde, elle travaille de longues heures tous les jours pour l'entreprise qui appartient à son mari. Elle ne reçoit aucun salaire pour son apport, elle n'est pas reconnue comme associée de son mari, elle est l'épouse, tout simplement. Après une longue lutte, les femmes collaboratrices de leur mari obtiennent d'être payées, leur salaire sera considéré comme une dépense d'entreprise, au même titre que le salaire de n'importe quel autre employé. C'est une victoire importante, psychologique, sociale et pécuniaire. Le passage, à plusieurs reprises, d'agricultrices à *Parler pour parler* les a peut-être aidées, qui sait ?

Quant à l'avortement, le débat reste ouvert parce qu'il se fait en dehors des femmes, sans leur avis. Les théologiens, les démographes, les médecins, les prêtres donnent leur opinion sur le sujet, mais la femme n'a pas le droit de parole. Je signe donc, avec cent dix-neuf autres femmes connues, une lettre adressée aux journaux proclamant que les femmes ne sont pas nées pour se soumettre, et que nous aurons les enfants que nous voudrons. Je dis « oui » à la vie, mais pas à n'importe quel prix. Je sais, étant mère, ce qu'il en coûte de donner la vie, de nourrir un enfant, de le soigner, de l'élever et d'en faire un adulte indépendant. J'aime assez la vie pour refuser qu'elle advienne dans n'importe quelle condition. Je crois qu'une femme doit pouvoir disposer de son corps comme elle l'entend, et qu'aucune autorité extérieure ne doit se substituer à son jugement. La femme n'est pas qu'un simple réceptacle, elle est une personne humaine, capable de décider pour elle-même. Il est vrai que reconnaître la femme comme une personne humaine implique qu'on lui reconnaisse le droit d'être pleinement responsable de ses choix, et ce n'est pas encore le cas.

Les femmes se trouvent devant un dilemme. Elles ont accès à l'instruction, elles peuvent exercer le métier de leur choix, mais si elles ont des enfants, elles sont coincées. Il n'y a pas de garderies, peu d'aides familiales, peu de gardiennes fiables. J'ai jonglé pendant des années avec des problèmes de gardiennes. C'est l'enfer ! Les féministes demandent des garderies : elles crient dans le désert. La place des femmes est au foyer ! Les hommes veulent des femmes comme leur mère. J'ai même entendu des petits garçons de six, sept ans parler à la radio de la femme qu'ils désiraient avoir comme épouse plus tard. Ils voulaient tous des Yvette, soumises, gentilles et faisant bien à manger, les attendant à la maison quand ils reviendraient du travail. Les hommes s'accrochent à la tradition parce que la tradition joue en leur faveur.

Même le pape Jean-Paul II se range du côté des hommes. Il condamne l'avortement, la contraception, le mariage des prêtres, l'ordination des femmes et le divorce (*Le Devoir*, 6 septembre 1983). Il va même jusqu'à condamner, chez les couples mariés, les relations sexuelles ayant pour seul but le plaisir (*Le Devoir*, 16 juin 1984). Heureusement, les femmes sont désobéissantes de nature. Au Québec, en 1984, des milliers de femmes utilisent la pilule. Quarante pour cent des femmes mariées choisissent de divorcer. La moitié des femmes se retrouvent sur le marché du travail. Hélas, des milliers d'autres, sans revenu, mères, chefs de famille, sont condamnées à dépendre du bien-être social. Je me demande quoi faire pour aider les femmes. Je ne peux que me servir de ce que je sais faire : écrire.

***

J'écris de nouvelles dramatiques. Le sida vient de faire son apparition et déjà il fauche les homosexuels à la vitesse d'une mitraillette. J'apprends des docteurs Réjean Thomas et Jean Robert, spécialistes du sida, que, contrairement à la croyance populaire, le sida n'est pas uniquement une maladie de « gais », mais que les femmes sont atteintes aussi. Ils me font rencontrer des femmes qui ont été contaminées par des chums ou maris qui, bien qu'hétéros, s'offrent à l'occasion une aventure homosexuelle. J'ai mon histoire. Véronique, une jeune femme de trente ans (interprétée par Sylvie Ferlatte), apprend qu'elle a le sida. Qui lui a transmis le virus ? Son mari, Louis (Roger Léger), ou l'homme avec qui elle a trompé son mari une seule fois ? C'est une histoire d'amour doublée d'un avertissement : « Oui, les femmes peuvent attraper le sida, soyons prudentes ! »

Cette dramatique de deux heures sera suivie de deux heures d'un *Parler pour parler* avec des personnes atteintes et des médecins. Le fait de parler du sida à table, en buvant et en mangeant, dédramatise le propos, l'humanise. Une autre fois, à *Parler pour parler*, et toujours pour promouvoir la prévention du sida, le docteur Marc Steben m'apporte un pénis en bois et c'est moi qui enroule et déroule le préservatif. Si je fais ce geste considéré par plusieurs comme une offense aux bonnes mœurs, c'est que je suis convaincue que si je ne le fais pas, personne n'osera; et il faut absolument montrer des condoms, en parler comme d'un objet usuel et nécessaire tout en blaguant, en mangeant, en buvant.

* * *

Je cherche un autre sujet pour une dramatique. Cette fois-ci, c'est une rencontre qui déclenche mon envie d'écrire. Un jour, à une réception, je croise Clémence Desrochers (que j'admire et adore). Elle est en pleine ménopause. Elle me raconte (je me tords de rire) comment elle vit ses chaleurs. J'ai mon sujet. Je propose à Clémence de jouer une femme ménopausée. Elle accepte de jouer Pauline, cinquante-quatre ans, qui vit en couple avec Renée qui a dix ans de moins qu'elle. Renée (Louise Latraverse) ne reconnaît plus sa Pauline qui a des sautes d'humeur incompréhensibles. Pauline, lors d'une réunion d'anciennes élèves, apprend qu'elle est comme toutes les filles de sa classe, ménopausée. J'ai des actrices de talent à diriger, Louise Latraverse, Denise Filiatrault, Janine Sutto, Nicole Leblanc, Catherine Bégin, Gisèle Dufour. Il ressort de cette dramatique que la ménopause n'est pas une maladie, mais un passage, un tournant dans la vie des femmes. Il y a une vie après la ménopause !

Je voulais écrire pour Normand Chouinard et Rémy Girard, des comédiens hors du commun. Je sais que dans la vie ce sont des amis d'enfance. Je me cherche un sujet pour eux et puis un jour, à la télévision américaine, j'entends le frère de Charles Manson, avocat célèbre aux États-Unis, parler de l'assassinat sauvage de Sharon Tate. Ce qui me frappe, c'est que deux frères issus des mêmes parents puissent être si différents. J'ai mon sujet : la disparité entre frères. Guy (Rémy Girard), condamné à la prison à vie, veut régler des comptes avec son passé. Reniant le sien, Robert (Normand Chouinard) est devenu un avocat bien en vue. Leurs retrouvailles se changeront en un violent affrontement, mais ils s'aiment malgré tout ! Rémy gagnera un Gémeaux pour son interprétation.

Une autre de mes histoires tourne autour de l'échangisme. Je ne comprends pas, je veux comprendre. Dans une autre dramatique, je me demande si les femmes préfèrent les machos aux hommes roses. Dans une autre encore, je demande s'il faut être belle pour être aimée ; l'amour semble réservé aux jeunes, minces et belles. Et puis, je m'attaque au grand sujet de l'homosexualité masculine. Depuis mon courrier du cœur, je tente de comprendre cette partie de l'humanité, opprimée, ridiculisée et marquée au fer rouge par le sida. Je veux changer l'opinion des gens à son égard. Me revient constamment cette phrase de mon père lorsqu'il parlait de nos locataires juifs :

— C'est du monde comme nous autres !

J'invente l'histoire de Lise (Paule Baillargeon) qui, le jour de son dix-neuvième anniversaire de mariage, découvre que son mari (Raymond Legault) la trompe avec un homme. J'explore la douleur de cette femme et celle du mari d'avoir à suivre sa nature profonde sous peine de se renier. Dans le fond, je m'attaque souvent à ce qui m'apparaît un mystère et que je cherche à comprendre.

Un jour, à *Parler pour parler*, je reçois des hommes venus parler de leur mère. Il y a parmi eux un publiciste de Québec, Jean Boudreau. Enfant adopté, il se meurt d'amour pour sa mère adoptive, qu'il n'a pas revue depuis qu'il lui a avoué son homosexualité. Il lui demande à l'écran de l'aimer tel qu'il est et, à ma grande surprise, lui annonce qu'il est atteint du sida. On est en direct. Je ne peux ni biffer des mots ni revenir en arrière. Ce qui est dit est dit ! J'ai peur pour lui. Le sida, à cette époque, est considéré comme pire que la peste, puisque s'ajoute à une maladie contagieuse l'odeur du péché. Quel effet cette nouvelle aura-t-elle sur son travail, sur ses amis, sa parenté, sa mère ? Lui est heureux d'avoir dévoilé la vérité. Il pense que sa mère va lui ouvrir les bras, enfin. Quelques semaines plus tard, il m'appelle pour me dire qu'elle n'a pas repris contact avec lui, mais que ses clients et amis l'ont félicité d'avoir eu le courage de parler de sa maladie et de son homosexualité. Il n'en revient pas de l'impact positif de l'émission. Quelques années plus tard, il reviendra à ma table avec d'autres hommes atteints du sida. Il se meurt. On l'amène en studio sur une civière. Il tenait absolument à informer les jeunes des dangers du sexe sans protection. Il me demande de lui jurer de continuer à faire de la prévention. Je le lui jure. À la fin de cette émission durant laquelle il a peine à parler, il est exsangue. Ses amis le remettent sur sa civière. Je le prends dans mes bras, le serre contre moi, le berce, l'embrasse. Je veux, pour quelques minutes, lui donner ce dont sa mère le prive. Il mourra quelques semaines plus tard en ayant la certitude que je vais faire quelque chose pour prévenir cette terrible maladie.

Ma promesse va me hanter.

En 1989, en pleine propagation du virus du sida, je décide, avec André Monette et le collectif Jean-Boudreau, de présenter à Radio-Québec une émission d'une heure et demie pour promouvoir le port du condom. D'après les médecins, il faut changer les mentalités vis-à-vis des préservatifs, considérés comme des barrières au plaisir, des empêcheurs d'intimité. Il faut, sans faire la morale, inciter les hommes et les femmes à se protéger. C'est urgent !

Je propose un concept « pété », audacieux, osé, soit que *Ce soir on parle de sexe* soit joué en public et télédiffusé. Comme Jean Boudreau était de Québec, l'émission serait enregistrée au Capitol. Vingt-deux comédiens joueront onze sketches illustrant autant de situations exigeant le port du condom. Dans chaque cas viendra un moment où le public devra crier DANGER. On reprendra alors la situation en proposant cette fois une façon de suggérer le condom au partenaire, une façon coquine, comique ou fantaisiste. Toutes les excuses pour ne pas porter le condom seront invoquées, mais tous les avantages de le porter seront aussi soulignés. Le spectacle s'ouvrira sur moi, étendue sur un récamier, devant les onze couples apparemment couchés nus sous leurs couvertures. Nous chanterons tous une chanson composée pour l'occasion par Ève Déziel, *Au nom de l'amour*. Le docteur Christian Fortin, président du collectif Jean-Boudreau, administrera ses conseils de son lit, en pyjama. Je propose aussi de demander à des humoristes de composer un numéro sur le port du condom.

J'écris donc onze canevas et trouve les vingt-deux comédiens. Je travaillerai les dialogues avec eux, formule empruntée au burlesque que je connais bien pour l'avoir utilisée à Télé-Métropole dans *L'École du bonheur*. Je m'entoure de comédiens que j'aime et que je sais capables de travailler sans texte écrit, tels Pierre Curzi, André Robitaille, Pierrette Robitaille, Marc Béland, Diane Jules, Germain Houde, et j'en passe. De jeunes humoristes qui en sont à leurs premières armes, Mario Jean, Marielle Léveillé et Maxim Martin, viennent mettre leur grain de sel. Nous répétons chez moi, avec le super-cool réalisateur d'*Avec un grand A*, Pierre Gagnon.

Le grand soir arrive. Jamais de ma vie je n'ai eu un tel trac. Et si ça ne marchait pas ? Et si le public ne comprenait pas ce que j'essaie de faire ? Et si c'était trop osé ? Et si, et si, et si... Il est huit heures moins cinq. Mon sang quitte mes mains. J'ai beau les frotter, elles demeurent blanches et glacées. Je veux retourner chez moi. Je voudrais ne m'être jamais embarquée dans cette galère. Pourquoi je fais ça ? Pourquoi mettre ma tête sur le billot ? Pourquoi ne pas rester tranquille à faire ce que je fais bien, la cuisine ?

En place, tout le monde. Merde !

Plus que cinq secondes avant le saut de bungee. Je ne me souviens plus des mots de la chanson que je dois entonner. Je ne sais plus mon mot d'introduction. Je ne suis qu'un vide. Ma tête, mon ventre sont vides. Je vais mourir.

5, 4, 3, 2, 1 !

La salle m'apparaît. Neuf cents personnes, les yeux fixés sur moi. La petite lumière rouge de la caméra me rappelle aussi que des milliers d'autres personnes m'aiment, me font confiance, et s'attendent à ce que je leur dise des choses pertinentes. Je plonge. Tous ces gens sont là, je ne vais pas leur faire défaut. Ma voix est presque éteinte, mais je chante quand même, consciente que je fausse, que je fais honte à la production. Pourquoi est-ce que je chante mal ? Pourquoi ne suis-je pas meilleure ? Je retombe tête première dans mon enfance. Je redeviens la traîneuse, l'incapable. Puis les premiers rires me font rebondir, me réveillent. Le public aime, je suis sauvée, je vais pouvoir terminer l'émission. Le plus étrange, c'est que, la représentation terminée, on me dira que j'avais l'air terriblement à l'aise sur mon récamier. Si le monde savait !

***

Mes années quatre-vingt sont remplies à ras bord. Il arrive même qu'elles débordent. Je mène de front ma vie amoureuse, ma vie de famille, ma vie professionnelle. J'ai décidé d'être heureuse et je le suis. Pas tout le temps ! Il m'arrive encore d'être découragée, mais je possède cette faculté de toujours rebondir (ce qu'on appelle aujourd'hui la résilience) quand j'atteins le fond du découragement. Ça va mal ? Une chance. Je suis en vie ! Il pleut ? Ça fait pousser les carottes ! Mon père m'a laissé ce cadeau : un optimisme à toute épreuve. Je vois les qualités des gens avant de voir leurs défauts. Je trouve des excuses à tous les malmenés de la vie. J'aime d'emblée tous les mal-aimés. Je prends systématiquement la défense des opprimés. Je suis douée pour le bonheur.

Avec Donald, c'est le ciel bleu, parfois traversé de petits orages la plupart du temps provoqués par mon insécurité affective. Je ne suis pas reposante, trop intense. Et puis je suis consciente, très consciente, des années qu'il me reste à vivre et je veux que ces années-là soient remplies de joie et de plaisirs. Je ne veux plus patienter, attendre que les choses s'arrangent. Je veux un bonheur doux, tranquille, parsemé de moments de passion, d'enthousiasme délirant. Je ne demande pas la lune, juste d'être bien avec moi-même et avec lui... la majorité du temps. Chaque été, Donald et moi faisons encore le bilan de notre vie de couple. Est-ce qu'on s'aime assez pour continuer une autre année ? Est-ce qu'il y a plus de plaisir que d'ennui dans notre quotidien ? Est-ce qu'on veut encore travailler à notre couple ? Est-ce qu'on veut continuer notre supposée impossible histoire d'amour ? Le bilan, chaque année, est positif !

Faisons une mise au point sur la vie de couple en général. Passé les années de passion où un couple communique surtout par corps entrelacés, l'amour, pour durer, doit devenir un acte de volonté, une préoccupation quotidienne, un choix de tous les instants. On doit y travailler comme on travaille à une relation d'amitié ou d'affaires. L'amour ne dure que si le couple le veut, s'il s'engage à le faire durer, à le consolider. Quand on se demande pourquoi un couple se sépare, c'est que la femme ou l'homme, ou les deux, ont cessé, au quotidien, de surveiller le feu de leur amour. Ils l'ont laissé s'éteindre.

Les années quatre-vingt sont donc des années d'amour pour moi et pour tous mes enfants. Dominique a rencontré un homme qu'elle aime. Il a, comme elle, deux enfants, deux bébés, Annabelle et Alexandre. Je les adopte. Ils deviennent mes petits-enfants au même titre que mes propres petits-enfants. Je suis leur grand-mère de cœur.

Isabelle aussi a rencontré son amour, François Guy, auteur-compositeur de talent. Ils ont un petit, Félix. Je me souviens de sa naissance. François était à l'hôpital avec Isabelle. Le travail était lent et pénible. Exténué, il me téléphone et me demande de le remplacer auprès d'Isabelle. Je n'attendais que ça ! (Je ne m'impose jamais.) En arrivant à l'hôpital, devant ma fille qui accouche, je me mets soudain à pleurer comme une Madeleine. Isabelle trouve que je ne l'encourage pas, elle qui souffre tant. Rien n'y fait, je ne peux m'empêcher de sangloter. Quand j'aurai Félix dans les bras, je comprendrai que je pleurais les larmes que je n'avais pas pleurées quand j'ai moi-même accouché. Je pleurais parce que je me revoyais en train d'accoucher d'Isabelle, toute seule. J'aurais aimé avoir ma mère près de moi, mais elle était morte. Heureusement, Isabelle, si sensible, si humaine, a compris que je pleurais sur moi et non pas à cause d'elle.

Martin, lui, est amoureux de la jolie Sylvie, enseignante de son état et capable de mettre un frein à l'intensité débordante de mon fils. Ils se complètent. Ils sont heureux ! Il y a de l'amour chez moi et autour de moi. J'en profite !

Mon bonheur, cependant, ne m'empêche pas de voir les malheurs des autres femmes. Chaque année, certaines sont tuées par leur conjoint. Je cherche auprès de psychologues spécialisés en violence conjugale des réponses à mes « pourquoi ». Je voudrais pouvoir faire cesser cette violence. Je veux mettre en garde les femmes qui ont des maris violents, démontrer le processus qui mène de la jalousie au meurtre. Au cours de mes recherches, je découvre que, souvent, le mari violent a lui-même été violenté dans son enfance. Il ne connaît que le langage des poings pour communiquer. C'est un carencé affectif qui ne se croit pas digne d'être aimé. Quand enfin il trouve une femme qui l'aime, il a tellement peur de la perdre qu'il devient de plus en plus possessif et peut finir par la tuer pour s'assurer que personne d'autre que lui ne l'aura.

Ce sujet mérite une dramatique. J'ai mon titre, *L'amour qui tue*. Pour jouer la femme battue, je fais appel à Sylvie Léonard. Ce petit bout de femme a un talent géant, et puis j'ai un faible pour elle. Je me reconnais en elle. Je la sens à la fois si forte et si vulnérable, comme moi. C'est une actrice capable d'amener toutes les femmes à s'identifier à elle. Je demande à Ghyslain Tremblay de jouer le rôle du batteur de femmes. Après avoir lu le texte, il m'appelle pour me dire qu'il n'a pas la taille requise, qu'un acteur de six pieds deux, deux cent cinquante livres, conviendrait mieux. Je lui explique qu'on trouve des batteurs de femmes de toutes les tailles et de toutes les grosseurs. Je lui parle longuement de ces hommes qui ne profitent pas seulement de la force de leurs poings, mais surtout de leur habileté à manipuler, à menacer. Il finit par accepter.

Les répétitions commencent. Trois longues semaines ! Il faut dire que j'ai décidé, en accord avec Pierre Gagnon, le réalisateur, et André Monette, le producteur, que les gestes violents ne doivent pas être juste suggérés. Il faut les voir ! Je veux réveiller les femmes, les secouer, leur crier : « N'acceptez pas la première claque, il y en aura d'autres ! — L'alcool n'est pas une excuse pour frapper une femme. — Ne pensez pas qu'à force d'être toujours fine et obéissante il va changer. » Après certaines scènes, je dois prendre Sylvie dans mes bras pour la consoler. Ghyslain est malade de la brutalité de son personnage. Il passe son temps à s'excuser auprès de Sylvie. J'ai beau lui dire que ce n'est qu'un rôle, il est troublé. Enfin, le jour de l'enregistrement arrive. Dans le studio, les techniciens lancent des regards furibonds à Ghyslain, et quand il donne un coup de poing dans le ventre de sa femme enceinte (ça commence souvent comme ça), un caméraman pris par le jeu de Sylvie quitte sa caméra pour l'aider à se relever. À la fin du tournage, au lieu des applaudissements coutumiers, un silence de mort règne sur le plateau. Chaque homme présent s'interroge sur sa propre violence. Suis-je allée trop loin ? Comme d'habitude, c'est le public qui jugera.

Un *Parler pour parler* suit la diffusion de la dramatique, où de vraies femmes battues corroborent ce qui vient d'être raconté. Non, les femmes battues ne trouvent pas de plaisir à être battues, non, elles ne le cherchent pas. Et oui, il y a moyen de sortir de la violence ! La semaine suivante, c'est l'avalanche. Je reçois des centaines de lettres de femmes ayant pris conscience en regardant la dramatique qu'elles avaient un mari violent. Elles croyaient mériter les baffes qu'elles recevaient et se disaient que, avec beaucoup d'amour, il finirait par être doux et gentil ! Certaines femmes précisent que leur mari, alerté par la publicité de l'émission, leur a défendu de la regarder sous peine de « se faire brasser » (pour certains hommes, « brasser » n'est pas battre) ; elles sont allées la regarder chez une voisine. Les centres d'hébergement pour femmes battues se remplissent à ras bord.

Ghyslain, lui, se fait insulter dans la rue par des femmes en colère. Certaines changent de trottoir à son approche.

Quelques semaines plus tard, une lettre d'un homme violent m'apprend qu'à la suite de *L'amour qui tue* des hommes se sont regroupés pour essayer de comprendre leur comportement violent. Je les invite à *Parler pour parler*. Ces hommes confirment ce que Gilles Vigneault a écrit : « Les hommes violents manquent tout simplement de vocabulaire. » Ils ne savent pas parler de leurs émotions, de leurs craintes, de leur enfance sans amour, ils ne savent pas discuter, négocier avec leur conjointe, alors ils menacent, manipulent, puis frappent ! Je sais que je me fais des ennemis chez les hommes. Il y en a toujours un pour me dire qu'il existe aussi des femmes violentes qui battent leur mari, qui tuent même leur mari. Je leur réponds qu'elles représentent une minorité (un pour cent), et que dans certains cas la femme peut avoir cherché à se défendre. Ainsi, aux États-Unis, après avoir rouvert des dossiers de femmes jugées coupables d'avoir assassiné leur mari, on a conclu qu'elles avaient agi en légitime défense.

Je tomberai sur le derrière quand je lirai dans les journaux que désormais on ne parlera plus de violence faite aux femmes, mais de violence conjugale ou domestique. Qui a décidé ça ? Des hommes ?

Je n'ai pas le temps de me décourager de ce pas en arrière que, déjà, je suis plongée dans un autre sujet de dramatique, la schizophrénie. (Quel mot difficile à écrire pour une dyslexique !) Avec la maladie mentale, je m'attaque à un gros tabou. Je prends contact avec un spécialiste de cette maladie, le docteur Pierre Lalonde, psychiatre, et me fais expliquer en long et en large les effets de la maladie sur le malade et sur sa famille. J'assiste avec lui à une rencontre de parents de schizophrènes. Le docteur Lalonde est convaincu de l'utilité d'une émission sur ce sujet. Il s'en servirait, dit-il, pour expliquer la maladie lors de conférences qu'il donne partout dans le monde. C'est une pression terrible pour moi. Chaque soir, je lui téléphone pour lui lire les quelques pages que j'ai pondues. Le texte doit être rigoureusement exact tout en étant dramatiquement passionnant. Un soir, j'interromps souvent ma lecture pour lui dire que je ne comprends pas mon écriture, que c'est barbouillé, effacé, parce que j'écris à la main. Il me dit :

— Et l'ordinateur ?

Je lui réponds que j'ai toujours écrit à la « plume-fontaine », que j'aime l'odeur de l'encre, le bruit que fait la plume sur le papier, que je suis persuadée qu'une machine détruirait le peu d'idées que je peux avoir. Et je me répands en explications toutes plus romantiques les unes que les autres.

— Vous avez peur que l'ordinateur soit plus intelligent que vous !

Il a frappé juste ! Il a deviné mon complexe de l'imposteur.

— L'ordinateur n'est qu'une plume-fontaine sophistiquée. C'est un outil, pas plus.

Le lendemain, j'appelle Michael, un étudiant qui donne des cours d'ordinateur à de jeunes enfants, et lui demande de devenir mon professeur. En quinze jours, après avoir pleuré, fait des colères, j'ai à peu près maîtrisé l'engin diabolique. Je ne pourrais plus m'en passer.

Je suggère au comédien Mario Saint-Amand, qui doit interpréter le rôle du schizophrène, d'aller à l'hôpital Louis-Hyppolite-Lafontaine rencontrer des malades. Il y reste plusieurs jours. Plus consciencieux que ça, tu meurs !

Cette dramatique atteint son but : je reçois des lettres de parents qui se sont rendu compte, en regardant *L'amour ne suffit pas*, que leur enfant n'était pas drogué, ni ne traversait une crise d'adolescence, mais était bien atteint de cette maladie mentale. Un jour, dans une cérémonie officielle, je ne me souviens plus laquelle, un monsieur important me prend soudain dans ses bras, me serre contre lui et me dit merci. Après m'être dégagée de ses bras, je lui demande ce que j'ai fait pour mériter ça. Il me raconte que depuis des années son adolescent lui en faisait voir de toutes les couleurs avec des comportements qu'il ne comprenait pas. Il a pensé que son fils prenait de la drogue, que son « but dans la vie » était justement d'en faire voir de toutes les couleurs à son père. Il l'a mis dehors, l'a repris, l'a reflanqué à la porte, sans succès. Lorsque, un certain vendredi soir, il a regardé *L'amour ne suffit pas*, il a compris : son fils n'était pas méchant, mais malade.

Ce genre de témoignages des téléspectateurs me donnent le courage de continuer quand tout va mal, quand j'ai le goût de tout lâcher. Il en va de même de la reconnaissance des corporations professionnelles, comme celle que je reçois, en 1989, de la Corporation des psychologues du Québec qui me rend hommage pour avoir « contribué de façon exceptionnelle au mieux-être psychologique des Québécois et Québécoises ».

Mon fils Martin, le « petit Martin », comme on se plaît à l'appeler en souvenir de *Quelle famille !*, devient père pour la première fois. Il a un garçon, prénommé Philippe. Mon bébé a un bébé ! C'est difficile à croire. Je me sens comme une jeunesse quand les autres ne me rappellent pas mon âge. Je me lève le matin et j'ai trente ans. Je n'arrive pas à croire que j'approche de la soixantaine : je ne le sens ni dans mon corps, ni dans ma tête, ni dans mon cœur. Je me sens plus vivante, plus compétente qu'avant. Je sais que mes émissions contribuent à libérer les femmes de la domination des hommes. Je suis consciente qu'il reste du chemin à parcourir pour que nous soyons tout à fait les égales des hommes, mais le train est en marche, et je suis dans le train.

Le 6 décembre 1989, à l'École polytechnique, Marc Lépine, vingt-cinq ans, armé d'une carabine, ordonne aux étudiants de sortir de la classe où il vient de faire irruption, puis il tue quatorze étudiantes et en blesse neuf autres. (Il blessera aussi quatre hommes.) Après le massacre, il se tue. On trouvera sur lui une lettre où il exprime sa haine des femmes et des féministes.

Ce jour-là, j'étais à la maison. J'entends à la radio qu'un fou a tué des étudiants, qu'un forcené a tiré sur des gens. Partout on parle de l'acte d'un fou. À aucun moment il n'est précisé que ce sont les femmes qui étaient visées, qu'un homme a tué par haine des femmes. Si les victimes avaient été des Noirs ou des Juifs, les médias se seraient indignés, on aurait immédiate-ment parlé de racisme, mais comme il ne s'agit que de sexisme... et que de femmes mortes... Je demande à ma fille Dominique de me faire une faveur : je veux passer à l'émission qu'elle anime à Radio-Canada, *Au jour le jour*. Et me voilà en ondes à dire qu'il ne s'agit pas de l'acte d'un fou, mais de meurtres prémédités, motivés par la haine des femmes, et qui reflètent la colère des hommes à notre endroit. En sortant de Radio-Canada, je croise des hommes qui rient de ce qui est arrivé, font des farces plates sur la tuerie, du genre : elles ont couru après. Puis, dans le taxi que je prends pour me rendre à mon travail, à Radio-Québec, le chauffeur me lance qu'enfin un homme a eu le « guts » de remettre les filles à leur place. Il était temps ! ajoute-t-il. Je lui rétorque :

— Il ne vous manque qu'un fusil !

Il est insulté. Il ne veut pas tuer de femmes, mais, dit-il, « les femmes à Polytechnique, franchement, elles n'avaient qu'à rester chez elles et ne pas prendre la place des hommes ».

Dans le corridor, à Radio-Québec, un animateur commente les meurtres en faisant de l'esprit. Je suis en colère. Je lui réponds vertement. Il rit, appuyé par ses disciples masculins. Les machos se rangent derrière Marc Lépine. Il a osé faire ce dont rêvent beaucoup d'hommes : nous remettre à notre place, en deuxième place, sous les hommes. Ces meurtres de femmes sont considérés par plusieurs – pas tous, heureusement ! – comme une victoire virile dans la guerre des sexes.

— Regardez, les filles, c'est ce qui arrive quand on veut nous voler nos jobs ! Tenez-vous tranquilles ! Retournez à vos chaudrons !

Je suis triste à mourir de ce grand pas en arrière, d'autant plus que des compagnes de classe des victimes déclarent dans les médias qu'il ne s'agit pas d'un acte visant spécifiquement les femmes, mais de l'acte d'un malade. Je suis déçue, prête encore une fois à tout abandonner.

Ce soir-là, le téléphone sonne chez moi. Un policier m'apprend que, dans la lettre trouvée sur Marc Lépine, mon nom est mentionné... comme prochaine victime !

Le Québec décrète un deuil national de trois jours, au cours desquels on évitera, à la radio, à la télévision, dans les journaux, de parler de crime contre les femmes et de sexisme. On mettra en avant les déclarations des consœurs des victimes : il n'y a pas de discrimination envers les femmes à Polytechnique ; Lépine était juste un fou ! Découragée, j'ai envie d'arrêter de me battre pour les femmes. Qu'elles s'arrangent ! J'ai quand même une consolation. Un homme, le maire de Montréal, Jean Doré, déclare à Paris, où il est en visite officielle : « Cette tragédie illustre le fait que certains hommes n'ont pas accepté l'égalité avec les femmes. » Et comment ! Je suis fatiguée de la violence continuelle faite aux femmes. Je suis fatiguée que cette violence soit considérée comme normale et inévitable.

— Depuis l'époque où l'homme de Cro-Magnon tirait sa femme par les cheveux, ç'a toujours existé.

Moi, je veux que ça change ! Surtout pour mes filles et mes petites-filles, et toutes les filles à venir. Moi-même, je ne veux plus vivre dans la peur de l'homme. Je veux être capable de sortir le soir sans craindre d'être attaquée ou violée. Je veux être capable d'affronter un homme sans avoir peur de ses poings.

— L'homme est né violent, tu peux pas changer ça !

***

Quand j'étais jeune, l'inceste était considéré aussi comme naturel et inévitable, et pourtant il a diminué à force d'être dénoncé. Pourquoi n'arriverions-nous pas à éradiquer la violence faite aux femmes ?

J'apprends qu'une jeune Africaine, Khady Koita, fait campagne contre l'excision. Excisée elle-même, elle possède une vidéo maison où l'on voit une petite fille de cinq ans en train de se faire trancher le clitoris avec une lame de rasoir, puis coudre le vagin avec une aiguille rouillée. Je décide de montrer cette vidéo au public pour le sensibiliser aux malheurs de nos sœurs africaines. Deux millions de fillettes sont excisées annuellement dans vingt-huit pays de nos jours. De plus, chaque année des fillettes nées ici sont envoyées en vacances chez leur grand-mère pour qu'elle les excise ; ces grands-mères veulent le bien de leur petite-fille étant donné qu'une fille non excisée ne trouve pas de mari. Des médecins du Québec m'apprennent qu'il n'est pas rare qu'ils aient à découdre le vagin de femmes pour leur permettre d'accoucher. Dans l'exercice de leur profession, ils voient des femmes empoisonnées par leurs menstrues accumulées depuis des années, d'autres qui souffrent de malformations génitales dues aux infections causées par l'excision, d'autres encore qui ont accumulé des litres d'urine dans leur vessie, l'urètre ayant été à moitié cousu. Des maris demandent au médecin, après un accouchement, de recoudre leur femme. Ils affirment ne trouver du plaisir que dans un vagin presque fermé. Je suis consternée. Mutiler des femmes est un crime. Priver les femmes du plaisir sexuel est un crime. À la suite de la diffusion de l'émission, j'entendrai nombre d'hommes comparer l'excision à la circoncision, de quoi me décourager de lutter contre les préjugés. Il me semble que, comme la mauvaise herbe, plus on en coupe, plus il en repousse. Et pourtant…

J'ai moi-même des préjugés. Par exemple, je juge les prostituées sans les connaître. Pour comprendre ce qu'elles vivent et pourquoi elles pratiquent ce métier qui est, paraît-il, vieux comme le monde (ce n'est pas une excuse), je décide de les inviter à ma table. J'invite d'abord des jeunes garçons, puis des femmes. Les jeunes garçons, d'après moi, doivent se prostituer pour faire de l'argent rapidement et parce qu'ils sont homosexuels. En leur parlant, je découvre plutôt que la plupart sont hétéros, que leur clientèle est en grande partie constituée d'hommes hétéros qui s'offrent un plaisir caché, et que, souvent, ils se prostituent pour trouver un peu d'amour. Je ne perçois aucune méchanceté chez ces garçons ; ils sont au contraire très doux, très gentils et, surtout, surtout, ils rêvent de trouver parmi les clients un guide, un ami, un confident, un père ! Ça arrive, paraît-il !

Mes invitées prostituées, elles, sont plus cyniques. La majorité d'entre elles ont subi l'inceste et ont appris très jeunes à se détacher de leur corps. Ce que leur corps fait ne semble pas les concerner. Elles prennent à peu près toutes de la drogue, qui les aide à se séparer de leur corps. Elles n'ont que de la haine pour leurs clients.

— Parce qu'ils payent, les hommes nous traitent comme des vieux kleenex, nous battent, nous volent. Ils nous méprisent. Après, c'est tout juste s'ils ne crachent pas sur nous !

Je les sens très en colère contre les hommes. Elles avouent faire semblant d'avoir du plaisir et méprisent d'autant plus les hommes de les croire de vraies cochonnes. L'argent qu'elles font, et certaines en font beaucoup, leur brûle les doigts. C'est de l'argent sale. Une prostituée de soixante ans qui a l'air d'une « ma tante » mange avec appétit à ma table. Elle a des yeux bleus d'une grande pureté. Pas sexy pour deux sous ! Je lui demande pourquoi elle se prostitue et elle me raconte que, ayant été abandonnée dans la rue à sa naissance, elle est passée de la crèche à l'orphelinat. « Lâchée lousse » à dix-huit ans, sans un sou en poche, elle a vite compris qu'elle était assise sur sa « business ». Depuis, elle fait les coulisses des bars de danseuses. Elle me dit doucement, comme on dirait « Je sers la limonade » :

— Je fais des pipes.

Je lui demande si au moins les clients portent un condom.

— Ils veulent pas !

Je lui parle des microbes, de la propreté, du sida.

Elle me regarde de l'air malicieux d'une petite fille cachant un « whippet » qu'elle vient de piquer dans l'armoire.

— J'ai le condom dans ma bouche, je le leur mets, ils s'en aperçoivent même pas.

Je me retiens pour ne pas l'adopter !

— C'est faire ça ou faire la rue. Au moins, quand je fais des pipes, je suis payée ! Dans la rue, j'en fais aussi, mais je suis pas payée.

Je voudrais être capable de m'occuper personnellement de tous les misérables du monde. Je dois me faire violence : mon action se situe à la télévision.

Les prostituées se plaignent du mépris qu'elles sentent de la part du public, autant des hommes que des femmes. Elles aussi rêvent d'être aimées, comme vous et moi.

***

Au début des années quatre-vingt-dix, les femmes commencent à quitter leurs emplois traditionnels pour des emplois jadis réservés aux hommes. Les facultés de médecine et de droit sont envahies par les jeunes femmes. Les forces policières doivent changer leurs règlements pour faire de la place aux policières. Les pompiers, habitués de vivre entre gars, doivent, eux aussi, changer leurs habitudes pour cohabiter avec des pompières. Certains hommes qui se sentent tassés répliquent par le harcèlement sexiste ou le harcèlement sexuel. Même si on souhaite tous la paix, on est encore en guerre. Les superfemmes sont fatiguées de se battre. La double tâche les épuise. Les hommes qui n'ont pas l'habitude de partager les tâches domestiques se voient mal en train de changer les couches ou de faire le repassage. Un coup mal pris, ils peuvent passer la balayeuse, puisqu'il y a un moteur qu'on peut « runner », mais pour le reste...

— On n'est pas des moumounes !

D'un autre côté, les femmes tiennent mordicus à leurs prérogatives d'antan. Tout en exigeant que leur homme les aide, elles veulent élever les enfants à leur manière, gérer l'argent du ménage, choisir les vêtements des enfants, décider des menus. Les hommes qui aident leur femme doivent avoir le même sens de la propreté et de l'ordre qu'elle, sinon c'est la chicane. Le partage du pouvoir n'est pas de tout repos. Les couples des années quatre-vingt-dix me font penser aux lutteurs professionnels : ils se regardent, puis ils se « méfissent » !

Optimiste, je parle de la fin de la guerre des sexes et du début d'une trêve qui va permettre aux deux parties de négocier la paix. La fin des supermâles et des super-femmes s'annonce... mais n'est pas encore arrivée.

Pour la première fois, j'ai dans ma vie un homme qui, spontanément, fait le ménage, la cuisine. Jamais je ne prononce mon sempiternel : « Chéri, veux-tu m'aider ? » Il m'aide avant que je le lui demande. Donald n'accomplit pas les travaux domestiques à ma façon, et c'est une chance. C'est un perfectionniste et je suis la reine des traîneuses, comme le disait ma mère. À la cuisine, il est compétent et efficace. Il me prépare les mets à cuire ou à cuisiner et lave et range les ustensiles ! Reste que... quand il se mêle de me faire à souper, je rôde autour de lui, et trouve le moyen de lui dire comment faire ! Conditionnement, quand tu nous tiens ! Mais je me surveille et me corrige... un peu. La superfemme en moi veut tout faire à sa manière.

***

Comme je l'ai dit plus haut, je m'étais mise à engraisser, plus jeune, à la suite d'une hystérectomie et de la prise d'hormones trop fortes. J'ai consulté tous les médecins spécialistes de « la graisse en trop », essayé tous les trucs supposés faire maigrir en quinze jours, chaque nouveau régime, toutes les formes de gymnas-tique. Je maigrissais, puis engraissais de nouveau. J'étais une virtuose du yo-yo ! Puis une nuit, en 1991, je n'arrive pas à dormir. Je viens de commencer un nouveau régime à cinq cents calories et ma faim m'empêche de dormir. Il n'y a aucune sucrerie dans la maison. Pas le moindre petit chocolat, pas la moindre miette de biscuit. J'ex-plore le fond de mes sacs à main dans l'espoir d'y trouver un vieux bonbon oublié, en vain. Pour m'enlever l'idée de dévisser le pot où je garde la cassonade et plonger dedans, tête première, je décide de regarder la télévision. Je suis sérieusement en manque. En pitonnant, je tombe sur un poste communautaire. Danielle Bourque, psychologue, parle de l'obsession de la minceur. Elle parle de moi, elle *me* parle !

Je suis née grassouillette. J'ai une photo de moi à trois mois, nue sur une peau de lapin. Je suis comme un gâteau des anges, moelleuse à souhait. Un beau gros ventre, de belles grosses cuisses, des orteils comme des saucisses. Un beau gros bébé nourri aux patates pilées. Sur mes photos de première communion, je suis une belle grosse petite fille, appétissante, ronde de partout. Jeune fille, j'ai perdu ma graisse de bébé et suis devenue mince, pas maigre comme je l'aurais voulu, mais mince à la mode des années quarante, à la Ava Gardner : 35-25-35. J'étais faite en « 8 » comme toutes les actrices du temps. Je viens, du côté de mon père, d'une famille de gourmands. Chez les Bertrand, à la fin d'un repas copieux, arrosé de sauce au beurre, il fallait offrir trois desserts : un gâteau, une tarte et autre chose pour ceux et celles qui n'aimaient ni la tarte ni le gâteau. Dans la soirée, le sucre à la crème, le fudge et les « candy » de toutes sortes circulaient constamment. Un repas qui ne se terminait pas par du sucré n'était pas un vrai repas. (Je me suis rendu compte, en Roumanie, que le sucre était le luxe des pauvres. Dans ce pays où il n'y avait pratiquement rien à manger quand je l'ai visité, les desserts en abondance contribuaient à faire oublier le peu de viande, de légumes et de fruits figurant aux menus.)

Donc, j'ai été élevée au sucre, comme toutes les petites Canadiennes françaises de familles peu fortunées. Le sucre comme plaisir, le sucre comme récompense, le sucre à la place de l'amour, le sucre comme drogue pour geler les peines et les frustrations. Je me rappelle les bonbons que papa me donnait en échange du temps qu'il passait avec ses fils. Je me souviens des bonbons à la cenne que je m'achetais pour me récompenser d'être née fille.

À la télévision, Danielle Bourque continue de me parler. Elle dénonce les mannequins truqués des magasins, plus grands, plus minces que les plus grandes et les plus minces des filles ; pas étonnant que les vêtements ne nous siéent jamais aussi bien que lorsqu'on les observe sur le mannequin. Elle me parle de la génération Barbie, la poupée infirme, de la faim qu'endurent, s'imposent des milliers de fillettes pour arriver à ressembler à cette poupée difforme. Je suis troublée quand elle parle des régimes qui échouent et font grossir. Si, affirme-t-elle, toutes les femmes maigrissent en suivant un régime, quatre-vingt-quinze pour cent d'entre elles reprennent leur poids initial et même le dépassent dès qu'elles recommencent à manger normalement. Le corps, quand on l'affame, est porté à stocker le gras, comme le font tous les animaux affamés. Ce que je retiens surtout, moi qui ai honte de ma faiblesse devant le sucre, c'est que le contrôle du poids n'est pas affaire de volonté (elle le jure). Elle parle de la culpabilité qui transforme un plaisir quotidien en péché. Cette émission me bouleverse. Je ne veux plus me sentir coupable pour un cornet de crème glacée à la praline, ou des frites à la mayonnaise. Pour ce qui est de la culpabilité, j'ai déjà donné !

Et là, en pleine nuit, devant mon poste de télé, je prends la décision de ne plus jamais suivre un régime. Jamais ! Il y aura des conséquences à ma décision. Je vais grossir. Il va falloir que j'assume. Ma décision prise, je retourne me coucher, libérée, soulagée. L'obsession de la minceur était en train de bouffer mon bonheur quotidien, pire, de le détruire. J'étais, comme dit Danielle Bourque, « à dix kilos du bonheur » (titre d'un ouvrage qu'elle a publié sur le sujet). Le lendemain, j'ai couru m'acheter chocolats et crème glacée. Mais, chose étonnante, à partir de ce moment je ne me suis plus jetée sur les gâteries comme une affamée sortant de vingt ans de vaches maigres. Je les regarde, en prends une, garde le reste pour le lendemain. Je n'ai pas besoin de me gaver, il y en aura d'autres ; j'ai le droit d'en manger. Après tant de victoires féministes, je ne veux plus participer à cette compétition entre femmes, l'une des dernières : qui est la plus mince ? Celle qui est la plus mince serait la meilleure, la plus belle, la plus heureuse ? Cette compétition conduit des centaines d'entre nous à l'anorexie et à la boulimie. Je ne veux plus y être associée. Je me retire ! Je veux retrouver l'estime de mon corps, l'aimer comme il est, rond. Ne plus jamais me peser !

Où ça se complique, c'est quand il s'agit de se vêtir. Je suis une parfaite « seize ans ». Les vêtements « plus » sont trop grands, les quatorze ans, trop petits. Or, dans les magasins, pas de taille seize. Passé le douze ans, les vendeuses vous regardent avec dédain, comme si elles vous voyaient en train de manger comme des truies. Mon poids n'intéresse ni les dessinateurs de mode ni les magasins (on compte seulement quelques rares exceptions). Une chance ! Quand je pense à tout le temps que j'ai perdu à tenter de maigrir et à tout l'argent que j'ai dépensé en pilules et machines miracles... Vivre d'échec en échec, c'est perdre le peu d'estime qu'on peut avoir de soi, couler à pic vers la dépression ! Comment atteindre le poids idéal quand on ne sait même pas qui l'a fixé, et que ce poids est de plus en plus minime ? Et puis il faudrait, en plus d'être mince, être ferme ! Maigre et ferme ! J'ai mieux à faire qu'à surveiller mes calories et la balance. Je ne veux plus être jugée sur mon tour de taille. Je veux être moi, et moi, c'est mon corps et mon cœur, et c'est gros !

***

Des maniacodépressifs m'écrivent qu'ils se sont reconnus et acceptés grâce à Guy Latraverse – le producteur d'Yvon Deschamps et de Diane Dufresne, entre autres –, que j'avais invité à ma table. Cette maladie (cent mille Québécois en souffrent), « honteuse » et gardée secrète, est devenue, grâce au courage de cet homme, une maladie comme les autres, qui se soigne. Son passage à mon émission a été tellement marquant que le pauvre homme a dû s'investir presque à plein temps pour aider les personnes atteintes. Il n'est pas le seul dont la vie a changé après avoir été invité à ma table. Pierre, un revenant de la guerre du Vietnam, est devenu un activiste contre la guerre. Nicole Saint-Jean, une célibataire en quête d'amour, a suggéré, au cours d'une émission, des rencontres de célibataires dans un restaurant de la rue Saint-Denis. Le lendemain, sept cents personnes, hommes et femmes, se présentaient au Commensal et envahissaient le restaurant devenu trop petit. Les « Déjeuners Parler pour parler » venaient de naître et, apparemment, il y en a encore. Dès la première année, j'ai été conviée à une fête regroupant les couples qui s'étaient formés grâce à cette initiative née lors de mon émission.

Je me souviens du passage des jumelles Dionne à *Janette... tout court* (la série d'émissions qui a suivi *Parler pour parler*). C'était leur première entrevue depuis des lustres. Elles avaient accepté de me rencontrer parce qu'elles étaient des fans de mes émissions et qu'elles voulaient enfin dire la vérité sur leur vie de phénomènes de cirque. Je crois sincèrement que leur apparition à mon émission a épousseté quelques préjugés à leur endroit.

Le groupe Rock et Belles Oreilles fait peur au monde. Ces humoristes sont féroces, méchants, cinglants, décapants et drôles. Tout le monde les craint. Personne encore n'a eu le courage de les interviewer. Je les invite à ma table et découvre des garçons tendres, gentils, intelligents, et drôles, bien sûr, comme je m'y attendais. Ce jour-là est née, entre Guy A. Lepage et moi, une grande tendresse faite de complicité et d'admiration mutuelle.

Tout va bien pour moi. Les gens de Radio-Québec sont contents de moi, je suis contente d'eux. Je leur apporte des cotes d'écoute inespérées. Je suis sûrement là pour des années à venir.

* * *

Pendant que le Québec s'émancipe, des fanatiques en Iran et en Algérie imposent le voile aux femmes et exigent la non-mixité absolue, les hommes d'un bord, les femmes de l'autre. C'est le commencement du grand bâillonnement des femmes musulmanes. Je suis outrée, et me demande si les hommes de ces pays se seraient laissé faire si les femmes avaient décidé de se servir de la religion pour les mettre à l'écart. Je souhaite dans mon cœur qu'elles se révoltent, qu'elles se battent pour leur liberté. Elles ne le peuvent pas ; les filles, c'est mondialement reconnu, sont douces, obéissantes, conciliantes. Des Yvette !

Une autre grande défaite pour les femmes : la prolifération de la pornographie. On dirait que plus les femmes prennent de la place, leur place, plus la pornographie prend de la place dans la vie des hommes. Nos amants, nos conjoints, nos maris nourrissent leur libido d'images de femmes qui ne jouissent que par la pénétration de l'homme, quand et comment l'homme le veut, d'images où la femme est représentée soumise aux fantasmes de l'homme. La pornographie qui avait ses assises dans quelques salles X est passée des cassettes vidéo à Internet. C'est la pornographie à la portée de tous, même des enfants. Belle éducation sexuelle : des femmes qui jouissent en deux minutes et demie, sans préliminaires ; des hommes au pénis allongé à la pompe. Du sexe, jamais d'amour ! Du sexe, jamais de tendresse ! Ça fait peur !

En 1993, une Américaine, Lorena Gallo, après avoir longtemps subi la brutalité de son mari, un dénommé Bobbitt, lui coupe le pénis avec le couteau à viande. Il venait de la forcer à faire l'amour, c'est-à-dire, disons le mot, qu'il l'avait violée. La nouvelle fait les manchettes. C'est l'affolement général. Où s'en va le monde si les femmes se mettent à se défendre ? Les hommes du Québec tentent de rire de l'événement, mais ils rient jaune. Eux qui dès la petite enfance se tiennent le pénis de peur de se le faire voler ou de le perdre, on pourrait le leur couper ! Si toutes les femmes violentées se servaient du couteau à dépecer... Une pensée féminine circule : si les hommes se servent de leur pénis comme d'une arme, serait-il légitime de les désarmer ? À l'issue d'un premier procès, Lorena est jugée folle et placée dans un hôpital psychiatrique. Dans un second procès, elle accuse son conjoint de mauvais traitements. L'affaire en reste là. On ne va pas condamner un homme dont la virilité a été coupée comme du baloney. C'est lui la victime, pas elle. Ce qui est rassurant pour les hommes, c'est qu'on a retrouvé le pénis amputé et qu'on a recousu le bout manquant de Bobbitt. Celui-ci est devenu une vedette en montrant sa blessure de guerre des sexes. N'empêche, l'affaire Bobbitt a démontré que certaines femmes ne se laisseront plus violenter, ce qui représente un pas en avant.

***

Donald, au fil des ans, a rénové le camp familial en bois rond sur le bord du lac où depuis l'âge de douze ans je passe mes étés. Devenu chalet grâce au talent de designer de Donald, ce camp est le rendez-vous de la famille. Il n'y a ni route ni électricité, les mulots et les chauves-souris y ont leurs aises, mais le chalet est douillet et accueillant. C'est le lieu idéal pour rassembler enfants et petits-enfants, un lieu d'amour, de chaleur, de rires, d'échanges : un nid. Que de soirs nous avons passés à parler autour du feu dans la cheminée. Parler pour le plaisir de communiquer, pour se dire ce qu'on pense, mais surtout ce qu'on ressent. Parler pour se comprendre et pour s'aimer ! Je suis bien quand la maison est pleine à craquer. J'aime quand ma cuisinière au gaz propane, à six ronds, est remplie de casseroles et que mon immense four affiche complet. J'aime, après avoir cuisiné, m'asseoir au bout de la table dans la seule chaise à bras de la maison, la chaise du maître. J'aime recueillir les commentaires d'appréciation des miens sur ma nourriture. Je suis ainsi payée du temps passé à me faire « chauffer la bedaine sur le poêle », comme disait mon père. J'aime quand, au sortir du sauna finlandais, on se jette tous dans l'eau glacée du lac en criant et en riant. J'aime aller avec grands et petits cueillir des champignons sauvages dans la forêt. J'aime regarder se coucher le soleil en canot, endormir un petit dans le hamac, en amener un autre faire un tour de pédalo, admirer, quand le soir descend, l'heure bleue, puis l'heure mauve, puis l'heure lilas, compter les étoiles filantes avec les enfants. Je leur répète à longueur de journée : « Regarde si c'est beau », même quand il pleut, même quand le lac est couvert de brume. En somme, je transmets aux miens ce que mon père m'a donné et a donné à mes enfants : le goût de la beauté de la vie. Comme lui, je crois qu'il y a plus de beau que de laid sur la terre. Je suis une incurable optimiste.

* * *

Les premières années de la décennie 1990 me sont bénéfiques. Je reçois de nombreux prix pour *Avec un grand A* et pour *Janette... tout court*. Les vrais journalistes reconnaissent mon talent de communicatrice. On commence à me prendre au sérieux. Je ne suis plus « celle qui a un courrier du cœur, ha ! ha ! ha ! », mais celle dont les émissions sont écoutées et appréciées. Mes cotes d'écoute ne cessent d'augmenter. J'ai plus de cinquante dramatiques à mon crédit, mais j'ai encore plein de préjugés à détruire, des choses à dire. Pour cinquante ans encore ! Je commence à savoir comment écrire une histoire. Je maîtrise presque ma dyslexie. Je maîtrise mon métier d'animatrice. De plus, je suis en pleine forme physique. Je n'ai mal nulle part. Côté cœur, je suis parfaitement heureuse. Les difficultés d'adaptation entre Donald et moi se sont amoindries. Je lui demande moins d'être moi, il me demande moins d'être lui. On s'accepte tel qu'on est, différents, si complémentaires. Donald est plus que mon amoureux et mon conjoint, il est mon collaborateur puisque c'est lui qui, depuis mon arrivée à Radio-Québec, crée tous les décors de mes émissions. On est ensemble vingt-quatre heures sur vingt-quatre, et on aime ça. Tout va comme sur des roulettes.

TROISIÈME ACTE

Un 25 mars, je me réveille et j'ai soixante-dix ans. Hier encore j'étais dans la soixantaine. À minuit sonnant, une fée m'a transformée en citrouille... ratatinée. J'ai eu beau me préparer toute l'année, le coup est dur. À soixante-cinq ans, j'avais reçu du gouvernement une carte bleue de Santé Canada attestant de ma vieillesse, mais je ne l'avais pas cru, le gouvernement ment, c'est bien connu. C'était pourtant écrit au verso de la carte : « La titulaire de cette carte bénéficie d'une prestation selon la Loi de la sécurité de la vieillesse. » Le mot « vieillesse » était bien là sur une carte à mon nom, mais c'était une erreur. Moi, j'étais jeune, encore jeune.

Ce matin de mes soixante-dix ans, je ne peux plus me faire accroire des histoires : je suis vieille. Soixante-dix ans, c'est vieux ! Soixante-neuf ans, passe encore, on est dans la soixantaine, mais soixante-dix ! Je ne le crois pas ! Je ne peux pas, moi, avoir soixante-dix ans.

Les personnes de soixante-dix ans que je connais sont vieilles, pas moi. Je ne me « sens » pas soixante-dix ans, je me sens comme si j'avais... pas cinquante, non, mais peut-être quarante-huit ? C'est ça, j'ai quarante-huit ans ! Ah non, ce n'est pas possible, j'ai des filles dans la quarantaine. Je viens de comprendre, j'ai l'âge d'être vieille mais je ne le suis pas.

Mon âge biologique ne coïncide pas du tout avec l'âge de mon cerveau, de mon cœur, de ma santé, de ma vitalité. Il y a une erreur quelque part. J'ai des amies de cinquante ans et je suis sur la même longueur d'onde qu'elles. Mes élèves à l'INIS (Institut national de l'image et du son) ont entre vingt et cinquante ans, et je suis comme eux, je vois les mêmes films qu'eux, je lis les mêmes livres qu'eux : on pense pareil. Après quelques jours, ils finissent par ne plus penser à mon âge et me traitent d'égal à égal.

Je ne me lève pas le matin en me disant que j'ai soixante-dix ans. Je ne peux pas avoir soixante-dix ans. Je suis dans le déni, c'est évident. Je ne veux pas de cette vieillesse qui me tombe dessus. Qui veut être vieux dans un pays où seule la jeunesse est valorisée ? Il n'y a aucun avantage à être vieux dans un pays où la notion d'expérience est discréditée, où on ne valorise que l'individu qui rapporte ou qui consomme. On ne conçoit pas comme dans d'autres pays, la Chine, par exemple, qu'avec les années le savoir s'accumule et qu'un vieux qui meurt, c'est une bibliothèque qui brûle. Ici, l'âge disqualifie les gens. Seules les valeurs de la jeunesse sont appréciées. Au siècle de la consommation, on ne fait plus réparer son grille-pain qui a de l'âge, on le jette. Je ne tiens pas à être jetée. Hemingway a écrit : « La pire mort pour quelqu'un est de perdre ce qui forme le centre de sa vie et qui fait de lui ce qu'il est vraiment. Le mot "retraite" est le mot le plus répugnant de la langue.

Qu'on choisisse de la prendre ou qu'on vous y oblige, abandonner nos occupations qui nous font ce que nous sommes équivaut à descendre au tombeau. » Tout le monde ne pense pas comme lui, mais moi, si; mon travail a été et est encore toute ma vie. Moi, j'ai peur qu'on ne m'engage plus, qu'on ne veuille plus de moi, que la télévision se passe de moi.

Quand on a connu la reconnaissance du public, quand on s'est drogué à l'amour du public, comment s'en passer ? Et puis mon talent, si talent il y a, ne s'est pas évanoui la nuit où la fée m'a changée en citrouille ridée. Mes compétences, au contraire, ont pris de la maturité. Je me sens plus efficace. Je possède enfin mon métier.

La vieillesse est d'autant plus difficile à assumer qu'elle est occultée. Les magazines sont remplis de belles filles de plus en plus jeunes. Quand nous montre-t-on une belle vieille femme ? Les chefs de rédaction répliquent que les femmes ont besoin de modèles, que les magazines vendent du rêve. Je pense au contraire que les « baby-boomeuses » ont besoin de modèles de femmes âgées actives et belles, et que c'est le rêve de toutes les femmes de vieillir en beauté. La télévision, elle, semble avoir une peur viscérale des rides. Elle est convaincue que les téléspectateurs vont fermer leur appareil si on ose leur montrer des visages plissés et des bourrelets de femmes mûres. Bizarrement, les rides et les bourrelets d'hommes ne blessent pas le sens artistique du public. Chez un homme vieillissant, c'est l'expérience qui s'inscrit sur son visage, et sa joie de vivre, sur son ventre. Une femme vieillissante, elle, n'a qu'à se cacher dans une salle de bingo. On ne montre pas ça au monde. Pas surprenant qu'aucune femme ne veuille atteindre cet état considéré comme inférieur : la vieillesse. Et après on s'étonne que les femmes s'achètent des tonnes de crème de beauté et aient recours à la chirurgie esthétique. Même ces mots,

« vieillir », « être vieux », « la vieillesse », sont évités. Ils sont repoussants, épeurants, obscènes. Quand il m'arrive de dire très simplement « je suis vieille », parce que c'est la vérité, parce que c'est un fait, on me répond :

— Mais non, t'es pas vieille. Dis pas ça !

On ne dit pas « être vieux », on dit « être dans l'âge d'or », « être un aîné », « être un senior ». Si la vieillesse était vue non pas comme un naufrage mais comme une étape naturelle de la vie, elle serait réhabilitée et cesserait d'être la plus grande de toutes les tares. On aime mieux se penser en mauvaise santé que vieux. On aime mieux dire « Je suis diabétique, je suis arthritique », c'est plus convenable, plus admis, moins agressant que dire « Je suis vieille ».

Si je ne suis pas devenue vieille dans la nuit où je suis passée de soixante-neuf ans à soixante-dix, je le suis devenue graduellement, comme pour m'habituer lentement mais continuellement à faire des deuils avant le deuil définitif. J'ai fait le deuil des talons hauts, des robes sans manches, des sorties sans fond de teint. J'ai fait le deuil des nuits blanches passées à changer le monde, des repas copieux, du vin à gogo. J'ai fait le deuil des partys enfumés, des cocktails. J'ai fait le deuil de ma taille, de ma peau lisse et ferme. J'ai fait le deuil de la jeunesse, de la maturité, je suis rendue à boucler la boucle. Pour la plupart d'entre nous, la révélation de notre âge vient du regard des autres. Pour celles qui apparaissent au petit écran, la révélation leur saute en pleine face. Avant mes soixante-dix ans, quand je me regardais à la télé, c'était surtout pour améliorer ma performance d'auteure et d'animatrice. Je me regardais pour me critiquer professionnellement. Plus tard, je me suis mise à ne plus me reconnaître :

— Qui c'est, celle-là ?

— Qui c'est, cette grosse-là ?

— Qui c'est, cette vieille-là ?

Je pense qu'avec l'âge j'ai développé un genre de distorsion de mon image. Il y en a qui se pensent grosses, moi, je me crois mince, jeune et belle, alors quand je me vois à la télévision, je ne me reconnais pas. Déni encore ? Sûrement !

Sur les photos, c'est pire qu'à la télé, je vois en moi mon père vieux. Je me tiens comme lui, droite sur une chaise droite. J'ai ses mains que je trouvais laides et prématurément vieillies, et j'ai les doigts agités comme lui. Et dire que ça m'énervait ! Mon corps se rapproche du sien : un gros milieu, des petites jambes, des petits bras. Je veux garder toutes ses qualités, mais aucun de ses défauts. Je me jure de ne jamais dire « dans mon temps », comme lui, mais, comme lui, je veux m'ouvrir à la modernité, vivre ma vieillesse comme une jeune fille. Je veux, comme lui, être un puits d'amour où chacun peut venir chercher ce dont il a besoin pour s'épanouir. Je veux être, comme lui, pétante de santé, de vitalité, d'amour de la vie. D'ailleurs, je suis en pleine forme.

Il y a dix ans, Lorraine, la femme d'Étienne, le frère de Donald, m'a initiée à l'aquaforme. J'ai fait de l'exercice toute ma vie, de la gymnastique (j'ai même fait un disque vinyle avec Jean, après la naissance de Martin, où lui me dit quoi faire pour être en forme, et moi, je sue !), du yoga, du ballet jazz, de la gymnastique sur table, mais l'aquaforme, c'est ma tasse de thé. Je suis un poisson, je passe mes étés à nager dans l'eau glacée du lac. Je nage depuis que, enfant, mon père m'a « pitchée » dans le fleuve, sûr que j'allais gigoter et flotter. Faire des exercices dans l'eau me comble de plaisir. Comme je suis une passionnée, je m'entraîne une heure tous les jours l'été, avec des appareils aux pieds et aux mains pour quadrupler l'effort (je le fais encore), et, une fois par semaine l'hiver, à Montréal, en piscine, sans manquer.

Je fais aussi des exercices selon la méthode Pilates, une fois par semaine depuis quatre ans, sans manquer non plus. Donald m'a construit un trottoir à la campagne où je fais ma marche quotidienne. Je n'ai même pas d'arthrite, pas de cholestérol : rien de majeur qui cloche. J'ai la chance d'avoir depuis toujours un médecin de famille – elle soigne toute notre smala – qui fait de la prévention et qui me soumet annuellement à des tests qui lui prouvent que je suis en santé. Il est vrai que je traite la maladie avec mépris et que j'essaie de ne pas parler de mes bobos. Je prétends ne pas connaître la fatigue, et même si j'en ressens pour vrai, j'évite d'en parler. On a assez d'être fatiguée et malade, on ne va pas en parler en plus ! J'ai vécu vingt ans avec une malade, ça fera ! J'ai appris à ne pas me plaindre au contact de Jean qui, lui, se plaignait sans cesse de fatigue. Je ne vais pas reproduire ce qui m'irritait en eux, je déteste les plaignards.

À soixante-dix ans, ma vie est belle et, malgré toutes mes petites douleurs ici et là, je suis certaine de pouvoir passer à côté de la vieillesse, la contourner, l'éviter, la déjouer. Au gala MetroStar où je reçois un hommage pour l'ensemble de ma carrière, j'annonce que je ne vais pas mourir, comme ça, par défi, pour dire au monde que j'existe, que je ne suis pas morte !

***

En 1995, quelques jours avant Noël, le directeur des programmes de Radio-Québec, Jean Fortier, me fait venir à son bureau. Il me demande pour la forme si je veux bien renouveler mon contrat pour 1996. Ni l'un ni l'autre ne pensons un instant à mettre fin à une association si fructueuse. C'est entendu, je fais une autre année. Je ne signe rien, j'ai confiance. On se reverra au retour des vacances pour finaliser le contrat. On se souhaite d'heureuses fêtes, une super année, surtout la santé. Puis, à la maison, pendant que je suis en train de faire mes tourtières, j'apprends à la radio que Jean Fortier vient de mourir d'une crise cardiaque. Pas lui, si jeune ! Je ne m'inquiète pas trop pour mon entente avec Radio-Québec, ma parole, après tant d'années de loyaux services, doit bien valoir un contrat écrit. Je m'inquiète d'autant moins que la prochaine dramatique, la cinquante-quatrième, *Cent pour cent pure laine*, est déjà en production. C'est une œuvre contre le racisme, à la fois dure et drôle. Les acteurs ont été engagés. Les décors sont en voie de construction.

Le 6 janvier, flanquée de mon producteur, André Monette, je me présente dans le bureau du successeur de Jean Fortier, catapulté là sans rien connaître au métier. Il me parle de conflits syndicaux. J'écoute à peine, sentant ma tête glisser lentement sur le billot. Tout est compliqué, les choses sont dites à moitié. Je n'arrive pas à avoir l'heure juste. Ce que je comprends, c'est que je suis « flushée », un terme violent de notre milieu, « flushée » comme une merde ! La maison de production Point de mire, avec laquelle j'avais choisi de travailler, lutte pour qu'on respecte mon contrat, mais je n'ai pas de contrat. De plus, je me rends compte que j'ai un ennemi au sein de la direction. C'est lui qui m'apprend que l'argent destiné aux dramatiques servira à l'information, son rêve de toujours.

Je me retrouve sans travail, et je ne suis pas la seule. À la suite d'une restructuration de Radio-Québec, on met à pied tous ceux qui travaillaient à produire des émissions dramatiques, dont Donald, employé de Radio-Québec depuis vingt-six ans. On se retrouve tous les deux le bec à l'eau. Je prends très mal ce rejet. Je suis renvoyée à mes angoisses d'enfant. Je ne peux pas parler à André sans que ma gorge se noue et que je me mette à pleurer. Il m'écoute avec patience. Que faire quand on vous jette ? Je suis en deuil de mes émissions décédées de mort subite. Je commence par le déni. Radio-Québec va me rappeler. Me dire que c'est une erreur. Comme le téléphone ne sonne pas, je passe à la colère. Pourquoi moi ? Bande d'incompétents ! Puis, après la colère, vient la résignation. Pourquoi pas moi ? Peut-être que l'information, c'est mieux que des dramatiques. Ils doivent avoir raison. Ils ont raison. Je pleure, je souffre, j'ai mal à mon estime de moi.

L'acceptation vient des mois plus tard quand les gens de Radio-Canada me demandent d'écrire pour eux des dramatiques qui ne doivent surtout pas ressembler à *Avec un grand A*. André, qui a aussi quitté Radio-Québec et va me suivre (ce n'est pas la raison de son départ, mais ça m'aide de le penser), embarque mon réalisateur, Louis Choquette, dans cette nouvelle aventure. Avec André et Louis, je me sens invulnérable. Je propose à Radio-Canada des miniséries de quatre heures. Tout le monde est enchanté. Le directeur des programmes d'alors, interrogé sur mon avenir par des journalistes, jure que je demeurerai à Radio-Canada tant que je le voudrai. Je le crois ! Donald est engagé pour réaliser les décors de chaque minisérie. Nous sommes tous les deux contents. On aime travailler ensemble, participer aux mêmes projets. L'espoir renaît ! Je me mets au travail avec ma fougue naturelle.

La première minisérie m'est inspirée par un fait divers : un psychiatre est accusé d'avoir profité de sa patiente. Je me demande comment deux adultes responsables peuvent tomber dans un tel piège. Voilà, j'ai mon titre : *Le Piège*. Marcel Sabourin et Marie Charlebois, deux grands acteurs, interpréteront les premiers rôles. Après m'être renseignée auprès du Collège des médecins et avoir rencontré des psychologues spécialisés dans ce genre de faute d'éthique, je suis prête à écrire mon histoire. Je me dis qu'il serait original que je commente cette histoire au début et à la fin de l'heure. C'est accepté. De plus, pour voir comment on se sort d'un tel trauma- tisme, je suggère qu'à la fin de la série les personnages rencontrent de vrais psy. Cette suggestion, considérée comme « du jamais vu », est également acceptée. Je me mets donc à l'écriture. Je retrouve ce plaisir de créer des personnages, de les prendre par la main, de les guider vers ce que je veux démontrer. La série sera bien reçue par le public.

Ma deuxième série traite de la jalousie. Ayant été jalouse, je sais que ce sentiment naît du peu d'estime qu'on a de soi-même ; quand j'ai commencé à avoir confiance en moi, j'ai cessé d'être jalouse. Je veux explorer ce qui fait qu'on passe de la jalousie naturelle à la jalousie maladive. Je dévore tout ce qui a été écrit sur le sujet (peu de choses, en somme). Je consulte des psy et la série prend forme. C'est Marcel Leboeuf qui sera mon jaloux et Macha Limonchik, sa femme. Les répéti- tions sont ardues, car il faut fouiller jusqu'au tréfonds de l'âme humaine. Je dirige les comédiens et je sens que je possède à fond ce métier. La preuve : les acteurs qui jouent les grands rôles de mes textes gagnent à coup sûr (ou presque) un prix Gémeaux. J'aime les acteurs, j'ai une grande admiration pour leur capacité à entrer dans la peau des autres. Chacune de mes dramatiques est une véritable histoire d'osmose amoureuse avec les acteurs. On se fait confiance. Ils savent que je ne veux qu'une chose : qu'ils soient bons. La série sur la jalousie est aimée et Marcel reçoit un Gémeaux pour sa performance.

Je commence ensuite à écrire *L'Obsession*. Je connais, pour l'avoir vécue, l'obsession de la minceur. Je veux montrer que les grosses sont belles et sexy. Je veux glorifier celles qui pèsent plus de cent livres. Je ne me rends pas compte, au début, que je m'attaque à un tabou d'envergure. D'abord, les grosses sont rares chez les actrices de quarante ans, et elles ne veulent pas qu'on parle de leur problème de poids. Heureusement, Pauline Lapointe accepte le défi. Elle croit, comme moi, qu'il faut cesser de se faire maigrir puisqu'on reprend toujours le poids perdu, et qu'il faut s'accepter telle qu'on est. Il y a un os cependant : pour prouver que les grosses sont sexy, la comédienne doit se dénuder en partie. Louis Choquette lui promet que cette scène sera esthétiquement impeccable. Elle lui fait confiance… avec raison. (Ce Louis déborde de talent et de tendresse pour les acteurs.)

Un jour de profond désespoir, après un régime sévère, mon héroïne tombe, cuillère première, dans un litre de crème glacée. Dégoûtée d'avoir triché, elle quitte la maison : elle veut mourir. Un sculpteur la ramène chez lui, il veut la faire poser nue. Il ne sculpte que les femmes dodues. Le regard de cet homme va lui redonner l'estime de son corps et lui insuffler la force de retourner vers son mari qui l'aime, telle qu'elle est. À la cinquième heure, Danielle Bourque rencontre les personnages pour raffermir leur confiance en eux. Je suis aux anges. Le message a très bien passé, les acteurs ont été plus que bons, la réalisation, originale et efficace. Cependant, la scène où l'on voit Pauline manger avec délice de la crème glacée semble avoir été, pour certaines obèses, plus obscène que la plus pornographique des scènes. Je reçois des lettres de femmes me reprochant de montrer « une grosse qui mange ». On ne montre pas ça ! Ouache ! Comme si c'était anormal, après avoir connu la faim, de se jeter sur la nourriture ! Pourtant, c'est biologique : un corps affamé se gave. Non, semblent penser ces femmes, les grosses ne mangent pas, et si elles engraissent, c'est l'œuvre du Saint-Esprit ! Et puis, j'ai osé employer le mot « grosse ». Je déteste les mots qui déguisent la vérité.

J'haïs les euphémismes. Il y a les jeunes, il y a les vieux, il y a les maigres, les minces et les gros ! Un chat est un chat !

Ma quatrième série, *Ni l'un ni l'autre*, sur la bisexualité, est écrite et les acteurs, choisis, mais elle n'obtient pas le financement demandé du Fonds canadien de télévision. Pour quelle raison ? Je ne le saurai jamais. On me donne comme excuse que les séries de quatre épisodes coûtent trop cher à produire. Je ne crois pas que ce soit la vraie raison. Je pense plutôt que mes sujets sont trop audacieux, qu'on entre dans une ère où les émissions ne doivent pas faire réfléchir mais rire. Si réfléchir n'est plus tendance, alors moi je n'ai plus ma place à la télévision. La télévision qui dérange, la télévision à message, meurt. Le mot même, « message », devient péjoratif. Comme si un auteur pouvait écrire sans faire passer de messages. Après cinquante-trois dramatiques et trois séries de quatre heures, mon compliment favori reste toujours le même :

— Vous là, je vous haïs. Ma femme puis moi, on s'est endormis à deux heures du matin. Vous nous avez forcés à nous parler !

C'est ce que je veux, qu'on parle pour mieux comprendre et mieux aimer.

Chaque nouvel échec me renvoie directement à mes doutes. Chaque fois la côte est longue et douloureuse à remonter. Quand je n'ai plus confiance en moi, je ne peux pas m'asseoir à mon ordinateur et écrire. J'erre dans la maison comme une âme en peine. Donald et André me ramassent à la petite cuillère. Ce qui me fait le plus mal, c'est quand, sur le trottoir ou dans les magasins, les gens me demandent pourquoi je ne suis pas à la télévision. Ils s'ennuient de moi, disent-ils. Je ne sais pas quoi leur répondre. Je ne sais pas moi-même pourquoi je ne suis pas à la télévision.

Michel Forget, qui travaille avec André, lui demande si je ne voudrais pas lui écrire un monologue. Je le rencontre et lui propose une pièce de théâtre à un personnage. Je ferais la mise en scène, Donald, les décors. C'est une équipe gagnante. Michel me propose de produire la pièce avec lui ; André serait notre homme-ressource. J'accepte. La confiance est revenue ! Il s'agit qu'on croie en moi et je rebondis comme une balle, prête à écrire et récrire jusqu'à ce que mort s'ensuive. Le défi est de taille. Je dois me mettre dans la peau d'un homme. Parler des femmes, des enfants, de la vie, comme un homme. Le titre de la pièce : *Le Choix*. C'est l'histoire d'un homme qui, le jour de ses cinquante ans, a un accident d'automobile. Accident ou suicide ? Il se retrouve dans le fameux tunnel où il revoit sa vie et doit choisir entre vivre et retourner sur terre régler ses problèmes avec ses femmes et ses enfants, ou mourir et aller rejoindre ses morts avec qui il ne s'entendait pas. On répète un bon mois. La première a lieu à Québec, au théâtre Albert-Rousseau. La salle est comble. Je suis là, à l'arrière de la salle, à guetter les réactions du public. Il fait des oh ! oh ! aux énormités que dit le personnage sur les femmes, rit encore plus que je m'y attendais et pleure quand Michel pleure. Je suis contente de moi. Michel est notre Raimu, une bête de scène ! Je vais saluer le public et c'est l'ovation, et pour l'acteur et pour l'auteure.

Le lendemain matin, Donald et moi déjeunons dans un petit café et je lis les critiques. Le critique du *Soleil* descend la pièce. Celui du *Journal de Québec* l'encense. Bien sûr, je ne retiens que la mauvaise critique. Chaque mot est un coup de poignard. Je me sens mourir. C'est une mort que d'être démolie dans ce qu'on écrit. Et s'il avait raison ? Et si ma pièce était pourrie, comme il le dit ? Mon problème, c'est que je ne crois pas les bonnes critiques, seulement les mauvaises. J'ai beau me dire qu'il s'agit de l'opinion d'une seule personne, que celle-ci a peut-être des préjugés à mon endroit (certains hommes se sentent menacés par mon féminisme), rien n'y fait. J'ai une baisse d'estime vertigineuse et regrette de m'être embarquée dans cette aventure. Pourquoi je ne reste pas à la maison à faire des tartes ? Je suis la reine des tartes !

Après Québec, Michel part en tournée dans cinquante villes du Québec avec *Le Choix*. La pièce sera bien accueillie, les salles, toujours pleines. On rit toutes les trente secondes, mais on réfléchit, surtout. Un soir, une jolie jeune femme m'approche au sortir de la représentation et m'apprend qu'elle vient de larguer son chum, pendant l'entracte.

— Il ressemble à votre personnage comme deux gouttes d'eau ! Je ne veux pas d'un macho !

En somme, le public a bien reçu *Le Choix*, mais a été déconcerté par mon propos. Ce n'était pas du Janette Bertrand habituel. Je suis au cœur d'un dilemme : la télévision veut que je change d'écriture, le public veut retrouver sa Janette !

***

Depuis plusieurs années, Fernand Dansereau, ancien réalisateur devenu auteur dramatique, tentait de fonder une école professionnelle pour former des auteurs dramatiques, des réalisateurs et des producteurs de cinéma et de télévision. Comme lui, je crois que ces nouveaux métiers de la télévision peuvent s'apprendre. Bien sûr, le talent ne s'enseigne pas, mais une école peut fournir des outils pour aider le talent à s'épanouir. Après des années de gestation, l'Institut national de l'image et du son (INIS) prend forme – Fernand Dansereau n'est plus à la barre, mais d'autres continuent ce qu'il a commencé –, puis ouvre ses portes en 1996. Je siège au conseil d'administration, mais suis loin de penser que je pourrais enseigner l'écriture dramatique. La troisième année, André, devenu directeur de la section télévision, me demande de donner le cours de base en écriture dramatique, de montrer, en somme, comment écrire une histoire.

— Moi, enseigner ? Voyons donc, je ne suis pas capable !

André me rappelle que ce qu'il a appris dans le domaine des dramatiques, il l'a appris de moi. Je n'ai qu'à enseigner ce que j'ai mis cinquante ans à apprendre, dit-il. Il est vrai que j'ai fait de l'analyse de texte à l'université et que je me sers des notes que Paul Wayne me donne depuis des années, et de celles que j'ai prises lors d'une session à Los Angeles où j'avais suivi les enregistrements de *Three's Company*. Je fouille aussi dans mes livres américains sur la structure dramatique, ressors des notes prises lors de cours donnés par des professeurs américains à Montréal. Les outils que j'ai été chercher, pourquoi ne pas en faire profiter les autres ? Je reprends donc confiance en moi et accepte.

Dans un des cours que je donne, un jeune homme silencieux me remet des travaux qui m'enflamment. J'en parle à la directrice de l'école, Louise Spickler :

— J'ai trouvé un auteur, Frédéric Ouellet ! Regarde-le bien aller !

Ça lui prendra des années de vaches maigres et de projets refusés pour enfin atteindre le succès avec *Grande Ourse*.

Je me découvre une véritable passion pour l'enseignement. Ce que j'apprends, je ne suis pas capable de le garder pour moi. Il faut que je le partage. L'enseignement n'est pas autre chose. Je veux que mes élèves réussissent dans mon métier et je leur donne accès à toutes mes connaissances, toute mon expérience. Je suis un professeur exigeant : je veux qu'ils apprennent à écrire de bonnes histoires. Spencer Tracy et, plus tard, Jean Gabin répondront tous deux, à des journalistes qui leur demandaient quelles étaient les trois choses essentielles à un bon film : une histoire ! une histoire ! une histoire !

J'enseigne comment écrire une histoire comme on enseigne le solfège à une chanteuse, les gammes à un pianiste, le dessin à un peintre, qui doivent apprendre à chanter, à jouer du piano, à dessiner avant de devenir une Pierrette Alarie, un Alain Lefebvre ou un Dumouchel. Écrire, c'est un art et un métier. Je partage les rudiments de ce métier avec mes élèves. Et puis, j'aime le contact avec de futurs auteurs. J'aime voir dans leurs yeux qu'ils viennent de comprendre ce que je leur démontre. J'aime donner, et donner ce que je sais est pour moi un grand plaisir, une passion. J'enseigne aussi aux réalisateurs la direction de comédiens et l'analyse de texte. Au fil des années, je suis devenue professeure titulaire à l'INIS.

* * *

J'avais un projet de comédie musicale avec Luc Plamondon, mais il est tombé à l'eau. Qu'est-ce qui n'a pas fonctionné entre lui et moi ? Je me le demande encore. L'histoire est toujours dans mes tiroirs, on ne sait jamais.

Je me cherche désespérément un projet d'écriture, car je crois fermement qu'être vieux, c'est ne plus avoir de projets. Un jour, à une causerie que je donne sur *La Petite Aurore l'enfant martyre*, Roger Frappier m'invite à le rencontrer et me propose d'écrire pour lui un scénario de film, une saga familiale.

— Qui, au Québec, a assez de vécu pour écrire sur la famille ?

Je suis flattée que cet homme de cinéma me propose d'écrire pour sa maison de production, Max Films. Je repars en grande ! Mon estime de moi fait un bond de géant. J'ouvre mon ordinateur, puis écris et récris sans arrêt pendant un an. J'aimerais que Louis Choquette, le talentueux Louis Choquette, réalise mon film, mais à ce moment-là, apparemment, des lois non écrites empêchent les réalisateurs de télévision de passer au cinéma. Je me rends compte que les classes sociales ont la vie dure. La télévision est considérée par les gens du cinéma (pas tous, j'espère !) comme un parent pauvre, une classe en dessous. Les artisans du cinéma travaillent entre eux, les gens de théâtre travaillent entre eux, et ceux de la télévision voudraient bien accéder à ces hauts lieux de la culture.

Enfin, je me retrouve à Téléfilm Canada, le bailleur de fonds, avec le producteur, le distributeur et le réalisateur. Je présente mon scénario. On sort de la salle des tortures sur un nuage. Roger Frappier, qui a de l'expérience, est convaincu qu'on va obtenir le financement voulu. Quelques mois plus tard, on m'informe de façon laconique que le film ne se fera pas. Je demande les raisons, les vraies, de cette décision, mais je ne les connaîtrai jamais. Pourquoi n'a-t-on pas le courage de me dire : « Ce n'est pas bon » ? André est persuadé que ma notoriété me nuit ; Marcel Sabourin, mon ami de toujours, me jure que si je signais mes textes d'un pseudonyme, ça passerait mieux. Se pourrait-il que mes exigences artistiques fassent peur ? Ou, pire, que mon âge fasse fuir les investisseurs ?

Pour être un bon auteur, il faut les trois « P » : passion, patience, persévérance. J'ai tout ça, en masse ! Alors quand André me propose d'écrire un téléroman pour TVA, je saute à pieds joints sur la proposition. Ce ne sera pas *Avec un grand A*, mais une comédie moderne. Je veux explorer la solitude des citadins, faire un « Quelle famille 2000 ». J'écris ce qu'on appelle dans le jargon du métier la « bible » du projet : description des personnages, psychologie des personnages, courbes dramatiques de la première année, etc. J'inclus aussi trois textes. Même emballement ! Reste à soumettre le projet au « grand boss » du temps. Au lieu de lui faire un « pitch » (une présentation), j'ai l'idée de présenter une lecture du deuxième épisode. Les acteurs présumés sont ravis : Lise Dion, Rémy Girard, Janine Sutto, Gilles Latulippe, Amulette Garneau, Diane Lavallée. Ce matin-là, après une répétition rapide, je vois le grand patron arriver de fort mauvaise humeur. Il s'assoit sur le bout d'une chaise et nous fusille du regard. On s'exécute. Pas un sourire, encore moins un rire. À la fin de la lecture, il s'en prend au personnage de Diane Lavallée, une « B.S. » qui a trois enfants de trois pères différents. Je vois bien qu'il déteste les « B.S. » J'ai beau lui dire que si cette femme est une grande amoureuse, elle est aussi une excellente mère et qu'elle va finir par se trouver du travail, rien n'y fait. C'est tout juste s'il ne sort pas en claquant la porte ! J'apprendrai des semaines plus tard que le projet ne deviendra pas réalité. Le « boss » n'est plus là et son successeur ne peut pas me donner les véritables raisons du refus. Déçue, je laisse tomber.

La télévision, que je classe parmi les arts et les métiers, devient une industrie ; je suis une employée, rien de plus, et le patron n'a pas à donner d'explications quand il « flushe » un subalterne. J'ai parfois l'impression que la télévision est dirigée par des comptables qui n'ont jamais vu une pièce de théâtre, qui ne savent pas qui sont Ibsen, Réjean Ducharme ou Élise Guilbault. Ils sont là pour rentabiliser l'industrie, rien de plus. Même si chaque fois que je le peux je m'insurge contre le mot « industrie », je dois me rendre à l'évidence : la télévision en est une. Je suis une auteure dramatique, je crée des personnages, donc je suis une artiste au moins au même titre que les comédiens, et je vis de mon art. Les réalisateurs, les décorateurs, les costumiers, les maquilleurs et certains producteurs sont aussi des artistes puisqu'ils créent. Veut, veut pas, nous faisons tous partie de l'industrie de la télévision. Quand je regarde mes trophées alignés dans ma bibliothèque, je me dis que, comme eux, je suis reléguée à une tablette. Des fois, je me choque, je veux partir en guerre contre l'industrialisation de la télévision, mais j'entends déjà les critiques : « C'est de la jalousie, de l'envie, de la nostalgie, de l'amertume... » Je ne suis pas amère, je suis blessée. Et puis je ne suis pas malheureuse, puisque je continue d'écrire. Tant que j'écrirai et que quelqu'un quelque part me lira... On ne peut empêcher un pianiste de jouer du piano, une chanteuse de chanter, ni un peintre de peindre. Ce serait leur enlever la vie !

***

Je n'ai pas eu de crise de la quarantaine, j'avais l'impression d'avoir vingt-cinq ans. À la cinquantaine, je me sentais comme si j'avais trente-cinq ans et, en fait, j'avais trente-cinq ans. Quand j'ai eu soixante ans, je vivais le grand amour depuis trois ans. J'étais au faîte de la passion. Donald me redonnait ma jeunesse. Je n'avais pas quarante ans, j'en avais dix-huit. Quand j'ai atteint soixante-dix ans, j'ai eu un choc. Je n'arrivais pas à croire que moi, Janette, j'avais cet âge, l'âge de la vieillesse. Moi, vieille ? Ça se peut pas ! Il y a une erreur ! Je suis jeune ! Je me sentais d'autant plus jeune que j'étais en parfaite santé. Et puis il n'y a pas meilleur élixir de jouvence que le désir d'un homme. Je comprends les hommes mûrs qui choisissent une jeune femme pour dernière compagne, c'est un lifting de l'ego et on serait bien idiotes, les femmes, de ne pas les imiter...

Et puis soudain j'ai soixante-quinze ans ! Trois quarts de siècle ! Comme je n'arrive pas à me persuader que c'est moi qui ai cet âge-là, des petits bobos se chargent de me le rappeler quotidiennement. Du calcium dans le gros orteil, des vertèbres qui se tassent, une cataracte qui se pointe, le canal lacrymal qui se détruit. Tous les jours, une petite douleur ici ou là me souffle à l'oreille : « T'as beau faire ta jeune, t'es vieille. » Si j'oublie un chaudron sur le feu, la vieillesse rigole. Comme si elle devait me punir de me sentir jeune à mon âge. Comme si c'était inconvenant de se sentir jeune quand on a trois quarts de siècle !

L'année de mes soixante-quinze ans, je comprends qu'il me reste peu d'années à vivre et je prends la décision de vivre pleinement ce cadeau de la vie. Je me demande pour la première fois si je n'aurais pas dû cacher mon âge. Bon, d'accord, je suis vieille, mais je veux être une jeune vieille ou vice versa. Comme mon père ! J'ai l'habitude de dire que mon père est mort à quatre-vingt-sept ans, jeune homme. L'exercice fait toujours partie de mon quotidien, aquaforme et méthode Pilates. Je crois fermement que le corps est une machine qui rouille. Je ne veux pas rouiller. Je suis à la lettre les conseils de mon médecin de famille ; je passe tous les examens qu'elle me recommande. Je veux mourir en santé ! L'année de mes soixante-quinze ans, mes enfants m'offrent une fin de semaine d'amoureux dans Charlevoix. Donald et moi, on n'a pas besoin d'une fin de semaine pour être amoureux, on l'est à la petite semaine, mais on en profite pleinement. Même si je verse deux ou trois petites larmes pour le temps qui passe et ne revient pas, je ne m'attarde pas à la mélancolie : il me reste des années à vivre et celles-ci seront encore plus belles que les précédentes. Je traite avec mépris les petits bobos qui accompagnent la vieillesse, mais je n'ai pas le choix : ou bien je vieillis, ou bien je suis morte. D'ailleurs, je ne m'étends pas sur le détail de mes petites douleurs. Je prends exemple sur Bette Davis vieillissante. Quand on lui demandait comment elle allait, elle répondait :

— Very well, thank you, but don't ask for details!

Je suis comme elle : qu'importent les détails ! Être en vie, c'est ce qui compte. À part Donald et mes enfants, je ne tiens personne au courant des signes que l'âge me fait pour me rappeler que je vais mourir.

Je vais mourir ! Quand j'étais jeune, je pensais que la mort, c'était pour les vieux. C'est tout juste si je ne me disais pas, dans mon for intérieur : ils ont fait leur temps, c'est juste et raisonnable qu'ils meurent. Et puis mon amie du couvent s'est suicidée à vingt-deux ans. Mon frère Marcel, jeune marié et jeune père, est mort d'une tumeur au cerveau en salle d'opération. Une fille de mon quartier est morte à la suite d'un viol collectif ; elle avait seize ans. Je savais que je pouvais mourir, mais je ne le savais qu'intellectuellement. À soixante-quinze ans, la vérité me frappe comme un camion dix tonnes. La mort m'apparaît toute proche. Il ne me reste que peu de temps pour profiter de la vie : deux, trois, dix, vingt ans tout au plus ? Je sais dans mes tripes que je ne serai plus là un jour, que ma vie que j'aime tant achève. Et puis, après avoir lu quelque part qu'il y a de plus en plus de centenaires au Québec, je prends la décision d'être l'une d'elles. Être centenaire et en santé, voilà mon projet de vie. Le problème avec les vieux, c'est qu'ils n'oublient pas seulement le nom propre des gens, ils oublient qu'ils sont vieux. C'est mon cas !

Le temps qu'il me reste à vivre, je veux être heureuse. J'admets que certaines personnes ne m'aiment pas. Je deviens plus tolérante. Je juge moins. J'essaie de faire la part des choses, de réfléchir avant de parler. Je m'efforce de ne pas faire de peine aux autres. J'encourage ceux qui se sentent découragés, je complimente les anxieux. La tâche est immense. Je voudrais que toutes les femmes du monde soient des êtres humains à part entière, mais je sais que cent trente millions de femmes sont excisées dans le monde. Je sais qu'en Afrique des petites filles n'ont pas de crayon ni de cahier. Qu'elles sont parfois assises deux par chaise à l'école... quand il y a une école. Je sais que dans certains pays arabes, au nom de la religion, des femmes sont privées d'instruction, ne peuvent pas gagner leur vie et sont confinées à la maison. Je constate que l'obsession de la minceur fait de plus en plus de victimes chez nous. Pendant qu'une grande partie du monde n'a pas de quoi se nourrir, l'anorexie et la boulimie sont monnaie courante chez nos filles. Des fillettes de neuf ans jettent leur lunch dans la poubelle de l'école pour ressembler à leurs vedettes maigrichonnes. Elles meurent de faim dans un pays d'abondance ! L'Église est réfractaire à l'idée de confier des responsabilités aux femmes. La seule égalité que le pape daigne nous accorder, c'est le « bien chères sœurs » qui suit le « bien chers frères » des sermons. Les journaux nous apprennent qu'au Québec la violence des hommes vis-à-vis des femmes va en augmentant. Chaque année le nombre de femmes tuées par un mari macho grimpe. La pornographie dans Internet est devenue banale et accessible, même aux enfants. Les prostituées continuent d'être harcelées par la police alors que les clients échappent à la justice. Pas pris, pas responsable ! Les femmes n'ont pas encore accès aux postes de commande des grandes compagnies et sont en général payées moins que les hommes. Mon impuissance à régler de tels problèmes me rend triste, profondément triste. Je dois me rendre à l'évidence : je suis une fourmi dans une gigantesque fourmilière et je ne sers pas à grand-chose, finalement. Parfois, je suis découragée de la nature humaine... dont je fais partie ! Mais l'an 2000 approche, tout va changer avec le nouveau siècle... j'espère.

***

L'an 2000 ! Quand j'étais petite, j'étais certaine de ne pas vivre jusque-là ; c'était si loin ! Et voilà que je me retrouve le Premier de l'an 2000 à regarder le feu d'artifice avec Donald et ma fille Dominique. Celle-ci soigne chez moi une peine d'amour : qui, mieux qu'une mère, peut rapiécer le cœur déchiré de ses enfants ? J'applaudis au succès de mes enfants, je me réjouis de leur bonheur. Je suis là aussi pour les consoler de leurs peines de cœur. Je suis là « pour le meilleur et pour le pire ». Cette formule du mariage est passée de mode ; quand on arrive au pire, on divorce. On devrait plutôt l'accoler aux parents. On a un enfant pour le meilleur et pour le pire, et c'est pour la vie. On ne divorce pas de ses enfants. Je me demande parfois (pas trop souvent) si je suis une bonne mère. J'aime mes enfants, mais je ne suis pas esclave d'eux. Comme Martin me dit souvent :

— J'ai une mère qui a une vie bien à elle, et moi j'ai la chance de faire partie de sa vie.

Ça n'a certainement pas toujours été facile d'être les enfants d'une femme connue… mais je crois qu'il y a eu des avantages aussi. Et puis il n'y avait pas d'autre choix. Je suis l'enfant de mes parents, je ne serais pas ce que je suis si je n'avais pas eu les parents que j'ai eus. Même ma mère qui n'a pas su m'aimer m'a faite ce que je suis. Mes enfants n'ont pas le choix : je suis leur mère, et eux sont les parents de leurs enfants. J'ai élevé mes enfants de façon peu traditionnelle. J'étais une mère au travail et ce n'était pas commun à l'époque. Les enfants rois n'étant pas encore à la mode, je les ai élevés avec amour et sévérité. Je ne voulais pas être l'amie de mes enfants : j'étais la mère. Et j'étais consciente de mon rôle d'éducatrice. Pour moi, les enfants étaient de petits roseaux fouettés par le vent, la neige, la pluie, la grêle. J'étais là comme tuteur pour les soutenir afin qu'ils deviennent de beaux gros arbres qui résistent aux tempêtes. J'étais là pour leur transmettre les valeurs que m'avait léguées mon père : le travail, c'est la santé ; l'honnêteté, c'est payant ; la vie est belle ; donne et tu recevras ; il faut se parler pour se comprendre.

Je me souviens du pacte proposé à chacun de mes enfants lorsqu'ils étaient jeunes : « T'es fin, je vais être fine. Si t'es pas fin avec moi, je serai pas fine avec toi. » J'ai toujours su que les enfants testent constamment les limites des parents, mais ont besoin de balises claires. J'étais une mère douce, aimante et… ferme. Les rares fois où je disais « non », ce n'était pas négociable. Mes rencontres avec des femmes qui restaient à la maison pour élever leurs enfants étaient difficiles. Ces mères me jugeaient. Selon elles, mes filles étaient condamnées à être malheureuses parce que je ne restais pas avec elles vingt-quatre heures sur vingt-quatre. Mon père, si compréhensif pourtant, supportait mal que je demande à des gardiennes de me remplacer à l'occasion auprès de mes filles. Je bousculais le rôle traditionnel des femmes. Finalement, je me suis sentie acceptée surtout dans le milieu des artistes où l'ouverture d'esprit était plus grande. Mais même dans ce milieu bohème, Jean et moi faisions figure d'exception : il y avait plus d'amants et de maîtresses que de maris et femmes.

J'espère avoir donné à mes enfants le goût du travail-passion. Aimer ce qu'on fait pour gagner sa vie c'est, après le conjoint et les enfants, le plus important. En somme, comme la majorité des parents, j'ai fait de mon mieux. Quand je ne savais pas ce qui était le mieux pour eux, je consultais des spécialistes. Je me souviens de Pierre Langevin, le pédiatre de mes filles. Il m'avait dit, un jour que je me sentais coupable de travailler, que le bonheur des enfants passait par celui de la mère. Si elle est heureuse, les enfants ont toutes les chances de l'être. Avec le recul, je sais qu'il avait raison. Les femmes brimées, soumises à un tyran, n'ont pas fait de bonnes mères même si elles ne quittaient pas leurs petits de deux pas. Je ne sais pas exactement ce que mes enfants pensent de moi, comme mère, mais je ne suis pas inquiète, je sais qu'ils savent que je les aime. Oui, ça, ils le savent !

En 1990, dans le cadre du Salon de la femme, on me déclare « femme du siècle ». Je n'en reviens pas. Je suis en lice avec de grandes journalistes, des politiciennes et des vedettes de l'heure, et c'est moi qui gagne. Je suis gênée d'aller recevoir mon prix, me sentant vraiment un imposteur. C'est certainement un tour que me joue Jacqueline Vézina, l'âme du Salon de la femme. Mais non, m'explique-t-elle, c'est le public qui a voté et qui a décidé que j'étais celle qui avait le plus contribué à l'avancement de la femme. Je n'ai pas le temps de m'enfler la tête avec mon prix que déjà, le lendemain, les critiques fondent sur moi. Le prix, parce qu'il m'est attribué, devient une farce. Pour plusieurs, je n'ai jamais cessé d'être la Janette du courrier du cœur. Il semble bien que plus tu es aimé du public, plus tu es ridiculisé par les snobs. Les snobs haïssent la popularité. Ce sont les mêmes qui méprisent Céline Dion et ne comprennent pas le succès de Ginette Reno.

Les prix, s'ils me font plaisir, m'intimident toujours, et, surtout, ils apportent rarement du travail, et je veux écrire ! Je pourrais écrire pour moi, pour mon plaisir à moi. Cependant, ce qui me passionne dans l'écriture, c'est le partage. Je n'écris pas pour moi, mais pour rejoindre des gens, pour leur communiquer ce que je ressens et ce que je pense, pour leur raconter mes histoires. Peut-être n'ai-je plus ma place au petit écran. La télévision change. Comme me le dit avec franchise le réalisateur Louis Choquette à qui je demande pourquoi je ne suis pas au petit écran, je n'ai pas *the flavour of the month*, la saveur du mois ! En d'autres mots, je ne suis plus à la mode. Mais aux yeux de qui : du public, des employeurs ou des commanditaires ? Il ne faut pas se le cacher, ce sont les commanditaires qui finalement dirigent notre télévision. Les cotes d'écoute d'une émission doivent être grosses pour que les publicitaires la commanditent. Ceux-ci « achètent » des émissions pour rejoindre leur public cible, c'est-à-dire les jeunes de vingt-cinq à trente-cinq ans susceptibles d'acheter de la bière et des automobiles, les deux produits les plus annoncés. Et voilà pourquoi la télévision nous propose, à nous qui avons plus de quarante ans, des émissions voulant fidéliser les plus jeunes dans le but de leur vendre des produits de consommation. Le plus étrange, c'est que les jeunes de vingt-cinq à trente-cinq ans ne regardent pas la télé, occupés qu'ils sont à travailler pour se bâtir une carrière, à draguer ou à élever de jeunes bébés. Cette perception mercantile de la télévision me décourage totalement.

***

Après avoir atteint le fond du baril, encore une fois je rebondis avec un projet de pièce de théâtre. Je veux montrer au public que l'amour n'est pas réservé qu'aux jeunes. J'écris donc une histoire d'amour pour des personnes âgées de plus de quarante ans, ce qui correspond au public fréquentant les théâtres. C'est une comédie à message. Tant pis pour la saveur du mois. (C'est toujours bon, après s'être gavé de crème glacée à la saveur de gomme à mâcher, de s'offrir un bon gros cornet à la vanille.) J'ai un plaisir fou à écrire mon histoire. Je soumets ma pièce à un théâtre célèbre, où on jure de me rappeler dans la semaine, et puis… On ne me rappelle pas. J'appelle moi-même… Rien, pas de réponse.

On comprend qu'on est vieux quand on ne nous retourne pas nos appels. Ça y est, je dois être vieille !

* * *

Les prix s'accumulent. En l'an 2000, je reçois celui du Gouverneur général pour les arts de la scène, puis, deux ans plus tard, je suis nommée Officier de l'Ordre du Canada (domaine des communications). J'hésite avant d'accepter. J'ai toujours considéré que, dans mon cœur, mon pays, c'était le Québec, mais je n'ai pas d'objection à recevoir une distinction du Canada, même si à Winnipeg, où a lieu la cérémonie d'investiture de l'Ordre du Canada, je me sens comme une étrangère. Les Canadiens anglais n'ont jamais entendu parler de moi, comme je n'ai jamais entendu parler des récipiendaires canadiens-anglais. Les deux solitudes ! Le jour de la conférence de presse annonçant les prix du Gouverneur général, à Montréal, je me suis retrouvée aux côtés de Donald Sutherland, honoré lui aussi. J'étais persuadée que quelqu'un allait se lever et dire : « On s'est trompé, ce n'est pas Janette Bertrand qui reçoit le prix, mais une autre… » J'en étais si convaincue que j'avais préparé une réponse : « Je le savais. » C'est pourtant moi qui serai nommée, applaudie, photographiée. C'était donc vrai ? Chaque fois que je reçois un prix, je me revois à la distribution des prix à l'école et plus tard au couvent, et je vois la déception sur le visage de ma mère.

— Elle ne fera jamais rien de bon.

Si, comme le dit Alice Miller, il suffit qu'un parent nous reconnaisse pour nous donner de la confiance en soi, il suffit qu'un parent soit déçu de nous pour sabrer dans notre estime de soi. Maintenant que j'ai des prix (j'ai aussi été nommée Chevalier de l'Ordre national du Québec en 1992), je n'arrive pas à croire que je les mérite.

Curieusement, tous les prix et les hommages que je reçois ne réussissent pas à me consoler de ne pas travailler à ce que j'aime faire par-dessus tout : écrire.

Depuis l'an 2000, je reçois des offres d'éditeurs québécois. Ils veulent que j'écrive mon autobiographie. Mon premier réflexe, c'est de répondre « Mais je suis trop jeune ! », et de penser : « Je ne suis pas capable ! » Je peux imaginer Victor Hugo, Charlie Chaplin écrivant leurs mémoires. C'étaient de vieux sages qui avaient longuement réfléchi sur leur vie. Moi, je ne me trouve ni vieille ni sage. J'ai encore ma naïveté de petite fille. Je crois encore que tout le monde est bon. Je suis encore impulsive, passionnée, trop ! Je sais ce que je vaux et pourtant je doute tout le temps de moi. Je fonce et puis je m'effondre. Je suis à la fois forte et faible. Non, je ne suis pas encore prête à réfléchir sur ma vie. Je ne peux pas regarder en arrière, j'ai les yeux tournés vers l'avenir. Et puis parler de moi m'ennuie ! Moi, ce qui m'intéresse, ce sont les autres.

André, à qui je demande conseil et dont je suis les conseils... la plupart du temps, me propose une autobiographie à la télévision. L'idée me plaît ! Je lui ponds un concept. Malheureusement, aucun diffuseur n'est intéressé. « Janette, on en parlera quand elle sera morte. » J'avale cet autre échec. Ils ont raison, je ne suis pas intéressante, ma vie ne saurait passionner personne. Est-ce que je vais finir par comprendre qu'on ne veut plus de moi ? Je retourne faire mon tour dans l'abîme du doute, et puis, comme toujours, je rebondis.

Ce qui me fait sortir de mon trou noir, c'est la lettre d'un éditeur qui menace de publier une biographie non autorisée si je refuse de collaborer avec lui. Je n'ai rien à cacher, mais qu'on écrive sur ma vie sans ma permission me met en colère. J'appelle Carole Levert, chez Libre Expression. Je l'appelle, elle, parce qu'on a déjà collaboré et que je me suis sentie en confiance, aimée, approuvée. Je lui propose une autobiographie qui parlerait de moi, bien sûr, mais surtout de mon évolution à travers l'évolution des femmes du Québec, ma vie de femme parmi

413

les femmes. Elle accepte mon idée et me voilà de nouveau devant mon ordinateur à écrire une histoire, cette
fois-ci la mienne. Cette histoire, je la veux directe et
vraie. Je veux dire la vérité, mais je suis consciente que
c'est ma vérité à moi, mon point de vue à moi, ma perception à moi. Ce ne sera pas facile, je devrai déterrer
mon enfance, parler de mes souffrances, de mes doutes,
ébranler l'image que le public s'est faite de moi au fil des
années. J'écris comme on parle à une amie, comme on se
confie à quelqu'un qu'on aime. Et pour moi, ce quelqu'un
qu'on aime s'appelle le public.

* * *

Je suis rendue à la fin de mon histoire, au bout de ma
vie. J'ai soixante-dix-neuf ans. Je me sens jeune; je n'ai
pas encore quatre-vingts. J'aimerais être calme, sereine,
tranquille, sage. Hélas, je suis encore fébrile, inquiète,
pleine de passions. J'ai encore besoin d'être approuvée,
rassurée, aimée. Ce dont je suis fière, par ailleurs, c'est
de m'être sortie de la grande noirceur. Quand je regarde
d'où je viens, le chemin parcouru, là, oui, je suis fière de
moi et de toutes les femmes qui ont elles aussi évolué
en même temps que moi. Je suis fière d'avoir participé
à une révolution dont on parlera dans cent ans comme
de la grande révolution des femmes. Je suis fière d'être
québécoise parce que c'est au Québec que la révolution
des femmes a lieu. Seules les Québécoises peuvent se dire
féministes sans passer pour folles. Dans les autres pays,
même en Europe et aux États-Unis, les féministes sont
diabolisées. On les voit comme des femmes qui haïssent
les hommes, qui veulent le pouvoir et doivent être lesbiennes. En tout cas, ce ne sont pas de vraies femmes. J'ai
beaucoup voyagé en France et je suis toujours étonnée du
discours des femmes que je rencontre. Elles ont peur du
mot « féministe », peur d'être perçues comme agressives,

peur que les hommes les fuient, peur de perdre au jeu de la séduction où l'homme est chasseur, la femme, la douce biche effarouchée. Je me suis fait dire cent fois par des Françaises que le harcèlement sexuel n'existe pas dans leur pays. Il y a la séduction, et la séduction, c'est comme le vin et le parfum, c'est français.

Au Québec, même si le mot est moins prononcé de nos jours, le féminisme n'est pas mort. Mais je ne comprends pas que l'on discrédite un mouvement qui a donné aux femmes le droit d'étudier et de voter, le droit d'avoir les enfants qu'elles veulent, un mouvement qui protège les femmes de la violence de certains hommes, qui dénonce la pornographie et qui veut une seule chose finalement : la justice pour tous et toutes ! L'égalité sera atteinte quand les femmes auront la même valeur que les hommes et qu'elles bénéficieront des mêmes chances que les hommes, qu'elles participeront aux décisions des hommes, à égalité.

Je comprends que les jeunes filles qui sont nées avec la pilule, l'école mixte et sans l'Église pour les garder dans la soumission tiennent pour acquise la presque égalité d'aujourd'hui. Elles ne savent pas d'où elles viennent et à qui elles doivent cette quasi-égalité dont elles profitent. Il ne faudra jamais oublier que le féminisme est un mouvement de paix et d'amour. Ce n'est pas un mouvement antihomme, mais pro « homme et femme à égalité ». Le féminisme n'a jamais tué personne, mais le machisme tue tous les jours. Nous avons fait des pas de géant pour devenir les égales des hommes, mais il faut demeurer vigilantes et reconnaître les manigances de la société machiste pour nous remettre à notre place, la place en dessous, toujours, celle des inférieures, celle des Yvette. Heureusement, de plus en plus de femmes sont conscientes qu'il reste du chemin à faire. La preuve : en 1995, des milliers de femmes ont emboîté le pas à

Françoise David, quand elle était présidente de la Fédération des femmes du Québec, dans sa marche contre la pauvreté des femmes. Elles demandaient pour toutes les femmes dans le besoin – et elles sont nombreuses – « du pain et des roses ».

Je crois vraiment que la femme est l'avenir de l'humanité. Jusqu'ici ce sont les hommes qui ont été les maîtres de l'univers. Ce n'est pas un succès ! On ne pourrait sûrement pas faire pire. Peut-être mieux ? Ce serait une chance à prendre ! La femme, c'est l'espoir qui reste à l'humanité de changer le monde, un monde qui repose actuellement sur le principe de dominant/dominé, avec comme modèle le rapport entre l'homme et la femme. Et si le modèle proposé était celui du partage, de l'égalité, de l'harmonie ? Je rêve ! Tant qu'une partie du globe percevra la suprématie de l'homme comme un droit de naissance, les changements seront superficiels. Mon espoir : la scolarisation des filles du monde entier. C'est, d'après moi, la voie de l'autonomie et peut-être de l'égalité totale… un jour.

Entre-temps, tout ne tourne pas toujours rond entre les hommes et les femmes au Québec. Après avoir été si longtemps assoupies, une fois éveillées les femmes ont secoué les tabous et les préjugés à une vitesse vertigineuse. En moins d'un an, après l'avènement de la pilule, elles se sont défaites des chaînes de la religion qui les entravaient. Enfin maîtresses de leur corps, elles sont parties en peur. Vive la liberté ! Malheureusement, les hommes sont restés à les regarder, la bouche grande ouverte d'étonnement.

« Qu'est-ce qui leur prend ?

— Qu'est-ce qu'elles veulent ?

— On peut bien les laisser s'amuser un peu ! »

Au départ, peu d'hommes ont pris au sérieux la révolution des femmes. Ils n'ont pas su, pas voulu reconnaître son bien-fondé ; trop de choses allaient

changer. Les hommes ont vraiment cru à un cap
à une toquade de menstruation. Mais pendant que les
hommes niaient la transformation des femmes, celles-
ci s'instruisaient, envahissaient le marché du travail,
devenaient indépendantes et autonomes. Les hommes
ont mis des années à comprendre ce que voulaient les
femmes. Reconnaître l'égalité entre les sexes, c'était
reconnaître la perte de leur suprématie. Quel deuil pour
eux ! Ils ont commencé par nier, puis ils ont été fâchés
contre nous. Ils ont ensuite tenté de négocier un retour
aux valeurs patriarcales, mais ont fini par accepter que
nous soyons égales et différentes.

Ce passage du patriarcat au partenariat ne va pas
sans perte pour les femmes. Dressés pour chasser, plusieurs hommes se sauvent s'ils sont poursuivis. Conditionnés à donner des ordres et à être obéis, ils ont de
la difficulté à négocier à égalité. Notre pouvoir, notre
argent représentent des atteintes à leur virilité. Les
sexologues font fortune. De tout temps, les hommes ont
épousé des femmes plus pauvres, plus démunies qu'eux ;
ils étaient, de par leur condition, des pourvoyeurs et
des protecteurs. Maintenant que les femmes gagnent
bien leur vie et n'ont pas besoin d'un homme pour les
protéger, ils se sentent impuissants. D'un autre côté,
les femmes, conditionnées elles aussi par des siècles de
romantisme, s'attendent à ce que leurs amoureux soient
leurs égaux le jour, mais redeviennent des chasseurs la
nuit. Elles veulent un homme nouveau et un macho
quand ça leur dit. Ça n'existe pas. Même les hommes
les plus ouverts, les plus en faveur de la libération de la
femme sont marqués par le conditionnement millénaire
qui les place en premier dans l'échelle humaine. Nous
sommes allées vite : tous n'ont pas pu suivre ; nous en
avons perdu quelques-uns en chemin. Et voilà pourquoi
il y a tant de célibataires.

***

La vie, ma vie continue. Je suis toujours amoureuse de Donald. Chaque année, je suis un peu plus l'amie de mes enfants et un peu moins leur mère. Mes petits-enfants me comblent d'amour. À part quelques « détails » dont j'évite le plus possible de parler, je suis dans une forme splendide. Je commence à accepter que je n'écrirai peut-être plus pour la télévision. Si j'étais un homme, je déclarerais publiquement que je prends ma retraite et mon honneur serait sauf. Je n'ai pas le sens de l'honneur, je n'ai pas d'orgueil. Sauver la face n'est pas une de mes priorités dans la vie. Je préfère croire qu'un jour on va oublier l'âge que j'ai et me demander de soumettre un projet d'écriture, puis me laisser libre de le poursuivre comme je l'entends... comme avant. Je rêve encore !

Le plus difficile, ce sera de me couper de ma famille de la télévision. Au fil des années, j'ai côtoyé des acteurs et des actrices qui m'ont donné beaucoup de joies en interprétant des rôles que j'avais la plupart du temps écrits en pensant à eux. Se sont tissés entre eux et moi des liens indestructibles, des liens très forts faits d'admiration et d'amour. Je vais m'ennuyer de la bonté de Robert Toupin, de la folie de Marcel Sabourin, de la franchise de Monique Miller, de la tendresse de Marc Béland, de la droiture de Normand Chouinard, de la vulnérabilité de Rémy Girard, de la force de Diane Lavallée, de la sincérité de Rita Lafontaine, du charme de Mario Saint-Amand, de la sagesse de Louise Latraverse, de la beauté de cœur d'Élise Guilbault, de la complexité de Sylvie Léonard, de la douceur de Marc Labrèche. Je pourrais continuer pendant des pages et des pages à énumérer ceux et celles qui vont me manquer. J'ai eu avec les acteurs et les actrices des rapports d'amour. De ne plus les croiser aussi souvent qu'avant va me manquer beaucoup. Un autre deuil à faire !

Une chance, il me reste mes amies de cœur, Isabelle, Clairon, Janine, Nicole, celles à qui je peux tout dire, celles qui m'aiment et que j'aime. Il reste mes enfants et mes petits-enfants, et Donald, mon ami, mon amour.

* * *

Ainsi, sans que je m'en aperçoive, j'ai atteint le grand âge. Ma grande peur ? Et si j'allais mourir sans avoir lu tous les livres, vu toutes les pièces de théâtre, tous les films qui m'intéressent, sans avoir mangé toutes les bonnes choses dont j'ai le goût ? Si j'allais mourir avant d'avoir dit une dernière fois « Je t'aime » à ceux que j'aime ? Je suis remplie de désirs de toutes sortes. Désir de découvrir des gens, d'apprendre des choses nouvelles, désir de rire, de chanter, d'aimer, de partager encore et encore. Je veux jouir de chaque petit plaisir de la vie : mes fines herbes, l'été ; la cueillette des champignons sauvages à l'automne ; la neige qui crisse sous mes pas en hiver ; le vert tendre des bouleaux au printemps ; et, encore en été, le lac, la forêt de sapins. Je veux profiter de mon amoureux, de mes filles, de mon gars, de mes petits-enfants, de mes amis.

Je veux m'offrir ce que je désire avant la chute du rideau. Mais qu'est-ce que je veux ? C'est une question que je me pose tous les jours. En vieillissant, mes désirs sont de moins en moins coûteux, de plus en plus simples. Ils sont facilement réalisables et pas extravagants pour deux sous. Un repas intime au restaurant avec ma fille Isabelle, une razzia dans une librairie d'occasion avec Dominique, une soirée au lac avec Martin à se bercer et à se psychanalyser. Mes coups de téléphone quasi quotidiens à André, mon producteur devenu avec les années mon ami de cœur. Mes discussions littéraires sans fin avec Clairon et Isabelle Cloutier. Les échanges d'idées avec Nicole, ma compagne d'aquaforme devenue la jeune sœur que je n'ai pas eue. Mes conversations télé-phoniques folles avec Suzanne Lévesque, ma copine de toujours, avec Janine Sutto, ma vieille chum. Il y a aussi les plaisirs de la bouche. J'aime faire les repas de Donald, j'essaie de l'épater chaque fois. Nos soupers quotidiens sont des aventures gastronomiques.

J'aime encore recevoir chez moi, mais ce qui fait mon bonheur, c'est cuisiner pour ma « trâlée » d'en-fants et de petits-enfants. J'aime mon chat Bali, dont je comprends la langue et qui dort près de moi quand j'écris. J'aime, j'aime, j'aime et, surtout, je profite de tout, comme si le petit plaisir que je m'offre ne devait plus revenir. J'essaie, en plus, d'enlever de ma vie tous les irritants. Je ne vois plus que les gens que j'aime et qui m'aiment. Je ne vais plus aux cérémonies qui m'en-nuient. Je pense à moi d'abord. Je veux être une vieille gaie, dynamique, de bonne humeur. Je n'ai pas de temps à perdre à critiquer, à bougonner, à être en colère contre le gouvernement, la société, la température. Je deviens tolérante. Je sais maintenant que le temps m'est compté et c'est ce qui me fait apprécier chaque seconde de ma vie. Ça ne m'empêche pas d'avoir des chutes d'estime, des découragements, des moments de tristesse, et même de dire à Donald que j'ai mal dans le dos, que c'est moche de ne plus pouvoir faire cinq milles à pied comme avant. Mais revient toujours ma phrase miraculeuse, ma pilule de bonheur : je suis chanceuse, je suis vivante !

J'aime ma vie auprès de Donald. J'aime son calme, sa lenteur, sa douceur, l'égalité de son humeur, sa bonté, son bon sens, son immense tendresse pour moi, ses mains caressantes et tout le reste !...

J'aime mes enfants. Je ne leur ai pas seulement donné la vie, mais transmis mes valeurs. J'ai essayé très fort qu'ils soient plus équilibrés que moi, plus sereins, plus heureux, mais je les ai laissés être ce qu'ils sont ! Ce n'est pas facile, quand on est mère, d'aimer ses enfants et de les laisser être eux-mêmes. Les mères sèment des graines, il est normal qu'elles s'inquiètent de leurs amours, de leur carrière. Il faut beaucoup de force de caractère pour se taire et laisser ses enfants vivre leurs vies, surtout quand l'expérience nous avertit des dangers. J'essaie d'avoir cette force.

J'aime mes petits-enfants, pour ce qu'ils m'apprennent sur la vie d'aujourd'hui. Avec eux, je m'efforce d'être plus écoutante que conseillère. Pas toujours : je ne suis pas une sainte ! Je suis confite d'amour pour eux, prête à les encourager, à soigner leurs bobos de cœur, s'ils veulent de moi. Je lâche prise, cependant. Je ne suis là pour eux que lorsqu'ils le veulent bien. La sagesse, c'est de comprendre les méandres des relations familiales et de les accepter plus facilement puisqu'on les comprend. Mais qu'elle nous arrive tard, cette sagesse ! Si jamais elle arrive !

Je ne parlerai pas des problèmes de santé qui s'abattent sur moi depuis que j'ai soixante-quinze ans, ce serait leur donner de l'importance. Je suis vivante, c'est tout ce qui compte !

Maintenant que j'ai soixante-dix-neuf ans (rien que soixante-dix-neuf, pas encore quatre-vingts), je pense souvent à la mort. Elle ne me fait pas peur. Ce qui m'effraie, c'est la maladie, la perte d'autonomie. Je ne voudrais pas devenir dépendante des miens, perdre mes moyens, ne plus avoir de pouvoir sur ma vie. Je ne veux surtout pas me retrouver dans une résidence de vieux. Pour moi, ça, c'est pire que la mort ! Je me demande si j'aurais le courage de mettre fin à mes jours si jamais je devenais un fardeau. Me jeter avant qu'on me jette ? Je n'ai pas de réponse à cette question. Je verrai. Comme je me connais, tant que j'aurai un souffle de vie, je vais vouloir le goûter, le savourer, mais je peux changer d'idée. Ce n'est pas mourir qui me fait peur, c'est comment je vais mourir. En attendant, je vis, ah oui ! je vis ! parce que demain, peut-être, un de mes petits-enfants me fera arrière-grand-mère, parce que demain j'enseigne l'écriture dramatique, parce que j'ai des livres à lire, des films à voir. Je regrette, je n'ai pas le temps de mourir, je suis trop occupée !

J'ai fait un choix : m'attacher, m'acharner à ne voir que le beau et le bon de la vie et trouver des excuses aux mauvais et laids côtés de la vie. Ça garde en santé et retarde la venue des rides ! Je vous passe la recette ; c'est pas toujours facile à faire, mais ça marche. Je sais que plusieurs personnes de mon âge attendent la mort comme une délivrance. Je suis convaincue que ce n'est pas à cause des bobos usuels du grand âge, mais de l'ennui. Les personnes âgées se meurent d'ennui, en général. Les vieux n'ont rien d'autre à faire que de regarder la télévision, se bercer. Ils ne servent plus à rien. On ne leur parle pas vraiment, leurs opinions ne comptent pas, encore moins leur avis. Après leur avoir demandé « Comment ça va ? », on passe à autre chose. On ne leur demande jamais ce qu'ils pensent, ce qu'ils ressentent. On ne leur fait pas raconter l'histoire de leur vie. On les ignore ; pire, on ne veut rien savoir d'eux. Ils sont comme les vieux meubles qu'on remise dans la cave parce qu'on n'a pas le courage de les mettre aux vidanges. Ils ne servent à rien. Se sentir inutile, ne plus servir à rien, c'est être déjà mort.

Je veux dire aux enfants qui maltraitent leurs parents (l'indifférence, c'est la pire des violences) qu'ils seront eux-mêmes vieux un jour et qu'ils seront traités par leurs enfants comme ils traitent leurs parents. Ça vaut la peine d'y penser. Les enfants ont tendance à suivre les modèles familiaux. Moi, j'espère que mes enfants me traiteront comme j'ai traité mon père. En attendant, je me tiens occupée. Pour moi, être occupée, c'est avoir des projets, des buts, c'est me rendre utile. C'est sûr que c'est forçant ! J'aurais toutes les excuses pour me reposer, j'ai beaucoup travaillé, mais je me souviens des paroles de mon père :

— Je vais avoir l'éternité pour me reposer, ça fait que...

L'inactivité des vieux engendre une apathie qui inhibe tout désir de se rendre utile. Trop de temps, de temps de loisirs, enlève même le goût de se distraire. Les loisirs, c'est un temps de repos en sandwich entre deux temps d'activité. C'est comme les vacances. On ne saurait être en vacances tout le temps, ça ne s'appellerait plus des vacances, mais la retraite. Regarder la télé, jouer au bingo ne sont pas des activités valables. Une activité, pour être valable, doit être utile. Il faut des raisons de vivre ! Mon frère Jean-Jacques vient de mourir à quatre-vingt-quatre ans. Il y a un an, il vivait chez lui, seul. À la suite d'une thrombose cérébrale, il a dû être hospitalisé. Quand je suis allée le voir, il était en fauteuil roulant, mais avait l'esprit vif ; il se moquait de lui-même et consacrait son temps à faire des mots fléchés et à séduire les infirmières. Et puis un jour, l'hôpital ne pouvant pas le garder, il a été placé dans une résidence pour vieux. Six mois plus tard, il était mort. Mon frère n'est pas une exception. Un arbre déraciné s'effeuille, puis meurt, la plupart du temps. La transplantation tue !

Mon père, quand il a cessé de travailler à son magasin, a fini par se laisser mourir. On a tous des histoires semblables à raconter et pourtant j'entends encore des gens de cinquante ans affirmer avoir hâte à la retraite. Ils disent qu'ils veulent voyager. Mais voyager ne prend que quatorze ou vingt et un jours des trois cent soixante-cinq de l'année. Comment occuperont-ils le reste des jours ? Ne rien faire rend malade, ne rien faire tue. Me tuerait.

* * *

À force de vivre, je suis rendue que je m'aime : pas tout le temps, mais la plupart du temps. Je sais que j'ai du talent pour raconter des histoires. Je sais que je suis un bon professeur d'écriture dramatique, que je détecte facilement ce qui ne fonctionne pas dans un texte. Je m'accepte mieux comme je suis, ce qui ne veut pas dire que je ne tente pas de m'améliorer. Je ne veux plus ni être un homme, ni être une autre. Je suis la même Janette, améliorée. Je ne désire même plus être mince, je sais que je ne le serai jamais plus et c'est très bien comme ça. Je contrôle mieux mes peurs, pas toutes, mais la plupart. Je comprends maintenant que mes parents n'ont pu faire que leur possible, je ne leur en veux plus. Je ne serais pas ce que je suis si je n'avais pas été leur enfant. Ils m'ont faite ce que je suis et c'est pas si mal. Je constate qu'on ne sort jamais de son enfance mais qu'un jour il faut prendre sa vie en main, cesser d'être une victime de son éducation et décider d'être heureux. Je décide chaque matin que le jour qui vient va être rempli d'amour. Je décide de profiter à plein des jours qu'il me reste à vivre. J'ai encore de la difficulté à recevoir, j'aime mieux donner. Je profite de la vie. Ma mort me fait apprécier la vie que j'ai. Vieillir est un privilège. Je n'attends pas le bonheur dans l'au-delà. Le paradis à la fin de nos jours, je n'y crois pas alors je le veux tout de suite. Le bonheur, c'est maintenant, aujourd'hui. Je ne désire pas le bonheur, je me le fabrique chaque jour. Je n'ai pas de grands désirs. Je désire ce que j'ai, ce que je fais.

Je suis encore traîneuse, mais je me console en me disant : « Où il y a de la vie, il y a des traîneries. » Je ne me sens plus une passagère de ma vie, j'en suis le chauffeur. Je conduis ma vie. Ma chance, ce n'est pas d'avoir trouvé des réponses, mais d'avoir encore des questions.

Je ne m'attends pas à ce que mes enfants, mes petits-enfants me rendent heureuse. Je le suis. Le bonheur est un choix.

***

Pourquoi ai-je intitulé mon histoire *Ma vie en trois actes* ? Parce que toute histoire est divisée en trois actes, le début, le milieu, la fin. La mienne comprend la jeunesse, la maturité, puis la vieillesse, ou, si on veut employer les termes de la structure dramatique, la mise en situation, la confrontation, le dénouement. C'est le cycle de toute histoire. Mais dans l'histoire de ma vie, le mot « fin » est remplacé par « à suivre ». Vous apprendrez la fin par les journaux.

Dernièrement, j'ai retrouvé dans mon tiroir à « cochonneries », dans une enveloppe noircie par le temps, un bracelet qui date de mes premières années de mariage, un cadeau de mon mari. C'est un *charm bracelet*, où les breloques qu'on y accroche sont censées représenter nos aspirations dans la vie. Le mien, tout terni, comprenait une paire de ciseaux, une poêle à frire, un balai Bissell, un berceau, un cœur et un agenda. Je viens de le jeter à la poubelle. C'est pas trop tôt !

Je ne veux plus prouver à mon père qu'une fille, ça vaut un gars. Je veux prouver à ceux qui me disent « t'es capable » que je le suis encore !

La vieillesse, c'est la sagesse, dit-on. Pas du tout ! Je suis parfois injuste, trop émotive. Je parle encore sous le coup de l'émotion. Je n'ai pas encore compris l'argent. Mes relations avec Alain, mon homme d'affaires, sont des relations père-fille. J'ai toujours peur qu'il pense que je dépense trop et me chicane. Je m'embrase, je me passionne, je dépasse les bornes. Je ne suis pas mieux qu'avant, c'est juste que je m'accepte comme je suis.

Bon, bien là, assez parlé de moi, je suis tannée, tannée de parler de moi. Cette phrase, je viens de la crier à mon fils Martin au téléphone. Il m'a répondu :

— C'est ça, m'man, il est temps que t'écrives un roman !

Et c'est ce que je vais faire.

À suivre...

Des mercis à la tonne !

À Carole Levert, mon éditrice. Sa force, sa patience, son écoute, son affection constante m'ont donné le courage de creuser ma vie pour vous la livrer toute chaude.

Au collectif Clio pour leur livre *L'Histoire des femmes au Québec depuis quatre siècles* qui m'a aidée à retracer l'histoire des femmes de mon siècle.

À Geneviève Auger et Raymonde Lamothe pour leur livre *De la poêle à frire à la ligne de feu* qui m'a rappelé la vie des femmes pendant la guerre.

À Denise Lemieux pour ses ouvrages sur les femmes du Québec.

À Florence Montreynaud dont le livre *Le XXᵉ siècle des femmes* m'a été d'un grand secours pour me rappeler des dates de l'histoire des femmes.

À Luc Plamondon qui m'a permis de reproduire les paroles de ses chansons *Moi Tarzan, toi Jane* et *J'ai besoin de parler*.

Table